Premiere Collection

山歌(さんか)の民族誌
歌で詞藻(ことば)を交わす

梶丸 岳 著

京都大学学術出版会

プリミエ・コレクションの創刊にあたって

「プリミエ」とは，初演を意味するフランス語の「première」に由来した「初めて主役を演じる」を意味する英語です。本コレクションのタイトルには，初々しい若い知性のデビュー作という意味が込められています。

いわゆる大学院重点化によって博士学位取得者を増強する計画が始まってから十数年になります。学界，産業界，政界，官界さらには国際機関等に博士学位取得者が歓迎される時代がやがて到来するという当初の見通しは，国内外の諸状況もあって未だ実現せず，そのため，長期の研鑽を積みながら厳しい日々を送っている若手研究者も少なくありません。

しかしながら，多くの優秀な人材を学界に迎えたことで学術研究は新しい活況を呈し，領域によっては，既存の研究には見られなかった溌剌とした視点や方法が，若い人々によってもたらされています。そうした優れた業績を広く公開することは，学界のみならず，歴史の転換点にある21世紀の社会全体にとっても，未来を拓く大きな資産になることは間違いありません。

このたび，京都大学では，常にフロンティアに挑戦することで我が国の教育・研究において誉れある幾多の成果をもたらしてきた百有余年の歴史の上に，若手研究者の優れた業績を世に出すための支援制度を設けることに致しました。本コレクションの各巻は，いずれもこの制度のもとに刊行されるモノグラフです。ここでデビューした研究者は，我が国のみならず，国際的な学界において，将来につながる学術研究のリーダーとして活躍が期待される人たちです。関係者，読者の方々ともども，このコレクションが健やかに成長していくことを見守っていきたいと祈念します。

第25代　京都大学総長　松本　紘

はじめに　歌掛けと出会う
——「なにこれ」からのことはじめ——

　人類学の研究は，おそらくほとんどの場合なんらかの出会いと魅了から始まる。自分の見知らぬ対象のもつ謎に魅了され，その存在に魅了される。こうしてフィールドワークを重ねることになる。私が「魅了」されたのは，中国西南地域にある貴州省で歌われる歌掛け「山歌」[1] であった。本書は，「山歌とはなにか」という問いに答える長い長い道のりである。

　まずそもそも山歌とはなにか？　「山歌」は日本語で言う「民謡」に近い意味の中国語で，日常的な場面でも比較的普通に用いられる言葉であるが，中国文学研究の文脈ではこの用語の定義についてさまざまな議論がある（概略については大木（2003）を参照）。たとえば朱自清[2]（2005 [1957]）は山歌を定義して，「ここで言ういわゆる山歌は狭義のものをいい，七言四句をその基本形式とする」（ibid.: 90）としている。また史料から山歌のはじめはおそらく唐代であろうとし，山歌の具体例として，唐代に現在の四川省で歌われたという「竹枝詞」[3]，五代から宋代の間に呉（現在の江蘇省あたり）で歌われた（そして現在もかろうじて歌われている）「呉歌」[4]，広東から広西にかけて歌われ

---

1) 私はこれまで「山歌（shan1 ge1）」という中国語を日本語では「やまうた」と読んでいたが，大木（2003）など中国文学研究における慣例に従って，本研究では「さんか」と読むこととする。
2) 本書で参照文献を指示する際には，日本語文献および欧文文献の著者名は原則的に姓のみで表記し，中国語文献の著者名は姓・名の両方を記す。
3) 朱自清（2005 [1957]）にはこのように書かれているが，竹枝詞自体は唐代以降も，実際に歌うスタイルから，文人が詠むスタイルに変化しつつ，四川省にかぎらず中国西南地域を中心に中国全域で「歌われて」いたようである。本書で対象とする貴州省においても，清代においてとくに多く歌われた。竹枝詞研究のレビューおよび史料に残された清代の貴州省における竹枝詞から当時の少数民族を含む人々の民間習俗を分析した研究に厳奇岩（2009）がある。
4) 現在の「呉歌」については，鄭土有（2005）に具体的な歌い方の分析やその社会的位置づけの変遷，歌手の置かれている社会的状況についての詳細な研究がある。

はじめに　歌掛けと出会う

写真 0-1．龍潭村第二回プイ山歌試合

た「粵歌」，さらに西南民族の歌謡と，いずれもおもに中国南方の民間で歌われた歌[5]をあげている。私の出会った「山歌」もこの朱の定義に当てはまっているが，本書では「山歌」という用語をもっぱら以下のようにもう少し意味を限定して用いることとする。本書が対象とする山歌はおもに中国貴州省のプイ族によって歌われる歌掛けである。ここには中国語で歌われる「漢歌」と，プイ語で歌われる「プイ歌」が含まれる[6]。前者は漢族やミャオ

---

[5]　実際には「山歌」という語は中国南方の民間歌謡のみを指して用いられるわけではなく，中国北方地域の民謡に対しても使われる。例えば甘粛省や陝西省あたりの地域で歌われる「花児(ホワアル)」と「信天游(シンテンユウ)」を比較研究した李雄飛 (2005) でも，この両歌を指す言葉として「山歌」という用語を用いている。

[6]　実際には現地でも一貫してこの分類が用いられているわけではない。例えば恵水布依学会 (2001) では，山歌を中国語で歌われる歌であるとしている。ここで私が用いた分類用語は現地で流通する VCD のタイトルの付け方に由来しているが，これもなかには「民歌(みんか)」という言葉を用いているものもある（「民歌(みんか)」も山歌と同じく「民間歌謡」という意味の言葉である）。さらに「山歌」は必ずしも掛け合いの歌のみを指して用いられるわけでもなく，とくに歌掛けを指す場合は「対歌(たいか)」という用語が用いら

族など他民族も歌うものであるが、後者はプイ族のみが歌う。

あらゆる民族誌がそうだと思うが、本書もフィールドワークの過程に限界づけられている。これから漢歌とプイ歌を対比的に分析、考察していくが、その前にどのように私が山歌と出会ったのか、本書が根拠を置くフィールドワークがいかなる出会いであったのかを述べておきたい。

私が初めて調査地となる貴州省を訪れたのは2004年2月のことだった。このあたりの少数民族は若い男女が歌を掛け合って愛を語らうらしい。大変ロマンチックである。祭りの日には歌を掛け合う人々が山にたくさん集まるらしい。しかもプイ族はほとんど誰も調査していないが、そういう大規模な祭り以外でも歌っており、糸電話で歌を掛け合うというなんとも奥ゆかしい風習まであるらしい。事前に調べがついた情報はその程度であった。私はまったくロマンチストではないが、歌で掛け合うというのはおもしろそうだ。貴州省ではほとんど誰も長期調査をしていないらしいし、日本でプイ族について研究をしている人は皆無に近いようだ[7]。さらに、偶然にも私の中国語の先生のつてで、貴州省の安順市にある日中合弁企業の方が滞在の手伝いをしてくださるらしい。これは行かないわけにはいくまい。ことはじめのはじめはそんなところである。

ほんとうのことはじめとなった、初めての山歌との出会いは貴州省に着いて数日後の2月16日、春節を半月ほど過ぎた頃であった[8]。場所は中国貴州省安順市にある龍宮鎮龍潭村。風景区[9]のあるこの小さな集落で、私は初め

　　れることもある。だがこれもそれほど頻繁に用いられる用語ではなく、またたいていの場合調査地で「山歌」と呼ばれる歌は掛け合いであったこと、これまでの私の論文では一貫してこの用語を用いてきたことから本書でもこの分類と用語を用いることにする。
7)　京都大学などが探検隊を組んで大人数で盛んに海外学術調査に出かけていた1950年代ならともかく、現代の人類学において(とくに追跡調査などを意図したものでない限り)調査地域が重複するのはさまざまな理由でたいてい避けられる。
8)　厳密にはその前日に龍宮鎮の近くにある花嘎村というところで、村人による山歌のデモンストレーションを聞いていたが、このときは男性陣が恥ずかしがって歌わなかったため掛け合いにならなかった。
9)　風景区とは人文歴史的または自然環境的に優れた地域として保存され観光に活用されている区域のことである。日本の「風致地区」や「史跡」、「自然公園」に近い。

はじめに　歌掛けと出会う

て歌掛けを聞いた（写真0-1，【映像1】）。「龙潭村第二届布依山歌比赛（龍潭村第二回プイ山歌試合）」という赤い横断幕が掲げられた村委員会の集会所2階テラスで，マイクを持って淡々と歌を掛け合う中年男女。歌い手たちはただひたすら同じ旋律に違う言葉をあてはめて歌い続けている。テラスの下にある広くはない中庭には聴衆が集まっているが，あいさつをし雑談に花を咲かせるおばさんたちやおじさんたちも多く，それほど熱心に聞き入っているようには見えない。大会のスタッフとおぼしき人にいたっては，歌手が歌っている最中でも平気で歌手の前を通り過ぎていく。それでも歌はやまない。30分で笛が鳴って歌は終わり。前に並ぶ審査員たちが採点をしているらしい。点数発表。また別の中年男女がテラスに現れ，淡々と歌を交わす。この繰り返し。私は当時中国語がまだほとんどできなかったこともあり，歌詞のひとつもわからなかった。しかしなぜか，この妙な光景をひたすらビデオに撮りながら，単調な歌と緊張感に欠けた「試合」の光景に惹かれていた。本で読んでいた話とまったく違う。なんだこれは？　この人たちは一体何をやっているのか？　「山歌とはなんだ？」この謎に出くわした時，私のフィールドワークは始まった。

　「人類学のフィールドワークとは〈他者〉について少しでも分かろうとする実践である」という（菅原 2006: 3）。普通，人類学のフィールドで出会う〈他者〉として想定されているのは人間である[10]。私が最初に出会った〈他者〉とはなんだったのだろうか？　この疑問は，その後2004年から2010年にかけて計5回，足かけ6年フィールドワークを繰り返し，合計2年間フィールドに滞在する間ずっと私を悩ませてきた。私がこの出会いで興味を持ったのはまず「歌を掛け合う」という相互行為であった。それは直接には出来事であり，人ではない。後の章で詳しく検討するが，現在山歌はそれほど頻繁に歌われるものではない。歌手を雇って歌ってもらうという「不自然」な状況[11]を設定する手法に対して抵抗感があった私は，結果的に歌手たちに近づ

---

10) もちろん，動物行動学に並々ならぬ関心を寄せて「情動」や出会いを論じた菅原（2002）なら，これに霊長類をはじめとする動物なども加えるだろうが，それでも出会いの起点はそこに「在る」形而下的存在の認識にあろう。
11) のちに，謝礼をもらって歌うこと自体は歌手にとってそれほど不自然でもないことが

はじめに　歌掛けと出会う

くことがなかなかできなかった。歌った本人に書き起こしをしてもらい，かつ解釈や歌い方などを直接聞くことができたのは，ようやく2008年になってからのことだった。しかもプイ歌に関しては，最後（2010年の調査）まで，歌った本人に書き起こしを手伝ってもらうことはできなかった。このように長く迷走し続けた理由は，そもそも私の出会うべき「人間」はどこにいるのか，どのように出会えばよいのか，ということに対してためらいがあったからである。山歌は同じ集落の人間とは基本的に掛け合わないし，私の知る限り，歌掛けが盛んでここにいれば確実に山歌が聞けるという村落もないので，人類学で一般的な村落調査はほとんど意味をなさない。私は，フィールドワークを始めるきっかけとなる出来事には出会ったが，フィールドワークを行なうべき人間には出会いそこねつづけたのだ。歌手本人と親しく話を交わせるようになったのは，そうしたためらいを脇に置き，中国語で話すことにもあまり抵抗を感じなくなった2008年の調査からである。本書におけるデータの多くは2008年と2010年に行なった調査に基づいている。

　そのかわり，私が実際にフィールドワークのなかでかなりの労力と時間を費やし，「出会って」きたのは歌掛けの歌詞であった。歌掛けの中核をなす言語表現＝歌詞と出会う作業とは，具体的には非常な労力を要する書き起こしである。中国語（漢字）で書き起こしが可能な漢歌の場合でも，往々にして聞き逃しや聞き間違いの確認に時間を費やし，比較的スムーズにできたものでも，約4時間の掛け合いを起こすのに1週間かかった。プイ歌にいたっては調査助手を雇ってプイ語の発音と一語ずつの意味を確認，そのうえで全体を中国語に翻訳するという作業が加わって，最初は約2時間の掛け合いを起こすのに1週間と，漢歌のほぼ倍の時間がかかった。結局どちらの山歌も歌われる時間が非常に長いために完全な書き起こしにはいたっていないが，普段の仕事を休んでまで，このかなりの集中力と根気を要する仕事を私とともに進めてくれた調査助手たちにはいくら感謝してもし足りない。この作業の結果，十分に資料的価値のある形ではほとんど記録されてこなかった山歌の歌詞を収集することができた。本書における記述はこの書き起こし作業に

　わかった。こうした山歌の現状については第1部で詳しく検討する。

はじめに　歌掛けと出会う

土台を置いている。

　この作業で出会ったのは，文字に定着された出来事である。山歌の核は旋律や声の美しさではなく，言語表現の巧みさにある。また，歌い手どうしはほとんど身振りをせず，相手を積極的に見ることもあまりないため，相互行為はほぼ完全に声による言語表現にゆだねられている。書き起こし作業はこの言語表現に，母語話者でない私が事後的に近づく唯一の手段であった。一言一言意味を確認し，聞き取れない部分について何度も何度も聞き返し，調査助手や歌い手たちと議論することを通じて，当初聞き取れなかった，ただの音であったものが，意味を持つものとして私に開かれてきた。あのとき人間と人間のあいだに生じていた出来事の片鱗に，長い時間をおいて出会ったのである。

　私にとってフィールドワークとは，はじめの出会いに出会い続けようとする行為である。人類学者はフィールドにおいて調査対象と出会い，フィールドノートやその他の記録を記す。民族誌を書く作業は，その記録を通して再び調査対象とまみえる過程であり，民族誌という文章（と時には映像や音声資料）は，その出会いの結果である。本書が土台を置く資料が以上に述べたような過程・限界を持っていることをふまえて，以下の章を読んでいただければ幸いである。

目　　次

はじめに　歌掛けと出会う ── 「なにこれ」からのことはじめ ──　　iii
略号一覧　　xiii

序　　論　1

第 1 章　歌掛けへのみちすじ ── 本書の問題構成 ── ……………　3
　　1　ある日の山歌 ── 山歌とはなにか　3
　　2　「歌掛け」とはなにか　7
　　3　「歌」への視座　10
　　4　山歌の言語的相互行為論にむけて ── 民族音楽学と言語学から　13
　　5　山歌の社会的環境　18
　　6　山歌の遊び論 ── 歌掛けとの往還　21

第 2 章　山歌への道ならし ── 調査地と調査対象の概況 ── ………　23
　　1　調査地と調査期間　24
　　2　調査地概要　24
　　　（ⅰ）貴州省全体の地理的概況　24
　　　（ⅱ）貴州省貴陽市の地理的概況　26
　　　（ⅲ）貴州省羅甸県の地理的概況　30
　　3　プイ族の概略　32
　　4　山歌に用いられる言語の概要　41
　　　（ⅰ）漢語貴州方言　41
　　　（ⅱ）プイ語　46

コラム 1　貴州の食事　55

目　次

第 1 部　山歌の社会的環境　61

第 3 章　ずれゆく山歌の場所 …………………………………………… 63
1　はじめに　63
2　「プイ族」とはなにか ── 言説の時空間より　65
　（ⅰ）「プイ族」をめぐる言説の歴史　67
　（ⅱ）「プイ族」という言説空間に住まう　72
　（ⅲ）山歌と「プイ族」　77
3　山歌の歴史的場所　80
4　山歌の現代的場所　89
　（ⅰ）市場経済化と山歌　90
　（ⅱ）歌掛けの場の再興　96
5　ずれた山歌の位置，山歌の場所　111

第 4 章　山歌の感覚論 ……………………………………………………… 113
1　はじめに　113
2　観光と視覚中心主義　114
3　変わる山歌 ── 耳から目へ　117
4　変わらない山歌 ── 視覚中心主義再考　125

コラム 2　歌わないひとたち（羅甸の結婚式）　131

第 2 部　山歌の言語的相互行為論 ── 声・言語・対話 ──　137

第 5 章　山歌の型枠 ── 型の固さと声の枠 ── ……………………… 139
1　声調・旋律・韻律　139
　（ⅰ）声調と旋律の関係　139
　（ⅱ）詩の韻律　145
2　漢歌の形式 ── 固い型枠　146
3　プイ歌の形式 ── やわらかい型枠　157
4　形式とはなにか ── 定型性のトレードオフ　169

第 6 章　山歌の歌い方（1）—— 山歌の修辞学 —— ……………………171
　　1　はじめに —— 修辞とはなにか　171
　　2　「好听(ハオティン)」を目指して —— 山歌の評価　173
　　3　山歌の修辞技法　174
　　　（ⅰ）漢歌の修辞技法　174
　　　（ⅱ）プイ歌の修辞技法　180
　　4　「好听(ハオティン)」とはなにか —— 修辞学から語用論へ　188
　　補遺 —— 比喩について　192

第 7 章　山歌の歌い方（2）—— 山歌の語用論 —— ……………………195
　　1　テクストとしての山歌　195
　　2　漢歌の掛け合い —— 切り詰められた対話　198
　　3　プイ歌の掛け合い —— 引きのばされた対話　209
　　4　誇張された対話としての山歌　218

コラム 3　ことばのよもやま　221

第 3 部　歌掛けの遊び論，遊びとしての山歌　227

第 8 章　再説，歌掛けとはなにか ………………………………………229
　　1　歌掛けはどこにあるか　229
　　2　奄美の歌掛け　232
　　　（ⅰ）歌遊びと八月踊り —— どこで歌われるか　234
　　　（ⅱ）奄美の歌掛けにおける詩型　236
　　　（ⅲ）歌詞における修辞　237
　　　（ⅳ）奄美の歌掛けにおける対話構造　240
　　3　山歌との比較　243
　　　（ⅰ）社会に埋め込まれた歌掛け　243
　　　（ⅱ）歌詞と踊り —— 歌の現場にて　244
　　4　一般歌掛け論を求めて —— 歌掛けのヴァリエーション　248

第 9 章　歌掛けの遊ぶ声 —— 山歌の遊び性と声の力 —— ……………251
　　1　遊びとしての歌掛け　251

目　次

　　　　　2　歌え，遊べ ── 山歌の声　265
コラム 4　調査＝生活 ── 外国で暮らすこと　271

おわりに ── 山歌の民族誌を綴じる ──　275
付録 1．2008 年羅甸第五回山歌表演（漢歌）【映像 4】　283
付録 2．羅甸県龍坪鎮「年歌」（プイ歌）【映像 13】　319
参照文献　347
あとがき　361
索　　引　369

略号一覧

[資料]

　本文中で言及・引用する歌掛けの資料について略記する場合は，以下の略号を用いることとする。

[好花紅 04 漢]：2004 年 8 月 19 日収録　　恵水県好花紅郷にて・漢歌
[羅甸 07 プ]：2007 年 2 月 28 日収録　　羅甸県第 4 回民族運動会山歌表演・プイ歌
[羅甸 08 漢]：2008 年 2 月 12 日収録　　羅甸県第 5 回民族運動会山歌表演・漢歌（付録 1）
[青岩 2.09 漢]：2009 年 12 月 23 日収録　　花渓区青岩鎮・蒙家婚礼 2・漢歌
[青岩 4.09 漢]：2009 年 12 月 23 日収録　　花渓区青岩鎮・蒙家婚礼 4・漢歌
[年歌 10 プ]：2010 年 3 月 17 日収録　　羅甸県龍坪鎮・プイ歌（付録 2）
[酒歌 06 プ]：2006 年 9 月購入　　VCD「天峨壮族酒歌」の書き起こし・プイ歌
[小河 1.10 漢]：2010 年 1 月 19 日収録　　小河区・陳圓森満月酒 1・漢歌

　これらの資料の中から事例を引用する場合は［年歌 10 プ：m1-1］のように表記することとする。この表記において，「m1-1」の m のようなアルファベットは，歌い手の組を示す。同一資料中の同一アルファベットで示される歌い手はつねに同一である。アルファベットのうしろに来る数字はターン番号である。この番号は手元の資料に基づいているため，連番にはなっていない。

[文法用語]

　文法用語の略号は以下の通りである。

ADJ = adjective（形容詞）
ADV = adverb（副詞，状語）
CL = classifier（量詞）
LOC = locative（位置格）
N = noun（名詞）
O = object（目的語，賓語）
PC = particle（助詞）
PP = preposition（前置詞，介詞）
PN = pronoun（代名詞）
S = subject（主語）
V = verb（動詞）

序　論

　本書の扱う歌掛けというテーマも，中国貴州省という場所もおそらくほとんどの読者にはなじみがないだろう。そこでまず本書が学問的にいかなる位置づけを持つのか，その問題構成を示したい。学問とはまぎれもなく社会の一部なのだから，これは私の「出会い」全体を，社会的に位置づける作業でもある。そのうえで本書の背景となる調査対象の地理的，社会的位置を粗描する。これは「はじめに」で掲げた問いに答えていく下準備である。

第 1 章

歌掛けへのみちすじ
── 本書の問題構成 ──

1 ある日の山歌 ── 山歌とはなにか

「山歌とはなにか」という問いに答えるうえでまず必要なのは，山歌を学問的に位置づけ，この問いに応えるためのみちすじを定めることである。ただ学問一般に通ずることだが，民族誌における問いと答えは鶏と卵の関係に似て，問いを立てるためには答える対象についてある程度見知っておかなくてはならない。そこでまずはある山歌の様子について書くことにしよう。「はじめに」では山歌についてまったく知らない身分として山歌に出会ったときのことを書いたが，それでは問いを立てるには早すぎる。もう少し，歌詞のわかっている段階で山歌を聞いたときの様子を書くことにしよう。これから書くのは羅甸県龍坪鎮でプイ歌が歌われたときの様子（［羅甸07プ］,【映像2】）である[1]。

　　2007年2月28日，春節も1週間と半分が過ぎたがまだ春節休みは明けていない水曜日の朝9時前。山歌のステージがある龍坪鎮の運動場には150人ほどが集まっている。平均年齢はやや高めで，椅子をわざわざ持ってきた老婆などもいる。舞台そででは主催者である羅甸県民族宗教局の担当者が，今日のために呼んだ歌い手たちに掛け合いの時間やテーマについて伝えている。

---

1) この掛け合いについては第3章3節 ii.c でも取り上げる。

序　論

写真 1-1. 2007 年プイ歌の様子

　歌い手は男性 2 人に女性 2 人，男性は長袖のジャケットをはおりスラックスのズボンを履いている。女性はプイ族の民族衣装を身にまとっている。男性はラフな格好に見えるがどちらも正装だ。聞いてみると，どちらもこの龍坪鎮から 30 分～1 時間ほどの村からこの日のために呼ばれてきたらしい。
　朝の 9 時，司会の女性が簡単に歌手を紹介して掛け合いが始まった（写真1-1）。はじめに口を開いたのは男性側だ。「わたくしの言うことを聞いてください，ほかの村から来たあなた様」「ほかのことではありません，古い言葉（プイ歌）を話しましょう」「私たちと一緒においしいゴマを食べましょう，甘い果物を食べましょう」と歌いかけていく。それを女性 2 人は静かに聞く。ステージの下では人々が世間話をしたり，歌詞について「今のはいいね」などと話したりしてすこし騒がしい。「今なんて歌った？」と隣の人に聞く人もいる。聞き取れないのは私だけかと思ったら，地元の人でも聞き取れないことがあるらしい。こうした客席に構わず歌は続いていく。「今日は妹に会うとは思ってもいませんでした」「兄の頭に露をかけてください」……これはなんだろう？　時々喩えがわからない。男性側は最後に「私の歌はここまでです」「私の歌は運動場に置きました」「気に入ったら拾って後を継いでください」

と歌ってマイクを置く。ここまで10分ほど。すると今度は女性側がやおらマイクを持って歌いはじめる。「あなたの置いた歌を私はすぐに継ぎます」「あなたの歌を私はしかと聞きました」……そこから延々30分ほども女性側の歌が続く。そのあいだ，観客のいる舞台の下では人が来たりかえったり。日差しが強くて傘を広げる人もいる。舞台の横ではサッカーの試合をしており，こちらも盛り上がっている。……

以上は山歌のうちでもプイ語で歌われる「プイ歌」の様子である。「はじめに」で述べた漢歌と似たところもあり，違うところもある。どちらも掛け合いを取り巻く環境は似ているようだ。地方政府が運営に携わっており，歌い手たちはステージ（のような場所）に立っている。そして歌を掛け合っている。客席はすこし騒がしい。歌が聞き取れない人もいるらしい。広くもせまくも，社会的環境は似ているのかもしれない。いっぽう，具体的な歌い方は両者で大きく異なっているようだ。漢歌のほうは30分が制限時間でそのあいだに何回も掛け合いが交わされていたのに対し，プイ歌のほうは30分経った時点でまだ女性側の最初の歌が途中であった。映像を見ていただければわかるが，旋律の長さや節回しもぜんぜん違う。つまり，歌い方はまったく異なっている。似ているのはどちらも同じような旋律がひたすら繰り返されるところぐらいだ。地元の人が聞き取れていないことがあることから，山歌は聞き取りづらいものらしい。また，上述のプイ歌の例からわかるように，歌詞はストレートに表現しているというより，比喩などの修辞技法が使われているようだ。

この程度の観察からも，山歌を見ていくには社会的環境を記述していくみちすじと，歌の掛け合いそのものを分析していくみちすじがあることがわかる。もう少し本書で見る内容を先取りすると，社会的環境については漢歌もプイ歌も元々はとりわけ真剣な恋愛の場，男女が結婚にいたる過程において重要な役割を果たしていたが，現在では多くの場合祝い事などの場で娯楽として歌われることが多い（「はじめに」で見た歌も上述の歌もどちらも春節の時期に歌われている）。歌い手も主催者に雇われて歌を掛け合い，副業的に金銭的見返りを得ていることがほとんどである。若者にはもはやほとんど人気が

ないが，中高年にはまだ根強い人気があり，定期市では山歌のVCD[2]を売っている店が必ずといってよいほど出ている。近年貴州省でも観光開発に力を入れつつあり，民族文化を振興しているため，春節の時期には政府主催で山歌のステージが催されることも多い。また貴州省ではほとんどの人が出稼ぎや進学で外地に出たことがあり，テレビや携帯電話，インターネットの普及が進んでいることから，狭い地域にとどまらない広い世界からの文化的影響を受け，さまざまなレベルでのグローバル化が進んでいる。こうした文化的環境の変化に応じて，山歌も変化の過程にあるようにみえる。

いっぽう歌い方についてさきほどは漢歌とプイ歌の差異を強調しておいたが，もう少し歌の言語的側面について深く見てみると，両者のあいだには以下に述べるような共通点が見いだせる。まずどちらも基本的に一定の旋律にさまざまな歌詞を乗せて歌われる。歌詞はぼう大な定型句を適宜その場で改変しながら歌われることから，状況に合わせた一定の即興性をもっているといえる。掛け合いのあるべき文脈は歌のジャンルによって決まっている。声がよく滑舌がはっきりしていることも大事であるが，音楽的にはほとんど変化がない。歌掛けの良し悪しを判断する基準は音楽的表現よりも，もっぱら歌詞の言語的表現の巧みさにかかっている。

ところで山歌は貴州省独特の芸能で，一見すると遠く離れた特異なものだと思われるかもしれないが，歌を掛け合って遊ぶという行為それ自体は日本を含め世界中の諸社会に古今広くみられる。各地の歌掛けは異なる形式をもちそれぞれに固有の社会的状況のなかに場所を占めつつも，「声を出して歌う」「遊ぶ」といった根源的なレベルで人間社会において普遍的にみられる現象に通じている。

ここから，「山歌とはなにか」という問いに答えるには大きく分けて3つのみちすじがあることがわかる。ひとつめは歌掛けを取りまく社会的環境について検討すること。ふたつめは歌掛けの詳細な様相を，旋律や音韻，修辞，コミュニケーション構造といった諸レベルから記述すること。3つめは，歌

---

[2] VCDはごくおおざっぱに言えば「画質がいまひとつで1時間しか入らないDVD」で，中国では広く普及している。詳しくは第3章で述べる。

掛けの普遍的特性を探り，それがどのように「遊ぶこと」や「声を出して歌うこと」という普遍的現象に連なっているのかを究明する，という道である。ただこれらは分析を深めるにあたって異なる文脈，異なる焦点が必要であるために「みちすじ」と呼んだだけで，実際には層をなして山歌を歌うという行為を形作っている。この点については本書の最後に示すことにするが，こうした層状に折りたたまれたなにかを記述していくことで，ギアツがかつて民族誌に求めた「厚い記述」(Geertz 1973) がある程度達成されるであろう。そこで，山歌の研究を学問的に位置づけるためにはまずこの3つのみちすじにおける先行研究の流れをより分ける作業が必要である。しかしその前に少々やっかいな問題がある。それは対象の定義である。歌とはなにか，そして私が最初に興味を持ち，本書を書く動機となった「即興による歌の掛け合い」とはなにか。まずはこれを定めなくては本書の分析の射程が不明瞭になってしまう。つまり，学問的位置づけを確かなものとすることができない。そこで煩雑ではあるが次に記述の前提となる「歌掛け」や「歌」の本書における定義を定め，そのうえでどのようにこれらのみちすじをたどるべきかを考察する。

2 「歌掛け」とはなにか

　本書で扱う対象は「歌掛け antiphonal singing」のひとつである。歌掛けのもっとも素朴な定義は「歌によって言葉を交わす行為」である。古代日本ではかつて「歌垣」と呼ばれる歌掛けを含んだ習俗があり，現在もそれとある程度のつながりが推察される行事が日本各地で見られる[3]。中尾佐助らが提唱した照葉樹林文化圏論においてこれが照葉樹林文化圏の共通点に含まれて

---

3) 性交と豊穣の感覚の類感呪術的結びつきにもとづいて行なわれた男女の交わりの場を「歌垣的機会」とし，民俗学的見地からその事例を収集，整理したものに渡邊 (1981) がある。この労作から日本各地で歌掛けが行なわれていたことはわかるが，残念ながら渡邊が信仰や婚姻と歌垣の関わりを明らかにすることに重きを置いているために，具体的にどのような歌掛けが行なわれたのかはさほど追究されていない。

序　論

いた（中尾 1966）ために，民族音楽学や古代日本文学において注目を集めたが，同時に「歌を掛け合う＝歌垣の遺風」と見る向きも生まれた。こうした安直な混同を整理しようとする試みは内田るり子（1984）と土橋寛（1984）によって行なわれている。内田は南中国や北部タイ，ネパールから日本にいたる「照葉樹林文化圏」地域の事例を紹介しながら，歌垣を「成年に達した男女が山上或は部落の聖地等に集って，飲食・歌舞の後に性の解放を行う習俗」（内田 1984: 24）と規定した。それに対して単に年中行事や日常的社交などの場で娯楽として歌を掛け合う習俗を「歌掛け遊び（遊びとしての歌掛け）」と呼んだ（内田 1984: 30）。一方土橋は歌掛けを「歌による社交的遊び」（土橋 1984: 78）として規定し，内田と同様に「歌垣」を歌掛けと性の結びついた行事とし，性的行事（性交渉や婚約など）の伴わない歌掛けと区別する必要性を訴えた。

　こうした歌掛けという概念を精緻化する試みは散発的であり，その後，歌垣と歌掛けの区別が重視されることはなかったが，この両者の間に区別を立てることは社会的側面から歌掛けを見る場合に重要な意味をもつ。なぜなら前者は男女の結合と豊穣の隠喩的・類感呪術的連関，および共同体の存続に重点が置かれた儀礼的行為であり，後者はその場に参与する人々の楽しみに重点を置いた社交的行為だからである。山崎正和（2006）は社交について次のようにいう。

　　……まず社交とは厳密な意味で人間が感情を共有する行為だといえるだろう。そこでは中間的な距離を置いて関わりあう人間が，一定の時間，空間を限って，適度に抑制された感情を緩やかに共有する。社交の場では人は互いに親しんで狎れあわず，求心的な関係を結びながらも第三者を排除しない。人々が社交に集まるとき，彼らは一応の目的を共有するが，……そうした目的よりも達成の過程に重点を置く。すべての行動が即興劇に似た姿を備え，会話はせりふに，動作はしぐさに，参加者は仮面をつけた役の人物に近いものとなる。
　　そしてこの逆転を起こさせる仕掛けが礼儀作法であって，これが社交の行動に定式を与えるとともに，それから効率的な実用性を奪う。それは行動のすべてが目的に収斂することを妨げ，そのことによって過程を充実させて，

始めと中と終わりのある完結性をもたらす。作法はまた，人を目的達成にあせる情熱から解放し，自己の感情を半ば対象化させることによって抑制に導く。それはいわば即興劇の粗筋として，また俳優の肉体に備わった技能として働き，その力によって社交の時空間を内側から限定し，また社交する人間の感情を自然に統御された快活さに誘う（山崎 2006: 39-40）。

第9章でみるように，こうした「社交」は遊びと極めてよく似ている。そこから，前者の歌垣は超自然的存在への働きかけやのっぴきならない生殖活動の一環であり，後者の歌掛けは社会生活における娯楽，遊びであると換言できる。もちろんこのふたつの区分は截然と分けられるわけではなく，程度として捉えるべきものであるが，同じ「掛け合い」でも社会的にはかなり幅をもった位置づけをもちうることをまず念頭に置く必要がある。そして第3章で示すように，現在の山歌は明らかに後者，つまり娯楽としての歌掛けである。

本書では，先に挙げた素朴な定義に限定を加えて，歌掛けを「歌詞に関してある程度の即興性を持ちながら，歌によって言葉を交わす行為」としておきたい。なぜなら歌掛けにおいて歌詞が即興であるか否かは，それを分析するにあたって重要な分岐点となるからである。ここでいう即興性とは，定型句を基盤としながらも（必ずしも定型句がなくてもよいが）実際に歌われるやりとりが歌手の裁量に任されていて，相手との応答がある程度自由に行える，という意味である。これが確保されていなければ歌掛けは詩として完成された「作品」となってしまい，発話による相互行為とはいえなくなる。それでも言語行為とはいえるかもしれないが，このような「作品」の上演を相互行為としてみた場合，そこで主要な役割を果たしているのは多くの場合言語ではなく「音の力」（あるいは「声の力」），つまり音楽性である。後述するように，音楽性は民族音楽学において長らく探究されてきた問題である。世界中のさまざまな人々が身体を通して実践する音[4]がもつ，単数・複数の身

---

[4]　音楽の定義はさまざまあるが，もっとも包括的で簡潔な音楽の定義は，ブラッキングが述べた「人間によって組織づけられた音響」（ブラッキング 1978）であろう。「音」概念には人間の活動と無関係に発生しているものも含まれるが，音楽は常に人間の身体を通して現れ，経験される。聴取まで含めた音楽の経験について，山田は音と聴取

体を響かせあい，身体運動を組織し，集団の一体性を高めたり，情動を強く
ひき起こしたりする力は多くの民族音楽学者を魅了してきた。

　一方即興性が確保されていれば，歌手たちは歌掛けの歌詞を相手に対する
応答として相互に組織していくことが可能になる。歌手の能力はもっぱらそ
の場で繰りだされる歌詞の表現に表れることになり，言語による対話的な相
互行為として歌掛けを分析することも可能になる。このような歌掛けを研究
するうえで問題となるのはいわゆる音楽性だけではなく，いかにして当意即
妙に相手の言葉に応答を返していくかという，言語運用に表れる知的能力や
機知のあり方，つまりは言語の使い方（修辞）である。さらに第 8 章で見る
ように，歌詞の即興性が増せばそれに反比例して旋律など音楽的要素と情動
性に強く結びついた「音の力」（声の力）はほとんど顧みられなくなる傾向が
あり，そうした歌掛けの場合，分析の中心は音楽性よりも個々の言語表現と
それによる一連の相互行為に置かれるべき，ということになる。本書におけ
る記述と順番は前後するが，先に提起した歌掛けの定義の前提となる「歌」
という概念をもう少し明確にしたうえで，これをめぐる民族音楽学や言語学
の議論を概観することで山歌が「音の力」（声の力）重視の極から言語運用重
視の極の間のどこに位置づけられるのかを明らかにし，本書の対象である山
歌をどのような枠組みで記述していけばよいのかを考えていきたい。

3 ｜「歌」への視座

　本章 1 節では本書の山歌がもっぱら言語表現を評価の軸にした芸能である
と述べ，山歌の相互行為の分析が言語（歌詞）を重視したものとなる点にふ
れた。その妥当性と従来の歌研究との関係について明らかにするためには，
「歌 song」という語が何を指すかという基本的問題からまず取り組まなくて
はならない。だがこの問題は見かけよりも難しい。なぜならこの概念はいわ

　にまつわる現象学と感覚人類学をレビューしながら，音楽が聴覚だけではない多様な
感覚経験として現れることを主張している（山田 2008）。

ゆる「音楽」と「言語」という普遍的であるがゆえに境界のあいまいな現象の多様で入り組んだ関係の上に成り立っているからだ。

「歌」がなにを指すかはこの語を使用する人がなにを語りたいかによってゆらぐ。たとえば西洋音楽を念頭に置いた音楽事典ではこの語を西洋音楽における声楽と結び付けて説明するし（Sadie 1988），民族音楽学者がこの項目を書くと西洋音楽の枠組みには入らない「歌」を包摂するためにより一般的な説明を心がけるだろう。たとえば民族音楽学の泰斗であった小泉文夫は『音楽大事典』において「歌」を「芸術作品としては……声音を使うあらゆる作品を意味」する，と定義している（小泉 1981）。しかしこの定義では「芸術」というさらに複雑な問題を引き起こす概念を用いている点で難がある[5]。

ここで「歌」概念を定義する意図は，山歌の独自性とそれを踏まえた適切な文脈を設定する点にある。とくに山歌のように言語表現に重きがおかれる歌を議論するにあたって，「歌」と他の発声行為との違いを明確にしておく必要がある。この作業のためにおおきな助けとなるのが『文化人類学事典』の「歌う・諳んじる」という項において藤田隆則が行なった記述である。藤田はこの項で次のように述べている。

　　歌と言語との決定的な違いは，フシ（あるいは旋律）の有無である。……フシ［とは］……すなわち，音の上下する幅（音程），リズム，どの音で終わるか，など……［である］。その決まりは，歌う人の外部にあるガードレールのようなものだ。形の明快なガードレールに沿って言語を運搬することが，歌うことの基本である（藤田 2009: 512）。

---

[5] 芸術とはなにか，というのがきわめてやっかいな問題である理由として，まずあまりにロマン主義的芸術観（つまり天才の独創と自我の発露による孤高の美的表現を芸術とする考え）が世間に広まりすぎていること，そしてそれに対する批判と乗り越えの運動がさまざまに展開されており，そうした文脈をふまえなくては論じることができないこと（この運動の人類学における展開については渡辺（2008）参照），そして審美性という芸術の根幹をなす概念があまりに曖昧で多様であることが挙げられる。こうした議論が歌掛け研究においてみのりをもたらす可能性はおおいにあるが，本書はあくまで歌掛けの言語的・社会的側面に重点を置いた記述をめざしているので，芸術との関わりについては触れないこととする。

序　論

　藤田が 2 ヶ所で用いている「言語」という言葉の内実は，前者は「日常的な発話」，後者は「歌を含んだ，発声行為によって表出される言語一般」のことであろう。実際よほど恣意的に形式を壊したものでないかぎり，歌は一定の形式を音声の表出に課している。このことからひとまず「歌」は「一定の形式に従った発声行為の一種」として定義できる。この定義に含まれる歌には，発話（発語行為）を含んでいる歌と含まない歌がある。後者の事例としてスキャットやヴォカリーズ，泣き歌[6]があり，これらにおける形式（藤田のいう「ガードレール」）とは一定の旋律や音階，そして / またはリズムの存在のことである。一方前者における形式とは，後者における形式に加えて一定の言語使用上の決まりを含めたものである。別の箇所で藤田は「世界のさまざまな文化が，「歌う」ことを，話すという言語活動に連続する活動とみなしている。歌にはたいていの場合，歌詞がある。たとえば七五調のような，特別な韻律に基づくものであっても，言語であることに違いはない」(*ibid.*: 512) としており，ここでいう「フシ」には歌詞の形式も含まれていること，発話を含む歌が日常的な発話と連続しており，その間に普遍的な境界線が引けるわけではないことがうかがえる。よって歌とその他の発話行為のあいだに旋律やリズムといったいわゆる音楽的要素を弁別規準として導入すれば，歌とその他の発話行為との間に不完全ながらもひとまずの境界線を引くことができるだろう。本書ではこれを踏まえ，歌を「音楽的・言語的形式に従った発声行為」として定義しておきたい。発話を含まない歌は言語的形式が存在せず，発話を含む歌は音楽的形式と言語的形式の双方を備えている。

　ここでいう「言語」とは厳密には発声された音を，二重分節性に従った記号論的過程によって認識したものである。したがって音楽的形式と言語的形式は密接に絡みあっていて厳密に区分することはほとんど意味をなさない。

---

[6] スキャットとは無意味なシラブル（「ダバダバ」「ドゥビドゥビ」など）を旋律に合わせて即興的に歌う，もっぱらジャズで使用される歌唱法。ヴォカリーズとは母音（おおくの場合ひとつ）のみを用いて旋律を歌う歌唱法で，声楽のトレーニングによく用いられる。泣き歌は死者を弔うために歌われる嘆きの歌で，世界各地の諸民族に見られる。その多くは歌詞を伴わず，一定の形式で泣き声をあげるものである。

上記の定義で「音楽的・言語的」としたのはそのためである。音楽的形式と言語的形式の区分を厳密に行うことは歌という現象の把握を貧困化させてしまうことを忘れてはいけない。そうではなく，ここでの音楽性と言語性は，一方の極に二重分節的認識過程を経ることのない物理現象としての「音」，もう一方の極に，二重分節により抽象された「言葉」を置いたスペクトルの中で把握されるべき概念である。ここから，旋律（音高[7]の時系列に沿った組織的変化）やリズムとしての韻律の形式はより音楽的，それより抽象化された，詩形や意味の形式はより言語的ということになる。こうしたスペクトルのさまざまな部分に形式化を施した発話が本書で扱うところの「歌」なのである。以後，単に「歌」と述べた時にはこの発話を含んだ歌を指すこととする。

ちなみに，ここで定義した「歌」は「詩」というもうひとつの言語表現形式と密接な関係があり，とくに韻律詩は歌とほぼ同一の現象である。なぜなら詩も歌と同様に音楽的・言語的形式に従って表出される言語行為であり，「（文字をもつか否かにかかわらず）多くの伝統文化において韻律詩とは一般的に歌われるもの」（Banti and Giannattasio 2004: 290）であって，しかも韻律詩を散文詩と分ける「韻」とは言語表現にリズムという音楽的要素を与える形式的規則だからだ。こうした歌（あるいは韻律詩）は，Banti and Giannattasio (2004) が Molino (2002) を引用していうように，言語そのものや言語の機能と混同することはできず，言語に対して音楽や踊りと非常に強いつながりのある構造を押しつけた結果である（Banti and Giannattasio 2004: 292）。本書でいう「歌」はこうした特異な言語表現であり，山歌はその一例である。

4 │ 山歌の言語的相互行為論にむけて
── 民族音楽学と言語学から

こうした「歌」の様態を探求してきた分野に民族音楽学と言語学がある。

---

[7] 「音高」とは音の絶対的高さのことである。より詳細な解説は第5章注5を参照のこと。

序　論

山歌の相互行為を分析するための方針を定めるために，それぞれの分野は歌をどのように研究してきたのかを振り返ってみよう。

　民族音楽学の研究対象としての歌は第一に身体行動として，音楽する身体性を探究する材料として現れている。また歌詞からは歌の社会的位置づけ，とりわけ日常の言語行為では言えないことを述べる特別なジャンルとしての社会的位置づけを明らかにする手がかりを得ることができる。歌に対する民族音楽学からのこうした見方は民族音楽学の古典的名著であるメリアムの『音楽人類学』(メリアム 1980)においてすでに現れている。メリアムはこの著作で，民族音楽学の3つの「目的と責務」として，(1)音楽の音そのものの構造を記述する音楽学者独自の技術を用いた記述，(2)音楽を取り巻く文化的慣習が身体行動を通して実現されるその過程を明らかにすること，そして (3) 民族音楽学の研究と人文科学や社会科学一般における研究との間の関係を示唆することを挙げている (*ibid.*: 27-29)。メリアム以降の民族音楽学は基本的にこの「目的と責務」を果たすように行なわれてきた。歌の民族音楽学的研究においても同様であり，たとえばフェルド (1988) はニューギニアに住むカルリの歌について，その歌詞や旋律において重要な象徴的価値を持つ鳥の分類，実際の歌い方や社会的・感情的価値を描きだし，記号論的解釈を行なっている。さらにこの日本語版には附論として，この著作の原著が1982年に出版されたあと，それをカルリの人々に読み聞かせ，改めて議論した論文が付け加えられている。これは当時始まりつつあった民族誌批判に刺激を受けた試みであり，本書が文化人類学と密接に関わりながら，あるいはその一部分として書かれたことを示している。ただ，この名高い民族誌がそうであるように，民族音楽学的研究において歌の言語的側面を言語学的技術を用いて記述，分析することはあまりなく，重点はやはり歌のもつ感情的価値や社会的・象徴的位置づけに置かれている。

　歌がその主要な対象となっている，言語と音楽の交叉領域における諸研究の，民族音楽学を中心とした現在もっとも包括的なレビューがフェルドとフォックスによってまとめられている (Feld and Fox 1994)。379本の論文をまとめたこのレビューにおいて，フェルドとフォックスはこの領域における研究を以下の4種類に分類した。

（1）音楽分析に言語学の手法を持ち込もうとする「言語としての音楽（music as language）」[8]
（2）言語の韻律や超分節的特徴（声質や音量，テンポなど）を研究する「言語のなかの音楽（music in language）」
（3）ある特定の，感情における有機的秩序（economy）が，話し言葉（speech）と歌の様式の，また歌や話し言葉のジャンル（song-speech genres）とその機能や文脈の間の区別と連続をいかに形作っているかを研究する「音楽のなかの言語（language in music）」
（4）音楽についての審美的・技術的言説を研究する「音楽についての言語（language about music）」

フェルドとフォックスはこのように分類したうえで，民族音楽学の関心は 1970 年代から 80 年代にかけて音がどのように社会構造を反映しているか，という問いから，いかに音楽的パフォーマンスが社会的イマジネーションや実践を具現化しているか，どのように音の組織化が，全的な社会的事実として，時間や場所，感情，スタイル，所属意識やアイデンティティについてのメッセージで満たされているかという問いへと移り変わってきたと指摘している（*ibid.*: 38）。こうした流れからも，民族音楽学から歌を見たときに注目されるのが，言語表現の具体的構造というよりも，言語がその一部に含まれる「音」の領域の具体的な様態，とりわけその感情的価値，そして歌とそれを取りまく社会的環境の関係であることがわかる。

いっぽう，言語（人類）学から歌を研究する取り組みでは，声調と旋律の関係や押韻といった，フェルドとフォックスのいう「言語の中の音楽」的要素を探究した研究，歌詞を対象とした統語論的分析，そして歌詞の意味に関する研究が行なわれている。こうした言語学からの取り組みは，言語学における分野に従うと次のように分類できる[9]。

---

8) これは歌の言語的側面（歌詞）を分析しようというのではなく，旋律を言語になぞらえて分析し，旋律の「文法」を明らかにしようとする試みのことである。
9) もちろん他のまとめ方もある。例えば *Australian Journal of Linguistic* 誌の歌言語研究特集巻頭論文である Turpin and Stebbins（2010）は，所収の論文の領域を「歌の形式的属性」と「歌の意味」に分けて紹介している。いずれにしろ，歌の言語学的研究は歌の音楽的要素を加味しながら歌詞を言語学的視野でみている。また，もちろんだが

序　論

　(1) 音声学や音韻論としての旋律研究，特に声調と旋律の動きの関係について分析した研究（Herzog 1934, List 1961, Mark and Li 1966, Agawu 1988, Baart 2004, Morey 2009, Sollis 2010）
　(2) 韻律学や統語論としての押韻や平行，特徴的な統語構造などといった詩形研究（Kiparsky 1973, Rumsey 2007, Morey 2012）
　(3) 歌詞の修辞学的意味論（Curran 2010, Stebbins and Planigale 2010）
　(4) その他に伝承の記憶形式としての歌（Strehlow 1970）。

　いずれも具体的な歌詞を研究対象の歌が歌われる文化的脈絡にある程度配慮しながら分析している。こうした研究は基本的に言語記述の一環として行なわれており，言語の形式的・構造的側面（音韻構造や構文的特徴）が重視されるいっぽう，感情的側面にはほとんど言及されない。

　歌を言語（人類）学から捉える意義はもっぱらその社会的位置づけと言語の認知的問題を探究できることにある。歌の形式は状況や行為を定義づけるフレーミング・デバイス（Goffman 1986 [1976]）として，特定の社会的文脈に位置づけられたジャンルを指示する働きをしている（Foley 1997: 359-360）[10]。こうしたフレーミング・デバイスは，具体的には歌の音楽的特徴（旋律やリズム）や独特の文体として現われ，歌われる場所と行為がこのフレームの具現化とともに社会的に位置づけられる。この具体的過程を記述する枠組みとして言語学が発達させてきた分析体系は有効であり，同時に社会構造と行為の持つ社会的意味に向けられた人類学的・社会学的関心，そして先に見た民族音楽学とはここでつながっている。また，歌は前節で定義した通り，歌詞（発話）をもつ。中にはアボリジニの「インジャラルクの歌 Inyjalarrku songs」のように，霊的言語であるとされ，単語や慣用句のようなものがあるにもかかわらず翻訳不可能という点で「意味がわからない」歌もある（Apted 2010）が，多くの歌（とりわけ歌掛けで歌われる歌）は歌詞が理解されることをある程度期待されている。しかしその歌詞は，歌になるために適用

　それぞれの分類はきれいに分かれるわけではなく，たとえばラーディル（Lardil）の歌の意味を韻律とも関連づけて論じた Nancarrow（2010）のように，分類をまたぐ影響関係もありうる。
10)「フレーム」と「フレーミング・デバイス」については第9章で詳しく取りあげる。

される様々な形式のために，日常会話で発せられる言葉より聞きとりづらくなっている。日常会話やスピーチにおいて発話は音声面でも文法面でも（かなりの程度）「正しく」組織されているが，歌では旋律やリズムといった音楽的形式が声調やイントネーション，ストレスといった韻律的特徴を崩し，対句やその他独特の構文規則から成る詩的形式が文法を崩し，さらに隠喩や込み入った表現技法が意味をぼやかしている。こうしたある種限界的な状況の中で，発話（声によって発せられた言語）がどこまでどのように理解されるのかを明らかにすることで，言語音をどのように人々が言葉として認識しているのかを解明する重要な手がかりを得ることができるだろう。

　本章1節で見た山歌の特徴から山歌を言語的相互行為として見る可能性が示されていたが，以上の議論をふまえれば山歌という芸能をどのような視座から捉えればよいのかは明らかである。これまで何度か述べたように，山歌は表現の重点を歌詞に置いており，「音の力」（声の力）という民族音楽学で重視された側面はさほど重視されない。山歌を歌うことで格別感情が高揚するという様子は歌い手にも聴衆にもほとんど観察されないし，歌に身体動作が伴うこともほとんどなく集団の一体性が生み出されたりもしない。むしろ相手を見ることも身体を積極的に動かすこともなく，ひたすら声を出して歌詞をやりとりしていくのが基本である。もちろん音楽的側面をまるきり無視するのは行き過ぎであるが，民族音楽学が音楽実践の中に探し求めてきたような特別な力は山歌にはない，ようにみえる（これについては第9章で検討する）。ただ，山歌を取り巻く社会的環境，山歌と社会の関係を明らかにすることは，従来の民族音楽学が対象としてきた歌と同様に重要な課題である。

　山歌の表現において中心的役割を果たしているのは歌詞である。よって山歌を相互行為としてとらえるみちすじを行くには，この歌詞を詳細に分析，記述していくことが重要である。そのための分析枠組みを言語学は持っている[11]。第

---

11) 言語学的な歌へのアプローチの完成形のひとつは，ジルバル語をはじめとするアボリジニの言語記述を行った言語学の大家ディクソンが音楽学者のコッチと組んで行ったジルバル語の歌の記述であろう（Dixon and Koch 1996）。この著作でディクソンはジルバル語の様々なジャンルの歌の歌詞を自らが作成した正書法で記載し，アノテーションをつけ，歌の文化的背景（歌われる状況）を簡略に示し，それぞれの歌詞に対

2部では修辞学を含む言語学的枠組み[12]を使って歌詞を詳細に分析していくことで，山歌の相互行為の様相を明らかにしていく。第5章では同じ「音高」という音響的要素からできている旋律と声調の関係について分析するとともに，これと定型句を含む広い意味での韻律規則と合わせて旋律を見ることで，山歌における形式（型枠）を明らかにしていく。第6章では山歌で表現の中心をなす比喩表現をはじめとする修辞について，山歌がいかに評価されていくのかを含めて山歌の修辞学として論じていく。この修辞の分析によって，それぞれの山歌がどのような表現をめざして歌われているのかが明らかになるはずである。第7章では山歌をひとつの「テクスト」として考え，結束性と整合性，そして相互行為というキーワードから漢歌とプイ歌を分析する。言葉による相互行為がどのようにまとまりのある「歌」となっているのか，歌い手たちはどのように異なる規則をもった歌掛けを組織しているのか。こうした問題に取りくむことで山歌の言語的相互行為としての特徴を明らかにすることができる。

5 山歌の社会的環境

ただ，こうした山歌を歌う人々の具体的な行為のみに注目していては，山歌を十分に理解することはできない。民族音楽学でも言語学でもその分析の射程に社会をおさめていたことからわかるように，いかなる行為も社会的環境から離れては成立しえない。むしろ山歌の社会的環境を解きほぐすことは

して文法的注釈をつけている。さらに五線譜による採譜を行い，歌ならではの無意味な音節（襯詞）やリズムなどについてもジャンルごとに分析していて，言語学的にはほぼ完璧な仕事と言える。これほどの完成度で言語学的記述を行うことは明らかに私の能力を超えるが，第2部でめざすひとつの目標ではある。ただしそれでも社会や文化的側面をいわば静態的に捉えており，文化本質主義ともとれる記述については乗り越えるべきである。本書は第1部と第2部を合わせて提示することでこうした言語学的研究の限界を乗り越える試みでもある。

12) 第6章注11でも述べるように，中国では修辞学を言語学の下位分野と位置づける見方が主流である（陳汝東 2004）。本書でも，修辞学的分析は言語分析の手法のひとつであると考え，歌の修辞分析を言語学的研究として位置づける。

それだけで「厚い記述」になりうる[13]。民族誌記述に欠かせない作業である。本章1節で「ひとつめのみちすじ」として社会的環境を挙げたのはこうした理由もある。それでは，具体的に「社会的環境」をどのように記述していけばよいのか。本書が山歌という「出来事」を中心に記述することを目指しているという出発点から考えればその方針はある程度おのずと見えてくる。出来事が起こる場所，その深さと広がりを記述するのだ。「場所」という概念については第3章1節で議論するが，要するに本書でいう場所とは「一定の中心を持ち，社会的な関係の束によって満たされ，固有の歴史が刻みこまれた領域」のことだ。山歌の社会的環境を扱う第1部は，山歌が行われ経験される場所を外側と内側から，つまり山歌を取り巻くさまざまな要素と山歌を経験する感覚の在り方から記述することを目指す。第3章でまず最初に扱うのは「プイ族」という民族カテゴリーの成立過程と言説編制の布置，そしてそこに生きる人々の行為性(エイジェンシー)だ。本書の舞台となる中国という場所は政治性に満ちた場所であり，まずは歌い手や聞き手たちを取り巻く政治的な状況を背景としてある程度示しておく必要がある。その焦点となるのが「民族」である。ちなみに，今の中国の少数民族研究において民族アイデンティティと民族表象をめぐる議論はきわめて盛んであり，そのほとんどが「民族」の枠組みをめぐるローカルポリティクスを，民族アイデンティティをめぐる問題として論じているといっても過言ではない。実際，中国では国民（中国では普通「公民(コンミン)」と言う）全員が持っている身分証に「民族」欄があって，全員が曲がりなりにもなんらかの「民族」に分類されている。改革開放期までは少数民族であることがさまざまな差別や不利益につながっていたし，逆に近年は少数民族か否かによって優遇措置を受けられるかどうかが決まる。確かに政治的カテゴリーとしての「民族」は人々の生活にとって重要だ。だが長谷千代子がいうように，人々は常に自らに割り振られた「民族」というカテゴリーを自らのアイデンティティとして重視しているわけでもないし，政府によって公認された通りに「民族」や「文化」を生きているわけ

[13) 実際ギアツが行なったのはこの層の記述であって，言説が発せられる現場の具体性は常に彼の美しく修辞的な描写の中に消え去っており，事実的経過についての記述はおそらく意図的に排除されている（竹沢 2007: 264）。

でもない（長谷 2007）。「プイ族」という民族カテゴリーは政策的に構築されたものであるが，実際「プイ族」というカテゴリーがどのように扱われているのかをフーコーの言説概念に依拠しながら明らかにすることで，山歌を歌い聞く人々が置かれている，中国という政治的領域における状況を明らかにしていきたい。本書にとってこれは本題ではないが，ここでの議論は従来の中国民族アイデンティティ論に対する私なりの批判でもある。

　その上で，山歌に直接かかわる場所を通時態と共時態に分けて記述する。これまで行われた数少ない山歌研究では，「民族誌的現在」が不明な記述しかなく，おそらく 80 年代前半ごろまでは実際に行われていたと思われる，人々がつどって自由に恋愛の歌を歌うという「伝統的」な山歌の描写しかない。しかしそれから 20 年近くたった現在，本章 1 節で示したように山歌は祝いの場での娯楽として，歌手を呼んできて歌ってもらうのが普通であり，歌い手も若い青年男女ではなく，別に本業がある中年男女が副業的に歌っている。また定期市に行けば VCD が大量に売られていて，愛好家たちはかなりの枚数を所持していることも多い。だが経済的状況の変化だけが山歌の社会的状況を変えたのではない。それ以外にも，無形文化遺産の保護と活用推進へと舵を切った中国中央政府の政策の影響，それに後押しされた布依学会や民族宗教局といった政治的アクターの活動も着実に歌掛けの場を変えている。そうした状況を詳細に記述し，そうした背景を負ったものとして，具体的な山歌の場のひとつである「歌会」および「山歌ステージ」をみていく。これによって，山歌が現在どのような場所を占めているのかが明らかになる。

　第 4 章では「山歌をいかに楽しむか」という感覚的問題の社会的構成を記述する。その参照点とするのが観光人類学や観光社会学における「まなざし」論，そして視覚中心主義だ。山歌は本来的に表現をほぼ声による言語表現という聴覚的記号過程に依存している。しかしこれでは歌詞が聞き取れなければ魅力はまったく伝わらない。こうした状況を打開するべく，見た目という視覚的要素に工夫をする歌い手も現れてきている。こうした変化について記述するとともに，観光現象の分析にみられる視覚中心主義（Fabian 2002 [1983], Urry 1992）を批判し，また変化の中でも変わらない要素から，山歌の本質がどこにあるのかを探っていく。

第1章 歌掛けへのみちすじ

6 山歌の遊び論 ── 歌掛けとの往還

　第1部と第2部で明らかにしたような構造と社会的文脈に支えられている山歌は，どのように人間社会における普遍的現象に連なっているのだろうか。第3部ではこの3つめのみちすじについて，「遊び」と「声」という概念を手掛かりにして，歌掛け一般を視野に入れながら考察していく。

　第8章では，歌掛けの一般的特徴を探ることを目的としている。そのために，世界中にどのような歌掛けがあるのかを概観したうえで，とくに研究が豊富な奄美の歌掛けに注目していく。奄美地域における歌掛けについては，歌詞の収集と体系的整理（久万田 1991），民俗文化と歌の体系的分類や歌掛けの現場を重視した歌詞の分析（小川 1979, 1989）から，民族音楽学的視点からの，歌を中心とした民族誌（酒井 1996; 中原 1997）まで，ぼう大な研究の蓄積がある。この奄美の歌掛けは「八月踊り」と呼ばれる盆におこなわれる踊りのように，身体的動作を伴っていたり，民謡教室の発展とともに歌詞の即興性が失われ，音楽的技巧を競うようになっている（中原 1989）など，本書が対象とする山歌とは対照的な歌掛けである。これを比較対象としながら，歌掛けの一般的特徴を抽出していき，続く議論の土台を整備する。

　山歌のような歌掛けは本章2節で述べた「歌垣」論に代表されるように，性的解放などと結びつけて論じられることが多い[14]が，実際には同時に，または純粋に遊びとして行われている。第9章では歌掛け全体を視野に入れながら，行為としての山歌が持つ普遍的意味を考察していく。そのための論点が「遊び」である。遊びは世界中にあり，すでに大林他（1998）においてぼう大な事例が整理されているが，遊びとはなにかについて論じるうえではこうした事例整理よりむしろ，遊びという概念そのもの，その行為の特質につ

---

14) ほかにもムーは中国でみられる，若い男女の交際や結婚，性交渉などに結びついた音楽活動を「性的音楽活動 erotic musical activity」と規定し，さまざまな文献と自身のフィールドワークに基づいて広範なまとめを行なっている（Mu 1998）が，その中には歌掛けも数多く含まれている。

21

いて考えていくほうが得策である[15]。ここではホイジンガ（1973），カイヨワ（1973），西村清和（1989）の遊び論を検討しながら，それを山歌や奄美の歌掛けと結びつけ，これらがどのような意味で遊びなのかを明らかにしていく。その過程で，歌掛けの根本が声に出して歌うことにある，という地平に行き着くはずである。最後に歌掛けにおいて響く「声」とはなんなのかを，Ihde（2007）や川田順造の議論（川田 1988, 2001）を参照しながら究明していく。これにより，最初に議論から外した山歌の「声の力」について見直し，山歌という歌の持つ全体的な在り方を示すことができるだろう。

＊

　これから第1部から第3部にかけて，山歌とはなにか，という問いに答える3つのみちすじをたどることになる。そしてさいごに，終章でばらばらにみえるそれらが山歌を歌う場においてどのように折り重なって現前しているのかを示し，そして歌掛け研究の持つ可能性について論じる。これによって，山歌とはなにか，という問いに包括的に答えることができる。こうして綴じあわされた「厚い記述」の総体が，私が山歌と改めて出会った結果となろう。
　それでは第1部に入る前に，調査地の概要について続く第2章で述べておきたい。この第2章で山歌と出会う舞台設定は完了である。

---

[15] これは亀井伸孝のいうところの「遊びの普遍論者」の系譜である（亀井 2009）。亀井は遊び論を「遊びの普遍論者の系譜」（遊びの本質，ないし遊びを遊びとしてあつかおうとする人間のありかたについて論じようとした者たち）と「遊びの個別文化論者の系譜」（遊びを「個別社会におけるほかの文化要素との関連で理解しよう」とした者たち）におおざっぱに分けたうえで，「生まれながらにしてそなわっている「遊びを生み出す能力」が，生後の環境で出会った身近な文化要素と結合して，具体的な遊びが生じる」という「遊び論の統合モデル」仮説を提出している（亀井 2009: 16）。ただ残念ながら亀井は「遊びを生み出す能力」が具体的になんなのかについては言及していない。ここで私が行いたいのは「そもそもなぜこの人たちはわざわざ歌っているのか」という謎を考えることなので，ここはその根源に迫るべく「普遍論者」に寄り添って考察を進めていきたい。

第 2 章

山歌への道ならし
―― 調査地と調査対象の概況 ――

　「貴州省？　貴州省ってどこにあるんですか？」これは，私が自分の研究を紹介したときにほぼ必ず聞かれる質問である。貴州省はほとんど日本人がおらず[1]，人類学に限らず日本ではあまり研究もされていない，日本ではたいへん知名度の低い地域である。山歌研究に入る前に，貴州省とはどういうところなのか，どういう人たちがどのように暮らしているのか，山歌に関わる人たちはどのような言葉を話しているのかを，本書と関係する範囲でまず概説しておく必要があるだろう。前章ではおもに本書の理論的な位置づけを明らかにしたが，本章では具体的な分析の舞台となる，調査地の全体像を呈示する。本書の調査地は貴州省内の複数箇所にまたがっているので，まずそれぞれの調査地と調査期間を示し，そのうえで調査地の地理的な基本情報を概説する。次に，本書の主要な調査対象であるプイ族についての民族誌的な背景，および第 1 部への準備としてプイ語と漢語貴州方言についてその概略を述べる。

---

[1] 正式な統計は手元にないが，2008 年ごろでは貴州省に滞在して就学・就労している日本人は多くて 10 人程度であったという話を重慶の日本総領事館経由で聞いたことがある。

序　論

1 調査地と調査期間

「はじめに」で述べた通り，本書のための調査は2004年から2010年にかけて計5回行われており，滞在期間はのべ2年間である。いずれも貴州省内で調査を行っているが，調査を行った具体的地域はそれぞれ異なっている。改めて各回の滞在期間と，調査を行った地域を記すと，表2-1の通りになる。

この表にあるように，調査地は安順市龍宮鎮，恵水県好花紅郷，望謨県楽康村，羅甸県龍坪鎮および沫陽鎮，貴陽市花渓区および小河区，荔波県玉屏鎮の計8カ所にのぼる。なお，恵水県と羅甸県，荔波県は黔南布依族苗族自治州，望謨県は黔西南布依族苗族自治州に属する。中国全土における貴州省の位置を示したのが図2-1，そしてこれらの貴州省内におけるおおよその位置を示したのが図2-2である。表2-1と図2-2からわかるように，調査地は貴州省の中部から南部である。なかでも本書のおもな調査地域となっているのは貴陽市と羅甸県である。まず貴州省の全体的概要を述べたあと，主要な調査地である貴陽市と羅甸県の概況について述べることとする。

2 調査地概要

(i) 貴州省全体の地理的概況

貴州省は中国西南部，雲貴高原の東部に位置しており，西は雲南省，北西

表2-1．本書の調査期間と調査地

調査回	滞在期間	調査地
1	2004年2月〜2004年4月	安順市龍宮鎮
2	2004年7月〜2004年9月	安順市龍宮鎮，恵水県好花紅郷
3	2006年3月〜2007年3月	望謨県楽康村，羅甸県龍坪鎮，羅甸県沫陽鎮，貴陽市花渓区
4	2008年1月〜2008年3月	羅甸県龍坪鎮，貴陽市花渓区
5	2009年12月〜2010年3月	羅甸県龍坪鎮，貴陽市花渓区，貴陽市小河区，望謨県楽康村，荔波県玉屏鎮

第 2 章　山歌への道ならし

図 2-1．貴州省の位置

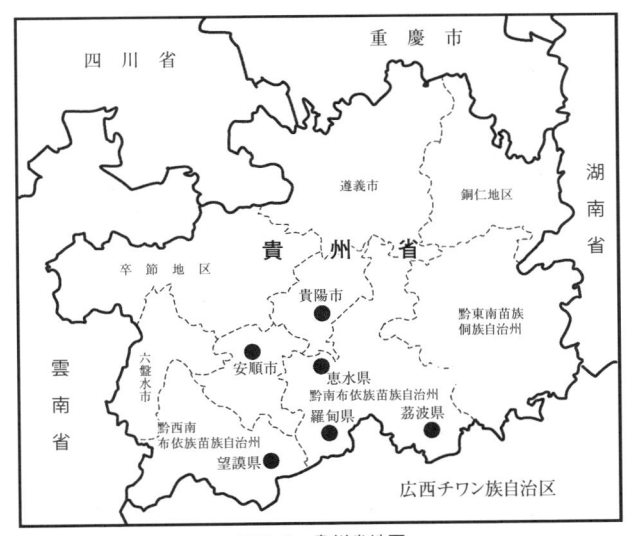

図 2-2．貴州省地図

序　論

は四川省，北は重慶市，東は湖南省，南は広西チワン族自治区と境を接している。平均海抜 1100 m の高原にあり，亜熱帯湿潤気候に属する。省の総面積 17.6 万 km²，総人口は 2009 年時点で 3798 万人である。省内には漢族以外にも 17 の少数民族（主要なもののみ）が暮らしており，2009 年末の時点で総人口の 39％が少数民族[2]である。2010 年の統計では中国全土の中でも 1 人あたりの GDP がもっとも低い省のひとつであり[3]，主要産業は農業と鉱業である。省内は大きく 4 つの市（貴陽市，遵義市，安順市，六盤水市），3 つの自治州（黔東南苗族侗族自治州，黔南布依族苗族自治州，黔西南布依族苗族自治州）およびふたつの区（卒節地区，銅仁地区）に分かれている。

(ii)　貴州省貴陽市の地理的概況

貴陽市は地理的に貴州省の中心に位置しているのみならず，経済や政治においても貴州省の中心地である（写真 2-1）。市域は全体が 7 区 3 県 1 市に分かれていて，本書でおもに記述する花渓区と小河区はそのうちのふたつである。現在の貴陽市があるあたりは春秋時代（B.C. 770～476 年）に中国南方の九大諸侯国のひとつに数えられた牂牁国があったが，秦代になって中央の支配下に入り，牂牁郡が置かれた。居住民族については現在でいうところの少数民族（ミャオ族やプイ族など）が多数派だったが，とりわけ明代（14 世紀後半～17 世紀前半）から漢族の移入が増加し，時代を経た清代中期（18 世紀頃）には漢族の方が多数を占め，おそらく先史時代からこの地域に居住していたとされるプイ族も漢族の勢力拡大とともに漢化（文化的な漢民族化）が進んだとみられる。

「貴陽」という名称が初めて行政区分として使用されたのは明代のことで

---

[2]　貴州省政府の公式サイト，「他民族的大家庭」のページより（http://www.gzgov.gov.cn/gzgov/220958964819427328/20110120/257520.html。2011 年 8 月 24 日閲覧）。なお貴州省政府中国では公認されている 56 の「民族」のうち，漢族を除く 55 の民族を「少数民族」としている。

[3]　貴州省政府の公式サイト，「経済指標」のページより（http://www.gzgov.gov.cn/gzgov/220963358587748352/20110120/257531.html。2011 年 8 月 24 日閲覧）。

第 2 章　山歌への道ならし

写真 2-1．貴陽市の人民広場（2006 年撮影）

ある。その後，清代において今の貴陽市に相当する地域は「貴築県」と呼ばれており，現代の貴陽市より広域の行政区分を指す名称が「貴陽」とされていた。中華民国期には貴陽市が設けられていたが，現代の行政区分とは若干異なり，現在の花渓区は隣接する「貴築県」の中に含まれていた。地理的に「貴陽市」が現在の行政区分になったのは 1949 年中華人民共和国が成立してからのことであり，それ以来貴州省の中心として，省内で経済的にもっとも発展した都市になっている。

貴陽市は 1990 年第四次人口センサスの時点で総人口は 166 万人を数え[4]，その大半は漢族である（約 143 万人）。しかし少数民族も少なからずいる。

---

[4] ここでは手元にある地誌の情報をもとにしているが，中国版 Wikipedia である「百度百科」の「貴陽」の項（http://baike.baidu.com/view/22904.htm#5。2011 年 8 月 24 日閲覧）によると，2010 年の統計で貴陽市の総人口は約 432 万人，うち漢族は約 360 万人と総人口の約 83％を占めている。残念ながらこのサイトではプイ族の人口まではわからないが，おそらくここで述べたのと状況的に大差ないと思われる。

序　論

　もっと正確にいえば，民族識別工作がほぼ完成した1960年代以降，人口の絶対数として増えている。1990年の第四次人口センサス時には貴陽市内に37の少数民族が合計約22万人（総人口の13.67％）いたとされている[5]。そのことを反映して現在，貴陽市内には11の「民族郷」が置かれており，それ以外の地域でも少数民族が少なからずいる。中でもプイ族は1990年の第四次人口センサス時には9万6140人ともっとも多い（貴陽市誌編纂委員会1999）。

　調査を行った花渓区は1958年に設置された貴陽市の下位行政区であり，小河区は1993年に経済技術開発区に指定されたことで花渓区から分離した行政区である。どちらも住民の過半数は漢族であるが，プイ族やミャオ族などの少数民族も多く住んでおり，そのほとんどは農村地域に居住しているとされる。花渓区の総人口は1990年の時点で27万5883人（現在の小河区に住む1万7525人を含む），その後2000年第5次人口センサス時では小河区を含まないにもかかわらず33万7177人に増加，そのうち漢族は22万1253人と総人口の65.62％を占め，少数民族ではミャオ族がもっとも多く6万2827人，その次がプイ族で4万1445人を数える。このふたつの民族が花渓区の主要少数民族である。

　統計上2000年の時点でも農業がもっとも多い職業ではあるが，第一次産業から第三次産業への移行がみられる[6]。小河区は経済開発区であるため工場が林立する工業地帯であり，急速に開発が進んでいるが，一方の花渓区は1998年以来花渓公園や青岩古鎮などの観光地の整備が進められ，2002年に国務院の批准を得て郊外都市区，生態区，観光区，文化区として位置づけられ第三次産業（とりわけ観光業）の振興がはかられている。実際，花渓区の観光地はほとんどが比較的交通の便利な場所にあり，貴陽市の中心地から手軽

---

[5]　1982年のセンサスでは少数民族の人口が約17万人であるのに比べて数字が不自然なまでに急激な伸びを示しているのは，優遇政策が実施されている影響で積極的に身分を少数民族として登録する人が増えたためと考えられる。上記注4に示したように，1990年から2010年のあいだに貴州省における少数民族の割合はわずかに減少しているが，人口そのものは引き続きかなり増えている。

[6]　ちなみに，ここには出稼ぎに行く人々は含まれていない。身分証の上では農業従事者でありながら，実際には工場などで働いている人も少なからずいる。

写真 2-2. 鎮山村（2010 年撮影）

に来ることのできる観光地として人気がある（貴陽市花渓区地方誌編委会 2007）。たとえば花渓区の観光地のひとつである鎮山村（写真 2-2）は花渓ダムのほとりに立つ，おもにプイ族とミャオ族が暮らす風光明媚な村である。1995 年に省政府から「布依族文化保護村」に指定されて以来観光化が進み，2001 年にはのべ 100 万人以上も観光客が訪れるなど観光業において非常に成功している一方，外部との接触が増えたことで文化的には急速に現代化が進み，皮肉なことに観光資源でもある伝統的なプイ族文化は失われつつあるという（楊昌儒 2005）。鎮山村はかなり極端な事例であるが，花渓区も小河区も省の中心地に位置するため，都市化，現代化が貴州省の他の地域に比べても進んでいることは間違いない。またプイ族を含む少数民族の漢化もかなり進んでいるといってよい。

序　　論

(iii)　貴州省羅甸県の地理的概況

　もうひとつの主要な調査地である羅甸県は，貴州省の南の端に位置し，貴州省内でもかなり辺境にある。歴史的には，唐の貞観3年（629年）に「楽安県」が置かれて以来中央の政権支配下に入った。その後さまざまな変遷を経て中華民国3年（1914年）に羅斛県が置かれ，それが中華民国19年（1930年）に羅甸県と改称，中華人民共和国成立後はいくつかの変遷を経て，1956年に黔南布依族苗族自治州に入れられ，今にいたる。

　羅甸県は紅水河を挟んで広西チワン族自治区の天峨県と楽業県に，北側は恵水県に，西側は望謨県に接している。雲貴高原の南の縁に位置していて，東・北・西の三方を山に囲まれ，南側に紅水河が流れている。総面積は約3013 km²，県内の最高海抜は大亭郷老山坪の主峰で1400 mであるが，最低海抜は紅水河沿いの242 mであり，貴州省内でも海抜は低い方である。そのため気候は亜熱帯モンスーン気候に属していて，貴陽よりかなり暖かい（貴陽市の年平均気温は15.7℃であるのに対し，羅甸県の年平均は19.6℃）。

　羅甸県の人口は1990年第4次人口センサス時には総人口27万5574人を数え，そのうち漢族は約9万7千人で総人口の35.45％，少数民族は約17万8千人で総人口の64.55％であり，少数民族の方が多い。中でもプイ族が約14万人ともっとも多く，総人口の半分以上を占めている。その他にミャオ族が約3万人おり，その他の少数民族も約2千人いる（羅甸県地方誌編纂委員会 1994)[7]。

　主要産業は農業であり，林業資源も豊富である。きわめて貧しい地域であり，全国重点貧困県に指定されている。観光地もないことはないが，道路整備が遅れていて今のところ観光化はほとんど進んでいない。県内のかなりの労働人口が沿岸部に出稼ぎに出ており，県内に大学がないことから学生も県

---

[7]　羅甸県における2000年の第5次人口センサスの結果について，民族ごとの人口は手元に資料がないが，総人口は約29万3994人となっている。10年間で約1万8千人増加しているものの，貴陽市と比較して非常に低い人口増加率であり，中国では戸籍の移動が難しいことを考えると，後述のように実際は人口の流出が起こっているのではないかと考えられる。

第 2 章　山歌への道ならし

外に出ていることが多い。近年急速に発展する沿岸部の電力需要に応えるべく内陸部に大型ダムを建設する「西電東送」プロジェクトのひとつとして，2001 年から 2009 年にかけて三峡ダムに次ぐ規模の「龍灘ダム」が紅水河下流の楽業県内に建設され，その結果ダムの上流に位置する羅甸県や望謨県など流域の県の一部が水没することになった。とりわけ羅甸県では影響が大きく，75.91 km^2 が水没，69ヶ村・3505 戸・1 万 7611 人が転居することとなった[8]。羅甸県におけるこの計画の影響は甚大で，本書で調査を行った龍坪鎮にもこのために引っ越してきた住民が数多くいた。2007 年 5 月には「羅甸高原千島湖旅游文化節」が開かれるなど[9]，水没でできたダム湖を「高原千島湖」として観光開発していこうとする動きもあり，今後道路の整備とともに観光化が進む可能性もある。

　羅甸県の中でもおもに調査を行なったのは県庁所在地の龍坪鎮である（写真 2-3）。龍灘ダム建設のために羅甸県の状況は非常に大きく変化している最中のため参考程度にしかならないが，県誌によると面積は 68.06 km^2 で全体が山地である。1990 年の時点で人口は 1 万 7330 人，人口密度は 253 人/km^2 ともっとも高い。住民はプイ族が多く，次に漢族が多い（羅甸県地方誌編纂委員会 1994）。県城ではあるものの信号がひとつもない町で（2006 年に滞在していたときは稼働していない信号があったが，2008 年には撤去されていた），大きな施設はほとんどなく，県で唯一の高校と総合病院がある程度である。ただし中心部にはインターネットカフェが複数（2006 年には少なくとも 1 軒，2010 年には 4 軒以上）あり，ブロードバンドも普及，若者の多くはインターネットでゲームをしたりチャットを楽しんだりしている。またテレビや携帯電話もかなり普及しているなど，情報環境としてはそれほど孤立しているわけでもない。また出稼ぎとして外地に出る人も多いため，経済的に苦しい状況にはあるものの人の移動もかなりある。

8）「以徳移民以情移民—龍灘水電站羅甸移民搬遷紀実」『貴州日報』2006 年 12 月 20 日の記事より。（http://www.powerfoo.com/old_news/newcenter/116657650332852217410019.html。2011 年 8 月 28 日閲覧）
9）「貴州・羅甸"高原千島湖"旅游文化節開幕」『貴州日報』2007 年 5 月 20 日の記事より。（http://gzrb.gog.com.cn/system/2007/05/20/010053094.shtml。2011 年 8 月 28 日閲覧）

序論

写真 2-3. 羅甸県龍坪鎮（2006 年撮影）

3 | プイ族の概略

　本書でおもに対象とするのは「プイ族」と呼ばれる人々である。この民族カテゴリーができたあらましとそれをめぐる言説については次章で論じるので，ここでは現在のごく一般的な概略を述べることにする。特に祭日，飲食文化，服飾文化，婚姻の一般的過程は山歌の歌詞を理解するうえで重要な背景知識となる。

　2000 年の第 5 次人口センサスによると，プイ族は総人口約 297 万人で紅水河と南北盤江流域一帯で暮らしている。人口の大半は貴州省に集中しており，中でも貴州省の中部から南部，南西部にかけて，具体的には黔南布依族苗族自治州，黔西南布依族苗族自治州，安順市に多く，他にも貴陽市，六盤水市，卒節地区，黔東南苗族侗族自治州に住んでいる。また貴州省外では雲南省の羅平県，富源県など，四川省の寧南県などにも住んでいる。

第 2 章　山歌への道ならし

　これらの地域はいずれも山間部であるが，プイ族の集落は「依山傍水」と形容される谷間の川筋に広がる平地にあることが多く，比較的肥沃で気候も温暖であり，農耕に適した土地に立てられている。伝統的にプイ族は農耕民族であり，水稲やトウモロコシ，小麦を主として，アワやコーリャン，貴州省南部ではサトウキビなども栽培している（黄義仁 1999）。ただ現在では急激な近代化とともに都市部に出る人も多い。

　伝統的な家の作りは「干欄式」と呼ばれる，一階部分を空洞にして家畜などを住まわせ，二階部分に生活空間を作る形式である（写真 2-4）。住居部分は基本的に 3 つに分かれている。中央の部屋は祭壇を置いて祖先を祀り，食事などもそこでとる。そしてその左右に寝室や客室，厨房を設けるのが普通である。地域によって家の材質が異なっていることがあり，『貴陽市誌：民族誌』には石板で建てる家についての記述があるが（貴陽市誌編纂委員会 1999）[10]，『羅甸県誌』にはそうした記述がなく，竹や木で建てる，とある（羅甸県地方誌編纂委員会 1994）。もっとも，実際には写真 2-4 のようにレンガ作りのことも多い。また貴陽市などでは漢族の影響も強く受けており，『貴陽市誌』によると中華民国期以降，漢族の影響で平屋が増えたとされている。現在は経済的発展とともにレンガやコンクリート造りの家が増えており，このような作りの家は減っているが，多くの場合一階部分をほとんど空洞にして簡素な居間や物置にしたり売店を設けたりして，二階以上の部屋で人が起居する形式であることに変わりはない（写真 2-5。この家は 1 階部分が漢方の薬屋になっている）[11]。しかしそれでも居間に祭壇を設けることは普通に行われている。例えば写真 2-6 は 2009 年 12 月に貴陽市花渓区の農村で新築祝いが行われた時に撮影した写真であるが，旧来の住居の祭壇と同じく上に祖先を祀る文言が，机の下には土地神を祀る文言が貼ってある（手前の机は儀礼用に設置されたものであるが，それ以外の壁に貼ってある紙や祭壇は普段もこ

---

10) ちなみに安順市でも石板で建てた家が多く見られる。これはカルスト台地であるため石灰石が豊富で，石板が多く採れるためだと考えられる。この独特の建築がみられる集落のなかには，「石板寨」として観光地となっているところもある。

11) もっとも，平屋作りのことも多く，一概にすべての家にあてはまるわけではない。ただ，基本的に漢族の住居形式に近づきつつあるということは言える。

序論

写真 2-4. プイ族の「干欄式」住居（羅甸県）

写真 2-5. 現代的なプイ族の住居（羅甸県）

第 2 章　山歌への道ならし

写真 2-6．祖先祭祀の祭壇（貴陽市花溪区）

のままである）。また写真 2-5 にも見られるように，家の門に「対聯」を貼る習慣も普通に見られる。

　現代的な家でも祖先や神を祀る祭壇が見られることからわかるように，プイ族は基本的に祖先崇拝と天地の神を中心としたシャーマニズム的多神教を信仰していて，祭日や新築祝い，結婚式，葬式などでは「プモ」などと呼ばれる職能者が儀礼を行うことが多く[12]，また家の主人も供え物をする（写真 2-6）。

　プイ族の伝統的な祭日の主なものには「春節」「三月三」「四月八」「六月六」「七月半」などがあり，いずれも旧暦に従っておこなわれる[13]。春節は現

---

[12] プモについては余志清（2007）に花溪区の事例が記述されている。これによると，花溪区のような都市化が進んだ地域でも，道教的要素など漢族の影響はあるものの，プイ族の特徴を残しており，プモ自身も「道教に属するが巫教（シャーマニズム）である」（ibid.: 171）と意識しているという。

[13] これも地方によって多少の違いがあるようだ。『貴陽市誌』には祭日として春節（『貴陽市誌』には「大年」と書かれている），三月三，清明節，四月八，六月六，七月半，重陽節が挙げられているが（貴陽市誌編纂委員会 1999: 173），一方『羅甸県誌』では清明節がなく，祭日として春節，三月十三（「三月三」と同じで日付だけが異なる），

35

序　論

写真 2-7. 羅甸県のちまき（巻きかたは地域によって異なる）

在漢族のものと基本的に同じであるが，旧来プイ族の正月は 11 月か 12 月に行われていたと言われる（韋啓光他 1999）。いずれにしても春節前はもち米を竹の葉で包んだちまき（写真 2-7）を用意し，豚を屠殺して祖先に供える。旧暦 1 月 1 日になる夜は花火や爆竹を盛大に鳴らして祝い，そのあと親族の実家を訪れる。また村や集落をあげて各地でさまざまな催し事が行われる[14]。本書で資料の多くを占める山歌もこのときに政府主催のイベントの一環として行われたものである。春節は旧暦 1 月 15 日の元宵節にふたたび爆竹を鳴らすなどして祝って終わる。「三月三」は旧暦 3 月 3 日に行われる，プイ族の祖先や山神の祭りとされる。この日は祖先に供え物をし，墓地を掃除して墓に紙銭などをつけた棒を挿すなどして祖先を祀る。この日貴陽市の

　　七月半が挙げられている。この違いはおそらく漢族の影響の大小によると思われる。
14) プイ族文化を紹介した文献では，この期間プイ族青年男女が山の上で，刺繍の入った布袋を男女に分かれて投げ合う「丟花包（ティウホアパオ）」という遊びをし，歌を掛け合うなどして交歓するとあるが（韋啓光他 1999），現在こうした遊びはあまり見られなくなっている。

烏当区新堡布依族郷では「伝統民族風情活動」が行われ，多くの人々で賑わい，歌掛けや舞踊などが催される（貴陽市誌編纂委員会 1999）。「四月八」はまたの名を「牛王節」などともいい，旧暦4月8日におこなわれる（こうした命名からわかるように，プイ語でも漢語でもプイ族の祭日は日付から名を取っていることが多い）。この日は田植えが終わる時期であるが，伝説では農業で使役する牛（多くは水牛）の誕生日であって，牛を使役してはならないとされる（韋啓光他 1999）。またこの日も各地でさまざまな催し事が行われる。「六月六」は「プイ族にとってもっとも特色のある伝統的な祭日」であり，正月の「大年」と対になって「小年」と呼ぶ地域もある，とされている（韋啓光他 1999）。ただ『羅甸県誌』にはこの日の記述はないので，地域によっては行われていないこともあるようだ。『貴陽市誌』では五色の餅米で作ったちまきを祖先にささげ，青年男女は外出して遊ぶ「朗紹」（「浪哨」とも書く）をする，とある（貴陽市誌編纂委員会 1999）。最後の「七月半」はいわゆるプイ族の「お盆」である。この日は香を焚いて祖先を家に迎え入れ，供え物をするなどして祖先を祀る（韋啓光他 1999）[15]。

　食文化に関しては，ここまでで多少ふれたように，プイ族は米が主食であり，料理は唐辛子をふんだんに用いることが多く，炒め物と鍋を用いた煮物が多い。材料は大根やアブラナ，チンゲン菜，モヤシなどさまざまであり，食前にはヒマワリの種を食べることが多い。また豚肉の燻製や腸詰めも作る。これらは農村ではかまどの煙でいぶしてつくるのであるが，都市部では市場で買うことができる。肉類は豚が多いが，他にも鶏，牛，犬，馬，その他野生動物なども食べる（犬や馬を食べるかどうかについては地域差がある）。

---

[15] ただ，こうしたさまざまな祭日の活動は現在必ずしもそれほど盛大に行われているわけでもなく，筆者は春節を除いて残念ながらほとんど調査できていない。ただ貴陽市において「四月八」や「六月六」は盛大に観光化された行事としてプロデュースされ，きわめて多くの人々を集めているようである。プイ族文化の現代化や観光化を考えるうえで，こうした伝統的な祭日の変化を見るのは価値があると思われる。またここで引用した各文献その他において，現在こうした伝統的な祭日に人々がどのように過ごしているのかについて具体的記述がないことも指摘しておきたい。これはもちろん文化史や地誌として一般化して書く必要があるからなのだが，同時に「民族」や「文化」を本質化し，過去を静態的に描く技法でもあることは注意しておいてよい。

序　　論

写真 2-8. 春節の料理

　冬には鉄の鍋に青菜や大根などを入れた「火鍋」と総称される鍋料理を食すことが多く，これに唐辛子，胡椒，塩，化学調味料や刻んだネギを混ぜた調味料をつけて食べる（写真 2-8）。米やうるち米などを用いた酒を甕で自家醸造し，ポリタンクなどに保存している。これは多くの場合度数にして30度程度であり，来客や祭日の時はもちろん，日常的にも飲んでいる。とりわけ祝い事の席に酒は欠かせない。春節になると鍋を囲んで多くの料理が並び，お椀に酒がどんどん注がれることになる。第2部で述べるように，こうした光景は山歌の歌詞の中にも歌い込まれている。
　服飾についての基礎知識も山歌を理解する上で重要である。地方によって具体的な様式は様々であるが，おおむね伝統的にプイ族は青色の服を好んで身につけていた。男性の服装はどこでも基本的に大差なく，前にボタンの付いた小さな前身ごろの上着に，幅の広いズボンに布のベルトを巻いていた。女性の服装については方言差に沿う形で地域別に大きく分けて三種類ある

写真 2-9. プイ族女性の民族衣装（羅甸県）

(p.47 の図 2-4 参照)。望謨県や羅甸県を中心とする地域（第一土語区）では伝統的に大きな前身ごろの上着に長ズボンをはき，服の縁に模様が刺繍されている（写真 2-9）。

　貴陽市や恵水県などの第二土語区は服装の種類が多く，頭髪の飾りも複雑であるが，いずれも藍色の服装を好む（ただ，現在はさまざまな色合いの服装が見られる）。小さな前身ごろに袖をしぼった上着，胸元には刺繍をした前掛けをし，頭にはタオルやろうけつ染めした模様つきのターバンをしている。足には口の広いズボンをはき，足下には模様が刺繍されている（写真 2-10）。鎮寧や晴隆，普定など大まかに第三土語区に属する地域では，プリーツのついたロングスカートに上着は大きな襟のついた服が多く，銀の首輪やイヤリングなどの銀の装飾品を身につけることを好む。こうした服装の素材となる布を織り，染めて刺繍することは女性のたしなみであり，上手に布を織って刺繍ができることが女性の有能さ，賢さの象徴となっていた。青年男女の交際の場であった「浪哨（ランシャオ）」では，男女が歌を掛け合うなどしたあと，女性が意中の相手に刺繍の入った布などを送ったとされる（韋啓光他 1999）。

序論

写真 2-10. プイ族女性の民族衣装（貴陽市）

　現在男性が民族衣装を着ることはまずなく，60歳以上の老人がまれに着ていることがある程度である。女性も若い20代以下の人はあまり民族衣装を着ず，冠婚葬祭などの晴れ着として着用することがある程度だ。それより上の世代は地域にもよるが，貴陽市周辺や安順市のあたりでは普通に民族衣装を着ている姿が見受けられる。また刺繍やろうけつ染め[16]は現在観光資源として土産物屋で売られていることも多く，また赤ん坊の背負い帯には通常複雑な刺繍がされていて市場で地元民用にも売られている（写真 2-11）。

　中華人民共和国成立前，プイ族の男女交際は自由恋愛であったが，結婚は見合いが多く，駆け落ちもあった。通常結婚前に「訂婚」という婚約の過程があり，ここでは新郎側2，3人が贈り物を持って新婦家におもむき，「吃訂亲酒（チーティンチンジウ）」という儀礼を行う。ここで新婦の家に送る婚資（聘金（ピンチン））を決める。これは花嫁の化粧代であって花嫁の代価ではない。これが合意に至れば

16）プイ族の布は多くの場合ろうけつ染めである。

結婚へと進む。婚姻は人生の一大事であるため，秋の終わりか春節の農閑期に行われることが多い。結婚に際して新郎側が酒や蚊帳，布団などを送り，新婦側は結婚式前日に儀礼を行う。新婦側の花嫁道具は新しい家に必要なあらゆる日用品であり，これらは全て女性個人の財産であるとみなされている。また，親類縁者もさまざまなお祝いを新婚夫婦に送る（写真 2-12）。結婚式の 1 日目，新郎側は唢吶（チャルメラ）などからなる楽隊を呼んで迎えに行く。新郎が新婦の家に着くと新婦側がもてなし，新郎側と新婦側で歌掛けを行う（これが第 2 部に出てくる「酒歌」である）。2 日目の早朝，新婦は天地と新婦側の祖先に跪いて結婚を報告する儀礼を行う。それが済んだら新婦は新郎側の村に出発する。新郎の家に着いた後は地方により過程がさまざま異なる。50 年代までは新郎と新婦は結婚後同じ家に住まず，新婦は子どもが出来るまで生家にとどまる「不落夫家」という習慣があったが，現在これはほとんど行われていないようだ（韋啓光他 1999）。

4　山歌に用いられる言語の概要

　最後に山歌に用いられる言語の概要についてまとめておく。山歌に用いられるのは漢歌なら中国語（漢語）貴州方言，プイ歌ならプイ語である。ここでは山歌の歌詞を理解するために必要な声調と最低限の文法事項について概説する。

（i）　漢語貴州方言

　まず貴州方言の話に入る前に，中国語一般，特に標準中国語（普通話）についてごく簡単にまとめておきたい。中国語はシナ・チベット語族に属する言語である。声調をもち，孤立語（語尾変化などがない）で，単音節言語であることが特徴とされるが，実際は必ずしも単音節語でもなく，むしろ二音節語がかなり多い。標準中国語は北京語を基盤として確立された中国の共通語で，中華人民共和国成立後に制定され，現在中国のほとんどあらゆる地域で

使用されている。中国語は21の子音と10の母音が音素として立てられており[17]、声調は4つ（第1声＝55、第2声＝35、第3声＝214、第4声＝51）、ただし軽声（軽く発音され本来の声調を失う現象）や変調など、音節がつながることによって本来の声調が変化することもある。また語尾にr（[ɚ]または[ɻ]）が加わる「r化」もある。

文法に関しては、孤立語であるため語順が意味を解釈する重要な決め手になる。基本語順はSVO型であるが、介詞（前置詞）の「把」などを置くことでSOV型の文を作ることもできる。副詞は動詞の前に置き、時間や場所を表す語句は主語と述語の間に置くことが多い。その他具体的な語順はさまざまな基本型がありかなり複雑で、しかも実際に運用する際にはかなり自由に語順が入れ替わりうる。こうした複雑な語順の問題に対してラポッラは、トピック—コメント構造のみが中国語の本質的な文法構造であり、その他の語順は語用論的に決められるとする考え方を提案している。つまり、中国語の文にはSやOがあるわけではなく、「トピックtopic」（主題）と「コメントcomment」（簡単にいうと、主題に対して話者が言いたいこと。しばしば焦点focusと同じ要素）の連なりとして理解するべきであり、動詞が中間に入っている文では、動詞が基本的にその前に来る要素をトピック、後に来る要素を焦点として区別する機能をもつこと、また、トピックと焦点を区別するように構文が成りたっていると主張した。そのうえで、中国語の統語構造を理解するには（単純に規則を抽出しようとするのではなく）語用論的、意味論的関係の役割とその間の相互作用を明らかにする必要がある、としている（LaPolla 1990; 1995）。つまりごく単純化していえば、中国語の語順は「背景となること」と「言いたいこと」を原則としてこの順で述べている（どちらか一方だけしかないこともある）、ということである。おそらくこれは中国語の統語構造に対する、今のところもっともシンプルで包括的な理解の仕方であろう。

さて、こうした中国語一般の特徴をふまえて、山歌の歌手たちが使用している貴州方言について述べていこう。漢語（中国語）貴州方言は北方方言の

---

[17] 伝統的に中国音韻学では頭子音を「声母」、音節から声母を除いた部分を「韻母」と呼ぶ。

第 2 章　山歌への道ならし

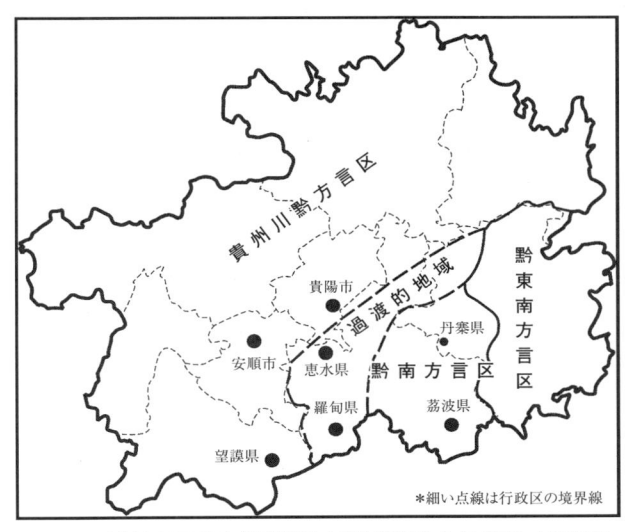

図 2-3. 貴州方言区分図（貴州省地方誌編纂委員会（1998）より改変）

西南官話に属する。発音，語彙，文法（中でもおもに発音）を規準にすると，貴州方言は 3 つに区分される。第一は省内の大半で使用されている貴州川黔方言，第二は黔東南苗族侗族自治州の大部分と銅仁地区の南側で使用される黔東南方言，そして第三は黔南布依族苗族自治州の大部分と黔東南苗族侗族自治州の丹寨県一帯で使用される黔南方言である。図 2-3 に見られるように，本書で漢歌の調査を行った地域のうち，羅甸県と恵水県は貴州川黔方言と黔南方言の過渡的地域，貴陽市と安順市は貴州川黔方言区に含まれている。貴州省は元代には湖広行省，四川行省，雲南行省の領域に分割されていた。明代の永楽 11 年（1413 年）に貴州省が設置されたが，その際大規模な軍屯，民屯制度が施行され，外地から大量の漢族が流入してきた。この際漢族はおもに北の四川省からと東の江西省，湖南省地域から来ている。貴州方言の区分にはこうした貴州省の漢族移民史が大きく関わっている。ただ黔南方言は一般の西南官話と大きく異なっており，発音はむしろ湘贛方言に近い。黔南方言が話されている地域は明清以前には四川省に区分され，時には湖広行省（湖北省および湖南省，さらに広東と広西の一部を主に管轄した行政区域）の

序　　論

支配下に入ったり，明清期に都匀府(といん)の管轄下に入れられるといった変遷はあるが，全体として安定した行政区であったことから，上述の方言区が定着したと考えられる。ただこうした方言区分は現在急速に失われつつある。老年，中年，青年の三世代で発音や語彙，文法面において一定の違いがあり，特に青年層は方言差が小さくなっている。たとえば黔南方言は元々声調が5つあったのが，近年は一般の貴州方言と同じ4声調に変わりつつある（貴州省地方誌編纂委員会 1998: 1-3）。

　標準中国語（普通話）との違い，および貴州省内の方言差がもっとも大きいのが発音である。声調については第5章で述べるので，ここではそれ以外の特徴について述べることにする。標準中国語と比べて貴州川黔方言，特に貴陽方言の発音における概略的特徴は以下の通りである[18]。

　　(1) 母音・子音が比較的少ない。母音は19，子音は32ある。声調は黔南方言を除いて4つ。調値はそれぞれ各地で若干異なる。
　　(2) 子音の zh [tʂ]，ch [tʂʰ]，sh [ʂ] はそれぞれ z [ts]，c [tsʰ]，s [s] に変化する。
　　(3) i [i]，u [ʊ]，o [o] が音節の頭に来たときを除いて，子音がない音節では [ŋ] を音節の頭で発音する（「我」[ŋo] は例外）。
　　(4) 子音の r [ɻ] は z [ts] に変化する。
　　(5) l [l] と n [n] の弁別がない。実際の発音がどちらかは個人差がある。
　　(6) 音節末の ng [ŋ] が n [n] に変化する。
　　(7) ü [y] は i [i] または iu [joʊ] に変化する。
　　(8) いわゆる「r化」（語尾にrが付け加えられる現象）は存在しない。もしrを発音する場合は単独に発音する。
　　(9) hu [xu] は fu [fu] に変化する。
　　(10) 母音の e [ɤ] は [o] または [ɜ] に変化する（どう変化するかは単語ごとに決まっている）。

---

[18] ここに挙げた特徴は，2006年に貴州大学で受けた貴陽方言の個人授業中に配布された資料をもとにしている。貴州省の漢語に関する包括的な研究である貴州省地方誌編纂委員会 (1998) の記述多少異なっているが，こちらの方が私の調査の実感に合っているのでこちらを本文中に挙げることにした。カギ括弧の前に書いてあるアルファベットがピンイン表記，カギ括弧内が国際音声記号による音声表記である。

(11) 軽声（本来の声調を失い軽く弱い音になる現象）はない。また変調（tone sandhi）は基本的に標準中国語の軽声に相当する部分で発生する。変調はおおざっぱにいって陽平調（調値＝21）が音節の頭に来た場合，後続の音節の声調が陰平調（調値＝55）に変化する（必ずしもすべての場合でそうなるわけではない）。

　一方，恵水県や羅甸県の属する過渡区における発音の特徴は上に挙げた特徴以外には，末子音の [n] が脱落する程度である（貴州省地方誌編纂委員会 1998）。

　貴州方言はいずれも語彙や文法に関して標準中国語とあまり変わりはないが，特徴的な違いも多々ある。すべてを詳細に取りあげるときがないので，代表的なものだけを挙げていく。

・語義
(1) 標準語にもあるが意味が異なる。
e.g. 悩火「出来事や人が耐え難いこと」（標準語「腹を立てる」）
(2) 標準語と貴州方言で基本的な語義は同じだが，用法が多少異なる。
e.g. 早晨「早朝」（標準語では文章語だが貴州方言では日常的に使う）

・文法[19]
(1) 名詞の重ね型が多い。ただし動詞は通常重ねない。基本的に末尾に「子」を加えたものと同義であるが，より小さいことを含意することが多い。
e.g. 葱葱「ネギ」＝葱子，太太「祖母」＝太
(2) 動詞「得 de^{21}」と「着 $tsau^{42}$」
どちらも「〜される」という受け身を表す。「得」は何らかの望ましい出来事に出くわしたこと，「着」は何らかの望ましくないことに出くわしたことを意味する。
e.g. 你得看了「君は見えた」，我着騙了「私は騙された」
(3) 「把 VP 了」構文
「把」は標準中国語では名詞としか結合しないが，貴州方言では動詞に結合して，驚きや感嘆を表す。

---

[19] ここの各項目は基本的に注 18 で言及した個人的資料に基づいている。中でも (3) と (4) は貴州省地方誌編纂委員会 (1998) と矛盾している。貴州省の方言研究はそれほど進んでおらず，今後より確かな研究がされることを期待したい。

e.g. 你把来了「君来たのか！」
(4)「V 倒 tau³」：動作が既に目標を達したことを示す。
e.g. 买倒了。「もう買った」＝买得倒
なお，貴州人でもよくこの補語を「到」と書き誤るが，両者は全く異なる意味である。「到」は動作が目的に達することを示す。よって，たとえば"走不倒"は「（疲れて）歩けない」という意味であるが，"走不到"は「たどり着けない」という意味になる。
(5)「V 起」：事態が予定の状態に達したことを示す。
e.g. 饭做起了。「食事ができた」

その他，特に山歌の歌詞の解釈で方言であることが明確であり，解説が必要なものがあればそのとき適宜指摘していくこととする。

(ⅱ) プイ語

もうひとつの山歌であるプイ歌で使用される言語がプイ語である。プイ語はタイ・カダイ (Tai-Kadai) 語族カム・タイ (Kam-Tai)[20]語派の北タイ語系統に分類されている (Edmondson and Solnit 1988; 1997)。中でもチワン語とは非常に近い関係にあり，事実上チワン語南部方言からチワン語北部方言，プイ語までを方言の連続体と見ることができる。チワン語北部方言はチワン語南部方言よりむしろプイ語に近い (Snyder 2008)[21]。プイ語はおもに発音面で方言差があり，大別すると「第一土語区（黔南土語区）」「第二土語区（黔中土語区）」「第三土語区（黔西土語区）」の3つの方言区に分けることができる（図2-4）。

本書で取り上げるプイ歌はおもに第一土語区に属する羅甸県で収録された

[20) 中国国内では一般に「壮侗語族」と呼ばれる。
[21) こうした分類についてはまだ多少の議論は残されているが，基本語彙を統計学的手法を用いて処理し系統樹を作成しても，基本的には Edmondson and Solnit (1988; 1997) の分類が支持されること，またチワン語とプイ語の関係がきわめて近いことがわかっている（鄧暁華・王士元 2009: 88）。カム・タイ語派の分類に関する総説，分類と統計学的手法を用いた結果と考古学，歴史学の成果を付き合わせて検討した研究についても鄧暁華・王士元 (2009) を参照。

第 2 章　山歌への道ならし

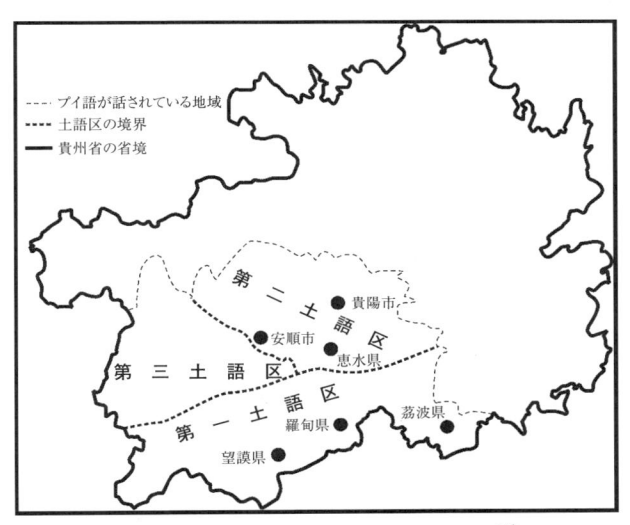

図 2-4．プイ語方言区（喩翠容 1980 より改変[23]）

ものであり，他に第二土語区に属する貴陽市で収録されたものもとりあげることになる。両者は発音がかなり異なるが，文法や基本語彙は共通性が高いため，ある程度は通じる。

　後述するプイ語文の規準となっている望謨県のプイ語では，子音は 32，母音は二重母音と末子音が加わっているものを含めると 77 ある。声調は 8 つであり，うち 2 つは促音に当てられている。プイ語の特徴として，漢語やチワン語に見られるような変調（tone sandhi）は見られず，常に声調は規則通り発音される（Snyder 2008）。

　プモが祭文を記録するために漢字を流用してプイ語を記述した「摩経(モーチン)」という例外はあるが[22]，これはあくまで本人が記憶するためのものであり，歴

---

22) 摩経はプイ族の宗教研究のみならず，漢族と交流のある民族がどのように漢字を流用してきたかを研究する上で重要な資料である。摩経の文字は地域によって次の三種類に分けられる。(1) 六盤水一帯（第三土語区）で使われる比較的抽象的な記号。宣教師のポラード（S. Pollard）が 1909 年にミャオ語を記述するために作った文字に由来すると考えられる表音文字 (2) 威寧や雲南省寧蒗県一帯（第三土語区）で使用される，

序　論

　史的にプイ語には文字がなかった。だが中華人民共和国成立後，共産党の民族政策の一環として文字の創出が試みられた。1956年から中国科学院少数民族語言調査工作隊による調査とそれに基づく草案の作成，試行と修正が行われ，布依語の正書法として「プイ語文」が1995年正式に党中央によって批准された。この正書法はアルファベットを用いた表音文字体系である。第一土語区に属する望謨県復興鎮を発音の規準としており，とりわけ第一土語区に属する方言はかなり正確に記述することができる。このプイ語文と国際音声記号の対応表が表2-2，表2-3，表2-4である。本書の主要な資料である羅甸県のプイ歌については，基本的にこのプイ語文を用いて書き起こしを行っている。また，声調については音節末に表2-2にあるアルファベットを加える。つまり，プイ語文では以下の例のように，1音節は「(頭子音)+母音+(末子音)+声調」で記される。また単語の切れ目で間隔をあける。

　　e.g. oix → oi（母音）+ x（声調）「サトウキビ」[24]
　　　　bux → b（子音）+ u（母音）+ x（声調）「人」
　　　　byagt → by（子音）+ a（母音）+ g（末子音）+ t（声調）「野菜」

　プイ語は中国語やタイ語などと同じく孤立語であり，語順によって語の機能が決定される。プイ語の品詞には名詞，代名詞，動詞，助動詞，形容詞，副詞，助詞，数詞，量詞（名量詞と動量詞），前置詞，および接続詞がある。接続詞の多くは中国語からの借用語である。語順の基本型はSVO型であり，副詞のほとんどやいくつかの例外を除けば（例外は多くの場合単語依存的である）一般的に修飾語句が被修飾語句に後置される。品詞とともにプイ語の基本的語順を図示すると図2-5のようになる[25]。

　　自ら創作した表意文字と一部漢字を使用した文字（3）漢字の一部を組み合わせて作った文字。摩経の多くは（3）の形式で書かれている（周国茂2006）。
23）喩翠容（1980）にある地図がかなり不正確で境界線の位置にあいまいなところがあるため，この境界線の位置は参考程度である。ただこの著作における解説を見る限り，本書に関係する箇所については正しいと思われる。
24）ただし，プイ語文において母音で始まる音節では，実際の発音には頭子音として声門閉鎖音が入る。
25）この図は羅平先（1993）やプイ語の教科書である王偉・周国炎（2005）を元に作成し

第 2 章　山歌への道ならし

表 2-2．プイ語文における声調記号

声調番号	1	2	3	4	5	6	7	8
調値	24	42	52	31	35	33	35	34
表記	l	z	c	x	s	h	t	なし

表 2-3．プイ語子音一覧

子音	国際音声記号	子音	国際音声記号
b	p	q	tɕ^h
p	p^h	ny	ɲ
mb	ʔb	x	ɕ
m	m	y	j
f	f	z	ts
w	v	c	ts^h
d	t	s	s
t	t^h	r	z
nd	ʔd	by	pj
n	n	my	mj
l	l	qy	ʔj
g	k	gv	kw
k	k^h	ngv	ŋw
ng	ŋ	qv	ʔw
h	x	(sl)	ɿ
j	tɕ	(hr)	ʅ

語順の例外について，おもなものは以下の通りである[26]。

(1) ndeeul［数］「1」：通常数詞は［数詞＋量詞＋名詞］という語順であるが，ndeeul だけは［量詞＋名詞＋ndeeul］となる。
(2) 分詞的動詞を形容する形容詞は前置する。
e.g. ndil［形］「よい」，gueh［動］「する」＝ndil gueh「やりやすい」

ているが，動詞が目的語になりうるなど奇妙な点が含まれており，品詞の分類が本当に正しいのか疑問がある。プイの文法記述は比較的詳細に行われているとはいえ，中国語の水準にはほど遠く，より詳細な統語論的，意味論的，語用論的研究が待たれる。

26) これ以外にもさまざまな構文規則がある。それらを列挙したものに羅平先 (1993) がある。さらに包括的な文法記述に喩翠容 (1980) がある。

序　論

表 2-4. プイ語母音一覧

a [a]		o [o]		ee [e]	i [i]		u [u]		e [ɯ]	
Aai [a:i]	ai [ai]	oi [oi]							ei [ɯi]	
aau [a:u]	au [au]			eeu [eu]		iu [iu]				
	ae [aɯ]				ie [iə]		ue [uə]		ea [ɯə]	
aam [a:m]	am [am]	oom [om]	om [ɔm]	eem [em]	iam [iəm]	im [im]	uam [uəm]	um [um]	eam [ɯəm]	
aan [a:n]	an [an]	oon [on]	on [ɔn]	een [en]	ian [iən]	in [in]	uan [uən]	un [un]	ean [ɯən]	en [ɯn]
aang [a:ŋ]	ang [aŋ]	oong [oŋ]	ong [ɔŋ]	eeng [eŋ]	iang [iəŋ]	ing [iŋ]	uang [uəŋ]	ung [uŋ]	eang [ɯəŋ]	eng [ɯŋ]
aab [a:p]	ab [ap]	oob [op]	ob [ɔp]	eeb [ep]	iab [iəp]	ib [ip]	uab [uəp]	ub [up]	eab [ɯəp]	
aad [a:t]	ad [at]	ood [ot]	od [ɔt]	eed [et]	iad [iət]	id [it]	uad [uət]	ud [ut]	ead [ɯət]	ed [ɯt]
	ag [ak]		og [ɔk]	eeg [ek]		ig [ik]		ug [uk]		eg [ɯk]

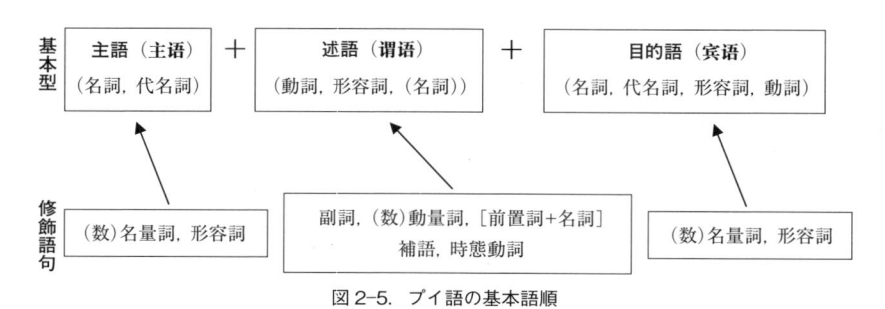

基本型：主語（主语）（名詞，代名詞） ＋ 述語（谓语）（動詞，形容詞，(名詞)） ＋ 目的語（宾语）（名詞，代名詞，形容詞，動詞）

修飾語句：(数)名量詞，形容詞 ／ 副詞，(数)動量詞，[前置詞＋名詞]，補語，時態動詞 ／ (数)名量詞，形容詞

図 2-5. プイ語の基本語順

(3) 助動詞：常に動詞の前に置く。
(4) 副詞：一般的に被修飾語句の前に置く。
　　・例外：dazraaix「本当に」，jazxiz「非常に」，goons「先に」など
　　e.g.　　ndil　　　　　dazraaix：「本当によい」
　　　　　　ADJ「よい」　　ADV「本当に」
(5) 前置詞（介詞）の中には後続の名詞とともに被修飾語句の前に来るものがある。
　　e.g. dais「～から」，riangz「～と」，aul「～で，～を」

　プイ語は現在，徐々に衰微しつつあり，また中国語からの影響を強く受け続けている。2006年から2008年にかけて貴州省各地に住むプイ族のプイ語使用状況を広域的に調査した周国炎（2009a）によると，現在のプイ語使用状況は3つに分けられる。

　第一は「母語強勢型」である。この状況はプイ族が比較的集中して住んでおり，プイ語が日常生活において第一言語として使用されている場合にみられる。こうした地域では中国語も場合によっては重要な役割を果たしているが，地域の主要言語はプイ語であり，他民族が自らの言語を捨ててプイ語を使用していることすらある。周国炎らが調査した中では望謨県などが相当する。本書で滞在した羅甸県も布依族同士は頻繁にプイ語を使用しており，ここに相当すると思われる。

　第二は「漢語強勢型」である。これはプイ族と漢族が雑居していたり，漢族や他の少数民族の集住する地域にプイ族が混じって居住している場合である。こうした地域において，人々は家庭内などでプイ語をまだ主要言語として話しているが，同時に多くの状況で漢語も使用している。こうした地域ではわずかにプイ語しか解さない人もいるが，ほとんどの人は漢語を理解し，十分使いこなすことができる。また外部との交渉も漢語で行うのが普通である。周国炎らが調査した中では貞豊県北盤江鎮などが相当する。

　第三は「母語瀕危型」である。これはプイ族の集住する地域，散在している地域や他民族と雑居している地域で，ほぼ完全にプイ語を放棄して漢語のみを使用している場合である。20世紀中頃から様々な要因で言語観に変化が生じ，多くの場合母語を話さなくなり，子どもにも母語を伝えなくなって

いる。他民族と結婚した場合も新しい家庭では漢語のみを使用することが多い。こうした地域では，1980年代にはすでにプイ語が衰退する状況が発生していたとみられている。現在は漢語強勢型の地域も漢語単独使用になりつつある過渡期にある。本書で調査した貴陽市花渓区もこうした地域に含まれる。なお，周国炎らは調査を行っていないが，荔波県はおそらく母語強勢型，恵水県は調査した集落が後述する輝岩寨のあたりなので母語頻危型である。安順市龍宮鎮や清鎮市もおそらく母語頻危型であろう。

　以上のサーベイは広域的なものであるが，こうした区別はより狭い地域の内における村レベルの単位で異なっている可能性がある。龍海燕（2008）はそれぞれ経済状況や社会環境の異なる貴州省北西部にある六枝特区石頭寨，および恵水県内の三カ所の集落（龍泉寨，打冉寨，輝岩寨）を調査した[27]。その結果は次の(1)〜(4)の通りであった。(1) 現在観光開発に成功しつつあるが，経済状況はまだ悪い石頭寨では，村民は皆漢語とのバイリンガルで，観光客の対応には漢語で行うが，日常生活ではプイ語が絶対的に優勢であった。(2) 恵水県内で比較的辺鄙な場所にあり大多数の村民は貧困状況にある龍泉寨では，大部分の村民がバイリンガルであり，プイ語と漢語の使用状況が拮抗していた。ただし20歳以下では漢語のほうがプイ語より流暢であった。(3) 貴州省最大のプイ族集落のひとつでありながら経済的には貧しい打冉寨では状況が進行しており，50歳以下の人々は基本的にプイ語を話すことができなくなっていた。(4) 平地で経済状況のよい輝岩寨では，70歳の老人の父親がかろうじてプイ語を少し話せた程度で，調査時点ですでにプイ語の話せる人はいなくなっていた。こうした結果から，一般的に都市部から離れ，経済的に発展していない地域ではプイ語がよく守られており，逆に都市部（貴陽市など）に近くなればなるほどプイ語が失われる傾向があることは明らかである。

　この調査が示すように，プイ語の使用状況を厳密に明らかにするためには周国炎らの調査以上の精密さが求められるが，ひとまずの分類としては周国

---

[27] 龍は調査時期を明記していないが，おそらく論文出版時の2008年からそう離れてはいないと思われる。

炎（2009）のものを目安として差し支えないだろう。本書が扱う地域の言語状況がどの分類に入るかはすでに述べた。第3章でも触れるように，漢語が主要言語となっている地域では漢歌が，プイ語が主要言語となっている地域ではプイ歌が歌われている。そして周国炎や龍海燕の研究が示すように，何語が主要言語となっているかは社会的・経済的状況がどうなっているかということと深い関係がある。

*

　調査地の概略は以上である。それでは，「山歌とはなにか」を問う本論に入ることにしよう。まず第1部では山歌をとりまく社会的環境を見ていくこととする。

コラム 1

貴州の食事

　はじめに書くのもなんだが，私は食べ物に対する興味がかなり薄い人間である。基本的に食事を選ぶ基準は「そこそこおいしければうれしい」と「前回の食事とまったく同じものはあまり食べたくない」というふたつしかない。しかものべ2年，足掛け7年もいると，貴州の食事がすっかり「日常」になってしまう。そのため，残念ながらほとんど料理の写真というものをまともに撮っておらず，帰ってきてから「どんなもの食べてたの？」と聞かれてもお見せするものがあまりなくて困ってしまう。とはいえ，帰ってきてみるとやはり日本にはなかなかない料理ばかりである。そこで，現地の生活を少しでも知っていただくために，どういうものが食べられているか，いくつか紹介してみようと思う。

　貴州は四川料理に連なる辛いもの文化圏であり，四川料理の山椒をふんだんに使ったピリ辛に対して，貴州料理は山椒を使わずひたすら唐辛子を大量に入れるか，さらに酸味をつけて酸っぱからい味に仕上げる（中華料理屋で最近見かける「酸辣湯」がそうである）。「辣椒」と呼ばれる唐辛子やそれから作るペースト（いわゆる「食べるラー油」）にはそれぞれ地元の好みがあるらしく，農家に行くとよくかまどの上に唐辛子が大量につるされて燻されていたりする。ちなみに日本でも中華食材店などにいくと「老干妈」という貴州ブランドの辣椒が売られていて，手軽に貴州料理の味が楽しめる。

　その辣椒をこれでもかと味わえるのが「燃麺」である。私はこれを羅甸県のある農家に泊まった次の朝に一度食べたきりなのだが，あまりに衝撃的だったのでここで真っ先に紹介せずにはおれない。これはスープなしで，どんぶりにゆでた麺を入れ，その上に辣椒と塩，味の素を載せて混ぜる料理である。燃麺は地方ごとに特色があり，あとで貴陽市の友人に聞いたところ私の食べたのは湖南系の燃麺であるらしい。貴州人はほとんどなににでも辣椒を大量に使うのでつくづく「具のように辣椒を食べるなあ」と思うのだが，

この料理に限っては本当に具が辣椒である。もちろんすさまじく辛い。私は汗をかきながらなんとかどんぶり少なめで食べたのだが，私と一緒に食べたその家の子ども（小学生）はどんぶりに2杯食べていた。もはや貴州人は鍛え方が違うとしか言いようがない。

　日本で一般に食べられている中華料理は唐辛子をまったく使わない広東料理がベースなので，全般に甘い味付けになっていることが多い。私も回鍋肉や麻婆豆腐は貴州に行くまで甘いものだと思っていた。ところが同じ名前の料理が，貴州ではどれも辣椒まみれ。しかも豚肉は脂身が多い。街中の安食堂で食べる回鍋肉は厚手の豚肉ではなく，薄切りの脂身9割赤身1割の豚肉だった。こんな脂身は日本のスーパーではまず見かけないが，貴州の市場では赤身と脂身が並んで売られていて脂身の方が安いので，安い所で食べる肉は脂身が多くなる（ちなみに市場では普通豚肉が解体されたままの塊で並んでいてその場で量り売りしてくれる。売り場はハエが結構たかっているがたぶんみんなあまり気にしていない）。この肉にネギと辣椒，調味料を加えて炒めたものが貴州の回鍋肉である。日本の回鍋肉とは全然違う。ものすごく辛い。そして脂身のうまみがこってりと効いている。旨い。

　こういう辛いものばかりの場所に行くということは辛党なのだとよく勘違いされるが，私は元来甘党である。貴州に行く前は辛いものがぜんぜんだめだった。寿司はもちろんわさび抜き，カレーは中辛が限界。人間やればできるもので，何年も通っているうちに辛いものもそれなりに食べられるようになり，日本にいるときは貴州の辛い食べ物が恋しくなることもあるが，それでも基本的には辛くないものが好きである。貴州で食べられる辛くない料理のなかで一番のお気に入りは「老鴨湯（ラオヤータン）」だ。貴州大学周辺をはじめ，貴陽市にはいくつかこの鍋料理を出す店がある。これはアヒルが丸一羽入った鍋で，他に大根やナツメなどでスープを作って煮込む。好みで白菜などを入れてもよい。本当にアヒルの首や頭

写真1．老鴨湯

や足が入っているのに最初は驚くかもしれないが、アヒルから出る自然な出汁と濃厚なスープにやわらかく煮込んだアヒルの淡白な肉が調和して実にまろやかでおいしい。

　ただ、この鍋料理は意外と作るのが難しいらしく、家庭ではあまり食されていないようである。冬のあいだ羅甸県に滞在しているときは現地の方の家で毎日のように鍋を食べていた（頻度は下がるが貴州人は夏でも鍋を食べる）。貴州の鍋はたいてい丸い鉄鍋を使い、大根や白菜、菜の花、もやし、豚肉といった具を入れて煮る。調味料は刻んだネギやショウガ、つぶしたニンニク、塩に味の素や唐辛子（この場合は乾燥粉末）などで、これらを小皿に入れてスープを入れればできあがりである。これだと各人好きなように調味料を付けられる。辛いのが好きならたっぷりつければいいし、苦手ならちょっとつけるだけでよい。安いが素朴で体にもやさしい料理だ。調味皿はテーブルに置くこともあるが、写真2のように羅甸では鍋の縁にひっかけて使う調味皿置きが使われることも多い。これだと鍋を囲んでいても調味皿はひとつで済んで便利だ。日本にもあればいいのにという気もする。

　ところが、この調味皿置きは日本ではおそらくあまりはやらない。なぜなら写真2をよく見てほしい。椅子が非常に低く、座っている人が中腰ぐらいの姿勢になっていることがわかる。しかもそこから下に向けて箸を伸ばしている。そう、羅甸のあたりでは人々の生活空間が非常に低い位置にあるのだ。だから鍋の上に調味皿を置くと丁度良い高さになる。日本の鍋の置き方だとうまくいかないだろう。羅甸や望謨などでは鍋料理に使用するコンロや火鉢は地面に直接置くかテーブルの上に置く。そのテーブルも膝ほどの高さもないほど低い。だから鍋や皿が並ぶ位置もとても低い。その低いテーブルを囲んで人々は食事をする。春節などのお祝いごとの時はそこにところ狭しと料理が

写真2. 羅甸の鍋

序論

写真3. 貴陽市郊外にある民家の練炭ストーブ

ならぶのは，第2章の写真2-8にあるとおりだ。ちなみに，貴陽市のあたりになるとたいていの家にはテーブルを兼ねた練炭ストーブがあり（写真3），その上に鍋や皿を並べて食事をする。だから食事をする位置も高くなり，椅子も高い。これは貴陽のあたりの冬はとても寒く，ストーブで部屋中を暖めなければつらいからである。羅甸の冬もかなり寒いが，それでも貴陽よりはましで，大きな練炭ストーブがなくてもとりあえずは過ごせる。

　ちなみに写真3には自家製の蒸留酒入れとお茶のポットが写っている。ポリタンクとテーブル奥にあるホーローの取っ手と蓋が付いた大きなマグカップのようなものがそれである。第2章でふれたが，貴陽でも羅甸でもほかの地域でも農家はよく自分の家で「米酒（ミィチュウ）」と呼ばれる蒸留酒（米焼酎）を作っており，それをこのポリタンクに入れて出してくる。味は家によってかなりばらつきがあるが，たいていはなかなか美味である。日本の焼酎よりも雑味があるというかコクがあるというか，ともかく味が少し濃いような気がする。夕食に来客があったりしてちょっとした宴会になると，ここからコップや茶碗に酒をなみなみと注いで「乾杯（カンペイ）！」の声とともにストレートで飲む（掛け声には反するがさすがにコップや茶碗で一気飲みはあまりしない）。いっぽう昼間はホーローカップに茶葉を入れ，やかんで沸かしたお湯を注いでお茶を淹れ，お茶をどんどん飲む。茶葉の種類はたいてい，苦みのなかにうまさがある「苦丁茶（クーティンチャ）」だ。ちなみに貴陽ではみんなお茶をよく飲むが，プイ族はもともとあまりお茶を飲む習慣がなく，羅甸のように漢族からの影響がうすいところだと白湯（さゆ）を飲む。

　食事の席の取り方もよく見ると興味深いことに気付く。食事は核家族程度の人数であれば家族全員でひとつのテーブルを囲むのだが，貴陽市の都市部のようなところは例外として，それ以上の人数になると男女別々に座ること

が多いのだ。その場合男性は家の入口に陣取り、女性は調理場に近い所に集まる。貴州（そしておそらく中国一般）では毛沢東時代に男女平等を推進したせいか男性が食事を作ることもままあるのだが、それでも厨房は女性の場所という傾向がまだあるようだ。

　ほかにも、貴州大学の宿舎にいるときによく食べた一人鍋の「砂鍋粉（サーグオフェン）」、見た目は日本の手作りの餅とあまり変わらないのに焼いてもぜんぜん膨らまない餅（炒めることすらある）、犬鍋や馬鍋（意外とおいしいが……）、凱里で食べた蜂の子炒め（ごちそう）、独特の臭みがくせになるドクダミの根（庶民の料理）に「千里も臭う」と臭さをアピールする青岩名物「臭豆腐（チョウトウフ）」（他地方とは形が違う）、やたらある不思議なローカルビールブランド（たいてい生ぬるいまま飲む）などなど、貴州にはこのコラムで紹介しきれなかった珍味や美味がたくさんある。どれも日本の料理屋ではまず味わえない。ぜひ一度、貴州に行って味わっていただきたい。

第 1 部

山歌の社会的環境

　序論を踏まえたうえで，第1部では山歌の社会的環境を記述してゆく。いかなる出来事も社会において成立している。山歌もその例外ではない。この部では「山歌とはなにか？」をその社会的側面から明らかにしてゆくために，山歌という出来事の遠景から出来事の現場へ，そしてそこにいる人々の内面へと迫ってゆく。歌い手が背負う「民族」という言説，山歌のたどってきた歴史，山歌をとりまく政治的・社会的状況，山歌を歌う場，そして山歌の楽しみ方。これらを順に記述することによって山歌が社会においてどのように成立しているのかを解き明かすことができるだろう。

第3章

ずれゆく山歌の場所

1 はじめに

　山歌という出来事の遠景から出来事の現場へ。これを記述するうえで鍵となる概念が「場所」である。

　「場所」という概念は「空間」という概念と時に対立的に，時に同義的に扱われており，その指し示す範囲も，文脈によって，また研究者によってまちまちである。それらを通観し比較対照したうえで場所概念を厳密に構築することは明らかに本書の主題から外れるので，ここでは本書においてこの語が意味するものを端的に示すにとどめよう。本書でいう「場所」とは，一定の中心を持ち，社会的な関係の束によって満たされ，固有の歴史が刻みこまれた領域のことである。これは「場所とは，アイデンティティ付与的・関係的・歴史的なもの」というオジェ（2002）の定義と非常に近い。ただ，オジェが考えている（そしてほとんどの場所・空間論者の想定している）「場所」と異なり，本章の「場所」において中心にあるのは町や空港といった物質的に構築された建造物（群）ではない。ここでの場所とは，山歌が歌われ，それが聴かれる，歌う人と聴く人がいる（もちろん両方の役割を果たす人もいる）領域のことである。また，ここでいう「場所」には，ギデンズが（彼のいう「場所」から離床した）近代的「空間」において特徴的な「場面から完全に距離を置く社会的勢力」の諸要素（ギデンズ 1993: 33），つまり近代国民国家がそ

第1部　山歌の社会的環境

の領土内に理念上均一に影響を及ぼす（べき）装置として用いる法律や政策までもが含まれる[1]。これには中国特有の社会環境の在り方が絡んでいる。

　政治が介在しない場所は存在しないが，中国はとりわけ政治的なエネルギーに満ちた場所である。このことは中国のなかで，中国の人たちのなかに長く暮らしているとひしひしと感じられる。北京にある中央政府，省レベルから村レベルにいたる各地の地方政府や共産党組織，（個々の）民衆がそれぞれの持つ力関係のなかで互いの利害や主張を交渉し，調節し，衝突する。国境問題やエネルギー資源をめぐる問題，貿易摩擦など，日本をはじめ諸外国との間で起こるさまざまな政治的問題はその対外的発露であるが，当然ながら中国国内にいるとその対内的発露の方が問題となる。そのひとつが，中華人民共和国建国以来取り組まれてきた少数民族問題，とりわけ「民族アイデンティティ」をめぐるポリティクスである。本書でおもな対象とするプイ族も例外ではない。第2章では中国の文献を参照しながら「プイ族」文化の概要を示したが，そもそもこの民族カテゴリー自体がひとつの政治的アリーナである。山歌を歌っている「プイ族」とはなんなのか。本章ではまず2節で，フーコーの言説（ディスクール）をめぐる議論とバトラーのエイジェンシー論を手掛かりに，プイ族の民族アイデンティティについて論じていく。ここでの議論は山歌にとって（今のところ）遠景にすぎないが，中国の社会全体に遍在する政治的ランドスケープ一般を理解するうえで欠かせない重要性を持っている。

　続く3節と4節では山歌を直接支える社会的環境，つまりより直接的に山歌の場所を形成する諸関係について論じていく。ここをみる上で重要なのが，本書で言う「場所」が社会関係の通時態と共時態を含みこんで成立しているということである。人間（人間に限った話ではないが）は時間のなかに住まう存在であり，現在見ることのできる山歌の場所には，目には見えず耳に

---

1) 床呂はギデンズの「場所」と「空間」の対比と，オジェの「場所」と「非―場所」の対比を精査しながら，実際には「いかなる社会も同時に「空間」的様相と「場所」的な様相を備えている」（床呂 2006: 83）ことを指摘した。もちろん分析概念として「空間」と「場所」の区別がつねに必要ないというわけではないが，場所を「一定の中心」から眺めた場合（つまり場所の境界を「線による区切り」として考えない場合），そもそも両者を分ける意味はあまりない。本書における「場所」がギデンズ的「空間」にまで拡張されているのはこうした理由による。

も聞こえない歴史が綴じあわされている。その長さは太古の昔にさかのぼるかもしれないが，少なくとも今歌っている人々が直接父母から聞き，また自らがそこで生きてきた程度の長さの歴史をたどることは山歌の場所を理解するうえで必要である。3節ではこの「歴史的場所」について，1950年代以降を中心に記述する。続く4節ではこれを踏まえた山歌の「現代的場所」について記述していく。今，山歌はどのような状況にあるのか。これが本章のみならず第1部の中心になるのだが，これについて貴陽市と羅甸県における山歌の具体的な状況を，民族問題ともかかわる中国の民族文化政策と合わせてみていくこととする。

2 「プイ族」とはなにか ―― 言説の時空間より

　山歌はプイ族アイデンティティの表徴として，歌詞のなかに現われることがある。たとえば次の歌は2004年に好花紅郷で2組の歌手たち（A＝男性1人，B＝女性2人）を招いて歌ってもらった掛け合いからの抜粋である。

　　(3.1) ［好花紅04漢］より
　　A1.　巧遇今天迎貴客，　　奇遇にも今日賓客をお迎えしました，
　　　　 布依所愛布依人。　　プイ族はプイ族の人を愛します。
　　B1.　山歌不是我愛唱，　　山歌は私が好きで歌うのではありません，
　　　　 少数民族丢不得。　　少数民族が捨てられないものなのです。

　山歌を歌うのはプイ族に限らないが，この歌詞にみられるように山歌が「プイ族」という民族に深く根付いているのは確かである。しかしこの「プイ族」という民族カテゴリーそのものの来歴は深く中華人民共和国という国家体制と関わっている。
　プイ族はおおむね同じ言語や風習を持つ，比較的まとまりのある民族であるとされるが，歴史的に遠い過去から「プイ族」（中国語で「布依族」）という民族カテゴリーや主体が存在したわけではなく，中国共産党による政権樹立

後に民族識別工作と呼ばれる国家プロジェクトによって政治的に承認された「創られた民族」(鈴木 1993) である。これまで中国少数民族研究の非常に大きな部分を占めてきたのがこうした「民族」の構築性や民族アイデンティティをめぐる交渉・争いの研究である。確かに中国では「民族」が政府によって認定され，身分証に記載されるような確固たる実体として政治的に扱われているという特殊な状況があり，それゆえ「政府からの押しつけとそれに抵抗する民衆」という構図を描きやすく (Litzinger 1998)，これまで多くの研究がこうした構図を下敷きにしてなされてきた。ただ，実際に「プイ族」とされる人々と接していると，この構図が少なくともプイ族に関しては的外れなのではないかと感じさせられることがある。これを探る手がかりとなるのがフーコーの「言説」(discours) と「エノンセ」(énoncé)[2] という概念装置である。

　フーコーは『知の考古学』(1970) でことばや事物，事件が現実に現れる前提となる次元として「言説」を，そして現実に語られ表現されたことばや事物における，言説を形作り，主体の位置を指示し，さまざまな記号の総体やその規則などの現実化を可能にする機能的側面を指す概念として「エノンセ」をそれぞれ提起した。言説はエノンセの総体から作り出されるが，なにが現実に言われなにが言われないのかを規制する点でエノンセの単なる集合を超えている。フーコーの言説分析の理論は，いわば誰でもそこを占めることのできるものとして「エノンセする」(énoncer) 主体の位置を定め，現実にそれを発した個人の主体性 (つまり主体的な意図や意志) を脱構築したといえる。バトラー (1999) や上野 (2005) によれば，アイデンティティはパフォー

---

[2] "énoncé" は後出の "énoncer" の名詞形 (＝過去分詞形) であり，通常のフランス語としては「言明，陳述」(つまり「口に出して言ったこと」) という意味を持ち，そこから拡張して「文，文面」という意味でも使われる。"énoncer" は「(はっきりと) 述べる，言明する，陳述する」(つまり「口に出して言う」) という意味の動詞である。ちなみに "discours" は通常のフランス語としては「演説，講演」「(事実・行為の伴わない単なる) 話，談義」といった意味合いを持つ (『ロワイヤル仏和中辞典』第 2 版)。もちろんフーコーはこれらを通常の語義から離れ，厳密に洗練された専門用語として使用しているのだが，こうした「普通の語義」を知っておくことも用語の理解に役立つだろう。

マティヴな反復行為によって構築されるものであり、実際にエノンセする主体は言説の布置に従ってそれを行うこととなる。民族アイデンティティをめぐる実践についても、こうした考えにそった分析を行うことができる。エノンセに基づく言説分析によってプイ族の民族アイデンティティをめぐる言説空間と実践を明確にとらえられる可能性があるのだ。そこで本節（i）ではまずオフィシャルな言説空間を、（ii）ではそれぞれの「プイ族」とされる人々の言説実践をみていくこととする。そのうえで、こうした民族言説と山歌の関係について（iii）で明らかにする。

(i)　「プイ族」をめぐる言説の歴史

　現在の中国に存在する「プイ族」カテゴリーの歴史は中華人民共和国成立後に始まった「民族識別工作」に始まる。これは中国政府が1953年の第1次人口センサスから1986年の第3次人口センサスのあいだに行われた一大国家プロジェクトである。この間（とりわけ1964年まで）に政府は民族学者や言語学者らを総動員し、大規模な現地調査と現地の代表の意見を集約整理したうえで、56の「民族」カテゴリーを公認した[3]。そのうち漢族を除く55の「民族」が少数民族と呼ばれ、プイ族もその中に含まれている。

　この民族識別工作では当初いわゆる「スターリンの四原則」[4]にしたがった民族識別が目指され、なかでも各民族の民族意識が重視された。だが実際

---

3)　王柯は民族識別工作を1953年の第1次人口センサスから1954年の第一回全国人民代表大会（全人代）が召集されるまでの第一期、1955年から1964年の全国第2次人口センサスおよび第三回全人代までの第二期、文化大革命が終了した1978年から1986年の全国第3次人口センサスまでの第三期に分けている（王 2005: 64-65）。民族識別工作全体の概観および過程についてはこのプロジェクトに関わった当事者である黄光学・施聯朱（2005）が詳しく述べているが、もっとも彼らも認めているように、チベットの「僜人」や「白馬蔵人」などまだ位置づけが定まっていない民族集団があるなどの問題点があり（黄光学・施聯朱 2005: 129-132）、「民族識別は終了済の問題ではなく、現在も進行中の問題」（松本 2000: 278）だという認識は必要である。

4)　「スターリンの四原則」と呼ばれる民族の定義とは、共同の生活地域、共通の言語、共同の経済生活、共有する文化を基盤とした共通の心理素質と民族意識、の4つである（黄光学・施聯朱 2005: 22）。

の識別過程ではさまざまな規準が採用され，その様相は非常に複雑であった。たとえばホイ族（回族）にはイスラームという宗教を規準として認定された集団と，アラブ系という歴史的系譜認識を基準にして認定された集団が含まれる（Gladney 1991: 113）。湖南省のトゥチャ族は当初漢族として扱われていたのが，地元知識人などの運動により独立した民族として認められたものであるし（山路 2002），東北の満州族は清朝が崩壊する頃には実質的に漢族と同化（漢化）してしまっていたが，中華人民共和国成立後，民族意識の高まりとともに「再発見」された（平野 1988）。こういった複雑な事情はほとんどの民族の識別につきものであったが，プイ族も住む，雲南省や貴州省といった西南地域では民族関係や漢化の度合いなどが他地域に比べてさらに複雑で，しかも居住地も極めて複雑に入り組んでいたため，民族識別の困難さはとりわけ顕著なものがあった（費孝通 1999b [1980]: 201）。

　先述のようにプイ族も民族識別工作によって1954年に公式に認められた「民族」である。プイ族と認定された人々はそれまで「仲家」「仲苗」などという他称（漢族からの呼称）をもっていたエスニックグループが中心であり，それ以外にも「土家」「水戸」「本地」などと呼ばれる集団が含まれている（費孝通 1999a [1951]: 280）。この「プイ族」という民族カテゴリーには当初から問題が指摘されていた。アンガーによると，民族識別工作を指導した費孝通自身ものちに「貴州のプイ族と広西のチワン族は実際は同一民族である」と述べていたという（Unger 1997: 75-76）。それではこの「プイ族」はどこから来たのだろうか。

　プイ族の起源については，周辺諸民族と同じく漢族王朝側のきわめて不十分な史料に頼るほかなく，非常に難しいものがある。谷因によるとプイ族の起源に関する説は大きく分けて越族説，越濮説，濮莱説，羌越説，濮説の5つあるが，おおむねプイ族の起源を，古代に江蘇省のあたりからベトナム国境にかけての沿岸部から，雲貴高原にいたる内陸部までの地域に住んでいた古越族とする点では一致しているようである。また言語的境界線と史料に見られる地理的境界線の一致から，プイ族および北部チワン族と，南部チワン族の起源がそれぞれ越族の別支系であるとする説も多いようだ（谷因 1998）。

第 3 章 ずれゆく山歌の場所

　プイ族の歴史を通史的に述べた最新かつほぼ唯一[5]の著作である『布依族史』（黄義仁 1999）によると、プイ族は南北盤江、紅河流域の原住民族に周辺諸民族および漢族が混血・融合して形成された民族である。古代から牂柯国や夜郎国を形成、中央の王朝と交渉をもち、後漢以降は辺境地域に住む異民族として、唐代の羈縻(きび)政策、元代の土司制度などによる朝廷の支配を受けた。これとともに漢族の流入が続き、漢族との混血および漢化が進んだと考えられる。その後、清末、アヘン戦争以降フランスの宣教師が布教するなど外部との接触は続き、民国期を経て現在にいたっている。

　この要約はもちろんかなり大ざっぱであるが、この歴史研究書を詳細に読んでも、隣接するチワン族をはじめとして、現在認定されている周辺諸民族との具体的関わりはまったくうかがえない。これはたとえばチワン族側の通史『壮(チワン)族史』のほうでも同様である（張声震 2002）。だが実際のところ、プイ族は諸説ありながらもおおすじで周辺諸民族（特に北部チワン族）と歴史的起源を一にしていると認められる。識別工作全体を指揮したのみならず、実際に貴州と広西を訪れて調査した費孝通も『貴州通志』や『明史』を引用して「仲家（＝プイ族）は広西から貴州に入ってきた」「（プイ族とチワン族は）交通が不便なため往来が少なくなり、異なる漢名をもつようになって2つの民族となった。将来交通が便利になれば、彼らはまた合わさる可能性が大いにある」と述べている（費 1999a [1951]: 329）。このように、歴史史料からも現在の言語や文化的状況からも、少なくとも一部のチワン族とプイ族がもともと同じ民族だったことはほぼ明らかである。それにもかかわらず、両民族の歴史をつづった両書からその関係は（意図的かどうかはともかく）消え去っている。また、民族識別工作に関しても両書は一致してほとんど触れていない。『布依族史』のほうでは「緒論」においてその民族名称の決定過程について簡単にふれたのみで、「プイ族」という集団が、他称は異なるものの、あたかも総体として現在と同じようにもともとそこにあったかのような記述になっている（黄義仁 1999: 13-14）。一方の『壮族史』でも民族名称の決定過

---

[5] 正確にはもう一つ『布依族簡史』（《布依族簡史》編写組 1984）があるが、あくまでその名の通り簡略的な歴史記述にとどまっており、内容的には黄義仁（1999）と大差ない。

程についてやや細かく記すのみで（張声震 2002: 528-530）同じような書き方であり，どちらも民族識別工作があったことすら記されていない[6]。

こうした記述方法からは民族識別の歴史的正当性を確立したい当局の考えが透けて見える。中国共産党は民族問題に関する幹部読本のなかで，民族を歴史的過程を経て同化・消失・分化するものと捉えつつも「民族識別は理論性，政策性，科学性[7]が強く，また民族政策を結実させるための基礎的プロジェクトである」（国家民族事務委員会 2002: 7）としている。ここからは民族識別工作が政策性の強いプロジェクトで，あくまで中共による国家統一を守るためのものであるという大前提があることがわかる。両歴史研究書は「民族」の歴史においてその政策性を隠蔽し，「民族」を歴史学の扱うべき論点から，価値中立的な自然科学の対象のごときものへとすりかえた，ということができるだろう[8]。

こういった事情を微妙に表現した記念碑がある。貴州省布依学会の学会誌である『布依学研究』第 8 巻には，貴州省布依学会が 2004 年 11 月 8 日付けで出した「各団体会員学会（組）」あての「《布依族名溯源碑》樹立に関する通知」および碑文（表に中国語，裏にプイ語文）（貴州省布依学会 2005a），さらにこの碑を制定するまでの経緯の短い説明が載っている（貴州省布依学会 2005b）。この「通知」では各地の地方政府民族部門に働きかけてプイ族の集住する集落やプイ族関連の観光スポットに碑を建てるよう依頼しており，貴

---

6) 『壮族史』でも『布依族史』でも民族の自称が「布依」（プイ）に近い発音であったこと，自称も各民族内で完全に一致してはいなかったことは記されているが，当然それが互いの民族自称と同じであったことについては触れられていない。

7) 中国において「科学」は政治文書やスローガンに極めて頻繁に登場する語である。この語は中国の近代的世界観の中心をなす概念のひとつであり，その用法は前近代において中国の支配的世界観であった「天理」に替わる「公理」として広まる過程で不断に拡張されていった（汪 2011）。現代中国において「科学」は日本語の「科学」や英語の science の意味範疇とはかなり外れた使われ方もされており（ここでの引用もそのひとつ），その場合学術用語というより社会主義イデオロギーを指しているが，根底にはイデオロギーを自然科学と類比的にとらえる発想が根底にある。

8) ここにおのおのの筆者の故意性を想定する必然性はない。中国ではあらゆる書籍が検閲の対象になっており，とりわけこのような重要な文献においては，政府の意向に反する記述はまず見られず，基本的に政府見解にそっているとみてよい。

写真 3-1．花渓区鎮山村布依族生態博物館前に
　　　　　立つ布依族名溯源碑（2010 年 2 月
　　　　　撮影）

州省各地にはすでにこの通知に基づいた碑がいくつか建てられている（写真3-1）。この石碑に刻まれた碑文の中には「族称不一，文明難彰。一九五三，（…）統称布依」（民族名称がひとつではなく，その文明は明らかになり難かった。1953 年[9]（…）名称を「布依」に統一した）という一節がある。また，「説明」によるとこの部分の前にある「"百越后裔"の句には濮越，布越，駱越，布瑞，布雅依などの雲南省の同志が提案した修正意見を概括した」（ibid.: 303-304）「"開拓西南"の句（もともとは"開拓黔境"）には広西，雲南，四川からベトナム，ラオスまでを含む」（ibid.: 303）とある。これらの言葉からは，この碑文はプイ族の「民族名称を統一」したと明記している点で，一見「民族」を民族識別工作に従って本質主義的にとらえているように読めるが，実はプイ族

---

9) 「通知」には碑文として刻むべき文章の下に「国家民委は 1953 年 10 月 10 日（53）字第 77 号文書で布依族の族称に批准した」という注釈を入れてある。「説明」の最後にこの注は碑文から削除するよう書いてあり，実際写真 3-1 で示した碑文にこの文章は刻まれていない。

第1部　山歌の社会的環境

と深いつながりのある諸民族が貴州省よりもはるかに広域の西南中国から国境線の外まで広がっている，という『布依族史』よりも踏み込んだ表現が含まれている，と見ることもできる。

　このように，プイ族をめぐる公的な言説の編制は中央政府の政策によって規定され，民族識別工作の正統性を示すように記憶（歴史）の再構築がなされている[10]のであるが，それは一方的に押し付けられているわけではなく，ささやかながらそれを軌道修正させる動きもある。ここまでならば，ライツィンガーの言う「政府からの押しつけとそれに抵抗する民衆」という構図（Litzinger 1998）のようにも受け取れる。だがより小さな，私的な言説の布置を見るとこれとはまた異なる構図が浮かび上がってくるのだ。

（ⅱ）　「プイ族」という言説空間に住まう

　第2章で解説したように，羅甸県は紅水河をはさんで広西チワン族自治区と境を接している。この紅水河をはさんだ地域では古来より船で頻繁に人々が行き来しており，実質上ひとつの地域を形成していた。歴史的にこの川を挟んだ地域でひとつの大きな民族集団が形成されていたことは明らかである[11]。

　この状況が大きく変わったのが1954年である。民族識別工作によって，省境である紅水河を境界線にして，貴州側に住む人々はプイ族，広西側に住む人々はチワン族であるとされた。ある羅甸県のプイ族の女性によると，羅甸県の東にある荔波県のある家族は，たまたまこの時期川の両岸に分かれて住んでいたため，明らかに同一民族にもかかわらず貴州側の家族はプイ族，広西側の家族はチワン族と認定されたという。これとほぼ同じ話は貴陽市花渓区での調査でも聞かれた。他にも「同じような話はたくさんある」（望謨県

---

10) 広西チワン族自治区における文革の記憶をめぐるポリティクスを分析したLitzinger（1998）はこれを「メモリーワーク」と呼んでいる。
11) もちろん第2章で見たように，羅甸県には「プイ族」とは明らかに異なる民族も暮らしている。羅甸県のプイ語にはミャオ族や漢族，ヤオ族を指す，中国語からの借用語でない呼称があることからも，かなり古くから多民族が住んでいたことがうかがえる。

プイ族幹部）という。また，羅甸県で「広西のチワン族とここのプイ族はどう違うのか」とたずねるとほぼ必ずといっていいほど「同じだよ」と返され，言語も民俗習慣もすべて一緒であると力説される。呼称も，中国語では川の両岸でしっかりと分けられているが，両岸の民族固有の言語であるプイ語とチワン語では今でも同じ単語である[12]。

　このように人々の間で羅甸県のプイ族と広西チワン族自治区側のチワン族の連続性・同質性が意識されていながら，それでもこの区分に対する異議はまず聞かれない。中国では全公民に身分証が交付され，そこには公的な民族名も記載されているが，これに対する違和感もまず聞かれず，まったく当たり前のこととして受け取られている。「プイ族」と「チワン族」の間にある恣意的な境界線についてはほとんど問題になっていない。

　それよりも圧倒的に人々の関心を集め，話題に上がるのが若い人々の「漢化」，つまり自民族の文化がすたれ，生活習慣が漢族と同化していっている現象である。たとえば山歌についての話では，付録2の歌手へのインタビュー（2010年3月）の際「若い人はトランプを勉強し，麻雀を打つばかりで歌は学ばないのだ」という苦笑交じりの声が聞かれた。これは一見すると日本でもよくある（もちろん中国にもある）「いまどきの若いもんは」という物言いと似ているが，実際2006年の調査中，羅甸県の高校生に「あまりプイ族に見えないね」と言ったとき「もう若い人は漢化されているからね」などという返事をもらったことがあり，「若い人」自身も漢化していると感じている点はおおきな違いである。ちなみに彼はプイ語の聞き取りはできるがあまり流暢に話せなかったし，プイ歌を聞き取ることもできなかった。第2章で述べたように，羅甸県もテレビやインターネットはそれなりに普及しており，また高校卒業とともに他県や他省へと出稼ぎ・進学してゆくのが普通になっている。こうして若い人々ほど漢族の文化（というよりも現代中国のポップカルチャー）に親しみ，結果として民族衣装を着る人はいなくなり，

---

[12] プイ語には「チワン族」を意味する buxxuangh という語があり，プイ語の辞書にも「チワン族」として載っている（呉啓禄ら 2002: 63）が，これは実際には広西南部のチワン族を指す言葉であり，広西北部や羅甸県内に住むいわゆる「チワン族」は羅甸県のプイ族と同じく自称も他称も buxqyaix である。

山歌の歌い手どころか聞き手も減る一方となっている。こうして，文化的にプイ族から漢族への同化は進んでいる。

　こうした関心の不一致とともに見られるのが，私的な言説空間における政府の影響力である。調査ではプイ族の民族識別について話しを聞こうとしても，ほとんどの場合この話題自体避けられることが多かった。いかに貴州省は民族問題が先鋭化していないとはいえ，政府の民族政策の根幹について批判的なことは言いづらいのかもしれない。とくに印象深かったのが，「私はプイ族だし，中華民族の一員だ」という言葉である。この発言は2008年3月に羅甸県のプイ族で羅甸県政府の幹部だったある人物へのインタビューで聞かれたものだが，ここに出てくる「中華民族」とは費孝通（1999c［1988］）が「中華民族多元一体」論で提唱した，中国の全国民はそれぞれの「民族」としての固有性をもちながらも同時に「中華民族」という大家族の一員である，とする考えに基づく概念である。中国政府は現在国民統合のための鍵概念として「中華民族」を前面に押し出して宣伝工作を行っており，彼の発言はこの政府の宣伝文句の受け売りである。バトラー風にいえば，私的領域においても，政府の公的言説を編制する検閲体制に従って主体が再生産されていると言える（バトラー2004）。民族カテゴリーそのものの話題があまり好まれないというエノンセの不在と，こうした政府の受け売りによるエノンセの存在から，私的領域における言説編制に対して政府の公的言説が与える影響力を見て取ることができる。

　ただ，言説編制の機制を政府の権力にのみ帰するのも公平を欠く。そもそも，民族識別工作においてプイ族とチワン族に分裂したのは当事者たち自身が政治的状況に合わせて民族を変えたからであるという証言もあるからだ。2010年に茘波県で会った80代の元政府幹部は，1950年代から70年代にかけて少数民族の青年幹部として識別工作に参加しており，「プイ族」カテゴリーの決定過程に関与した。彼によると広西北部に住むチワン族は当初プイ族として申請していたが，1958年に「広西チワン族自治区」[13]が成立すると，チワン族自治区なのにチワン族とは別に大量のプイ族がいるのはよくな

13）当時は「チワン族」を「壮族」ではなく「僮族」と書いた。

い，ということでチワン族に申請し直したという。50年前の出来事でありこの老幹部の話がすべて本当かどうか，今となっては個々人の語り以上の資料から確認するのは難しいが，今でも優遇政策を当てにしてなんのてらいもなく少数民族に身分を変更する人が多くいる[14]ことを考えると，おおいにありうることだと思われる。

　こうしたことを鑑みると，「プイ族」という民族カテゴリーに属する人々に対して単純に政府との対立図式を描くことはできない。先述のトゥチャ族（山路 2002）や満州族（平野 1988）の事例ならともかく，ここ貴州省のプイ族においては民族への帰属（アイデンティティ）はあくまで相対的な重要性を持つにすぎず，とくに「プイ族かチワン族（あるいは他の少数民族）か」という問題は「プイ族か漢族か」という問題に比べてあまり重要ではない。そして，民族アイデンティティという視点からプイ族の人々の言説を眺めると，こうしたある種の「ゆるさ」を捉えることも難しい。たとえばアンガーはプイ族について，認定されてからの長い期間において，行政区分にしたがった「プイ族」という新たなアイデンティティを持つようになったと結論付けている（Unger 1997: 76）し，また平野は満州族を対象とした研究で中華民族または中国人との「ダブル・アイデンティティ」の存在を主張しているが（平野 1988），こうした主張の背景にはアイデンティティが通常ひとつに固定されているものであるという考えがある。だが，そもそもアイデンティティ概念は当初から構築的概念で，ひとつであるべきとすら主張されていなかった（上野 2005）。むしろプイ族の事例から浮かび上がってくる「民族アイデンティティ」は政治的環境に応じて「パフォーマティヴに構築」（バトラー 1999: 58-59）される，動態的なものである。

　だが，「アイデンティティ」に静態的なイメージが付きまとっており，現在広く用いられている「アイデンティティ」の用法が原義からずれていることは確かである。そこで「プイ族」を捉えるために新たな概念の導入が必要

---

[14] ウーは雲南省で優遇政策を享受するために「ペー族」へと民族を変更する事例を挙げているが（Wu 1994），こうしたことは貴州省でも見られ，若い人のなかには文化的には漢族と同じ生活を送っているのに登録上（血縁上）は少数民族であることを指して冗談交じりに「私はニセの○○族」などと言う人もいる。

になる。それが，バトラーなどの主張する「エイジェンシー」である。バトラーはエイジェンシー（行為体）を明確に定義していないが，上野の説明を借りれば，エイジェンシーとは言語がそれを通じて語るプロセスそのものであり，「主体が語る」のではなく，「言語が主体を通じて語る」媒体である（上野 2005: 27）。エイジェンシーによって主体の実体としての地位は完全に剥奪され，「アイデンティティ」はパフォーマティヴな反復行為によって構築されるものとなる。こうして「アイデンティティ」の実在性はアイデンティティ・ポリティクスの議論の前提ではなく，それが議論の土台として自明視されるという性質（基盤性）こそが問題として取りあげられることになる。

　プイ族の言説実践から見えてくるのは，このエイジェンシーである。政治的状況や文化的状況を含めた環境，自らの知識や意志から自分の民族性を判断し，主張する。「語る」（エノンセする）ことによって「民族」に自分をアイデンティファイし，「民族」を再構築していく。プイ族の言説実践（エノンセすること）を行為体(エイジェンシー)によって生み出されるものととらえることで，この反復のプロセス，民族カテゴリーをめぐる行為性(エイジェンシー)[15]と日常的実践[16]に目を向けることが可能になる。

　ただ，中国の「民族」問題を捉えるうえでエイジェンシー概念に問題がないわけではない[17]。バトラーは主体とアイデンティティが反復によって構築

---

15) バトラーの翻訳に際し，訳者である竹村和子は「エイジェンシー」の訳語として「行為体」と「行為性」の両方を充てている。前者は「主体」を脱構築する概念として，後者はその動態性を表現する概念としてこの語が使われた時に充てられて訳し分けている。原文で両者は重なったままであるが，これはバトラーが言説による主体構築の行為性を強調したいことを考え合わせれば当然である。
16) 田辺は「日常的実践をもっともひろく定義すれば，それは社会的世界と個人の経験との関係の中で構成されるすべての人間行為である。より人類学的関心にしぼれば，日常的実践とはさまざまな社会，文化のなかで，あるいはそのあいだで差異化しながらも，日常生活のすべての場面で見られるルーティン化された慣習的行為である」と述べ，さらに「日常的実践は，過去の単純な再現ではなく，それぞれの場面において能動的に社会にかかわりながら社会的世界を構築していく過程と考えるべき」だ，としている（田辺 2002）。この慣習と能動性の関係は，バトラーのエイジェンシーとかなり並行している点は注意が必要である。
17) 本書では詳しく論じないが，エイジェンシーをめぐる議論の問題は，実質的に言語行

されることを主張し，反復するあいだのずれに現実を変えていく可能性を見いだしているが，その可変範囲も政治的状況の影響を大いに受ける。とくに中国における民衆と「民族」という制度との関わりは民族識別を中心とする政治的状況に強く制約を受けている。貴州省民族事務委員会によると，貴州省民族識別工作について，1985年の工作当局と国家民族事務委員会との会議において，新しい少数民族を増やさず，なるべく関係の近い民族に組み込むという共通認識にいたったとされており，50年代に認定された民族の枠組みが変えられた例はない（貴州省民族事務委員会 1999: 232）。こうした状況下であえて少数民族の区分における不条理を指摘しようとする人がどれだけいるだろうか。

　民族識別工作は，少数民族の権利を認めるという形をとりつつその政治的存在感を弱める政策の一環であった（王 2005: 82）。このもくろみは今のところ成功していると言えるだろう。そうであれば，プイ族の人々に可能なことは，民族というカテゴリーから全面的に自由であるかのように振る舞うことでも，この強固な政治的権力による構築物に対し正面から反抗することでもなく，絶えず交渉を重ねることである。このようなささやかな実践にこそ，エイジェンシーとして捉えるべき局面がある。プイ族の人々の「民族アイデンティティ」をめぐる言説的実践は，国家という強大な権力のなかで生きるエイジェンシーとして，無理に戦わずに適応していくあり方を示している。

(iii)　山歌と「プイ族」

　山歌はこうした「プイ族」のありかたにおいてどのように現われるのだろ

　為と等価である言説的実践のみを特権化し，非言説的実践の存在を否定した上で築かれている点にもある。このバトラーの考え（非言説的実践を否定していないフーコーも実際の議論は似たようなものである）は，言語の単一性と絶対性を自明視している。このためにバトラーの議論が，母語となるべき言語を奪われた人にとってなんの慰めにもならないこと，むしろ身体と言語と記憶の関係にはより多様で豊かなアイデンティティをめぐる思考と実践の可能性が開けていることを，鄭は在日韓国朝鮮人としての自己のルーツをたどる論文のなかで，必然的にたどたどしい筆致で示している（鄭 2005）。

うか。結論から言うと，山歌はプイ族アイデンティティをめぐる言説空間にほとんど登場しない。山歌にとって「民族」は遠景にすぎないのだ。本章の冒頭に示したように，確かに山歌の歌詞のなかで，プイ族アイデンティティの表徴として山歌が言及されることはあるが，それが前面に押し出されることはおそらくほとんどなかったし，今もほとんどないように思われる。「なかった」というのは 1960 年から 1980 年までに採集されたプイ族の歌った山歌を「記録に忠実に，原型を留めて，良い物も悪い物もすべて」(中国民間文芸研究会貴州分会 1982: 3) 残した記録である『民間文学資料』第 42 集および第 47 集 (中国民間文芸研究会貴州分会 1982, 1986 [1963]) には，多民族との関係で自民族を持ち出すような歌がないからである。それどころか「プイ族」という単語すら見られない。この資料は外に公開されたものではなく，本来は政府内部の，それも中央や上級の幹部ではなくおそらく民族研究関係者の間にのみ流通したと思われる内部資料であるため[18]，歌詞に対する編集は少ないとみられる。これと同じ時期に出版された『布依族民歌選』(貴州省社会科学院文学研究所，黔南布依族苗族自治州文芸研究室 1982) にも「布依人民的日子過得好，因為有英明的共産党 (プイ族人民がよい日々を過ごせるのは，英明なる共産党があるためだ)」(*ibid.*: 1) といった共産党を賛美する歌は収録されているが，山歌をプイ族の表徴として持ち出すような歌は収録されていない。この時点において，山歌はプイ族の表象として扱われるのではなく，プイ族に共産党政権の正統性を訴えるために利用されていたのではないだろうか。この推測の傍証となるのがチワン族の歌掛けである。広西チワン族自治区では国民党が政権を握っていた 1920 年代から 30 年代にかけて，歌によって共産主義思想や農民運動を広めた韋抜群など，「土地の歌」(＝歌掛け) によって宣伝工作をした人がいたという (手塚 2002a)。プイ族にそうした事実は伝わっていないが，チワン族とプイ族の類似性を鑑みるに，同じようなことがあってもおかしくはない。

　現在はというと，やはり山歌はプイ族アイデンティティをめぐる言説空間

---

18) 現在は貴陽市内にある，民族関係の資料を集めた図書館で一般に閲覧できるようになっている。

第3章　ずれゆく山歌の場所

においてあまり存在感を持っていないようである。原因のひとつとして，第4章で検討する山歌の感覚的特徴，つまり山歌を愉しむための要素が耳から聞こえる言葉の表現にほぼ全面的に依存しており，部外者には楽しみづらいということが挙げられる。つまり，民族と地域を超えて広く「プイ族らしさ」を訴えるには不向きなのだ。よって「プイ族らしさ」を対外的に訴える場では山歌がほとんど使われない。たとえば2007年に観光地である黄果樹（安順市近郊）で行われた「黄果樹布依六月六文化節」[19]ではプイ族のさまざまな芸能（銅鼓による合奏など）が演じられたが，主要な演目はダンスが中心で歌掛けの出番はなかった[20]。これは1998年に貴陽市で開かれた「六月六歌節」でも同様であった（貴州省布依学会2004）。

　チワン族でもこれと似たようなことが起こっている。手塚によると，広西チワン族自治区の首府である南寧市で行われてきた「南寧国際民歌芸術節」では民族の歌を作り，リアルな歌の掛け合いを舞台に乗せようとする試みが失敗したという。チワン族の歌掛けは地域ごとに旋律が異なり，プイ族の山歌と同じように他地域の歌掛けは聞き取れないため，自民族全体に通用する歌を作ることができなかったことがその要因であるようだ。つまり，チワン族の歌掛け「フォン」も歌詞がその中心にあるため，そもそも「チワン族」全体の象徴となる歌を作ることが不可能であり，当然それを舞台化し民族の象徴として対外的に示すこともできないのである（手塚2005）。プイ族の場合，中国語の歌掛けが確立しているため，次節でも登場する布依学会の歌「好花紅」が民族の歌としての地位を得つつあるが，それも本来の掛け合いとして使われるのではなく，聞きやすい長さの合唱に流用されている。このように，山歌やフォンのような歌掛けとは，その感覚的わかりにくさのために「民族アイデンティティ」をめぐる言説と折り合いが悪いのだ。

---

19) 第2章でふれたように，「六月六」はプイ族の伝統的な祭日である。このイベントはその祭日に合せて企画されており，「プイ族の祭り」としてアピールされることで，民族アイデンティティをめぐる言説空間に組みこまれている。
20) 個人的にいただいたテレビ番組の映像資料による。

3 山歌の歴史的場所

　それでは山歌の「近景」，つまり山歌を直接支える社会的環境とはどのようなものだろうか。1節で述べたように，これに迫るためには山歌の歴史と現在の両方から記述していく必要がある。そこで，まずはさまざまな文献に散らばっている山歌の歴史を追いかけてみよう。

　一般的に民間芸能は史書にあまり詳細に記述されることはない。山歌についても，古代から近代にいたる間どのように歌われてきたのかについてはよくわかっていない。『布依族史』（黄義仁 1999）によると『後漢書・南蛮西南夷列伝』（432 年成立）のなかに，後漢の時代（紀元 1～3 世紀）現在の貴州省に相当する地域を支配していた牂牁国の人々が歌を好んだ，とする記述があるとされるが (*ibid.*: 79)，そもそもこれが現代のプイ族と同一の民族を指しているのか定かではなく[21]，どのような歌だったのかも不明である。『布依族文化研究』（韋啓光他 1999: 88）によると，さらに時代が下った明代弘治年間（1488～1505 年）に成立したとされる『貴州図経新志』において，プイ族の結婚について述べている箇所で「歌唱相悦者，然後論姿色妍媸，索牛馬多少為聘礼」（まず歌によって互いに気に入り，その次に姿形見目麗しさを見［て結婚を決め］，多くの牛馬を婚資として求める）という記述があり，明代には青年男女の恋愛，婚姻の過程で歌掛けがあったことがうかがえる。さらに『布依族簡史』（《布依族簡史》編写組 1984: 126）によると，清代乾隆年間（1735～1795 年）に編纂された『独山州志』にはプイ族の青年男女の社交において「男女成群，山歌互答」（男女がグループを作り，山歌で互いに答える），結婚時には「歌声達旦」（歌声が明け方まで続く）といった記載があるという。ここから歌掛けが近世に行なわれていたことは明らかであるが，それ以上詳しいこととな

---

[21] 黄義仁は当然のようにこれがプイ族と同一の民族であると見なしているが，前節でプイ族の構築性について見てきたあとでは，その蓋然性を無条件に受け入れるわけにはいかない。ただ，ここに登場する人々がプイ族と無関係だとする根拠もなく，正確を期すなら「現在プイ族とされている人々と歴史的連続性がある可能性が高い人々」といった程度の表現が適切であろう。

第 3 章　ずれゆく山歌の場所

るとせいぜい中華人民共和国の成立前後の状況からしかわからない。

　中華人民共和国成立以後については民族学的フィールド調査が行われ，『布依族民俗志』（黄義仁・韋廉舟 1985）や『布依族簡史』などある程度まとまった民族誌的記述が行われるようになった。また，歌についても歌詞を収集整理したうえで歌謡集として公刊されるようになった。こうした文献に現れるプイ族は大変歌好きであるとされる。たとえばプイ族のさまざまな歌を集めた『貴州布依族歌謡選』の「代序」では，「山に登って薪割りをする時に歌い，平地で農作業や家事をするにも歌い，春節になると歌い，宴席を開けば歌い，客人を迎え友を送るにも歌い，冠婚葬祭にも歌い，青年男女は歌でちぎりを結ぶ」（羅汛河 1989: 2）と述べられているほど，プイ族は伝統的に歌を好んできたとされている。『布依族簡史』でも，古歌や叙事詩，酒歌，盤歌，情歌，訴苦歌，童歌といったさまざまなジャンルが挙げられている（《布依族簡史》編写組 1984: 125-129）。古歌や叙事詩はプイ族の神話や伝説を歌ったものであり，おそらく祭日に老人によって歌われていたと思われる。酒歌は客を迎えた宴席で主人と客の掛け合いによって歌われたものであり，互いを祝福しつつ酒造りの起源や醸造プロセス，飲酒にまつわる礼儀や風俗などについて歌うとされる。盤歌はさまざまな事物（相手の住所や社会状況から，天地や星辰の変化，山川草木の起源，農作物の成長過程にいたるまで）を問いかけ，それに答えるという形式で行われる一種の謎かけ歌である[22]。これを青年男女が社交の場で知り合ったときに歌う場合は，相手の氏名や村，恋人がいるかどうかなどを問い掛け合って互いの理解を深めるのに使う。いっぽう，中高年の人が慶事において歌う場合は事物の起源譚などを問い，互いに機知を発揮する娯楽的な歌掛けになる。情歌は若い男女が恋愛について歌を掛け合う社交的活動であり，その内容は知り合ってから互いに愛情を述べあうこと，さらに親の決めた結婚にたいする反抗が含まれる。訴苦歌とは封建的支配体制によって強いられている，苦しい生活を訴える内容である（ただ，どのような時に歌っていたのかは不明）。童歌は子どもたちが虫や天体に歌いかけたり，人形遊びやかくれんぼなどの遊びをするときに歌う歌である。

---

22) 中国語の「盤（パン）」，「盤問」には「調査する，問いただす，詰問する」という意味がある。

第 1 部　山歌の社会的環境

　これらの歌のなかでとりわけ注目されているのが，男女の恋愛から結婚にいたる過程で歌われる山歌である。青年男女の恋愛においてとくに重要なのが「赶表(カンビャオ)」または「浪哨(ランシャオ)」などと呼ばれる社交活動である[23]。赶表は典型的には定期市がひらかれているときや農閑期に親類や友人を訪ねていったとき，また慶事で人が近在から集ってきたときに行われていた。男女それぞれグループで市の開かれている広場まで行き，以前から知り合いの相手と歌を掛け合う。もし初対面で気に入った相手がいれば，相手のグループにいる旧知の人（たとえば同郷者）を介して歌に誘ってもらうのだが，この仲介依頼自体も歌によって行われる。そこで相手が同意すれば，歌を掛け合って互いの気持ちを高めていくことができる。もし相手に断られれば，他の相手を探すことになる（《中国少数民族社会歴史調査資料叢刊》修訂編輯委員会 2009: 9-13）。また，ある地域では先に腰帯やハンカチなどの贈り物を贈ったうえで場所を待ち合わせたという（《布依族簡史》編写組 1984: 159）。こうした機会に歌われていたのは，当然男女が互いの恋情を歌った「情歌」である。かつてはこの情歌を，互いに知り合うところから，時間がきて後ろ髪を引かれる思いで別れるまで歌い合っていた。赶表はかつて盛大に行われており，1981 年には赶表の場として有名であった恵水県にある董朗橋という橋で「六月六」の祭日に貴州省主催の民族歌会が行われた。これは 10 の少数民族から 200 名以上の歌手や演奏家が集められ，中央政府の民族委員会も代表を派遣した盛大なもので，この祭りに来た観客は 10 万人に達したという（恵水県布依学会 2001）[24]。

　こうした風習は，山地にあり交通網が未発達で人々の移動が難しかった頃

---

[23]　「赶表」は現地の中国語による呼称，「浪哨」はプイ語でのでの呼称（$neŋ^{33}sau^{24}$）を漢字で表記したものであり，両者ともに地域によって呼び方が多少異なっている（《中国少数民族社会歴史調査資料叢刊》修訂編輯委員会編 2009）。なおプイ族の恋愛から結婚にいたる一般的な慣行については 2 章で概説したので，そちらもあわせて参照してほしい。

[24]　ただ，この歌会は政府主催であり歌手を招いていることから，自然発生的なものではなく，おそらく舞台がしつらえられた場であり，次節で述べる現在の舞台化された山歌のはしりであったと考えられる。それでも舞台上とは無関係に若い男女がグループで歌を盛ん掛け合っていたことは想像に難くない。

82

には青年男女が知り合う貴重な機会であった。また，既婚女性が赶表に参加するのは厳しくとがめられたのに対して，既婚男性が参加すること自体にはそれほど厳しい制約はなく，娯楽として赶表の歌掛けを楽しんでいたようである。ただその場合も万が一実際の姦通に発展し，子どもまで出来てしまうと女性側の親族からひどく殴られ，村中で罵られ，女性は生きたまま焼かれることすらあったとされる（黄義仁・韋廉舟 1985: 158）。赶表がそのまま結婚に結びついたかどうかははっきりとしないが，50年代の調査時にはまだ両親による見合いが普通であった[25]ため，そうした事例はそれほど多くなかったのではないかと考えられる。2008年の調査でインタビューした78歳の女性（貴陽市郊外在住）によると，彼女が若かった頃も歌で結婚することは少なかったという。2004年から2010年までの全調査期間にわたってさまざまな地域で歌によって結婚した事例をたずねたが，直接歌を掛け合った相手と結婚した事例は後述する1例しかなかった。ただひとつ興味深い事例がある。羅甸県龍坪鎮在住のある老人（おそらく70〜80代）は若かったころ歌が上手で，他村からきた女性たちとよく歌掛けをしていた。しかし実際に結婚したのは直接掛け合った相手ではなく，掛け合いを横で聴いていて彼に惚れた女性であったというのだ。これはあまり一般化できない事例かもしれないが，歌掛けの場がよくいわれるような，直接掛け合いで男女が結ばれるようなものとは限らなかったとはいえ，何らかの形で結婚に結びつきうるような場でありえたことも確かである。

　歌掛けは結婚に際しても行われる。プイ族の伝統的な結婚は，まず相手選びに始まり[26]，婚資の交渉，婚約のうえで結婚が行われる。結婚の過程につ

---

25) 場合によっては本人どうしが幼少の時点で婚約・結婚することもあったという。そのため，後に歌掛けで知り合った男女が婚約に反対して駆け落ちすることも多くあったとされる（《中国少数民族社会歴史調査資料叢刊》修訂編輯委員会 2009: 14）。ちなみに，早いうちに親どうしの取り決めで結婚を決めてしまう風習は，清代になって漢族からの影響で広まった（《布依族簡史》編写組 1984: 160）。

26) 1950年代では交叉イトコ婚が一般に好まれたという（中国少数民族社会歴史調査資料叢刊》修訂編輯委員会 2009: 1）が，1980年代にはすでにこの習慣は失われ，同族（父系親族，つまり同姓どうし）内での婚姻が避けられるのみとなっていたようである（唐合亮 1986）。また，「八字」と呼ばれる，生まれた日時に基づく相性占いも行われる。

いてはすでに第 2 章で触れたが，改めて山歌の歌われる状況を中心にまとめてみよう。プイ族の結婚の過程は地域によって差異があるが，大まかにいえば新郎側の家から新婦側の家に花嫁を迎える人を送る。その多くは親族で，新郎も迎えに行くことが多い。新婦側は彼らを歓待し，その夜は新婦側の家で，宴の一環として新婦側が呼んできた歌手たちと新郎側が連れてきた歌手たちとの間で歌掛けが行われる。このとき歌われるのは，例えば都匀市では古歌，酒歌，さらに花嫁の美しさを讃える「討花歌」などである（唐合亮 1992）。この歌掛けはカイヨワ的な遊びの分類にしたがえばアゴン（競争）的であり（カイヨワ (1973) 参照。歌掛けの遊び性については第 9 章で議論する），新郎側が負けると新婦側の人々に大いにからかわれ，新郎たちは泣くに泣けず笑うに笑えないといった状態になるという（韋啓光他 1999: 93）。翌日早朝に両家の親族友人とともに新郎新婦は新郎の家に向かい，儀礼をへて新郎側は新婦を家に迎え入れる。50 年代，安順市の西南に位置する鎮寧県で行われた調査の報告によると，この日に客（とりわけ新婦側の親族）をもてなすために歌手を呼んできて，一晩中，時には何昼夜も歌ってもらうこともあったという。ここで歌われるのは，いかにして家庭を築き，労働にたずさわり，人と接するかといった生活に密着した歌，歴史やプイ族の起源譚などの古歌，さらに新郎新婦やその親族を讃えるといった祝いの歌などである（中国少数民族社会歴史調査資料叢刊》修訂編輯委員会 2009: 5-6）。

　なお，プイ族の自然村は基本的に単一もしくは少数の父系リネージ集団（宗族）で構成されており（韋啓光他 1999: 55）[27]，50 年代あたりには，こうした婚姻関係は父系リネージ集団（宗族）外の人と結ばれていたようである。そして第 5 章でふれるように，基本的に山歌は地域ごとに旋律が一定であり（つまり山歌の旋律が同じ，「旋律圏」と呼べるような地域があり），他地域の旋律で歌われた歌は（慣れたものでなければ）聞きとることができない。よって文献には明確に書かれていないが，通婚圏はもともと旋律圏と重なる傾向にあったのではないかと考えられる。実際，前章で触れた広西壮族自治区の武

　　これは現在でも行われることがある。
27) フィールド調査によると，この点に関しては現在も農村ではあまり変わっていないようである。

鳴県に住むチワン族では，通婚圏と旋律圏がほぼ完全に重なっているという（手塚 2002a; 2002b）。こうした構造は誰と歌うかについての規範と密接に関わっている。手塚によると，チワン族では同じ宗族または集落の人間とは歌を掛け合わないという（手塚 1990）。プイ族に関して，文献にはあまりはっきり書いていないが，フィールドでの調査では，同じ村の出身であったり，同族である場合には歌を掛け合わないといった事例があることから，プイ族でも同様の規範があるものと考えられる[28]。

こうした恋愛から結婚にいたる過程以外の歌掛けの事例として，たとえば，羅甸や望謨などの地域で，新居を建てたときに主人が男女二人ずつ歌手を招いて歌を歌ってもらうことが報告されている。このとき歌われるのは「十二部対歌」と呼ばれる歌で，これは内容的には情歌と同じく男女の恋愛を歌うものであるが，ここでは勝ち負けを競う一種の競技であり，かつ客のもてなしの一環として歌われる（《布依族簡史》編写組 1984: 128）[29]。

ここまでの記述から明らかなように，山歌（歌掛け）はしばしば恋愛や性の解放，豊穣をめぐる儀礼と結びつけて論じられるが，実際にはその多くがむしろ客をもてなす娯楽と結びついている。歌掛けは旧来より，宗教的というより世俗的な性格が強く，ホイジンガが『ホモ・ルーデンス』で辛辣に批判したいわゆる「まじめ」と明確に対立する，「遊び」の領域にあったことは確かである。また，1950 年代の時点ですでに（おそらく何らかの報酬を払って）歌手を招いて歌ってもらうという事例も見られることは，現在（2000 年代）の山歌の状況を考えるうえで重要である。

もうひとつ，歌の使用言語についてもふれておく必要がある。本書で扱う山歌には中国語で歌う「漢歌」とプイ語で歌う「プイ歌」がある。貴州省の原住民はプイ族をはじめとするいわゆる「少数民族」であったが，明代に辺

---

28) 「同じ村の人とは掛け合わない」という規範については後述する 2007 年の羅甸県「山歌ステージ」において見られた。また同族同士では結婚が避けられる（よって掛け合いもしない）という事例は 2010 年の貴陽市で見られた。
29) 編者によるあとがきによると，『布依族簡史』は基本的に『布依族歴史社会調査』と同じく 1950 年代に収集された資料を元にしているので，この報告も 1950 年代の調査によるものと思われる。

境地域支配を固め，同時に人口分布の不均衡を是正するために屯田制度が敷かれ，湖広（現在の湖北省と湖南省あたり。当時人口稠密地域だった）から雲南への道が整備されて軍屯や民屯，商屯などが置かれるようになった（《貴州通史》編輯部 2005）。これにしたがって湖広から貴州に大量の漢族移民が押し寄せ，以後清代，民国期にいたるまで貴州省内では漢族が増え続けた。それとともにプイ族と漢族の接触は深くなり，プイ族にも土司など支配者階級を中心に，中国語貴州方言を話し，漢文に長けた者が増えていった。また安順にいる「屯堡人」のように，反対にプイ族など少数民族の影響を強く受けた漢族も見られるようになっていった[30]。

こうした状況のなかで漢歌は生まれてきた。50年代以前の記録には歌がどのような言語で歌われていたのかは書かれていないが，『恵水布依族』には「20世紀初頭以来，恵水県平壩地区において中国語の歌謡が盛行し，時代を追ってかつてのプイ語歌謡にとってかわった」（恵水県布依学会 2001）とあり，50年代の調査資料をもとにしている『布依族簡史』にも中国語での歌について言及がある（《布依族簡史》編写組 1984: 129-130）ことから，遅くとも50年代には中国語による歌掛けがプイ族の住む土地のうち，漢族との交渉が密な地域で歌われていたと考えられる。2007年に行った聞き取り調査によると，羅甸県北端で漢族の多い羅沙郷において，調査時で89歳の老人が若い頃（1930年代後半）に漢歌の掛け合いをきっかけに結婚したという事例もある。漢歌の流行は日常生活における，漢語の使用比率増大と併行しており[31]，地域によっては半世紀以上前から漢歌はプイ歌と同様の位置を占め

---

30) 屯堡人については第4章注5も参照。
31) これが独特の形で見られるのが貴陽市である。ここではごくまれに漢歌とプイ歌が同じ歌掛けのなかで歌われることがあるのだ。これについては楠舟小山（2006）が「夾黄歌」として簡単に言及しているが，実例は挙げておらず，いつからそうした形式があるのか，そもそもこうしたバイリンガルの山歌がジャンルとして本当に確立しているのかも不明である。ただ後述する「布依年節」や貴陽市郊外での「欄路歌」でわずかながら数例，こうした事例がみられた。これが可能なのは，貴陽市のプイ歌が第2部で分析する羅甸県のプイ歌とは異なり，形式的に漢歌とよく似た短い歌詞でできているからであるが，さらに貴陽市のプイ族の多くはプイ語能力が不十分であったり定型表現をよく知らないために，プイ歌で掛け合いたくてもそれを何ターンも続けるの

ていたことは確かである。

　こうした山歌の社会的状況は 1966 年から 1978 年までの文革期に大きな断絶を迎えた。羅甸県羅沙郷で 2007 年に行ったインタビューで，漢族で漢歌の歌手である張氏[32]は「68 年からは山歌を歌うと批判されて捕まった」と述べていた。こうした状況について，ネイティヴ人類学者として自らの出身地である望謨県で山歌の状況について調査した黄鎮邦によると，望謨県でも山歌が文革中「四旧」(旧思想，旧文化，旧風俗，旧習慣) に連なる陋習であるとして禁止されていた。黄鎮邦によると，それでも人々は隠れて歌掛けは行っていたものの，その時の弾圧が山歌衰退の原因となったということを老練の歌い手が述べていたという (黄鎮邦 2009)。だが文革終了後 80 年代になると，逆に山歌はその反動からかルネサンス期とも呼びうるような流行を迎えた。たとえば先述の張氏と，付録 1 の山歌でともに歌っている尤氏は現在 50 代であり，少年時代に文革を迎えた世代である。張氏は文革の間に山歌を忘れてしまったが，尤氏が歌を覚えていたため，文革終了後の 80 年代から 2 人で歌うようになったという。

　同じような事例はほかにもある。たとえば 2007 年に羅甸県龍坪鎮で行われた民族運動会の際のアンケート調査によると，この年に「山歌ステージ」(後述) で歌った 14 人の歌い手のうち，12 人は 10 代後半から 20 代前半だった 80 年代に歌を学び始めたという。彼らは貴定県や恵水県など貴州省各地から集まった歌い手であり，貴州省各地で同じような「ルネサンス」を迎えていたことがうかがえる。この年代は改革開放政策によって急速に経済発展が進み，中国全土の農村部で郷鎮企業ができて余剰労働力を吸収していた時期にあたる。この頃はまだ遠隔地への出稼ぎが本格化してはいなかった[33]。つまり，第一次産業から第二次産業への転換は進んだが，まだ若者の土地離

　　は難しいということも背景にあると思われる。また，プイ歌が「プイ族文化」の表徴であるために歌われているという社会的背景も無視できない (梶丸 印刷中)。
32)　付録 1 の漢歌を歌っている男性側の歌手の一人。
33)　南と牧野 (1999) によると，経済の市場経済化を徐々に進めていった 80 年代は農民が地元にできた郷鎮企業へと吸収されていった時期であり，それが 89 年あたりからより遠隔の広州や北京などへ出稼ぎに行くようになったという。

れはそれほど進んでいなかった。そこで文革の抑圧から解放された，当時若者だった人々が山歌を歌うようになったのである。先述の1981年に開かれた歌会もそうした状況のなかで行われたと考えられる。

　ただそれでも，すべてが文革前と同じようにいったわけではない。第一に，旋律圏と婚姻圏の分離，また山歌と結婚の結びつきの希薄化はこの時点ですでに進んでいたようである。たとえば貴陽市小河区に住む岑氏は文革中に四川省から工場労働者として働きに来ていた現在の夫と結婚したが，彼は漢族であり，もちろん山歌は歌えない。彼女と同じ集落に住んでおり，岑氏といつも一緒に山歌を歌っている葛氏は1980年代初頭に結婚したが，彼女の夫も漢族である。また，青岩鎮の近くにある村に住む歌い手の陳氏も，1980年代前半に恵水県の西隣にある長順県から嫁いで来たが，長順と貴陽では山歌の旋律が異なっており，最初は嫁ぎ先である貴陽の山歌は歌えなかったという[34]。「はじめに」で述べたように羅甸県ではあまりこうした聞き取りはできなかったが，出稼ぎ人口の多さなどから婚姻圏と旋律圏の分離は多少なりとも進んでいたと推測される。もちろんプイ族の居住する地域ごとに違いはあるだろうが，1990年前後の調査でこの婚姻圏と旋律圏の一致が確認できた武鳴県の事例（手塚 2002b）と比べて，プイ族ではこの分離が全体的に早く進行したようである。やや先走って言うと，ましてや現在ではそもそも若い人がほとんど歌えなくなっており，もはやこうした一致はまったく望めない。黄鎮邦は山歌衰退の兆しとしてさらに次のような変化も挙げている。黄によると望謨県楽康村のあたりでは，食糧事情からあまり盛大に宴会が開けなくなったため結婚式が簡素化したこと，いわゆる一人っ子政策のために子どもを祈願する儀礼があまり開かれなくなるなど，山歌が歌われていた状況が減ったこと，そして映画などの娯楽が増えたこと，若者が就学と仕事のため積極的に外地に出るようになったことから，80年代初頭を過ぎると山歌が再び衰退するようになってきた（黄鎮邦 2009: 32）。また，私の調査でも出稼ぎに起因する山歌衰退の一端を見ることができた。2008年の調査時に48歳だったある男性は，80年代初頭（20歳前後）あたりまでは歌って

---

34) ここまでいずれも2010年1月の聞き取りによる。

第 3 章　ずれゆく山歌の場所

いたが，それ以降出稼ぎに出たため歌い方を忘れてしまったという（ただしそれでも歌詞を聴きとることはできる）。同様の事例は 2010 年の調査でも見受けられた。こうした事例はとくに出稼ぎに積極的に出ている男性側に多いと思われる。さらに，女性で 80 年代初頭に歌っていた人々も，結婚するとともに歌わなくなっていった。例えば先述の通り葛氏は夫が漢族であり，「漢族には歌掛けをする風習がなく」[35] 夫が歌掛けに参加するのをこころよく思わないため，結婚してから歌わなくなっていたという。この結婚後歌わなくなる傾向については，黄鎮邦の望謨県楽康村調査からも明らかになっている。黄が挙げている歌わなくなった理由は「気恥ずかしいから」または「配偶者が娯楽とわかっていても情歌を異性と掛け合うことに嫉妬するから」といったものである（黄鎮邦 2009: 21-22）。

こうした変化は時代を追ってますます進み，90 年代になると若者の就学や就労，出稼ぎに伴う大量流出，さらにテレビやインターネットなどからの刺激的な娯楽文化の流入[36]といった要因もあって，従来おもな歌い手であった若者が離れていった。そして本書の調査を行った 2000 年代になると，山歌が占める社会的場所は 50 年代から比べるとずいぶん異なる様相を呈するようになっていたのである。

4　山歌の現代的場所

黄鎮邦は先に取りあげた，「文革のために山歌は衰退した」という歌い手の発言を引用したあとで，儀礼の簡素化や廃止，若者の流出，価値観の変化により山歌が歌われていた状況が時代とともに失われていった様子を描き出し「実際は，60 年代から楽康村の山歌はその生きる土壌を失いはじめてい

---

35) 付録 1 の歌掛けをしている歌手たちが全員漢族であることからわかるように，実際には漢族にも山歌を歌う人はいるのだが，この夫が歌好きでなく，また実際漢族はプイ族ほどには歌わないということなのであろう。
36) 調査地では羅甸県のような地方都市にもインターネットカフェがあり，ネットゲームやチャット，さらにアニメやドラマを鑑賞する若者であふれていた。

たのだ」と述べている (ibid.: 29)。こうした変化は少なくとも 80 年代以降多少の時期のばらつきや程度の違いはあったものの，貴州省内のどこでも起こっていた。とりわけ前節で触れたように，従来山歌の主要な担い手であった若者の山歌離れは著しい。だがそれでも山歌はまだ歌われている。それどころか，2000 年代に入って，山歌は以前とは「ずれた」場所を占めることによって復興の兆しすらみせるようになった。現代的山歌が占める独特の場所とはどこか。これを把握する鍵となるのが市場経済化と民族文化の振興である。

(i) 市場経済化と山歌

　市場経済化という言葉には自由競争に任せることで生産・流通の調整を行うといった意味合いがある。だがここで注目したいのは，こうした側面とともに，貨幣が物やサービスを媒介するようになること，および生産・流通・消費が市場経済におおむねゆだねられるということである。改革開放以来このかた，中国の社会は大きな変動のさなかにある。実質的に市場経済が導入され，急速に社会は近代化し，人々の移動はより長距離にまでおよぶようになった。この変化が，かつて山歌が占めていた社会的場所を侵蝕解体し，山歌の衰退をもたらしたことは確かだが，一方で山歌を楽しむ新たなメディアを広めることにもなった。その代表的なものが VCD である。VCD とは MPEG-1 という圧縮形式で映像を CD に記録したものであり，安価で VHS より記録時間は短いものの高品質だったため，東アジアから東南アジア，とりわけ中国で VTR をはるかにしのいで広まった映像メディアである。中国では 1993 年に VCD 再生機が販売され，その数年後から VCD が普及するようになって映画やアニメ，ドラマなどの海賊版 VCD が爆発的に出回るようになった（丸川 2007）。VCD として販売されるのはこうした既製の映像のコピーのみならず，業者がホームビデオで撮影し，自宅の PC で編集した映像商品も出回っている。例えば伊藤は，雲南省徳宏州において VCD が民俗芸能を広めるうえで積極的役割を果たしていることを報告した発表のなかで，自身の作成した VCD もその複製品がいつの間にか調査先で流通していたこ

第 3 章　ずれゆく山歌の場所

写真 3-2. 定期市の VCD 屋（羅甸県 2006 年撮影）

とに触れている（伊藤 2010）。

　貴州省内においても VCD や DVD は広く普及したメディアである。貴陽市，安順市などの比較的大きな都市では固定店舗できちんとパッケージされた映画やアニメ，山歌やポップスなどが売られている。いっぽう，定期市には必ずといっていいほど屋台型の VCD 屋がある。そうした店舗ではどこからか電源をひっぱってきて，VCD（または DVD）プレーヤーとテレビを設置して映像を音声付きで流しており，店の前にはたいていその映像目当ての人々が群がり，気になった商品を視聴させてもらったりしている[37]（写真 3-2，写真 3-3）。このタイプの店舗では古い映画からキリスト教の布教ビデオまでさまざまなジャンルの VCD を売っている。

　このどちらのタイプの VCD 屋にも山歌の VCD は売られているが，どち

---

[37] 商品を購入するときも不良品でないことを確認するために必ず VCD を再生してくれる。

第1部　山歌の社会的環境

写真 3-3.　定期市の VCD 屋に集まる人（羅甸県 2006 年撮影）

らも同じような商品を扱っているわけではない。貴陽市や安順市などの都市部にある店舗型の VCD 屋ではパッケージ化された山歌の VCD が1枚5～10元程度（2006年調査時）で売られている（写真 3-3）。こうした VCD は貴州省や雲南省，四川省の国営企業が制作，出版しており，貴州省内のかなり広範囲（少なくとも本書の調査地域全域）で同じ VCD が流通している。タイトルも「夜郎山歌」「貴州山歌」といったものが多く，貴州省内の特定の地域がクローズアップされていることはあまりないが，実際はほとんどの場合貴陽市や安順市近郊の漢歌，または「好花紅」といったとくに有名な漢歌[38]で，プイ歌が入っていることはない。映像はほとんどが歌手を雇って美しい景色のある場所やきれいな建物でロケをし，それを編集して制作されたものである。字幕がついていることも多く，一応身ぶりなどの演出が付いていること

---

[38]「好花紅」は貴州省の南に隣接する恵水県の漢歌であり，貴州省布依学会の学会歌になるなど，プイ族の象徴的歌曲である。

第 3 章　ずれゆく山歌の場所

写真 3-4．パッケージ化された VCD のジャケット

も多い[39]。これに対して，写真 3-2 にあるように，屋台型の VCD 屋に並んでいるのは，ほとんど裸の状態で売られている VCD である。こうした VCD は通常電機屋で売っているメディアに個人業者が自宅の PC を使ってそのまま映像を焼いて制作したものであり，パッケージはなく表面に「羅甸」「山歌」「情歌」などといったジャンルや地域を簡単に示す文字がフェルトペンで手書きされている簡便なものである。価格も1枚2元程度（2006年調査時）と安価である。またその内容は多少の場面設定がなされていることもあるが，それでもたとえば「羅甸山歌」と題された VCD では，羅甸県龍坪鎮の丘の上（冬に撮影しているため枯れ木ばかりでまったく風光明媚ではない）で撮影する，または「酒歌」ならごく普通の民家に普通の食事が並んだテーブルを挟んで向かいあうといった程度であり，身ぶりの演出もなく，ごく素朴な

---

39) こうした特徴の持つ意味については次章で取り上げる。

作りである。ほかにも，春節や結婚式などのイベントで歌われたものが勝手に撮影されて流通しているという，伊藤（2010）の報告と類似した事例も多い。

　このタイプのVCDの流通範囲はパッケージ化されたVCDとは異なり，比較的ローカルな範囲に限定されている。たとえば2006年11月に行った調査では，沫陽や羅梱といった羅甸県南部にある町の定期市で売られているVCDのほとんどは羊里，沫陽（羅甸県側），楽業や天峨（広西チワン族自治区側）など，羅甸県の南を流れる紅水河沿いの地域で収録された山歌であった。そのいっぽう，羅甸県北部にあり恵水県，紫雲県に近い辺陽では紅水河周辺地域の山歌VCDはほとんど売っておらず，辺陽，恵水，長順，紫雲など羅甸県の北にある地域の山歌VCDがメインであった。また，2010年1月に荔波県で調査したときには，羅甸県の山歌は売っておらず，ほぼすべて荔波県内で撮影されたものであった。こうした地域的偏りが起きるのは，山歌が歌詞を重視する歌掛けであり，かつ不慣れな旋律で歌われた歌は歌詞が聞き取れないためである[40]。

　こうしたVCDの流通は，山歌を歌ったり聴いたりする機会が少なくなった人々に，山歌と接する機会を与える格好の契機となっている。山歌好きの家には山歌のVCDが大量にあって，それを随時かけて山歌をいつでも楽しむことができるようになっている。また，これが歌手の臨時収入を増やし，知名度を上げるという効果もある。

　もうひとつの市場経済化は，歌手を雇うという現象である。先述のように歌手を呼んでくるという事例自体は50年代からみられたようだが，これはおそらく交通費と飲食，およびわずかな心付け程度であっただろう[41]。2000

---

40) 売り手が山歌を聞き取れるとは限らない。たとえば羅甸県龍坪鎮の北にある板庚という町の屋台型VCD屋の主人はプイ族であるが，プイ歌は聞き取れないとのことであった。ここから商品は自分で聞き取れなくとも買い手のニーズに合わせて仕入れていることがわかる。当然その買い手のほとんどは市場の近在に住む人々である。

41) 2010年に行った荔波県の布依学会への取材によると，荔波県の場合はイベントで歌手を呼んでも交通費と心付け程度であり，ほとんど歌手の収入にはならないとのことであった。ちなみに荔波県は貴州省でもっとも辺境にあり，小七孔風景区という世界自然遺産があるために観光業で潤っている一方，プイ族の文化保存にも熱心な地域で

年代になると明確に報酬をもらって歌う歌手たちが出てきている。2006年の調査では，羅甸県龍坪鎮で新築祝いに呼ばれた歌手の報酬が1人1日50元とのことであった。ところが2008年に同地で開かれた羅甸県民族運動会山歌ステージに呼ばれた歌手に支払われた報酬は2日間で1人300元であり，2010年の調査時に付録2にあるプイ歌を収録した際には，1人あたり1日200元と滞在日数分の生活費1日20元が必要であった。また貴陽市でも，2008年に行った聞き取りによれば，通常のイベントで呼ばれる場合は1人1日100元，VCD制作のために歌う場合になると歌手のギャラは1人300〜500元が相場であるという。まだ貴州省には専業の山歌歌手というのはいないが，貴州省では一般の労働者の月収がせいぜい1000〜4000元程度（農民ならもっと低い）であることを考えるとこれはなかなかの臨時収入である。羅甸では2010年の調査時では「近年山歌は人気が出ている」ためにギャラが高騰しているとのことであったが，ここ数年インフレで物価が高騰していることを考えても，かなり急激にギャラが値上がりしていることがわかる。これに加え，VCDの収録や後述する歌会や山歌ステージといった，これまでにない山歌の場ができていることで，歌の上手な歌手はどんどんいろんな歌掛けの場に呼ばれ，副収入を稼ぐことができる。また歌手を呼ぶ側からみると，山歌の歌手を呼ぶ場合，（貴陽市は例外として）通常は男性2人対女性2人で掛け合うため，新築祝いや結婚式などに歌手を呼ぶと4人分の報酬が必要であり，実際にはここに記した金額の4倍かかる。これは庶民にはかなりの出費であり，歌手を呼んで山歌を歌ってもらえること自体がステータスのようになる（黄2009）。

　かつて，赶表に代表されるように山歌を歌うことは生活史に密着した行為であり，男女が身のまわりの自然や事物に託して自分の感情を歌い上げるロマンチックな風習として描かれうるものであった。だが今や山歌を歌う場は貨幣を媒介とした経済活動にしっかりと組みこまれている。もちろん歌手は

ある。黄鎮邦（私信）によると望謨県楽康村での取材で，老歌手はかつて山歌を歌うのに報酬はほとんど受け取らなかったという。こうした事例から，おそらく本来歌手は呼ばれて歌うことがあってもほとんど報酬らしきものをもらわなかったのではないかと推測される。

直接の知り合いをたどって呼ぶため，完全な市場経済的原理にのっとって歌手が流れているわけではないが，そこを媒介する貨幣の量はもはや「心付け」の域を超えているのである。

　だが，これだけでは山歌に復興の兆しが見られることを説明できない。金銭的見返りは歌うことのインセンティブになりうるが，歌う機会が失われてしまってはどうしようもない。繰り返しになるが，かつて山歌が歌われる主要な機会であった男女の恋愛と結婚は，若者の山歌離れとともに山歌との結びつきが失われているのだ。そして経済発展とともに生活が変化し，人口の流動が激しくなるばかりという社会状況では，結婚や恋愛以外の歌も，50年代に旧来の村落内/村落間の社会生活に埋め込まれていた位置を失なっている。それに代わって増えてきたのが，政府主導による山歌の場である。

(ⅱ)　歌掛けの場の再興

(a) 民族宗教局と布依学会

　山歌の歌われる場を作り出す具体的なアクターは省や県などの行政レベルにおける民族宗教局や文化局，宣伝部といった部局，および布依学会である。布依学会は厳密には政府組織ではないが，元貴州省政治協商会議[42]副主席である王思明が貴州省布依学会の会長を務めるなど政府と密接な関わりのある組織であり，近年とりわけ活動が目立つようになってきている。

　貴州省布依学会は1988年に成立した団体である。これが成立した背景には，文化政策の変化と自身たちの経済発展の遅れがある。

　中国政府は50年代に民族政策の実施のため少数民族の文化研究を推進していたが，それはあくまでマルクス主義史観にのっとって，今後淘汰され乗り越えられるべきものと見なしたうえでのことであった。その後の文化大革命時代にはスローガンである「破四旧」(「旧思想，旧文化，旧風俗，旧習慣を打破しよう」)にしたがって少数民族の文化は徹底的な弾圧を受けた。山歌も

---

42) 政治協商会議（政協）は中国の人民民主統一戦線の組織形式で，民主諸党派や知識人などが，共産党の指導の下で作る議会であり，厳密には政府組織ではないが，実質的に政府組織に類するものである。

第3章　ずれゆく山歌の場所

禁止されたのは前述の通りである。文革が終わって改革開放期になると少数民族文化の弾圧も収まり、再び少数民族文化の記録と研究が行われ、その保存についてもかえりみられるようになっていった。こうした文化政策上の変化は、少数民族文化の独自性が中央政府によって政治的に承認されているという状況を作り出した。これは布依学会が成立しうる大前提である。

　さらに布依学会設立の直接のきっかけとなったのが改革開放直後の80年代に生じた経済格差である。黄義仁によると、漢族と少数民族、そして上海や広州といった沿岸地域の発展ぶりと内陸に住むみずからとのあいだで開き続ける経済的格差に対して、さまざまな少数民族の知識分子（知識階層のエリート）は危機感を深めていた。プイ族のエリートたちも同様である。彼らはこの発展格差に対して、プイ族文化の特徴を考慮に入れたより実効性のある発展戦略を描き出し、民族の繁栄を築くために、1987年から1988年にかけて会議を重ね、布依学会の活動内容について議論を進めた。そこで定められた活動内容は(1) 各方面の研究成果を基礎として尊重し、プイ族の経済状況に対して調査研究を強化して、各級の指導的部門に対して政策決定の参考としての意見を提出する、(2) （プイ族の）民族的特徴に基づいて、プイ族の優良な伝統文化を発掘、整理、発揚して、プイ族地区の「二つの文明建設」[43]に貢献する、といったものであった[44]。こうした経緯を踏まえて1988年12月に貴州省布依学会成立大会および第一回学術討論会を開催し、正式に貴州省布依学会が発足した。それ以降1～2年に一度大会を開き、研究成果をまとめた学術雑誌『布依学研究』を発行するとともに、学会への寄付を

---

43) 中国語では"两个文明建设"と呼ばれる。「二つの文明」とは物質文明と精神文明のことであり、鄧小平が政権を握ったあと、とりわけ社会主義精神文明が中国の社会主義を推し進めるうえで重要な指針とされ、共産党員および人民の道徳心向上が目指された。このスローガンは江沢民の「三個代表」思想がうちだされたあとも重視されており、近年のさまざまな人民のマナー向上キャンペーンや官僚の腐敗撲滅キャンペーンなどでももちだされている。
44) 黄義仁 (1999) では言及されていないが、おそらくこの方針は同時に漢化がとめどなく進行する現状に対して歯止めをかけ、民族のアイデンティティを維持しようとする動きでもあったであろう。だからこそ（これから述べるように）漢化が特に進行している貴陽市では積極的にプイ族文化を前面に押し出した行事を行っているのである。

もとに奨学金を設けたり学校建設を支援するといったプイ族子弟の教育支援を行ったり，「三月三」，「六月六」といったプイ族の伝統的祭日に文化活動を大々的に主催してプイ族文化の振興を図っている（黄義仁 1999: 412-423）。また，貴州省布依学会が成立して以降，貴州省各地に省の布依学会の下部組織的な，県や市レベルの布依学会の設立も相次いでおり，それぞれの地域で行政組織や関連団体と密接に連携しながら活動を行っている。

　こうした学会および行政組織の活動を後押ししているのが，政府の無形文化遺産保護政策と，少数民族文化の促進，観光化政策である。中国政府では1997年に「伝統工芸美術保護条例」が公布され，手工芸・美術の保護と継承に本格的に乗り出した。これは完成品としての文物だけでなく，それを製造する技術という無形文化遺産についても保護すべきであるという考え方に基づいた法律である。翌年には「中華人民共和国民族民間伝統文化保護法」の草案が起草され，さまざまな議論を経て「中華人民共和国非物質文化遺産保護法」と名を変え，2011年2月にようやく全人代常務委員会を通過して公布された[45]。この法律が成立するまでの13年間にも，2006年と2008年に第1期，第2期国家級無形文化遺産リストの公布，国家級文化生態保護区の制定やさまざまな法令の発布，関連イベントの開催などが行われている（申茂平 2009: 12-18）。

　貴州省も第1期と第2期国家級無形文化遺産リストに挙げられた項目が計36項もあり（国全体では147項），豊富な無形文化遺産がある地域として認識されている。こうした状況を受け，政府は2003年に「貴州省民族民間文化保護条例」の施行とともに中央の政策などに準じた「民族民間文化保護行程規劃綱要」の制定といった法律面での整備を行った。さらにこれと平行して，80年代から90年代初めに行われた調査をもとに，「民族民間文化継承人および継承単位」を選出したり，さまざまな無形文化遺産に関する研究

---

45) この法律で注目すべきは，第1章第4条に「無形文化遺産の保護は，その真実性，全体性，伝承性を重視し，中華民族の文化的アイデンティティの増強に利し，国家の統一と民族団結に利し，社会の調和と持続可能な発展に利する」（私訳）とあることである。このように，民族文化の振興はあくまで「中華民族」の一員として少数民族を位置づけ，国家の統一を守るという目的から行われている。

成果の出版，民族文化の専門家養成，民族文化村や民族文化生態博物館の設置，貴州省内で見られるさまざまな少数民族の無形文化を盛り込んだ「多彩貴州風」[46] という舞台作品の制作と上演などを行ってきた (ibid.: 38-41)。

こうした無形文化遺産保護の動きは，地域の観光化と密接に結びついている。かつて「遅れた」文化とされた少数民族文化は，今や「民族文化も一種の資源」，「民族文化も一種の産業」であるとまでいわれるようになった（王紅曼 2000）[47]。貴州省のような内陸部の経済発展に乗り遅れた少数民族地域において，少数民族独自の文化を生かして観光資源化することは，地域経済の振興のための切り札となりうる。実際，黔東南苗族侗族自治州はミャオ族とトン族の民族文化村をプロデュースする（曽 1998）など観光開発に力を入れており，貴州省政府も 2000 年より始まった西部大開発計画の資金を黔東南州を中心に一部観光業に振り分けるなど（潘心雄 2001），省内の経済発展の重要なかなめとして観光を位置づけるようになっている。

第 2 章で言及した貴陽市の鎮山村を除いて，プイ族の集落はほとんど大々的な民族観光開発はされておらず[48]，あまりこうした観光開発の恩恵や影響

---

46) この舞台劇は貴州省歌舞団や貴州省民族歌舞団などが共同で制作したものである。中国版 Wikipedia である百度百科によると，「多彩貴州風」は 2006 年 9 月から 2007 年 1 月にかけて中国国内の北京や上海をはじめとする 20 都市を巡回し，2007 年 2 月から 11 月にかけてイギリスやロシア，インド，韓国など海外でも公演が行われている（「多彩貴州風」http://baike.baidu.com/view/3774634.htm, 2011 年 6 月 17 日アクセス）。
47) 少数民族地域における観光開発について日本語文献では馬（2003）に簡潔なまとめがある。ここでも民族観光業が少数民族地域経済発展をいかに促進するかが強調されている。
48) 貴州省内ではここ 10 年ほどの間に数々の観光開発に関する会議や研究が行われ，『貴州旅游的文化思考』（貴州省中華文化研究会，貴州省旅游局 2001），『民俗文化保護与旅游開発』（貴州世居民族研究中心，貴州省民族研究学会 2005）といった論集も編まれている。だがたとえばこの 2 冊に収録された論文のなかでプイ族の集落や文化を主要な記述対象としているのはわずかに楊昌儒（2005）のみであり，それ以外の論文では「地域に見られる民族文化の一例」としてふれられる程度である。これは黔東南苗族侗族自治州のミャオ族やトン族に比べて圧倒的に少ない扱いである。もっとも，たとえば 2002 年に開かれた貴州省布依学会大会ではテーマとして「布依族文化と旅行」が掲げられ，そこで発表された論文が『布依学研究』第 8 巻に収められるなど，プイ族文化を観光業に生かそうとする議論がないわけではない。

を受けていないように思われるかもしれない。だがこうした動きが，民族宗教局などが主催する新たな歌掛けの場「歌会」に結びついているのは確かである。第4章で事例として取り上げる羅甸県の民族運動会閉幕式も，テレビ局が来るなど普段ありえないほどの賑わいを見せていたのは，それが羅甸県にとって一大観光イベントだったからであるし，少数民族の無形文化保護政策がなければ，布依学会や各地方政府は大々的にイベントを開催したり，文化調査をすることもままならないのである。

　先にも述べたとおり，山歌を含むプイ族文化の保護，調査，振興の重要なアクターとなっているのが民族宗教局や布依学会である。民族宗教局は文化局など関連部局と連携して，民族文化振興のためのさまざまなイベントを開催している。一方，布依学会はみずからイベントを開催することもあれば，民族宗教局などの政府組織が企画運営するイベントにメンバーを出演させるなどといった形で協力したり，さまざまな民族文化に関する著作物を編纂，出版するといった形で民族文化振興に取りくんでいる。こうした動きを支えているのが，「このままでは山歌の伝統は失われてしまう」という危機感である。羅甸県文化局の無形文化遺産担当者は「山歌は即興で歌詞をやりとりするのが特徴なので，「変化させずに保存すること」を旨とする無形文化遺産には登録しづらい」と述べていた。そうであるなら，できることはなるべく歌う場を設け，山歌を歌う雰囲気を作り出すことである。そのために，各地の民族宗教局などの行政当局と布依学会は連携して活動を行っている。

　これが典型的にみられるのが貴陽市である。貴陽市は貴州省の中心地であり，貴州省内でもっともプイ族の漢化が進んだ地域であるとともに，近年布依学会の活動が盛んな地域のひとつでもある。陳栄貴（2009）によると，貴陽市布依学会は，90年代から活動を開始し，貴陽市の現役プイ族幹部が主要メンバーとなって民族民間文化資料の収集などを行っていた貴陽市布依学会工作委員会，および2001年12月に引退した[49]プイ族幹部が設立し，盛んに文化交流活動を行っていた貴陽布依学会民間交流会が母体となって

---

49) 中国の定年年齢は1978年に規定ができてから現在（2012年）にいたるまで，原則的に男性は60歳，女性は管理職が55歳，それ以外は50歳である。

2004年に正式に発足した，比較的新しい組織である[50]。陳は2009年までに行われたこの学会の主要な活動を，(1) 民間文化交流活動，(2) 布依族服飾文化の継承，(3) 重要な民族の祭日活動（プイ族の伝統的な祭日）の指導，(4) 社会的に重要な祭日活動（政府が企画した文化イベント）へのメンバーの参加，(5) 文化研究活動，(6)「桂花開放幸福来」[51] 発表55周年記念活動の開催成功，(7) 布依族歳首年節（プイ族正月）活動の挙行，の7項目に分けている (ibid.)。(5) を除いてこれらはいずれもプイ族文化の保護と発展を目指したものであり，積極的にプイ族に関連する文化行事に関与していることがわかる。そして当然ながら，どの活動も政府，とくに民族政策を担当する民族宗教局との協力がなければならない。

この当局との密接な関係は，貴陽市小河区布依学会成立を記念する式典「貴陽市小河区布依学会成立掲牌儀式」に，貴陽市民族事務局長をはじめ近隣の区・県レベルの政府民族宗教局の局長や副局長が招かれていたことからもうかがえる。小河区は第2章で述べたように，貴陽市東南部に位置し，1993年に経済技術開発区に指定され，花渓区から分離して工場地帯として開発された行政区である。現在でも開発は進められており，元々あった旧来のプイ族集落はほとんど再開発の波にのまれてしまっている。こうした地域で，貴陽市布依学会の指導を受ける形で新たにプイ族の文化振興をはかる学会が組織されたのである。

式典は2009年12月25日の午後2時から小河区にあるホテルで行われた。この集まりは (7) にあるプイ族独自の新年を祝う会「布依年節（ニェンジエ）」を兼ねており，まず式典前に他集落にある祠におもむいて祖霊を祀ったうえで，新学

---

50) たとえば恵水県布依学会はこれより5年も早く，1999年に正式に成立している（恵水県布依学会 2001: 437）。
51) 貴州省布依学会の学会歌にもなっている「好花紅」と並ぶ有名な山歌の名前。プイ族やミャオ族の集落で歌われていた（元々はプイ族の歌）ものが，1950年に人民解放軍貴州軍区の文工団の耳にとまり，「幸福と毛主席は分けられない」といった革命色の強い歌詞を付け加えられて革命歌となって以来広く知られるようになった（「《桂花開放幸福来》是怎様誕生的」『貴州日報2002年10月18日8版』http://www.gog.com.cn/hezpd/system/2005/09/20/000873436.shtml，2011年6月21日アクセス）。現在付け加えられた革命風の歌詞が歌われることはあまりなく，元々の歌詞で歌われる。

会成立式典が行われた。それに引き続く形でプイ族の新年会が催された(【映像5】)。そこでは小河区に住む「寨老」(祭祀儀礼を行う長老)が招かれてプイ族の新年を祝う儀礼が行われ、それから学会員によるプイ族の歌と踊り(音楽はすべてテープを流し、演者は楽器を演奏するふりをするだけであるなど相当改変されたもの)が披露された。こうした会が終わったあと、来賓たちはホテルの複数の部屋に設けられた宴席に向かい、そこで宴会が開かれた。ここでも来賓をもてなすための山歌が歌われた。ここでの歌い手たちは小河区布依学会に属する女性たちであり、彼女たちが二手に分かれて各テーブルをまわって「酒歌」を歌っていった。そこで交わされた歌掛けのほとんどは漢歌でどれもごく短いものであったが、なかには歌掛けに堪能な来賓もいて、そうした来賓に当たると数十分にわたり歌掛けが行われた。本章注31で述べたように、なかにはプイ歌を歌いかける来賓もおり、そうした時には数ターンプイ歌でのやりとりも見られた。さらに宴会が進むと、各部屋で勝手に席をしつらえて歌を掛け合う人々も現れ、宴会終了予定時間の6時になってもなかなか帰ろうとせずに空いている部屋で歌を掛け合う者、麻雀卓を囲む者などめいめいの娯楽にふけっていた(写真3-5)。

(b) 山歌の歌われる場その1 ── 貴陽市周辺

こうした歌掛けの機会が増えた影響で、ここ数年歌掛けを楽しむ人々が増えているようである。本章2節でも登場した、小河区に住む岑氏(50代女性)は2001年に歌会が行われるようになって歌友達(歌友)が増えたという。彼女とよく一緒に歌いに出かける葛氏(40代女性で岑氏の親族)も結婚後歌を歌うのをやめていたが、2009年の3月から同じ集落に住む親族の女性たちに歌を教えるようになり、歌掛けのときには彼女たちを引きつれて歌掛けを楽しむようになった。2人とも元々10代後半から20代の頃には歌を覚えていたが、1980年代以降はほとんど歌う機会がなかったという。これにはもちろん既述のように結婚して歌う機会が減った、ということもあるが、それ以上に山歌を歌うような雰囲気が失われていったことが大きい。再び歌うようになったのは(おそらく貴陽布依学会民間交流会が活動するようになった)2000年に入ってからのことである。今では岑氏は祝い事で歌掛けがあると聞くと

第 3 章　ずれゆく山歌の場所

写真 3-5. 布依年節の宴会後歌掛けを楽しむ人々

顔を輝かせて出かけ，葛氏は携帯電話のショートメッセージで歌友と歌を送り合ったりしている。ふたりと知り合った 2009 年 12 月〜2010 年 3 月の貴陽市での調査では，ここ数年で山歌が大いに復活しているという同様の声が複数聞かれた。そうした機会で，とくに女性たちは盛装として積極的に民族衣装を着るようになっており（第 2 章の写真 2-6 は上述の「布依年節ニェンジエ」前に行われた儀礼に参加した女性たちである），歌掛け以外の面でもプイ族文化の復興が進んでいることが印象的であった。

「布依年節」にかぎらず，山歌の復興には春節や三月三，六月六といった祭りの時期に各地で行われる歌会も一役買っている。たとえば 2008 年 2 月に花渓区湖潮郷で行われた湖潮郷第十四回民族歌舞会は，湖潮郷政府と花渓区文化局が主催した歌会である。出演者のなかには花渓区歌舞団といったプロもいるが，ほとんどは地元周辺地域の有志（もちろん布依学会関係者も多い）が自発的に参加して歌や踊りを披露していた。なにより圧巻だったのはその観客の多さである。この歌舞会は湖潮郷にある小高い丘のふもとにあるス

103

第1部　山歌の社会的環境

写真 3-6. 湖潮郷歌舞会に集まる人々

テージで行われていたのだが，主要演目が行われていた 13 時から 15 時頃には丘一面に数千人（目測による推計）が集まる大盛況であった（写真 3-6）[52]。

　こうした公的行事を離れた場でも山歌は現在盛んに歌われるようになった。その代表的な場が，結婚や，出産後の 30 日目を祝う「満月酒〈マンユエチュウ〉」といった慶事である。先に登場した岑氏と葛氏のふたりは，2009 年 1 月，岑氏の孫の「満月酒」を祝う場でホスト側として来客をもてなしていた。こういう時に貴陽周辺では「攔路歌〈ランルーコー〉」が歌われる（【映像 6】）。攔路歌とは慶事で客を招待した際，主人側が歌手を用意し，飾り立てた棒（「朝門〈チャオメン〉」と呼ばれる）で

---

52) 第 4 章でふれる事例もそうしたなかで行われたことに留意しておく必要がある。なお参加は事前登録制だったが，実際にはかなり柔軟で，主催者に挨拶に行った際，私が日本から来たことがわかると司会者に「貴州大学に来た日本朋友」としてステージに上げられてしまった。ちなみに 15 時以降は湖潮郷の 10 代青年男女による歌が多かったのだが，これはほとんどがポップソングのカラオケであり，観客の多くはこの時間になるとぞろぞろと帰って行ってしまった。このあたりに，聴衆の関心がもっぱらプイ族の民間文化にあったことがよく現れている。

第 3 章　ずれゆく山歌の場所

写真 3-7.「満月酒」での攔路歌

道をとおせんぼし，来客に歌を挑んで来客が納得できる歌を歌えたら棒を上げて酒とたばこを来客に渡してもてなす儀礼的遊びである。これは義務ではなく，歌えないことがあらかじめわかってる場合は横を素通りすることができるが，それでもなるべく客と歌掛けをしようとする。多くの場合この歌掛けは集団対集団で，主人側も客側もかならずしも親族関係にしたがって集団を作るわけではなく，むしろ同郷であることが重要視される[53]。写真 3-7 は男性グループ（岑の歌友）と主人側が歌を掛け合っている時の写真である。お盆を持っている人がいる集団が主人側であり，手前のお盆の上にはたばこが，奥のお盆には小さい杯に注がれた酒が置かれている[54]。この日は客が来

---

[53] ブイ族の親族概念は日常的にはやや曖昧で，同郷の人間を指して本来親族を意味する「一家人」と言うこともある。これは従来ごく少数の家系で 1 集落を形成していたことに由来すると考えられる。

[54] タバコも酒も客側への贈り物であるが，客はタバコだけ受け取り，酒は 1 杯目を地面にこぼして天地を敬い，2 杯目も祖先にささげるために地面にこぼし，3 杯目は「主

はじめた11時頃からすべての客がほぼ到着した13時頃まで続けられた。

昼には来客とともに食事を食べ，少しくつろいだ後，テーブルを囲む形で15時前から来客のなかでもとくに嫁側の親族と山歌を歌った。このとき交わされた歌は「タバコ歌」「茶歌」「賀主人歌」などと呼ばれるジャンルであり，どれも客側が出されたもの（タバコやお茶）にちなんで主人を祝福し，主人側は来客への感謝を述べる歌である。

16時半頃にこの歌掛けは終了し，16時40分過ぎからは順次夕食の宴会でもてなした。そこでも主人側は2組に分かれて，宴席の歌である「酒歌」を客と掛け合った。最後に宴会後，日が暮れてから客を送る「送客歌」を歌って来客を見送った。

このように，「満月酒」の祝い事は始めから終わりまで随所に山歌が歌われるようになっている。またこういった流れ全体は「満月酒」に限らず，新築祝いなどでも変わらない。これだけだと，本章2節で見た従来の山歌と変わらないように見えるかもしれないし，実際変わっていない部分もある。ただ注意しておくべきなのは，これが一度すたれかけた光景であること，そしてここで歌っているのがほとんど全員40代以上の中年男女だということである。30代はまだ歌っていることもあるが，20代以下の青年男女が主体的に歌を掛け合うことは少なくとも私が見たかぎりまったくない。彼ら，彼女らは都会育ちの現代っ子であり，もはやこういった文化を顧みることはほとんどない。例えば葛氏の娘（20代前半）はかつて小学校時代には民族文化を授業で学んだことがあるが，現在は遠く離れた深圳で流行の服を売るアパレル店を経営する店長である。地元に帰ってくるのは春節のときだけで，山歌の場で異性と出会って恋愛をするなど考えられない。現代の山歌は，従来の文脈に沿うように見えながら，その実ほぼ完全に娯楽へとシフトした，いわば従来の文脈から「ずれた」位置を占めているのである。これがいっそうよくわかるのが，羅甸県の春節の時期に行われる「山歌ステージ」（山歌表演）である。

　人家にお金を留める」ために残すのが礼儀とされる。

(c) 山歌の歌われる場その2 ── 羅甸県山歌ステージ

　羅甸県は布依学会がなく，プイ族独自の文化団体は実質的に存在しない。そのぶん民族宗教局がイベントの主体として前面に現れてくる。羅甸県において山歌が歌われるもっとも大きなイベントが，春節の時期に行われる羅甸県民族運動会のなかのひとつ「山歌ステージ」（山歌表演）である。羅甸県民族運動会は「運動会」と銘打たれている通り主要なイベントは「単位」（企業や学校，地域）対抗バスケットボール大会などのスポーツであるが，それ以外にも山歌ステージや写真撮影会，書画会などといった文化的事業も開かれる。山歌ステージは2003年から羅甸県の民族宗教局や文化局などが中心となって，羅甸県の県城にある運動グラウンドを主要会場として行われている。2006年は中国の政府系NGO「中華民族文化促進会」の協力があり，例年より大規模で，閉幕式にはこの会と羅甸県政府の主催で盛大なステージが用意され，韓国からきた選手団によるテコンドー演武や多数の歌手の歌，文芸団の演劇などが繰り広げられ，貴陽電視台が生中継し1000人以上が集まる大盛況であった[55]。

　文化局の担当者によると，山歌ステージは2006年の第3回までは審査員が勝敗を判定する試合形式で，1組15分から30分程度（準決勝・決勝あたりは1時間）の制限時間付きであったようだが，歌掛けは本来非常に時間がかかるため，2007年からは民族宗教局が招待した歌手たちに歌ってもらうステージ形式に変更された。ここでは2007年と2008年の山歌ステージの様子を紹介しておこう。

　2007年の山歌ステージは連日最高気温が30度に迫る暑さのなか[56]，2月28日から3月2日にかけて行われた（2007年は2月18日が春節）。1日目はプイ歌（【映像2】），2日目と3日目は漢歌（【映像3】）であった。漢歌が入っているのは，羅甸県の北部（龍坪鎮より北）には漢族が多く，もともと漢歌がよく歌われているためである[57]。初日は午前9時に司会による簡単な歌手の

---

55) 4章でふれる事例「情歌対唱」はこうした演目のひとつであった。
56) 羅甸県を含め貴州省では春節後1週間程度急激に気温が上昇し，初夏の陽気になることがよくある。
57) もちろんこれは，先述の言語使用状況と山歌の使用言語がリンクしているということ

第 1 部　山歌の社会的環境

写真 3-8.　2007 年の山歌ステージ（プイ歌）

　紹介の後，ステージ上に用意されたテーブルの前に座って歌掛けが開始された。歌手は男女とも羅甸県内の別々の地域の出身であった。主催者側からは「年歌を歌って欲しい」という依頼のみで，歌の時間は丸一日。掛け合えなくなったら交替することになっていたが，実際には交替なく昼休みの 2 時間を挟んで夕方 6 時まで，合計 7 時間かけて歌われた。聴衆は 150〜200 名ほどであったが，最初から最後まで聞いている人は少なく，随時人が出入りしている状態であった。プイ歌は写真 3-8 のような体勢で非常に淡々と舞台上で歌われており，聴衆も静かに聴いている人が多かった。
　2 日目の漢歌のステージは 8 時 30 分頃に開始し，その時点ですでに聴衆は 150 人ほど集まっていた。漢歌の歌手は貴定県，羅甸県，恵水県，平塘県，長順県といった黔南各地から各 2 人ずつが組になって 14 人が招待されており，2〜3 時間ごとに歌手を交替しながら，普段直接聞くことのできな

の一例である。

い地方の歌掛けが繰り広げられた。聴衆の反応は前日と比べて明らかに活発で，歌うごとに「今のはよかった」「今のはよくない」といった論評をしたり，どういった歌詞を歌ったのかを隣の知人と話しあうなど，ステージの下も賑やかであった。相手の歌に見事に返したときには大きな歓声が上がった。ただ，違う地域の歌手は聞き慣れない旋律で歌うこともあり，歌詞が聞き取れないこともあったようだ。貴定から来た男性歌手のペアは途中から頻繁に旋律を変えて歌っており（普通1地域に1種類の旋律しかないのでそれ自体注目に値する技巧なのだが），それに対して「ちゃんと返せないからああやってごまかしているのだ」といった声も出ていた。もともとは午後の6時までの予定であったが，会場からのリクエストにより，夕食を挟んで夜の8時から11時までの部も設けられ，200人以上集まる盛況ぶりであった。3日目も朝の8時20分頃から開始され，前日と同様多くの聴衆を集めた。ただ，11時前になると翌日に控えていた閉幕式のリハーサルが開始され，かなりの聴衆（50〜100人程度）がそちらに流れていった。それでもまた夜の部が開かれ，ここでも300人もの聴衆が集まるかなりの盛況ぶりであった。

　2008年の山歌ステージは2月11日から13日にかけて行われた（2008年の春節は2月7日）。この年は中華民族文化促進会の後援もなく予算が限られていたせいか，民族運動会自体が非常に小規模であった。山歌ステージもあまり遠方から歌手を多く呼ぶのではなく，同じ歌手に長時間歌ってもらうという形になっていた。また，この年は同じ会場にサーカス団が来ており，公演日時は異なっていたもののすでにグラウンドの入り口にテントが張られ，前年とは様子がかなり異なっていた。日程は前年同様1日目にプイ歌，2日目と3日目は漢歌の予定で，どちらも恋愛の歌「情歌」を歌ってもらうことになっていた。しかし招待したプイ歌の歌手が同郷の親族どうしであったために男性側が帰ってしまい（山歌は同郷どうし・親族どうしで掛け合ってはいけない），1日目は女性側だけが午後に2時間ほど歌うだけで終わった。これは民族宗教局の基本的な配慮不足であった。もちろん聴衆も増えるはずはなく，最後まで聴いていたのはたったの10人程度であった。2日目と3日目の漢歌（【映像4】）は羅甸県羅沙郷の男性2人と恵水県好花紅郷の女性2人が掛け合った（付録1の漢歌はこのときに歌われたものである）。2日目は午前9

第 1 部　山歌の社会的環境

写真 3-9. 2008 年の山歌ステージ（漢歌）に集まる聴衆

時からの予定であったが，観客が少なすぎたため 9 時 20 分からはじめられた。歌は前年と同様「情歌」という指定以外は歌手の即興であった。午前中の聴衆はせいぜい 40 人程度で比較的閑散としており，知人が来てそのまま世間話をしているなど，あまり集中して舞台の歌を聞いている人はいなかった。それが午後になると 200～300 人と急増し，私以外にもビデオカメラで収録する人（VCD 業者とみられる）が現れるなどかなり賑わい，聴衆間の会話も「お，面白いね」といった歌詞に関するトピックが増えていた（写真 3-9）。ただ，この年は夜の部を行うことはせず，6 時前に歌掛けは終了した。3 日目も朝 9 時過ぎに開始。聴衆は最初 30 人ほどだったが最終的に 100 人以上まで増え，それなりに活況であった。ただ時折サーカス団のテントに虎が搬入されるとそちらに聴衆が野次馬となって流れたり，ステージ脇の段で突然男性（会場では「精神障害のある浮浪者」であろうとささやかれていた）が大声で歌い出して聴衆の注意がそちらに流れたりするなど（追い出されることもなくほっておかれ，じきに聴衆は皆興味を失ってステージに顔を戻した），さ

まざまな「邪魔」が入ったが，12時頃に無事終了した。この年の公演で興味深かったのが，歌い手たちのところへイスを借りに行く聴衆がいたり，女性歌手の1人が掛け合いの最中にかかってきた携帯電話に出ていたことである。それらはとくにとがめられることもなく，何事もなかったかのようにステージは進められていた。そこには，舞台化されているとはいえ，ステージと聴衆，日常と非日常が截然と分けられていない，ありていに言えば「ゆるい」場があった。

5 ずれた山歌の位置，山歌の場所

　史書によれば，プイ族は日常生活のさまざまな局面，とりわけ恋愛から結婚にいたるまで，歌を介して人と人とが結びついていたようであった。1950年代から文革期までにおいても状況はあまり変わらず，山歌の場所は，恋愛から結婚までのさまざまな段階からはじまって，来客の歓待など，そこかしこに豊富に見いだされた。文革期を経て山歌が衰退への道をたどりだすと，プイ族文化を救うためにプイ族知識人たちが乗りだして，歌集を出版したり，新たな歌掛けの場を作りあげたりして文化復興へのうねりを作り出そうとしていった。その結果現れたのが，そこに一定の演出や政府をはじめとする公的組織の関与が強く見られる，従来の在り方と一見重なりつつも異なる歌掛けの新たな場所であった。山歌は「攔路歌」をはじめ満月酒の祝い事で歌われるように，今でも従来と変わらない場所を占め続けているが，それが復興・維持されているのは布依学会といった新たなアクターが積極的に動いているからである。羅甸県では布依学会がない代わりに，民族宗教局が民族運動会の場を借りて歌掛けの場を試行錯誤しながら作り出している。

　山歌は，通時的にみれば過去から現在にかけて社会的にまったく同じ位置を占めているわけではないが，まったく異なる位置に移し替えられたわけでもない。それは，時代とともにずれていったのだ。そして岑氏や葛氏，張氏のような今ステージや歌会で歌っている歌手たちや，もっとも熱心な聴衆である老人たちはこのずれが起こった時間を経験してきた。本章で述べてきた

第 1 部　山歌の社会的環境

「歴史的場所」と,「現代的場所」とを彼らは今生きているのだ。彼らこそがそうしたずれを経験してきた当の本人たちであり,一見よそ者には見えづらいが,山歌の歴史的場所はじつは彼らを通して山歌の現代的場所に現れている。改めて述べておくと,修飾語のつかない「場所」とは,分析のために立てた共時と通時のふたつの軸を包み込んだ概念である。本章で述べてきた諸々の歴史的・社会的関係をたどることによって,ようやくよそ者である私は山歌の場所に立ち会うことができたのである。

＊

さて,ここまでは山歌の場所を,山歌を歌う人々の関係,山歌にとって外在的な網の目のなかの位置として描いてきた。だが山歌の場所は,本来それを歌い聴く人の感覚のなかにもある。そしてその感覚は社会と不可分に構成されている[58]。山歌は今どのように歌われ,感じられているのであろうか。次章ではいわば山歌の「内在的な場所」に迫るべく,山歌の感覚論を探っていきたい。

---

58) つまり,「山歌にとって外在的」とは,歌い手や聴衆の感覚という一般に個々人に内在すると考えられているものと,山歌を取りまく社会という外在的なものが切り離されていて,「内」と「外」の区別が絶対的であるということを含意しているのではない。両者がつながっているということを前提とした,「相対的に外在している」という意味である。

第 **4** 章

山歌の感覚論

1 はじめに

　山歌の楽しみ方，それが本章のテーマである。どのような芸能であれ芸術であれ，それ相応の楽しみ方というものがある。山歌も例外ではない。山歌を楽しむ人々は，どのようにそれを楽しんでいるのだろうか。

　この問題を探るためには，人々の身体感覚の使い方にせまらなくてはならない。なんらかの対象を鑑賞する，つまりその対象が帯びている価値を享受するのは，当然，なんらかの身体感覚を通してである。どのような感覚を通して対象を享受するかは対象の物理的特性にまず依存するが，そのうえでどの感覚のどのような側面を重視するかは社会的に慣習化されている。鑑賞と創作双方にわたる審美的な感覚が社会的に構成されていることを論じたブルデューの著作はよく知られている（ブルデュー 1990; 1995; 1996）。同時代の社会になんらかの鑑賞という行為がなければ山歌のような芸能はその位置づけを失い，存続できない。これは芸能の現場に実際の観客が共在していない場合にさえもあてはまる。芸能の実践者は，必ず鑑賞者としてのなんらかの価値基準を内面化しているからである。

　身体感覚を通じて鑑賞するという行為を考えるうえで，恰好の参照枠を提供してくれるのが，観光という営みである。観光において観光客はその五感を動員してなにか見知らぬもの，あるいは期待しているものを楽しむ。本章

では，観光現象に関する論考の多くにつきまといがちな視覚中心主義を新たな角度から批判することを通じて，山歌を鑑賞する感覚の社会的構成を論じることとする。

2 観光と視覚中心主義

前章でみたように，現代の山歌は聞かれるものではあるが，同時に舞台で上演され，人々に「まなざされる」ものでもある。この在りようは観光地における芸能とよく似ている。山歌は観光資源としてまだそれほど活用されてはいないが，観光資源化しうるという意味で「前観光化された芸能」とみなし得る。なにより，従来の観光研究を支えてきたひとつの柱こそが観光現象における「まなざし」(gaze) の中心性なのだ[1]。そこでひとまず観光をめぐる議論における「まなざし」論とさらにそれと深くかかわる「視覚中心主義」の概略をみてみよう。

観光研究に「まなざし」という概念を明示的に導入した最初の人は，社会学者のアーリである。彼によれば，観光の体験の少なくとも一部に「日常から離れた異なる景色，風景，町並みなどにたいしてまなざしもしくは視線を投げかけること」(Urry 2002 [1990]: 1) が含まれる。観光において視覚は他の知覚が働く基盤として位置づけられ，観光者は視覚的要素に対して敏感であるとされている (Urry 1992, 2002 [1990])。こうした「まなざし」論は，より詳細な分類が提示される (Urry 1992) などの精緻化がなされつつも，観光における真正性の議論の根底を支え続けてきた。アーリは西欧の観光現象を対象として議論しているが，それ以外の地域における観光現象を論じた人類学的研究においても，視覚が観光において他の知覚より優越した地位にあることは暗黙の前提となっている。Desmond (1999) のように，真正性の問題

---

[1] 観光人類学は Smith (1977) の論集にはじまり，日本でも山下 (1996) によって本格的に導入された。この分野におけるもっとも重要なトピックのひとつが「真正性」(authenticity) であるが (ブーアスティン 1964, MacCannell 1976, Cohen 2004)，観光産業における真正性の議論の基底を成すのが，以下にみる「まなざし」論である。

第 4 章　山歌の感覚論

に関しては視覚だけにとどまらない全身体経験を考察に入れるべきだとする指摘もあるが，民族文化の真正性を扱う研究において視覚的表象が題材とされることは圧倒的に多く，それ以外の感覚表象が取り上げられることは少ない。たとえば，ハウズは五感の多様な文化的差異を捉えることの重要性を強調し「感覚人類学」(anthropology of senses) を提唱したが，その彼が編集する論集においてすら，観光客はもっぱら「見る」人々として登場する (Howes 1991, 2005)。こうしたところからみても，観光現象において視覚が中心的な役割を占めていること自体を真っ向から否定することには無理があると認めざるをえないだろう。ただ，視覚が身体経験の全体のなかにどのように位置づけられ，いかに働いているのか，というもっとも根本的な問題に対しては，あまりにわずかな注意しか払われてこなかった。その要因として，これまで批判を浴びつつも根強く西洋社会，そして学術全般に息づいている視覚中心主義がある。

「視覚中心主義」とは西洋においてデカルトやロック以来確立された，感覚のなかで視覚に最高の価値をおく伝統のことである (Fabian 2002 [1983])。ここでは視覚はもっとも正確に外界を把握できる知覚とされ，とりわけ科学において視覚的に対象をとらえることは必須要件となっている。ここでは特に代表的なものとしてファビアンに連なる議論とアーリの主張を見てみよう[2]。

ファビアンは「見ること」に「相手から離れていること」「相手が自分と同じではないこと」が含まれていることを指摘し，視覚中心主義をこの視覚の性質がもたらす他者の客体化，非人間化（モノ化）としてとらえている。そしてとくに人類学において，調査対象と調査者自身が同じ場所に共在していることを捨象して，民族誌において調査対象をあたかも歴史を持たない静的な「モノ」として存在するかのように記述する傾向を鋭く批判した (Fabian 2002 [1983])。ジャクソンはこの主張を引き継いで，現象学的人類学

---

[2] 「視覚中心主義」に相当する用語としてファビアンは 'visualism' を，アーリは 'ocularcentrism' を使用している。両単語はファビアンとアーリにおいてはそれぞれ一貫した使われ方がされているが，両者が他の研究者によってもつねにここでまとめるような異なる意味あいを持って使われているわけではない。

の考え方に基づいて，フィールドでの現地の人々と人類学者によってともに生きられる経験へと記述を引き戻す，根源的経験主義を唱えた（Jackson 1989）。ヘリウェルは，さらに視覚中心主義には社会構造の流動性を排除する傾向があることを指摘している（Helliwell 1996）。これらの主張はいずれも近代西洋の学問に支配的であった潮流を批判することを主眼とし，西洋人が無自覚的に抱いてきた認識論的前提をフィールドでの直接経験から照らしだしている。さらに，視覚に至上の価値を置き，知識や思考をも視覚化することによって，事物や知識の秩序化，実体化，そして固定化（非歴史化）が起こることをも指摘してきた。こうした議論が，人類学においていわゆる植民地主義批判の一翼を担っていることは周知の通りである。

いっぽう，アーリは視覚中心主義という用語をフーコー（例えば Foucault 1967）の思想から導き出し，その権力性についても注意を向けているが，基本的に彼がこの用語で説明しようとしているのは，観光の現場における「まなざし」の中心性である（Urry 1992）。観光における「客」のまなざしは，見る相手から距離をとって後者を他者化する。またそれは日常とは異なる対象を求め，目に映るものを記号として消費する。ここで主眼となっているのは学問一般に対する認識論的な批判（あるいは西欧批判）ではなく，まなざし，まなざされる者／物として対峙する観光客と観光対象のあいだの関係の特質を明らかにすることである。

以上ふたつの流れは，めざす方向はそれぞれ異なっているものの，ともに視覚中心主義についてほぼ同様の特質を描き出している。それは自らが対峙する者／物をみずからの住まう時空と切り離した形で実体化させること，つまりともに同じ時間・場所にありながら，あくまでも「自分ではない」という否定を含みながら対象を認識することである。さらに両者は，この認知的傾向が西洋に特異的で，しかも近代において形成されてきたとする点で，構築主義的な観点を共有している。

たしかに視覚中心主義を純粋に知性的側面から考えれば，これらの論者が定式化したような認知的偏向として捉えることができるだろう。だがそれだけだろうか。そもそもこれらの議論は視覚中心主義（見ることの特権化）の特質と問題点について主張しているだけで，これが成立するための根源的な要

因について，ほとんど目を向けていないのではないだろうか。

3 変わる山歌 ―― 耳から目へ

　視覚中心主義がなぜ成立し，観光現象を規定するとみられているのか。この問題を心に留めておきながら山歌（とくに漢歌）の楽しまれ方や上演形態を見てゆくと，その答えの一端をつかむことができると同時に，山歌の「内在的な場所」，つまり山歌を鑑賞する感覚の社会的構成について理解することができる。

　山歌，とくに漢化の進んだ地域で歌われる漢歌は現在，若者にほとんど人気がない。その要因として挙げることができるのはまず，中国の経済成長につれて沿岸部への出稼ぎや進学が増えて出身地を長く離れる若者が多く，彼らが都市部の文化に触れる機会が増えたことである。また貴州省の大部分の地域はかなり辺鄙であるが，出身地を離れなくても，テレビなどを通じて，北京や上海といった大都市の流行は急激に広がっている。とりわけ貴陽市は近代化が進んでおり，経済的に発展しているのでポップカルチャーが若者に深く浸透している。これによって世代間の文化的断絶が進行していることは確かである。だが，そうした文化的なグローバル化と経済発展による要因からだけでは，若い世代における山歌の人気のなさを説明できない。これには，山歌自体が持つ特徴も関係しているのである。

　人気のなさにつながる山歌の特徴として，まず歌の進行が非常に遅いことが挙げられる。山歌ではあるテーマ（宴席のすばらしさや，相手の聡明さ）について，徹底して長くしっかり歌いあげることがよいとされている。たとえば付録1に示した羅甸県で歌われた漢歌では，最初に歌われる，たとえば「指導者の方の成績が良く，あなたの富貴がいつまでも続きますように」（m1）や「指導者たちはよくやってくれました，年を追うごとに生き生きとしています」（f5）のような，政府やそこにいる人々に挨拶し讚える文句のやりとり（付録1のf7まで）だけで20分以上かかっていた。娯楽において刺激を求め，それをテレビやインターネットから日々浴び続けている若者にとっ

て，これでは山歌を聞き続けるのはつらいだろう。実際，羅甸県のある家で山歌について聞いていたとき，そこの19歳の娘は「プイ歌はなんでも細かく細かく歌っていて，全然感情のうねりとかを表現しないからつまらない。「漢歌」（ここではポップスのこと）の方がいい」と言っていた。この娘の言葉に対して，そこにいた彼女の叔母（40代）は「それがプイ族のやりかたなんだよ」と答えていた。このギャップにたやすく若者のプイ歌離れの一因を見ることができる。第二の原因として歌の単調さが挙げられる。山歌では多くの場合数時間にわたって延々と歌が掛け合われていくが，そこで使用される旋律はほぼ一定で，伴奏もない。また，漢語やプイ語は声調言語であることもあり，旋律がつけられると，地元育ちの人でもよほど聞き慣れていないと歌詞が聞きとれない（次章参照）。だが，山歌愛好者が異口同音に主張するように，山歌の最大の魅力は歌詞にあるのだ。だから肝心の歌詞が聞きとれなければ，どんなに声のいい歌手の歌でも飽きてきてしまう。また旋律の発展や動きがほとんどないうえに，行間に休止が入るために安定したリズムを生み出すこともほとんど望めない。結果として，山歌には音楽的な審美感や聴覚的な快感に訴えかける要素に乏しい。たとえば2004年に安順市龍宮鎮で調査をしていたとき，試しにここの山歌好きの人々に恵水県のある名歌手が歌った山歌を聞かせようとしたことがある。ところが大半の人はすぐに「わからない」と言って興味をまったく示さず，みな立ち去ってしまった。この出来事は歌詞がわからない山歌がいかに退屈であると思われているかを如実に表している。そして第三の原因として身振りの乏しさがある。歌い手たちは，普段はもちろん身振り手振りをまじえて話す。直感的にいえば，その頻度は日本人とさして変わらない。だが歌掛けではほとんど身じろぎもせず，相手のこともほとんど見ない。本来プイ族は恥ずかしがって歌掛けをする際に相手を見なかったという人もおり，歌っている間はほとんど歌詞（口頭による言語表現）にコミュニケーションの経路をゆだねてしまっている。VCDの場合は演出として節の終わりに腕を前に向かって動かす振り付けが入ることがあるが，いかにもとってつけたようでぎこちない。もちろん聴衆がなん

らかのノリを示すことも，演者のノリそれ自体をあおることもない[3]。観客に対して視覚や聴覚を通じた身体的な同期を動きかけるような要素が，山歌においてはほぼ完全に欠如しているのだ。

　こうした要因をまとめると，山歌には言語に訴えかける以外の，聴覚的に聴衆にアピールする要素がほとんどないことがわかる。もちろん聴覚以外のチャンネルで楽しむ要素もほとんどない。せいぜい女性の服装がやや華やかな民族衣装であることが多い程度である[4]。たとえば2008年羅甸県のステージにおいて歌った女性歌手は，漢族であったがプイ族の民族衣装を身につけていた（写真4-1）。後日行なったインタビューによると，「プイ族の衣装は見た目がよいから［着ていた］。漢族にはこのような衣装がない」とのことであった。だが，こうした見栄えへの配慮とて観客を1時間も引きつけておけるものではない。山歌は，歌掛けの歌詞を聞きとることができ，その歌詞におけるさまざまな表現を理解できる者のみが楽しむことのできる芸能なのだ。これでは，より刺激の強い文化の流入に日々さらされ，生活のリズムも速くなっている現代の若者を引き留めておくのは難しいだろう。

　だが，山歌に関わる人々がすべて現状のままでよしとしているわけではない。変容の兆しとして三つの事例を挙げたい。第一は前章で述べたVCDの普及である。これはもっとも早く始まったと思われる変化であり，私が2004年に初めて調査に入った時点で，すでに山歌のVCDはかなり広く貴州省各地で出回っていた。その多くは定期市を含む市場や固定店舗のVCD屋で売られていたが，なかには他地域の，旋律の異なるVCDも見られた。山歌は旋律が変化すると歌詞が聞きとれなくなるため，誰が買うのかといぶかしく思ったが，それでも買ってゆく人が少なからずいる。なぜなら，こう

3）　ここでいう「ノリ」は一般的な意味の，いわゆる拍子に合わせた身体的律動のことである。ノリという概念は能楽に由来している。能楽の「ノリ」については藤田（2010）に詳しい。

4）　もちろん，プイ族に演劇や舞踏がないわけではない。前章で述べたように近年のイベントでは必ずといっていいほど踊りが演目に含まれているし，黔南プイ族ミャオ族自治州の民間舞踏を集めた『中国民族民間舞踏集成　貴州省黔南布依族苗族自治州巻』（民族民間舞踏集成黔南州巻編輯部 1991）にはプイ族の舞踏が26種類収められている。

第 1 部　山歌の社会的環境

写真 4-1.　2008 年羅甸県の漢歌ステージ

した VCD の多くには字幕がつけられており，字幕があれば旋律の壁を越えて歌を楽しむことができるからだ。違う旋律でも何度も聞いて慣れていけば，字幕なしでも聞きとれるようになる。とくに字幕をつけるのに積極的なのは，省都である貴陽や，省内の主要観光地が周辺にある安順市の山歌 VCD を出版している制作者である。安順では屯堡人もしくは老漢族と呼ばれる人々[5]も歌掛けを行っており，積極的に出版社で VCD をパッケージして売り出している。貴州省内におけるほとんどの地域の山歌 VCD は，それが歌われる地元と，せいぜいそこと接触の多い隣接地域でしか売っていないのに対し，この 2 都市の VCD は山歌のある地域ならどこにでも売っている。

---

5)　屯堡人のルーツは明代初期に江南から来た屯田兵であるとされる。服装や習俗の一部は少数民族化しており漢族の中でも独特の文化を持っているが，自身を漢族として認識しており，現代の行政区分上も漢族とされている。屯堡人の形成とアイデンティティの揺れ動き，中華人民共和国成立後の民族識別工作において漢族として識別されるまでの経緯については塚田（1998）参照。近年屯堡人は「地戯」という劇などその独特の文化を観光資源として売り出している。観光産業が屯堡文化に与えている影響などについては Oakes と呉暁萍（2007）などにまとめられている。

第4章　山歌の感覚論

　こうした商品の流通によって，歌手を呼んでこなくとも山歌を楽しむことができるうえに，他地域の歌を知ることもできる。これにより山歌の普及と，旋律を核とする歌のスタイルの広域化，流動化が起こる可能性もある。実際，前章で述べたように2007年春節の羅甸県で行なわれた民族運動会の一演目であった山歌ステージでは，複数の旋律を使って掛け合う歌手が登場していた。ただこのとき客席では「ちゃんと相手に対抗できないからああやってごまかしているのだ」とささやかれており，他地域の旋律で歌われた部分が聞きとれなかったと言う観客もいた。このように，旋律の広域化にはつねに困難がつきまとっているが，複数の旋律を使いこなす歌手がいるなら，それを聞きこなせる聴衆も育ってくる。2008年羅甸県の漢歌ステージは男性側が羅甸県出身，女性側は北に隣接する恵水県の出身者であり，おのおの自分の出身地での旋律を使っているが（【映像4】），何の問題もなく掛け合っていたし，聴衆からそれに対する不満が漏れることはほとんどなかったようだ。2010年の調査でも貴陽市の歌手たちはみな複数の旋律で歌えると言っており，何人かは実演してくれた。

　第二の変化は歌う形態において起こっている。2007年春節の羅甸県で行われた民族運動会の閉幕式では，政府主導でかなり大規模なステージが催された。その中の演目に「情歌対唱」があったが，これは大々的に舞台化された山歌であった（写真4-2,【映像7】）。男性側十数人と女性側十数人で相手を取りあうという展開で，上演時間は10分ほど。こうした規模は通常では考えられない。このステージはまさに演劇であり，男性側と女性側が演技つきで，斉唱によって歌を掛け合っていた。このきわめて派手に演出された山歌は，見た目を楽しませる動きが多く，観客からの反応も上々であった。残念ながら演者について詳細は不明[6]であるが，こうした演出が行われたこと自体，大きな変化であるといえる。なおここには，省内のエスニック・テーマパークなどで行われる，ミャオ族の「花嫁探し」の演出（高山 2007）に通ずるものがある。観客から婿を選ぶパフォーマンスこそなかったが，通常見られる山歌では男女とも中年であることを考えれば，実際にはありえないで

6）　司会からは「羅甸県少数民族の青年男女」としか紹介されなかった。

第1部　山歌の社会的環境

写真4-2. 2007年羅甸県閉幕式「情歌対唱」

あろう「若い男性の集団が若く美しい女性たちと掛け合い，最後はひとりが女性を担いで走り去る」という演出は「花嫁探し」に類する，オリエンタリズムを売る演出とみることができる。これは少数民族をある種幼い存在して表象する「内的オリエンタリズム」(internal orientalism) (Shein 1997) の一つの表れと考えることもできる。内的オリエンタリズムとは，自分と異なる他者として自らの属する地域内のマイノリティをまなざし，表象することを意味する。結局，この自国民を他者化する志向は観光における見る・見られる者/物のまなざしと同じ現象なのだ。このオリエンタリズム表象に応じた演出をするということは，観光におけるまなざしをみずから引き受けることにほかならない。この舞台の観客はほとんどが羅甸県の住人であったようだが，貴州電視台のビデオカメラが設置され，その映像は貴州省内で放映されたことを考えれば，このステージも半観光的であったといえよう。

　第三に，これほど大規模な，政府主導で持ちこまれた変化ではなく，よりささやかな変化を紹介したい。2008年春節に貴陽市花渓区湖潮郷で行われた歌会ではいくつか「山歌」と題された演目があった。そのうちのほとんど

は掛け合いではなく斉唱であり，ごく短いものだった（そもそも制限時間が10分ほどに定められていた）。またほとんどの場合歌い手がステージに立ったところから演目が始まっていて，身振りや演技らしい動きもなかった。だが，ある一組の登場シーンは違った。なかなか舞台に登場しない歌い手に司会が「ステージに上がって下さい」と何度か呼びかけると，舞台の脇の人混みから「招手招手喊你来…（手招きしてあなたを呼んで…）」という声があがり，男性側が登場。それに応えるように女性側はステージの反対側から登場。相手と掛け合いを始め，わずか2ターンほど男女の出会いの部分を掛け合っただけで，最後に男性側が1節だけ「哪个敢说拐来的（どうして（あなたを）騙して連れてきたなどと言うでしょう）」[7]と歌いながら女性側を引き連れ颯爽とステージから去っていったのだ（写真4-3，【映像8】）。この組で出演した歌手によると，登場は演出であり，歌もよくある歌詞を一部変えて使用している。こうした演出はこちらのほうが「見た目がいいと思ったから」加えたものであるという。前章でも述べたように，この歌会も政府（区と郷政府）主催であるが，出演者は志願制で，先述の羅甸県の閉幕式と異なり，地元と近隣地域の一般人が主体となった舞台だった。このことから，先の舞台のようになんらかの外的な権力によって導入されたであろう演出のシステマティックな変化だけでなく，一部の歌い手たち自身から発する「舞台をもっと楽しくしたい」という思いによって促される変化も進行していることがわかる。

　こうした変容が，想定される観客の「まなざし」に応じる方向で生じていることは明らかだ。もっとはっきりいえば，これらの変化は，たとえ歌詞がわからなくても，あるいは歌詞がわかるための熟練を要さなくても山歌を楽しめるように，それぞれの方法で対処しようとした結果なのである。最初の事例（VCD）は，文字を加え，パッケージも工夫することで，山歌をより幅広く親しみやすい形にしていた。第二の事例は政府の力で山歌の規模を大きく広げ舞台劇に仕立てあげていた。第三の事例は，歌い手自身の工夫によ

---

[7] この歌い手たちによると，この句の前には「今天歌会遇着你（今日の歌会であなたと偶然会いました）」という句が本来入るのだが，実際には少し違った言い回しで同内容を歌っているようだ。残念ながらこの部分の正確な書き起こしはできていない。

第 1 部　山歌の社会的環境

写真 4-3. 湖潮郷における漢歌

り，舞台上で動きのある掛け合いと演技をしてみせていた。これらの変化はどれも視覚的効果を狙ったものだ。

　これらの変化は，山歌を支えてきた価値観の揺らぎを示している。山歌の価値の基本は言葉であった。ここでみたどの事例も山歌の歌詞に重点が置かれていることには変わりない。ただ，それだけにとどまらないアピールへと踏み出しつつあることも確かだ。山歌は「言葉を聞かれる」ものから「姿を見られる」「歌を音楽として聞かれる」ものへと変容しつつあるのだ。あえて基礎的な原理にさかのぼって考えるならば，とくに言葉を聞いて理解することは，（たとえばじかに官能をくすぐる音楽のような）言語音以外の聴覚刺激を受けることに比べ，複雑な情報処理過程を必要とする。音声言語を理解するには，「音」の連続的な流れを離散的な単位に切り分け，さらに文（または文節）から形態素，形態素から音素へという二重の分節に基づいて意味を抽

出しなくてはならない[8]。音象徴性（または類像性）を別にすれば、この認知能力の核にあるのは恣意的（慣習的）にコード化された記号の解読である。この認知が達成されない場合、音声言語は意味をもたない「音」の連続体になってしまう。そして、「音」として聴いたとき、単調な旋律のやりとりである山歌の魅力はほとんどなくなってしまう。先述した3つの試みは音声以外の、文字や身体的動きといった視覚的側面を主に活用している。例えばVCDで表示される文字は、聴覚的認知を経由する表象作用によって生成する「言葉」を、視覚的認知を経由したそれに変換している。どちらも慣習的な記号過程によって意味を伝えているのであるが、意味理解の基盤を文字に置いたという点で、視覚中心への変化といえよう[9]。あとのふたつの事例では、身体的パフォーマンスによって具象的・直接的なアピールに訴えようとしている。そうしたパフォーマンスはまなざしに応えるかたちをとっており、舞台に上がった身体はアーリなどのいう「スペクタクル的身体性」(specutacular corporeality) (Desmond 1999; Urry 2002 [1990]) を獲得しているのだ。これは、文字と違った視覚的記号過程、身体的快楽に結びついた視覚中心性への変化である。

4 変わらない山歌 ── 視覚中心主義再考

こうした変化は視覚の忘れられがちな側面を思い出させてくれる。それは、第一に視覚的記号と聴覚的記号はまるで異なった回路で意味を伝えているということであり、第二に視覚も他の感覚と同様に、直接的刺激を受けとる知覚であり、快楽へとつながっているということである。確かに視覚は対

---

[8] もちろん、これは言語表現を所与のものとしてそこから分析するうえでの流れである。認知上は音→音素→形態素→文（文節）へと意味の抽出が進む。
[9] ただしこれは、前節で述べたような、アーリのいう、視覚的対象物（風景や人混み）を「記号として消費」するという意味での記号過程ではなく、風景や人混みとは存在論的身分を異にする公的表象としての人造物（すなわち文字）を利用した記号過程である。

第1部　山歌の社会的環境

象との距離を生み出すが，言葉の聴覚的認知のように抽象的な記号過程を経ているとは限らない。また，そうであったとしても，文字言語と音声言語はまるで認知様式が異なっていて，同じ「記号過程」という概念で把握されていても，現象としては大きな隔たりがある。そしてまた，「目を楽しませる」という言葉があるように，視覚的刺激を感じることは他の感覚と同じく身体的快楽をともないうるのであり，知性的側面だけでなく，身体に根ざした傾向として快楽的側面をもあわせもっているのである。そうした側面からみれば，視覚中心主義を，単純に近代において構築された，事物を対象化・固定化・客体化して捉える認知的偏向として批判することはできないだろう。視覚は多様な姿をしているのである。本章2節で取り上げたファビアンらの視覚中心主義批判はそれ自体は正しいが，視覚の特定の側面を強調することで，視覚の経験的広がりを捉えそこなっているといえるのではないだろうか。

　こうした認識に立って，とくに観光現象を関心の中心としているアーリの議論を振り返ってみよう。アーリは観光において他の感覚が働く基盤として視覚を位置づけていた。もちろん非常に多くの事例でこれは正しい。多くの場合，観光客というのは車窓や道からの眺めに目を奪われることで旅をはじめると言っても過言ではない[10]。観光が見た目重視の現象であり，まなざされる側もそれを意識しているという事例は，観光人類学においても枚挙にいとまがない。中国における研究だけにしぼっても，曽（1998）や瀬川（2003），山下（1996）などが，貴州や広西のミャオ族，海南島のリー族，その他さまざまなテーマパークを事例にして，同様の論点を示している。中国の外に目を向けると，バリにいたっては観光が文化実践の前提として組みこまれているという（山下 1999）。これらの研究における事例は，すべて視覚的表象（現象）を議論の対象としている。

　だが，もし観光の前提が身体的快楽であってまなざし（だけ）でないとす

10）もちろんこれは視覚に障害がない人々の場合である。盲目の人々がどのように旅行を楽しむのかという問題は残念ながらほとんど研究されていないように思われるが，アーリの議論を相対化するうえでこことは違った角度で重要な事例を提供できるのではないかと考えられる。

れば，このような視覚的表象が主要な位置を占めていない事例もあるはずであるし，実際，そうした事例はある。たとえば，日本で江戸時代盛んであったとされる湯治旅だ。神崎宣武は江戸時代の旅を論じるにあたって，寺社詣でと湯治旅を二大区分として提示した。そこで寺社詣でを「物見遊山がてらの寺社詣で」である一方，湯治旅は「湯治がてらの物見遊山」であったとしている。いうまでもなく，湯治の基本は温泉につかるという全身体的快楽であって，視覚的快楽はあくまで二次的であったことがわかる（神崎 2004）[11]。アーリが「まなざし」として論じたセックス観光（Urry 2002［1990］：56）も，こうした観光形態のひとつであると考えられる。アーリは東アジアへのセックス観光[12]を「エキゾチックな」まなざしとして論じたが，あきらかにこの観光形態では性的快楽が一次的な位置を占めている。まなざしはあくまでそれを補強するために使われているのである[13]。

　以上の考察から，視覚的表象を重視することは確かに観光の理解において重要ではあるが，それに特権的な価値を付与することは行き過ぎであることがわかる。観光という全身体的活動に関しては，視覚以外の身体感覚が視覚より重要な役割を果たす場合があることを忘れてはならない。

　いっぽう山歌に話を戻すと，前節で挙げた事例のいずれにおいても，聴衆へのアピールが聴覚表象から視覚表象の方へと少しずつ比重を移しつつあるといえよう。観光現象においてこうした移行は普通にみられるが，他者のまなざしを引きつけることにおいて独特の困難さを背負っている山歌という芸

---

11) ちなみに日本において一般に「旅行」と呼ばれるものが大衆的に行われるようになったのは，道中の危険が少なくなり，講が発達して集団旅行が増えた江戸時代であるとされる（金森 2002）。
12) 東アジア，東南アジアのセックス観光の状況については安福（1996）を参照。安福によると，セックス観光ではエキゾチックなイメージや性的快楽とともに，ゲストへの「もてなし」によるホスピタリティという精神的サービスも重要な役割を果たしている（安福 1996: 179）。
13) 湯治旅やセックス観光は，あえていわゆる「五感」で分類すれば，「触覚的快楽」となるのであろうが，温泉につかることやセックスを触覚という単一の枠組みで把握することは無理がある。こうした事例から，「五感」というもっともよく使われる分類自体に批判を加えていくことは可能であろうが，ここでは，両事例が少なくとも視覚的快楽を中心としてはいない，ということが確認できればよい。

第1部　山歌の社会的環境

能は，観光のまなざしにさらされることによってこのような動きを起こしているわけではない。ここでみた事例はいずれも地元向けであり，観光客に向けたイベントではない。貴州省にも観光地は数多くある[14]が，そのほとんどは貴陽市から北，東，西にあり，羅甸県のような貴州省南部に行く観光客はほとんどいない[15]。なにより南はまだ（少なくとも調査時点では）高速道路がなく交通の便がやや悪い。多くの観光客にとって，時間がかかり道路状況もそれほどよくない南部にわざわざ行く動機はないだろう。観光の発展が交通網の発達と平行している[16]ことを考えると，花渓区はともかく羅甸県は貴州省の他地域より不便であることもあって，あまり観光化された（観光客慣れした）ところとはいえない。それにもかかわらず視覚を意識した変化がみられるという事実からは，「まなざし」を向ける人間が観光客だけではないことがみてとれる。なにより前章で明らかにしたように，この地域の歌掛けは道ばたで歌うかたちから，ここ数十年のあいだにもっぱら舞台で演じられるかたちへと変容してきているのである。

　もうひとつ，これらの事例から確認しておくべきことがある。それは歌の形態そのものには何ら変化が見られないことである。山歌が不人気である理由のひとつとして，旋律がきわめて単純で発展性がなく，音楽的に「楽しく

---

14) 貴州省は天然資源に恵まれているが，経済的には中国でも屈指の貧困地域である。そこから抜け出すために近年観光業に力を入れており，中国国内からの観光客を中心に，2006年には延べおよそ4717万人もの観光客が訪れている（楊莉2009）。
15) 高山は中国における観光を「歴史文化観光」「民族観光」「エコツーリズム」「レクリエーション観光」「革命観光」の5つに分類した（高山2007）。この分類にしたがうと，貴州省における観光は，貴州省の中央に位置する省都貴陽市から東に向かってミャオ族やトン族の民族風習を楽しむ，黔東南州の凱里を中心とした「民族観光」，同じく黔東南州で盛んな，急流下りなどをする「レクリエーション観光」，北に向かって「革命聖地」である遵義市をめざす「革命観光」，西に向かって安順市の南にある黄果樹大瀑布の絶景を楽しむ「エコツーリズム」に分けられる。ほかにもさまざまな観光地があるが，そのほとんどは高速道路が少なくとも途中まであるなど比較的交通の便がよいところにあり，貴州省南部の観光開発は遅れている。
16) アーリはイギリスにおいて鉄道網の発達が大衆観光の動因となったとしており（Urry 2002 [1990]），日本でも鉄道網の発達と近代大衆観光は軌を一にしているという（白幡1996）。

第4章　山歌の感覚論

ない」ことを先に挙げた。しかし歌い手たちはこの基本形式を放棄することはしない。どの事例においても相変わらず山歌の旋律そのものは単調なままで，掛け合いは言葉が中心である。山歌の鑑賞にあたって重視される感覚モダリティを多少は動かしえても，聴覚的な側面については動かないのである。ここに山歌を鑑賞する感覚の社会的構成の核がある。おそらく山歌とは「歌い手はシンプルな旋律に，歌詞をその場でのせて歌う」「聞き手はその音を言語音として聴覚的に認知し，その言語的表現を鑑賞する」という身構えをもっとも基本的な弁別特徴とする表現活動のジャンルなのである。その証拠に，湖潮郷で歌われた「山歌」はその多くが掛け合いではなかった。「はじめに」において，本研究の対象とする山歌を「歌掛け」として規定したが，「はじめに」注6に書いたように，じつは「山歌」と呼ばれる歌には掛け合いでないものも存在する。ただそれらは「掛け合い」という要素が脱落しているだけで，単純な旋律（掛け合いのときと同じ旋律）を使い，その時々に合わせた歌詞を歌う，という歌い方に大きな変化はない。山歌の社会的構成には，歌掛けになっていない「山歌」まで受け入れるゆとりはあるが，旋律そのものを音楽的に発展させていくという道筋はないのだ。

＊

　以上，山歌をめぐる社会的環境についてひととおり論じてきた。山歌を取り巻く出来事についてさらに詳細に論じていく余地はまだまだあるし，検討すべき問題も残ってはいるが，ひとまずここで第1部を終えることとする。ここまでは「山歌とはなにか」という第1章で提起した問いへの，社会的側面からの答えである。山歌とは，国家による民族政策に適応し交渉しながら日々を生きる人々が歌う歌であり，時勢にあわせて社会的位置づけをずらしながら現代的状況に合った場所を占め，視覚を通じた鑑賞への方途をほのめかしつつもあくまで言葉によるやりとりを核として人々に楽しまれている。
　そう，社会環境に支えられつつも，出来事としての山歌の中心にあるのは言語行為である。ここに切り込まないかぎり「山歌とはなにか」という問いに答えたことにはならない。続く第2部では山歌を言語的相互行為として分析していく。この作業を通して，山歌の核へと迫ることができるだろう。

コラム2

歌わないひとたち（羅甸の結婚式）

　第1部では山歌の社会的環境について述べたが，もちろん山歌とほとんど関わりを持たずに生活する人たちもいる。ここで紹介するのは，羅甸県で参加した漢族の新郎周さんとプイ族の新婦呉さんの結婚式である。あまり綿密な聞き取りなどはしなかったので単なる見聞録ではあるが，今風の中国の田舎の結婚式の雰囲気がよくわかるかと思う。ちなみにふたりは羅甸県龍坪鎮にある中学校に勤める教師でふだんは龍坪鎮の街中に住んでいるのだが，実家はそれぞれ龍坪鎮から車で30分ほどの村にある。結婚は両家の行事なので，この結婚式では新郎が新婦側の実家に新婦を迎えに行き，それから新郎の実家に行くという方式を取っている。それでは結婚式の朝から話をはじめよう。

　2007年2月はじめのある平日。結婚式の準備がはじまる。まずは新婦側が新郎側を迎える日だ。まだ肌寒い朝，新婦の実家近くの広場に新婦側親族が集まって新郎側を迎える食事の準備を始める。男も女も包丁の握れる人はみんなまな板に向かって大量の食材を切り刻む。ニンジン，玉ねぎ，トマトに豚肉，ショウガやニンニク，ネギもある（写真1）。私も見ているだけでは申し訳ないので参加して一緒にトントン。私は地方の結婚式というものにこのとき初めて参加したのでその量に驚いた。いったい何人前あるのだろうか。

　調理器具も特大だ。写真2は豚肉を炒めているところだが，もはや道具のサイズがおかしい。地面にレンガでかまどを組み，その上に大鍋をのせて大量の肉を放り込む。10 kg

写真1．食事の準備

写真2. 豚肉を炒める男性

ほどは入っているだろうか。これを延々とスコップのように巨大なへらでかき混ぜていた。これがふたつあり、どんどん料理を作っていく。中華料理というのは蒸し器の料理を除いてどれも基本的に鉄鍋ひとつでできるのだが、そのありがたみがよくわかる。もし何種類もの鍋やフライパンを用意しなければならないとしたら悲劇だ。蒸し料理に使う蒸し器もとてつもなく大きい。ひとつのざるに直径20 cmほどの皿が20皿も入る大きさだ。それを鉄鍋の横で4つ重ねて「扣肉(コウロウ)」という豚の角煮のような料理を蒸している。新婦の実家の裏庭では老婆たちが椅子に座ってゆで卵を大量に割っている。この割り方がおもしろい。卵をくるくる回しながらひたすら軽く握ったこぶしの甲側で叩いて少しずつ割っていく。けっこう時間がかかるのだが、たしかにこれなら力はいらないし細かくひびが入って失敗しづらいのかもしれない。ちょっとしたところに「文化」があるなあ、などと感心する。

　これほど膨大な料理を作って何人が来るのかと思いながら12時の昼食時を迎えると、ぞくぞくと人が集まりはじめた。新婦側の友人たちらしい。総勢100名以上。直接の新婦の友人ではない人も多い。この光景を見てようやく朝の準備に納得する。どうりで巨大な鍋や蒸し器が必要なわけだ。広場の真ん中にご飯の入った大きな桶を用意し、めいめいテーブルを囲んで昼ごはん。来場者たちはさらに広場の端に置かれた机に行き、担当の人にお祝儀を渡して

写真3. 1日目の食事

コラム2　歌わないひとたち（羅甸の結婚式）

いる。袋に入れたりはせず、直接現金を手渡しする。集金係はその金額を渡した人の住所氏名と合わせて記録する。これは後日お祝儀返しをするための記録らしい。

　料理というのは作るのは大変でも食べるのはあっというまである。食べ終わった人々はめいめい家に帰って昼寝をしたり、

写真4．新婦の持参品の周りでくつろぐ人々

川に遊びに行ったり、おしゃべりしたり、新婦の実家で麻雀をしたりする。ここまでずっと人が集まって飲み食いして遊んでいるだけなので、結婚式というとなにか儀礼が続くと期待していた私にはちょっと拍子抜けだった。家の中を見てみると大量の布団や靴の中敷きが積みあがっていて（写真4）、その圧倒的な量に驚かされる。これは新居に持っていく持参品らしい。とくに靴の中敷きは刺繍が施してあって美しい。新婦の母親が娘のために縫ったりするのだそうだが、これだけ縫うのは相当な手間だ。

　午後の2時ごろ、新郎の一行が到着する。新婦の家の入口に机が出され、新郎の持ってきた婚資（贈り物）をめぐって両家の年長者が20分ほど交渉する。ただ、これはもうすでに1ヶ月前に行われた婚約のあいさつの時点でほとんど決まっているのであくまで儀礼的な交渉だ。これがひと段落すると、いよいよ新郎は新婦の家に入り、先祖をまつる祭壇に向かって線香と供え物をささげ、結婚を報告する。祭壇とはいえ作りは簡素なもので、供え物は着色料で赤く染めた餅と豚肉、酒などで、線香は籾の入ったコップに差されている（写真5）。この日の儀礼はこれでおしまい。あとはひたすら両家の人々が集まって男女を問わず麻雀をする。そう、ひたすら麻雀。こちらの麻雀は日本より非常に簡単なルールで、そこにそれぞれ（それなりに）身分相応なお金を賭けて賭け麻雀をやる。お金を賭けられない人は煙草を賭けたりする。私はおそろしく賭け事に弱いので参加はしないがみんなたいへんな盛り上がりだ。そしてそのまま夕食の宴会。昼とほぼ同じで、薄暗くなるなかお酒を

飲み，料理を楽しむ。酒は自家醸造の蒸留酒で，それがポリタンクに入って出てくる。それを男たちはなみなみと茶碗に注いで飲むのだ。おなかを満たし上機嫌になるとさらに麻雀。家のなかで電球を灯して，周りの家（みな新婦の親族の家）も借りて眠くなるまで麻雀である。結局この日は深夜2時半まで麻雀をしている人たちがいた。そのあと，しばしの静けさのなか新婦の祖母がひとりで夜の番をしていた。

写真5. 新婦の家の祭壇

写真6. 新郎の実家より望む

そして2日目。早朝，やけに派手に飾り付けられた黒塗りの車が来た。新婦を迎えに来た車らしい。ナンバープレートには「百年好合」（百年仲良く連れ添いますように）という縁起の良い言葉が書かれている。他にも2台のより簡素な飾り付けをした車も来ている。こちらは親族用だ。こうした車は都会の結婚式でよく見かけるが，羅甸にもあるようだ。新婦は母親らとともにプイ族の民族衣装に身を包む（第2章の写真2-9はこの日の写真）。そして家に残る祖母をはじめとした親族に別れを告げ，新郎とともに車に乗って新郎の実家のある村へ。途中にかかる橋では伝統に則り新郎が新婦をおんぶして渡っていた。新婦は新郎の村に着くまで地面に足をつけてはいけないらしいが，ならば普通に車で渡ればよいはずである。これはどうも道中の「見せどころ」の行事らしく，新婚の二人をはじめお付きの人々もはやしたてたり写真を撮ったりしていた。

そんなこんなで1時間，ようやく新郎の村に到着。背後には高い山がそび

コラム2　歌わないひとたち（羅甸の結婚式）

え前方には菜の花畑が広がる美しいところだ。ちょうど菜の花の季節で家々の向こうに黄色い畑が点在し，さらに向こうには山なみが広がっている（写真6）。この村の入り口で新郎新婦含めみんなが車を降り，新郎の家まで行進した後，新郎の家の前に新婦を座らせ，新婦側の家と似たような供え物（餅はない）を置いた祭壇を設けて新婦を迎える儀礼を執りおこなった。紙銭（中国でよく使われる，本物のお金の代わりに燃やして供える紙）を燃やし祭文を唱えながら鶏のトサカを切ってその血を祭壇の前後左右につけるのだ（写真7）。これで新郎家の先祖への供儀となるのだという。そうして祖先に受け入れてもらったあと，ひとまずみんな家に入って昼食をいただいた。

　そのあとはひたすらみんなで麻雀。この日は新郎側の親族友人がおもに集まって新婚夫婦を祝うのだが，やることといえばもう何をおいても麻雀である。家じゅうあらゆる部屋に麻雀卓が置かれたのみならず，家の前のついさっき儀礼をしていた場所でも麻雀卓を広げて麻雀をしている（写真8）。麻雀をしない子どもたちは畑や家の周りで遊んでいる。夕食に1日目と同じようなごちそうをいただいたあとも大人たちはさらに麻雀。新婦はかなりの麻雀好きらしく，昨日に引き続きこの家に入ってからずっと麻雀をしていて，来客をもてなして動き回っているのは新郎の方である。さすがに疲れて新婚夫婦が寝室に入ったところでふたりの生徒たちが乱

写真7．新婦を迎える儀礼

写真8．新郎家での麻雀

135

第1部　山歌の社会的環境

写真9．3日目の記念写真

入してきてふたりに向かってクラッカーを鳴らし，2人に互いに腕を交差させてお酒を飲ませたりして騒ぐ。これは新婚初夜を邪魔する「闹房(ナオファン)」という行事らしい。なんともにぎやかである。かくして夜は更けていった。

翌朝。7時ごろ，静かになった家で新婦の呉さんが廊下を掃き掃除している。貴州に限らず中国では食べかすやごみを床に捨てるので，ほぼ一晩じゅう人がいた家のなかは大量のひまわりの種（貴州人はおやつのようによくひまわりの種を食べる）や飴の包み紙などだらけである。祭りの後の空気が流れる。ほぼ徹夜のはずだが意外と呉さんは元気そうだ（ランナーズハイのような状態なのかもしれない）。新郎やほかの人たちもしばらくして起きてきた。目にはくまが浮かんでいる。最後に新婚夫婦と新婦側のおもだった人々の記念写真を撮って（写真9），私は帰途に就いた。丸二日の宴会と麻雀。寝る間もほとんどない。なんて過酷な結婚式なんだろう。2日目夜にふとつぶやいた新郎の言葉に心から同情する。「結婚って，疲れる…」

第 2 部
山歌の言語的相互行為論
——声・言語・対話——

　第 2 部では「山歌とはなにか？」という問いに，山歌の「言語による相互行為」としての側面から答えていく。音声言語の場合，分析のもっとも基本となるのは音韻規則であり，続いて形態素，単語，複合語，そして文節へと分析の単位を拡大していくのが基本である。山歌の言語的相互行為を分析するにあたってもこうした手順を隠喩のように踏まえていきたい。この部ではまず山歌の音声的側面を分析し，韻律や詩文の構成，歌詞の修辞技法へと進み，最後に山歌がいかに掛け合いを組織しているのかを明らかにしていく。これによって山歌の中核をなす言語的相互行為を総合的に理解することができるであろう。

第 5 章

山歌の型枠
── 型の固さと声の枠 ──

1 | 声調・旋律・韻律

　山歌のような,言語（歌詞）が表現の中心を占める歌において,歌詞が認識できる（聴取できる）ことは極めて重要である。そして歌という,発音に独特の形式を要求する言語表現において,旋律は発話と不可分の関係にある。とくに中国語やプイ語のような声調言語において,旋律による音節内の音高の上下が,当該音節が元来持っている声調と一致するかどうかは,歌詞の聴取可能性を大きく左右する非常に重要な問題である。また歌詞には韻律（詩の音声的な定型規則）があり,山歌における聴取可能性や旋律の形には歌詞の韻律の存在が絡んでいる。そこで本章では漢歌とプイ歌を対比させつつ,この二つのテーマをつなげて見ていくこととする。なお声調と旋律の関係と,韻律の在り方の研究はそれぞれ学問的背景が異なる。とくに声調と旋律の関係を検証することは難しい問題をはらんでおり,先行研究を踏まえた分析の指針を立てる必要がある。そこで,山歌の分析に入る前に声調と旋律の関係,そして韻律規則を分析するための前提を検討することにしよう。

（ⅰ）　声調と旋律の関係

　旋律（音楽）と音声言語の関係については,ジャン・J・ルソーが音楽と言

語がともに情念を表す声から生まれたとする同一起源論を唱えて以来（ルソー 1970），さまざまな研究者たちの関心を惹いてきた。その先駆的実証研究としてナヴァホの歌を詳細に分析した Herzog（1934），そして中央タイの歌をジャンルごとに分析した List（1961）がある。どちらも基本的に歌の旋律と声調は一致する傾向にあるものの，歌のジャンルや社会的背景によっては両者が一致しないこともあることを示している。

　声調と旋律の関係についての研究は両研究をふまえつつ行われてきた。主に対象とされてきた地域は東南アジア，中国，そしてアフリカである（Sollis 2010: 70）[1]。これらの研究の対象と結果をおおざっぱにまとめたものが表 5-1 である。

　もちろんこの一覧表はこれまであったすべての先行研究を網羅しているわけではないが[2]，かなりの事例において声調と旋律はその方向（上行か下行か平行か）において一致する。ただしこれも常に完全に一致しているわけではなく，声調と旋律が方向においても不一致である例が必ず含まれており，Herzog（1934）が示したように，歌によってはわざとわかりにくくして神秘性や厳粛さを増す目的で両者を一致させないこともある[3]。

　上に挙げた事例のなかで興味深いのは，Sollis（2010）の報告したデュナ・ピコノ（Duna Pikono）で，この場合，下行調も平行として歌われる事例が少なからずあるという。じつはこれと似たような事例が中国の歌についても報告されている。具体的なジャンルごとの分析ではないので表 5-1 には含め

---

1) The World Atlas of Language Structures Online（http://wals.info/）によると，声調言語はもっぱら中国から東南アジアおよびアフリカに集中しており，中央アメリカにも多いようだ。ただこのアトラスで報告されている声調言語は単純なものを含めれば 220 ある（しかも多くの言語がまだこのマップに反映されていない）にもかかわらず，上記に挙げた先行研究はいかにも少なく，まだまだ事例の積み上げが必要である。
2) Sollis（2010）および Schellenberg（2009）にも，声調と旋律の一致に関するレビューがあるので参照されたい。
3) これと同様に，川田はモシの王の系譜語りが，平常発音の声調を平板に，またしばしばそれに逆らって発音されることを示している（川田 1988）。儀礼的に通常の発音とは異なる調子を用いることは，経読みなどわたしたちの身のまわりでも聞くことができる。

第 5 章　山歌の型枠

表 5-1．声調と旋律の一致に関する研究

論文	調査対象	旋律と声調の関係[*1]
Herzog（1934）	Navaho	基本的には一致するが，儀礼の歌は不一致
Bright（1957）	Lushai	一致しない
List（1961）	中央タイ	基本的に一致するが，ジャンルによってばらつき
Mark and Li（1966）	Wu-ming folk song [*2]	基本的に一致
Liu（1974）	昆曲	基本的に一致，または相関する
Yung（1983）	粤劇	基本的に一致
Agawu（1988）	Ewe	必ずしも一致しない。作曲者は旋律を優先
Stock（1999）	京劇	基本的には対応しているが，演者の独創性もあり
Wong and Diehl（2002）	1990 年代広東語 Pops	基本的に一致[*3]
Baart（2004）	Kalam Kohistani	基本的に一致
Lundström and Svantesson（2008）	Hrlii song	基本的に一致
Schellenberg（2009）	Shona	基本的に一致
Morey（2009）	Tai Phake Song（khekyang style）	基本的に一致
Morey（2012）	khekyang style	基本的に一致，文法的には欠落がある
	elaborated style	khekyang と modern の中間形
	modern style	一致せず，文法的に正しい
Sollis（2010）	Duna Pikono	基本的に一致。下行調だけは平行に

[*1] ここにおける「基本的に一致」とは，例外はあるが声調と旋律は動きが一致しており，音程間隔についてはあまり一致しない，もしくは検証されていないという意味である。
[*2] 言語名は明記されていないが，地名や言語の説明からおそらくチワン語北方方言であろうと思われる。
[*3] 広東語は日常会話でも厳密には音程の幅を一致させたりはしないという。

なかったが，中国語における旋律と声調の関係について考察した Chao (1956) がそれである。この論文においてチャオは音程の機能に従って歌を含む発話を分類しているが，そのうち 'singsong'[4] と名付けられたジャンル

---

4) この語は大変訳しにくく定訳もないのだが，あえて訳すならば「語り節」だろうか。チャオは singsong の事例として，広州で珠江に船を浮かべていたときに聞こえてきたタイガーバーム売りの呼び声を挙げている。日本ならおそらく焼き芋屋の呼び声な

で同じように下行調が平行に「歌われる」としているのだ (ibid.: 54)。管見のかぎりでは，音楽心理学などにおいて，下行が平行と同じように聞きなされるという実験はないのだが，もしかすると声調言語における歌でそのような聞きなしが広く存在するのかもしれない。

　声調と旋律の関係は，一見すると単純に比較すれば済むように見えるが，じつは上記のような認知的傾向を含め非常に複雑な問題をはらんでいる。ここで言及した，下行と平行の同一視だけでなく，平行調はどの程度引き延ばされれば平行として聞きなされるのか，スラー（なめらかな音の動き）とは見なせない音の動きに対して，それを上行や下行として分析できるのかどうかという問題も重要である。表5-1で列挙した研究において，音声学で広く用いられている音響分析ソフトPraatを使って通常の発音と歌のピッチカーブを取って比較した研究は Morey (2009; 2012), Sollis (2010), Schellenberg (2009) だけであって，それ以外はスラーや音節内の音の移動を考慮しているものの，基本的には五線譜に採譜された資料において隣接する2つの音符の音高[5]の高低から音の動きを測っている。しかし元来1音節内の音の上下によって判断される声調のパターンに対してこのような分析方法は正しいのか。2音間の間隔が十分に狭ければ，その間にある音高の差が声調のパターンと同一なものとして認識されるのか。そもそも民族音楽学において，五線譜は西洋音楽の演奏譜として発展した記譜法であり，微細な音程や音の動きを記録するのには向いていないことは以前から指摘されている (Seeger 1958)[6]。Praatを使った研究はピッチカーブの比較を行っているのでこうした

　　どが同じジャンルに相当するであろう。ちなみに中国文学にはこの語の由来であろうと思われる「説唱」という用語があるが，これは日本でいうところの落語や講談に近い，独特の抑揚をつけて語る芸能，または語りの部分と歌の部分を含む演芸を指す語であって，ここでいう'singsong'とは異なる。

5) 「音高 pitch」とは知覚される音の高さ，あるいは物理的な音の高さ（＝周波数）のことである。ちなみに後出の「音程 interval」とは2つの音の間における音高の隔たりのこと，「スラー slur」とは厳密には音高の異なる2つ以上の音をなめらかにつなげて出すことであり，楽譜上は複数の音高の異なる音符を弧線（⌒）でつないで表現される。

6) シーガーはこれを乗り越える方策としてこの論文で機械による自動採譜を提案した

問題点はクリアできているように見えるが、ピッチカーブに表現された微細な変化を、当該言語話者がどの程度弁別しているのかは不明なので、見た目ほど妥当とは言い切れない。残念ながらこうした分析を支えるような心理学的研究はほとんど行われていないようであるし、そもそもごくかぎられた被験者しか使わない心理学実験が世界中の人間に妥当するのかも不明である。よってこうした基礎的問題に対しては、研究対象の声調言語を使いこなせる分析者の直感にある程度頼らざるをえないであろう。

　もうひとつ、分析を行うにあたって考慮しておくべき問題がある。それは「変調」(tone sandhi) という現象である。変調とは連続した音節間で声調が相互に影響を受けて、単音節で発音された場合から変化することである。中国語で一般によく知られているのは第三声が連続した場合に、先行する第三声 (調値 = 214) が第二声 (調値 = 24) になる現象である。変調は中国語において多くの研究があり (Wu 2000、葉軍 2001 など)、他の言語でも知られている。たとえばハウサ (Hausa) の歌を分析した Richards (1972) に対して Leben (1985) は変調が考慮されていない点を批判している。このように、正規の声調を単純に当てはめるのではなく、変調まで視野に入れなければ声調と旋律の一致を正しく検証することはできない。ただ、これもどこまで連続的に発音すれば変調が起こるのかがわからねば、不必要な部分にまで変調を適用してしまって結局誤った分析に陥りかねず、非常に判断の難しい問題である。

　さらに、以上の議論はそれぞれの歌や演劇の理論については無視している。もちろん、表 5-1 に挙げた調査対象のなかには精緻な音楽理論と作曲技法を備えたものもある[7]。たとえば崑曲やそこから発展して成立した京劇には、伝統的な中国の作詩法における平仄 (声調の分類とその運用方法) と旋律の関係についての分類が体系的になされており (楊蔭瀏 2009)、ごく簡略な形ではあるが表 5-1 にある Liu (1974) や Stock (1999) もそのことについて言及している。崑曲については、単音節の場合基本的に声調 (平仄) にある程度一致するように旋律をつけるが、2 音節や 3 音節単位になると声調か

　　が、それを正しく読む技術が広まらなかったこと、リズムはうまく表現できないことなどから結局現在の民族音楽学では五線譜を使う方向に回帰している。
7)　この論点については赤松紀彦氏から示唆をいただいた。

らの乖離が大きくなっていくようである（楊蔭淵 2009）。ただ，こうした体系が成立しうるのも歌詞が固定していて，音楽（旋律）と歌詞が互いに自由に結びつくことが可能だからであろう。本書の対象である山歌は同じような旋律に，即興で生み出される歌詞をのせて歌われるため，昆曲や京劇のような理論体系を構築するのは不可能に近いであろうし，実際調査においてそうした理論体系のようなものは聞かれなかった。ましてや，漢歌の歌い手たちが昆曲や京劇にある精緻な音楽理論を知っているとも思えない。よって中国語を用いる漢歌について（ましてやプイ歌についても），1音節ごとに声調と旋律の対応をみていくことにひとまず問題はないだろう。

　こうした諸問題と技術的制約を踏まえて，本書では五線譜に採譜した資料を分析することとした。Praat はあまり長い音源を分析するのには向いていないため，採譜はまず音楽編集ソフトである Melodyne3.0 を使用し，それで得られたピッチカーブをなるべく忠実に私が五線譜に書き起こした。しかしおそらく野外のやや賑やかな客席という録音状況の問題から，音高分析の結果について満足のいく信頼性が得られなかったため，絶対音感があり専門教育を受けた作曲家でもある中村聖子氏に改めてなるべく忠実に音の動きをなぞるように採譜を依頼し，私が音節と採譜結果を突き合わせる形で校閲した。本書でおもに分析したのはこの改めて採譜したものである。旋律の方向については原則として（1）音節内の音型（平行については4分音符ひとつ分より長く音高が同じ），（2）四分音符ひとつ分以下の音価をもち，音節内で音高の変化を記録していなかった場合は次音節の音高との関係，（3）次音節が休符もしくは終止であった場合は前音節との関係，という順で判断した。音程はそれぞれの判断基準に基づいて算出した。声調について漢歌は『貴州省誌・漢語方言誌』（貴州省地方誌編纂委員会編 1998）を，プイ歌については伍文義他（2000）の研究を参照した。なお変調については，漢歌は比較的リズムが遅くひとつひとつの音節をはっきりと発音すること，プイ歌についてはプイ語に変調は存在しない（Snyder 2008）とされることから考慮に入れないこととした。先に分析結果の一部を述べてしまえば，どちらも声調における音の上下幅までは旋律でまったく実現されていなかったので，2節では旋律と声調の方向に的を絞って検討することとする。

（ⅱ）　詩の韻律

　「韻律」とは，韻文を構成するさまざまな音の聴覚的規則のことである[8]。これによって韻文は定型性を獲得するのだが，韻律のどういった側面を重視するかは言語や詩の伝統によって異なる。Aroui (2009) は図 5-1 のような形でこの多様な韻律規則を体系的に分類してみせた。

　この図に表れているように，世界中の韻律システムはまず基本とする単位として声調，モーラ，アクセント，音節に分類でき，それぞれについて配列パターンを決めるか個数を数えるかによって分けられる。たとえば日本の和歌は 5・7・5・7・7 というモーラ数を規定する規則が韻律の基本的構造を決めており，一方中国の伝統的な漢詩は平仄という独特の声調配置規則を持っている。古代ギリシャの韻文はギリシャ語の持つ長音節と短音節の配列パターンによって細かく分類されていた。漢詩では平仄と同時に音節数についても縛りがあるなど，各言語や文学によって韻律が上記の特徴のいくつかを兼ね備えていることも，もちろんありうる。

　山歌の韻律を分析するうえで重要なのは押韻と音数律について明らかにすることである。押韻とは一般的に，詩文において子音または母音が同じ音節を一定の規則にしたがって配列することであり，音数律とは歌の行のなかに含まれる音節数またはモーラ数が一定になるよう定める規則である。先ほど挙げた和歌も音数律に基づく詩であるが，山歌，とくに漢歌は明らかに音数律に従って歌詞が作られている。また次節で述べるように押韻についても意識されている。プイ歌については付録 2 の歌詞を見ると一見こうした韻律規則が見当たらないようにみえるが，実際に歌を聴いてみるとなにか存在するようにも感じられる。これについては本章 3 節で分析していくことにする。さらに本章では，厳密には韻律に含まれないが，詩文の定型性と深くかかわる定型句と平行関係（parallelism）についてもあわせてみていく。定型句とは要するに歌詞のなかにしばしば登場する決まり文句である。平行関係とはた

---

[8]　言語学における「韻律」（あるいはプロソディ）は言語における抑揚や強勢，リズムなどといった音声的性質のうち文脈によって異なりうるものを指す。ここでいう文学的な「韻律」と関係はあるが両者は異なる概念である。

第 2 部　山歌の言語的相互行為論

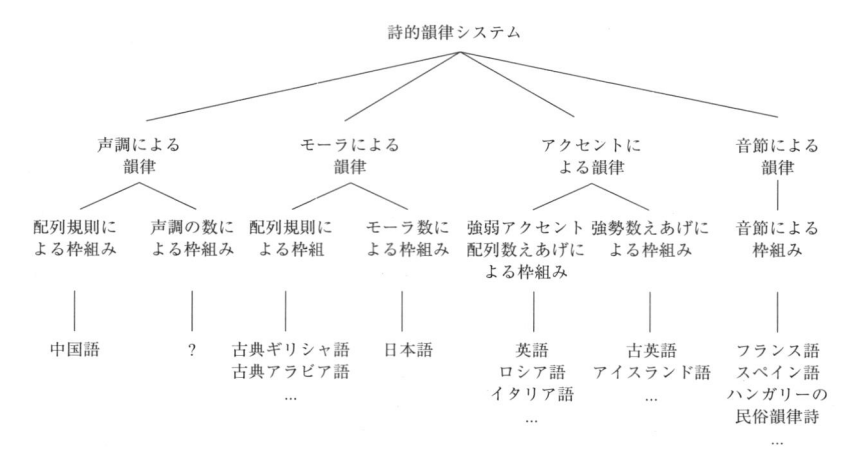

```
                            詩的韻律システム
         ┌──────────────┬──────────────┼──────────────┬──────────────┐
      声調による         モーラによる      アクセントに        音節による
        韻律              韻律          よる韻律           韻律
     ┌─────┬─────┐   ┌─────┬─────┐   ┌─────┬─────┐        │
  配列規則に 声調の数に  配列規則に モーラ数に  強弱アクセント 強勢数えあげに   音節による
   よる枠組み による枠組み よる枠組  よる枠組み  配列数えあげに  よる枠組み    枠組み
                                            よる枠組み
     │      │      │      │      │      │      │
   中国語    ？   古典ギリシャ語  日本語   英語    古英語   フランス語
             古典アラビア語        ロシア語  アイスランド語 スペイン語
             …                 イタリア語   …    ハンガリーの
                                …           民俗韻律詩
                                                 …
```

図 5-1．韻律規則の類型論的分類（Aroui 2009: 11 より改変）

とえば漢詩における対句のような，音，統語構造，または意味のレベルで隣接する行が同じ形式を繰り返すことである（Foley 1997）。押韻，音数律，そして定型句や平行関係を型枠として利用することで山歌は生み出されている。さらにそれだけではなく，この定型性がさまざまな歌詞を記憶し発想する手助けもしていると考えられる。

付録 1 と付録 2 を見ればすぐわかるが，漢歌とプイ歌の定型性（韻律規則，定型句，平行関係）はまったく異なる。そしてこの定型性と，旋律と声調の関係のかかわりについても両者は大きく異なる。これら全体を通して見ることで山歌の型枠（骨組となる形式）を明らかにすることができるだろう。それではまず漢歌の型枠を見ていこう。

2 漢歌の形式 ── 固い型枠

付録 1 にあるように，漢歌は非常に整った詩形をしている。漢歌の韻律規則は歌い手たちによって意識されており，たとえば付録 1 の冒頭にある次の歌詞の前半は完全に後述の韻律規則に従って構成されている。

第5章　山歌の型枠

(5.1)［羅甸 08 漢：m1］
正月初头来开宣,　　正月はじめにごあいさつします,
我给领导拜个年。　　指導者の方に念頭のごあいさつをいたします。
祝福领导成绩好,　　指導者の方の成績が良く,
你们富贵万万年。　　あなた方の富貴がいつまでも続きますように。
来到街上来看戏,　　街中に来て劇（遊び）を見て
祝贺领导乐喜成,　　指導者の方が喜びますようお祝い申し上げます。
祝贺领导成绩好,　　指導者の方の成績が良く,
祝你富贵万万春。　　あなたの富貴がいつまでも続きますように。

　中国語は漢字 1 文字あたり 1 音節で必ず発音するので，この歌詞は 7 音節を 1 行として構成されていることがわかる。また，前半 4 行と後半 4 行，とくに 3・4 行目と 7・8 行目は「祝福领导成绩好，你们富贵万万年」「祝贺领导成绩好，祝你富贵万万春」と字面や日本語訳からわかるように，同じようなことを少し言葉を変えて繰り返していることがわかる。また，(5.1)の中国語歌詞にある下線は押韻している部分である。これを見る限り，脚韻（行末での押韻）がなされているようである。また，後半は押韻が登場せず，この部分に関しては押韻規則が守られていないことがうかがえる。

　現地での聞き取りから浮かび上がってくる漢歌の韻律規則を示したのが図 5-2 である。この規則（少なくとも音数律に関する部分）は歌い手たち自身にも意識されている。漢歌の歌い手たちのなかには時折聞いた歌詞や思いついた歌詞をノートにメモしている人もいるが，そのノートを見ても図 5-2 で示したのと同じ位置に句読点が打たれていて，少なくとも音数律については十分意識されていることがわかる（写真 5-1）。ちなみに「段」は私が便宜上名付けた単位であるが，それ以外は現地で使用されている用語である。全体として歌詞は 7 音節が 1 行 = 1 分句を構成し，押韻は第 1，2，4 分句においてなされる。それが 2 回繰り返されて 1 段になる。前半の 1 段とそれに続く後半の 1 段はほとんどの場合同じ内容を，少しだけ（多くの場合行末の音節部分だけ）変えて繰り返すことになっているため，場合によっては後半の段は歌われないこともある。また (5.1) で見たように，押韻に関しては必ずしも守られるわけではない（この点についてはあとでまた触れる）。ただひとまず

第 2 部　山歌の言語的相互行為論

○○○○○○●,　←分句　｝句　｝段
○○○○○○●。
○○○○○○,
○○○○○○●。　　　　　　　　｝首

○○○○○○●,
○○○○○○●。
○○○○○○,
○○○○○○●。

○＝音節（＝1 文字），●＝押韻する音節

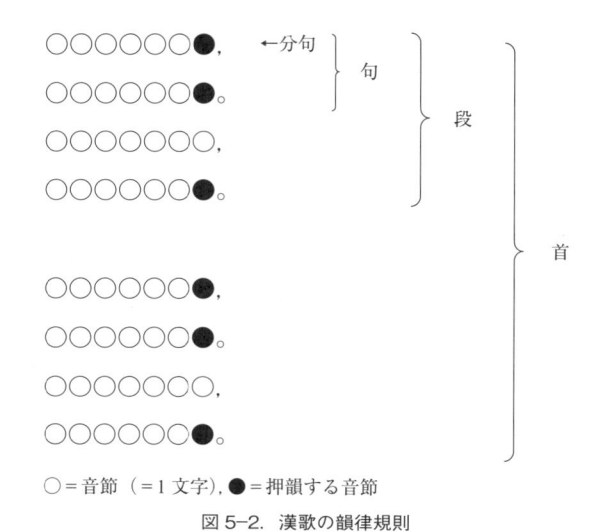

図 5-2．漢歌の韻律規則

写真 5-1．漢歌の歌詞ノート（2010 年貴陽にて撮影）

第 5 章　山歌の型枠

譜例 5-1．[羅甸 08 漢：m4-1] 男性側の旋律（【映像 9】）

me ni 叫　我 唱 歌 me 我 就　　来 le　　ni　羅 甸 ni 領　導 最 関 懐 le

譜例 5-2．[羅甸 08 漢：f16-1] 女性側の旋律（【映像 10】）

羅 甸　　聴 到　　好 山 歌 naa　繞 山 繞 水　　　要 来 学 le

　原則として漢歌は 1 首をターンの単位としてターンテイキングを行っており，この後半部分は相手が返答を考える時間としての役目もあるようだ。
　この韻律規則は単に詩形を整えているだけではなく，漢歌の音楽的側面，つまり旋律とも深く関わっている。漢歌の旋律は 2 行（＝ 1 句）をひとまとまりの旋律（以後これを「ふし」と呼ぶこととする）で歌うようにできており，歌を通じてあまり旋律には変化がない。こうした歌詞と旋律双方の高い定型性が漢歌の特徴である。また，旋律は地域によって大きく異なり，聞き慣れない旋律を使用した歌は歌詞がほぼ聞き取れない。
　それではまず漢歌の旋律と声調の関係について見ていこう。ここで分析する資料は［羅甸 08 漢］（付録 1）である。この漢歌は男性側が羅甸県，女性側が恵水県在住であり，両者の旋律はそれぞれの地域のものである（譜例 5-1，譜例 5-2）。音符の下には歌詞を書いたが，アルファベットになっている部分は襯詞（語彙的意味も統語的機能もない音節）である。上述の「漢歌の旋律は 2 行（＝ 1 句）をひとまとまりの旋律で歌う」という規則はこれらの譜例からも見てとれる。掛け合いのなかで歌詞そのものはどんどん変わっていくが，襯詞の位置は常に同じであり，さらにこの旋律の中における 14 音節分の歌詞が入る位置も変わらない。つまり，漢歌はほぼ一定の旋律のなかに空いた 14 個のスロットに 1 音節ずつ歌詞を当てはめることで出来上がっている。
　なお，この採譜された楽譜には，音符としては表現できなかった微細な変化についてもなるべく書き込んである。たとえば譜例 5-1 の「叫」の部分は四分音符であるが，急速に下行する音形である。またスラーについては 1 音節内のみに使用している。これは音節間はほとんどの場合なめらかにつな

表 5-2. 羅甸県の中国語声調（貴州省地方誌編纂委員会編 1998: 114）

声調番号	1	2	3	4
調値	44	21	55	13

表 5-3. 恵水県の中国語声調（貴州省地方誌編纂委員会編 1998: 114）

声調番号	1	2	3	4
調値	44	21	55	24

表 5-4. ［羅甸 08 漢］男性側の声調と旋律の対応（p＜0.05）

		旋律の動き			計
		上行	下行	平行	
声調の動き	上行	7	15	24	46
	下行	4	5	17	26
	平行	3	10	27	40
計		14	30	68	112

がっておらず，音節の切れ目がはっきりしているためである．それぞれの音節における旋律の動きの判別方法については本章 1 節 i ですでに述べた．

羅甸県の中国語の声調および恵水県の中国語の声調は，貴州省地方誌編纂委員会（1998）によると次の表 5-2 と表 5-3 の通りである．ここで音高の幅は無視するので，羅甸県と恵水県どちらも第 4 声が上行，第 1 声と第 3 声が平行，第 2 声が下行であるとした．

以上の条件で男性側は 8 節計 112 音節，女性側は 10 節計 140 音節について検討した．その結果が次ページの表 5-4 と表 5-5 である．もしも声調と旋律が一致するならば，両表は左上から右下への対角線上の観察値が有意に大きくなるはずだが，この表から明らかなようにまったくそのような傾向はない．全体を χ^2 検定すると表 5-4 は $p < 0.05$ となるが，表 5-5 は $0.05 < p$ で有意とはいえない結果である（そしてそもそも表 5-4 ではデータ数が少なくほとんどの項で理論値が 5 以下であるため検定結果自体が信頼できない）．

詳細は述べないが，［龍宮 04 漢］と［毛家苑 04 漢］についてもほぼ同様の手法で分析を行った．すると［羅甸 08 漢］と同様，声調と旋律は特に一致

第 5 章　山歌の型枠

表 5-5．[羅甸 08 漢] 女性側の声調と旋律の対応 (0.05＜p)

		旋律の動き			計
		上行	下行	平行	
声調の動き	上行	13	25	8	46
	下行	4	16	8	28
	平行	5	42	19	66
計		22	83	35	140

表 5-6．[龍宮 04 漢] の声調と旋律の対応 (0.05＜p)

		旋律の動き			計
		上行	下行	平行	
声調の動き	上行	21	18	25	64
	下行	29	38	54	121
	平行	20	30	31	81
計		64	86	110	266

表 5-7．[毛家苑 04 漢] の声調と旋律の対応 (0.05＜p)

		旋律の動き			計
		上行	下行	平行	
声調の動き	上行	15	31	32	78
	下行	13	28	26	67
	平行	24	55	53	132
計		52	114	111	277

する傾向はなく，表に見られる数値の分布も有意水準 5％を上回っており，この分布はほぼ偶然と推測されるという結果が得られた（表 5-6，表 5-7）。こうした結果から，一般に漢歌において声調と旋律は偶然程度にしか一致しないことがかなり高い蓋然性を持って推測される。

　この結果は先述した「聞き慣れない旋律で歌われたものは聞き取れない」という特徴と結びついているように思われる。Herzog (1934) や川田 (1988) が述べたように（そして第 4 章で述べたように），旋律によって声調が反故に

されてしまうと，歌詞はとたんに聴き取りづらくなってしまう。旋律と声調がそれなりに一致しているなら，音高の動きを頼りに歌詞を聞きとることが可能だが，ここでの結果は漢歌においてそれが不可能であることを示している。ただひとつハーツォグや川田の研究対象と違うのは，山歌の場合この聞き取りづらさが荘重さや神秘性にまったく結びついていないことである。山歌はあくまで娯楽で歌われるのであり，なにより歌詞に即興性がある掛け合いなのだから相手に自分の歌が聞き取られなければ意味がない。

それでは一体どうやって漢歌の聴衆（歌手本人を含め）は歌詞を聴き取っているのだろうか。これについて実際に歌い手たちに聞いても「習慣だから」としか返答がない。そしておそらくこれが本当に正解なのであろう。漢歌の歌詞は多くが定型的であり，多くの決まり文句からできているといわれる。この旋律と声調の不一致は，おそらく旋律の強固さと歌詞の文脈・定型依存性も示唆しているのだろう。

だが，これだけでは不十分なように思われる。なぜなら多くの歌詞の定型性はかなり広い地域において同じような形で見受けられるからである。歌詞の聴取可能性を担保する特徴はもうひとつ考えられる。それは逆説的だが，襯詞の位置やテンポまで含めた，旋律の定型性そのものである[9]。旋律は地域によってテンポも襯詞の位置もかなり異なる。そのもっとも極端な例が「ホアララ調」と呼ばれる旋律で，これは各節の末尾に「ホアララティヤンリュウ，アララティイェー」というかなり長い襯詞を加えるものである。これほどまでに長いと，実際どこが歌詞なのかがわからなくなってしまうが，これも慣れてくれば襯詞の部分を「聞き飛ばして」歌詞の部分だけに集中することができるようになる。譜例に挙げた旋律も，それぞれ独特の「ノリ」があり，それに乗れなければ歌詞をはっきり意識して聞き取ることは難しく，逆にそれがつかめれば歌詞はかなり聞き取れるようになる。「ノリ」というのは曖昧な概念だが，ここでは旋律と襯詞の生み出すリズム感と捉えておけ

---

9) 第1章で議論したように，旋律（音楽）と歌詞（言語）には密接なつながりがある。語彙的意味のない襯詞は旋律と歌詞の中間に位置し，言語の音楽性（音としての言語の性質）が前面に表れた表現と見ることができる。よって「旋律の定型性」のうちに襯詞の使われ方を含めることは妥当であると考えられる。

ばよい（第4章注3も参照）。この「ノリ」に相当する現地語はなく，歌い手たち本人も明確に意識しているわけではないだろうが，おそらく歌詞の型枠としての旋律に対する感覚が「聞き取れる」ことを支えている。

それでは，もうひとつの型枠，韻律規則の在り方を検討していこう。(5.1)でも少し見たように，実際の漢歌では音数律（7音節を単位として歌詞を構成していく規則）はつねに厳密に守られているが，押韻の方はなかなか守られない。(5.1)のように押韻が最後まできちんと踏まれていない事例は例外なのではなく，むしろ付録1にある歌詞の大半は音数律的に正しいが，押韻まで正しくできていることは少ない。次の(5.2)もそのひとつである。

(5.2) 押韻が正しくなされなかった事例［羅甸08漢：m3］

城头唱歌喜万家，　　街角で歌を歌って皆を喜ばせましょう，
到此先敬政府家。　　まずはここで政府にごあいさつ。
没有哪样来送你，　　あなたに贈る物もありませんが，
唱首喜歌来表达。　　めでたい歌を歌って（お祝いの気持ちを）表します。
城头唱歌喜万多，　　街角で歌を歌って皆を喜ばせましょう，
到此先敬政府家。　　まずはここで政府にごあいさつ。
没有哪样来送你，　　あなたに贈る物もありませんが，
唱首喜歌解宽乐。　　めでたい歌を歌って心地よくいたしましょう。

これはおそらく，文字に書かれない襯詞的な音節によってリズムをとっており，意味のある音節において押韻で調子を合わせる必要があまりないからであろう。たとえば譜例5-1では"le"や"na"といった音節が歌詞に含まれていたが，これらは語彙的に無意味であり，純粋に歌の調子を合わせるために挿入されている。［羅甸08漢］の書き起こしにおいて，押韻はしないのかと女性側歌手のひとりに聞いたところ，この「押韻」という単語（中国語でも同じ単語である）を知らなかったため，この"le"が押韻であると勘違いして返答をもらったことがあった。漢歌において，押韻とはその程度の存在感しかない規則なのである[10]。

---

10) ただ，付録1の男性側歌手たちは押韻について明確に意識しており，人によって違う可能性もある。ただそれでも彼らも2段目できちんと押韻しているとは限らず，やは

第 2 部　山歌の言語的相互行為論

　これに対し，7 音節を単位として歌詞を構成するという音数律は厳格に維持される。確かにターン交替が必ずしも 1 首を単位としていないこともあるが，1 行の音節数がいわゆる「字余り，字足らず」になることは滅多になく，あったとしてもたとえば次のようにかなりシステマティックにおこなわれる。

　　(5.3) 音数律が破られた事例［羅甸 08 漢：m23］
　　茅草林啊〜〜〜〜　　　チガヤの林よ！
　　茅草陪伴青岡林。　　　チガヤはカシワの林に連れ添います。
　　茅草陪伴毛雨下，　　　チガヤは霧雨と連れ添っています，
　　无名陪伴有名人。　　　無名の人が有名人と連れ添っています。
　　茅草坡呵〜〜〜〜　　　チガヤの山よ！
　　茅草陪伴青岡脚。　　　チガヤはカシワ（の林）のふもとに連れ添います。
　　罩子陪伴毛雨下，　　　霧が霧雨に連れ添っています，
　　无名陪伴有名婆。　　　無名の人が有名な女性に連れ添っています。

　この事例 (5.3) の冒頭はいきなり 4 音節しかないが，第 2 段における繰り返しも同じ形式で行われており，いわゆる字余り・字足らずのような不規則さは感じられない。むしろこのような歌い方が元々あったようである。また行数については，羅甸県の漢歌はほぼ一定であるが貴陽市で収録した漢歌では長さがまちまちであった。しかしそれでも 1 行を 7 音節とし，1 句をひとまとまりのふしで歌うというスタイルは変わっていなかった。次の事例は貴陽市青岩鎮で行われた結婚式において，新郎側が新婦を迎える宴に客を迎えるに際して歌われた。両家とも比較的近くにあり，この歌掛けが歌われた時点で両家の親族はすでに親しい間柄であった。

　　(5.4) 行数がイレギュラーな歌［青岩 2.09 漢：h1］
　　姑爹找钱是行家，　　　おばの父は商売がうまくいっており，
　　大巴姑妈像朵花。　　　おばさん[11]たちは花のようです。

　　り押韻規則は存在感の薄い規則であることに変わりはない。
11)「姑妈」の訳である。この歌は新婦を迎える新郎（ホスト）側の歌い手が歌っており，「姑妈」は新婦の父方のオバを指している。

第 5 章　山歌の型枠

穿的衣服脱対脱,	着ている服はどれも立派で,
挂的腰帯花対花。	ベルトも美しい花の刺繍がしてあります。
針対針来线対线,	針も糸もきちんと並び,
朵朵绣起刺梨花。	イザヨイバラの刺繍がされています。
这个姑妈爱打扮,	このおばたちは化粧が好きで,
上街买粉下街擦。	街に出て粉を買ってはそれをはたいて帰ります。
擦起叶子不出老,	はたくと年を取ったようには見えず,
五十活像二十八。	五十歳が二十八歳のように見えます。
哪是活像姑妈样,	おばさんたちのような人たちがいるでしょうか,
随时活像少年花。	いつでも少年のように美しく見えます。

　この歌は全部で12行, 3段で構成されている。1段の中身の構成は図5-2と変わらない。長さが8行でなかったとしても, 何らかの形で図5-2に示した形式は守られるのである。

　こうした厳密な音数律が適用される背景には, 高い旋律の安定性がある。繰り返しになるが, 漢歌は一定の旋律を用いて, 声調とは関係なく, 歌詞をその旋律のなかにうまくはまるように入れていって歌う。旋律が音数律をも内包した枠組みとしてすでにあり, そこからはみ出るのは難しいために, 漢歌では字余りや字足らずが非常に少ないのではないかと思われる。

　以上から, 押韻と音数律という作詞の枠組みは旋律と一体となった形で機能していることは明らかである。漢歌の歌詞は歌集などでは襯詞を取り除かれた形で記述されるが(写真5-1も参照), 韻律規則(押韻と音数律)を考察する場合には歌詞に含まれている音節だけを取り出しても十分な分析ができない。確かに漢歌の歌詞において厳密な押韻の枠組みはみられないが, 旋律や襯詞が一般的な押韻規則(つまり詞内部における押韻)とともに広義の韻律規則, 詩形の型枠となっているのである。

　いっぽう, 平行関係についても漢歌はかなり顕著な使用をみることができる。そもそも前段と後段でほぼ同じ形で繰り返しているというパターンも, 広い意味で音韻論的, 統語論的, 意味論的平行関係であるといえる。また個々の行についても, 付録1において, 特に第2行と第3行がゆるやかな

統語的平行関係，もしくは繰り返しになっている事例を多く見つけることができる（たとえば f3, f4, m9 など）。また (5.3) の 2 行目と 3 行目も明らかに平行関係にある。具体的に分析すると，たとえば f3 の 2 行目と 3 行目は次のような関係になっている。

(5.5)［羅甸 08 漢：f3］2 行目および 3 行目の統語構造
站　在　台　上　开　歌怀。　ステージの上に立って歌を始めます。
V　PP　N　LOC　V　O
站　在　台　上　把　歌　唱，ステージの上に立って歌を歌い，
V　PP　N　LOC　PP　O　V

「歌怀」は「歌」または「歌う準備・気持ち」といった意味の 2 音節語である。(5.5) の上下は文法的に厳密に対応した詞句ではないのだが，それでもかなり似た構造をしている。さらにこれに後続する 2 段目になると，この 2 分句に対応する箇所はほとんど語句的にも文法的にも同じ形を取っている。

(5.6)［羅甸 08 漢：f3］6 行目と 7 行目の統語構造
站　在　台　上　开　个　声。　ステージの上に立って声を出します。
V　PP　N　LOC　V　CL　N
站　在　台　上　开　个　口，ステージの上に立って口火を切って
V　PP　N　LOC　V　CL　N

この箇所では句（＝節）をまたいで平行関係を作っているが，それはおそらく前後の句のつながりをわかりやすくするためにしりとり形式を取っているためであろう。他にも (5.7) のようにほぼ全行が統語的平行関係になっているものもある。

(5.7)［羅甸 08 漢：m10］1 段目の統語構造
慢慢　唱　歌　慢慢　来，ゆっくり歌を歌ってゆっくり行こう，
ADV　V　N　ADV　V
慢慢　划　柴　慢慢　开。ゆっくり薪を割ってゆっくり（割れ目を）開こう。
ADV　V　N　ADV　V

慢慢	划	柴	柴	成	块,	ゆっくり薪を割れば薪は(いい大きさの)カタマリになる,
ADV	V	N	N	V	N	
慢慢	唱	歌	歌	成	排。	ゆっくり歌うと歌は列を成す。
ADV	V	N	N	V	N	

　以上のように,漢歌の歌詞の形式は,広い意味での韻律規則という枠組みを基盤として,ときに先行する語句や文法構造を繰り返して平行関係を作ることでできあがっている。なお,平行関係はこうした詩形の枠組みとして以上に,修辞技法としても重要なので次章でもふたたび取り上げる。

3 | プイ歌の形式 ── やわらかい型枠

　プイ歌,特に羅甸県などで歌われるプイ歌は旋律の長さがかなり自由に変化し,ひとふしに含まれる音節数も節ごとにかなり異なる。たとえば次の譜例 5-3 はかなり短い節であり,譜例 5-4 は比較的長い節である。

　五線譜の下の歌詞において,( )でくくられた音節が襯詞である[12]。このように詩形に大きな開きがあり,しかも周期性のようなものも見られないが,歌うときにひとふしの旋律と次の旋律の間には 1～2 秒程度間を置くので,「ふし」を決定するのはそれほど困難ではなく,プイ歌の歌詞における「行」もこの 1 節で歌われる長さとして規定できる。また,聞いたときの印象として,これほどまでに長さに差があるにもかかわらず「ずっと同じ旋律で歌っている」という印象を受ける。プイ歌は音声的には,こうした旋律と歌詞のやりとりからできあがっている。

　それでは,これからプイ歌における旋律と声調の関係を検証していこう。検証のためのサンプルとして,［羅甸 07 プ］から短い節,長い節,中くらいの長さの節を男女それぞれ 5 つずつ,合計 30 節抜粋した。予備的検証をし

---

[12] 後述のようにプイ歌においてどの部分が無意味かを決定するのは困難であるが,声調と旋律の関係を分析するにあたっては,ひとまずまったく語彙的意味のない音節 ac や xic などの単音節および表 5-11 に見られるようなものを「襯詞」として扱った。

第 2 部　山歌の言語的相互行為論

譜例 5-3．［羅甸 07 プ：m1-3］の旋律【映像 11】

meangh (ac)　nix　　xoois　　miz　　nauz　　(ac)　maz　　enh

譜例 5-4．［羅甸 07 プ：m2-25］の旋律【映像 12】

lumc (ac) saaml (ac) sis joongs rauz (ac) bix nuangz gas rauz miz nyiz ramx

das dauc juangh (ac) dingh jiez raaix bail guanh nix　loh

表 5-8．羅甸県におけるプイ語の声調（伍文義ほか 2000: 113）

声調番号	1	2	3	4	5	6	7	8
調値	24	423	33	31	35	41	35	33

てみたところ男女で特に傾向の差はみられなかったため，そこに含まれる男女の歌った歌詞のうち襯詞ではない音節合計 374 を声調と対照させた。プイ語の声調については伍文義他（2000: 113）から表 5-8 に示した調値を使用した。

　この表では第 2 声だけは下行→上行となっており，本書の分析方法ではこれを厳密に採用するのは難しいことは明らかである。そこで両端の調値（4→3）をとって，第 2 声はおおむね下降していると判断して，下行調とした。よって，上記の声調番号 = 1，5，7 が上行，2，4，6 が下行，3，8 が平行ということになる。このように分類した上で旋律の動きとの対応を調べたのが次の表 5-9 である。

　表 5-9 をみるかぎり，声調と旋律は一致する傾向にあるようにみえる。χ^2 検定の結果も 5% 水準で有意であり，この結果からひとまずプイ歌では声調と旋律がおおむね一致するといってよい。ただそれもあくまで「おおむね」のことであり，声調と旋律の動きが不一致である事例数も例外として無視できないほど多い。旋律が平行形であるときに声調が下行形である事例は

第 5 章　山歌の型枠

表 5-9．[羅甸 07 プ] の声調と旋律の対応 （p＜0.05）

		旋律の動き			計
		上行	下行	平行	
声調の動き	上行	63 ++	41	14 --	118
	下行	56	89 ++	44	170
	平行	7 --	15	45 ++	67
計		126	145	103	374

(「＋＋」を付した欄は p＜0.01 で統計的に有意に高い。「－－」を付した欄は p＜0.01 で統計的に有意に低い。なお，$0.01 \leq p \leq 0.05$ の欄はなかった)

　双方が平行である事例とほぼ同数ある一方，声調が平行形かつ旋律が下行形である事例は少ないことから，Chao (1956) が指摘した，平行と下行が同じように扱われる現象がここでも起こっていると単純にみることはできない。さらに，旋律が上行形かつ声調が下行形である事例およびその逆の事例も比較的多い。こうした観察から，声調と旋律の動きが不一致である事例の間でなにか一貫した規則を見いだすのは困難である。

　旋律と声調がおおむね一致するということは，漢歌と同様にプイ歌は定型句の助けを借りてはいるが，漢歌より歌詞の聴取が音そのものに依存する度合いが高い，ということである。これはプイ歌の旋律の長さが伸縮自在であり，歌詞の形式の多様性が高いことからくる聞き取りの難しさを，ある程度補償してくれる。

　それでは，プイ歌は旋律が変わっても聴き取れるのだろうか。じつはこれは漢歌と同じく困難であるという。たとえば羅甸県と望謨県は同じ方言区であり，プイ語の発音も似ていて両県の方言差は会話にほとんど支障をきたさない程度のものである。またプイ歌の歌い方も，旋律が違うだけでそれ以外はほとんど同じである。だが望謨県出身の黄鎮邦氏は，望謨県のプイ歌なら聞き取れるが羅甸県のプイ歌の聞き取りには困難を覚えるといい，逆に [羅甸 07 プ] の書き起こしに協力してくれた楊昌厚氏は望謨県のプイ歌はあまり聞き取れないと言っていた。これはどういうことなのか。

　この疑問に答えるヒントが，先に述べた「ずっと同じ旋律で歌っている」という印象である。プイ歌でも漢歌とは異なる方法で旋律の同形性が維持さ

第 2 部　山歌の言語的相互行為論

譜例 5-5．［羅甸 07 ブ］男性側に見られる類似旋律（矩形で区切った箇所）

[楽譜：末尾部分の類似／中間部分の類似／冒頭部分の類似]

れており，結果として漢歌と同じように「ノリ」のようなものが歌詞の理解を助けているのではないだろうか。このことを検証するために，本節で分析したものと同じ部分における旋律において，類似した旋律形が見いだせないかを検討した。谷正人がイラン伝統音楽を事例として詳細に検討したように（谷 2007），楽譜を積極的に用いない「無文字」的な文化において，定型旋律はかならずしもつねにまったく同じ形をしているというわけではなく，むしろおぼろげな記憶の中に蓄えられ，その時々で違った形に実現される曖昧な存在である。そこで細かな音程の違いなどはあえて無視して，おおまかに旋律の動きを見たとき，男女双方の歌において，とりわけ節の冒頭と末尾に顕著な類似性が見いだされた。またそのあいだの部分にも同じような旋律の動きが散見された（譜例 5-5，5-6）。

　この譜例からわかるように，基本的な旋律のパターンのうえに，そこに入る音節数の増減などの都合で改変が適宜加えられることで実際の旋律が実現されている。また，末尾部分についてはたとえば譜例 5-6 の f1-34 と f1-41 のように，ほぼ同じ定型句と密接に関連していることもある。さらに興味深いのが f1-48 である。ここでは本来末尾部分に使用される旋律型が節の中間部分に使用されている。この事例から，この末尾によく使用される旋律パターン（仮に「末尾旋律パターン」と呼ぼう）は，別に末尾に限定されて使用されるわけではないことがわかるのだ。あとで検討するが，実はこの中間部

第 5 章　山歌の型枠

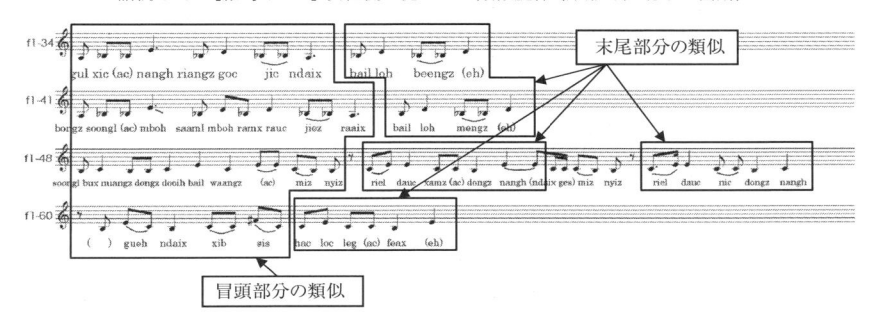

譜例 5-6．[羅甸 07 プ] 女性側に見られる類似旋律（矩形で区切った箇所）

分にある末尾旋律パターンが使用されている箇所と実際の f1-48 の末尾に歌
われた歌詞は文法的にも意味的にも平行関係にあり，「あなたと一緒に座る」
という同じ内容を繰り返している。つまり f1-48 は最初の末尾旋律パターン
使用箇所で文章的には一段落しており，そのあとの部分は単なる繰り返しで
ある。よってこの旋律パターンはこの平行関係にある歌詞に付随したもので
あり，歌詞とともに繰り返されたために中間部分においても現れているよう
に見えるのだ。

　このように，プイ歌の旋律はいくつかの旋律パターンを組み合わせ，それ
ぞれを適宜歌詞に合わせて調整することでできあがっていると考えられる。
この旋律パターンが，漢歌の場合と同じように一定の「ノリ」を生み出して
いるのではないだろうか。またプイ歌の旋律は一定の定型句（歌詞の平行関
係も含めて）とも密接に結びついている。たとえばここで事例に挙げた譜例 5-
5 の「冒頭部分の類似」箇所は，よく見るとほとんど同じ歌詞が歌われてい
る。ここで歌われている "lumc (ac) saaml (ac) sis joongs rauz (ac) bix nuangz"
は行の冒頭でよく見られる，「私たち兄弟は」と相手に呼びかける定型表現
である。この定型表現が同じ旋律と結びついており，それが m2-45 のよう
に異なる歌詞にも適用されている。先に定型の旋律があってそこに定型表現
がのった，とみるのは常識的にやや無理があるので，おそらく定型表現があっ
てそれが一定の旋律で歌われ，そこに替え歌のようにして異なる歌詞も入れ
られるようになっているのではないだろうか。この定型表現＝定型旋律が異

なるために，プイ歌においても異なる旋律だと歌が聞き取れない，という事態が発生するのであろう。

以上の検証からわかるように，プイ歌では定型句（定型表現）が旋律と密接な関係を持っている。そこで押韻や音数律についてはあとで検討するとして，まずはプイ歌における定型句について見ていくことにしよう。［年歌10プ］（付録2）に見られる定型句は表5-10 および表5-11 にまとめておいた。こうした定型表現は多少のヴァリエーションをともないながらも，ほぼ一定の形で男女ともに用いられる。定型句については調査において印象深い出来事があった。付録2 に書いたようにプイ歌の書き起こしはプイ語を書きとった後中国語へすべて翻訳してもらったのだが，定型句はこの作業に際して楊氏はしばしば「这是虚词」（これは（意味のない）「虚詞」だ）として飛ばしてしまったのだ。確かに表5-11 に挙げた定型句は語彙的意味がまったくないのだが，表5-10 に挙げた定型句は明らかに語彙的意味がある。だから厳密には「虚詞」などではないのだが，実際，翻訳してみると，この部分を訳出しない方が意味のわかりやすい自然な歌詞になる[13]。つまり，こうした定型句はもし語彙的に意味はあっても，全体の文脈においては無意味な語句なのである。

それ以外でも 'ac' や 'xic' といった明らかな襯詞（xic は副詞のこともあるが）が，あちこちでときに非常に短く発音されている[14]。こうした襯詞（リズムを調整するために入れられる音節）と語彙的意味のない定型句，語彙的意味のある定型句，そして文脈上意味のある語句の区別は明確にできないことがある。たとえば 'meangh nix' は語彙的には「今・現在」という意味であるが，明らかに不必要なところでしばしばごく短く発音される。この場合，この句は定型句に入れてしまって訳出しないほうがよいように思われるが，訳そうと思えば訳せるし，文意も通じる。こうしたあいまいな部分について，どうやら聞き手は「気にしない」ようにしているようである。書き起こしの際しばしばこうした短い音節は無視されるし，実際の歌詞が微妙に「よくあ

---

[13] よって付録2 では訳出しなかった。
[14] その多くは書き起こし作業中，作業効率を優先させるために飛ばし，帰国後私が自分で録音を聞き直しながら補充した。

第 5 章　山歌の型枠

表 5-10. ［年歌 10 プ］における語彙的意味のある定型句

定型句	日本語訳
(xaaml/xal) mengz leh bux laaux	立派な人であるあなたにお願いします
bail jiez laez nix	どこが？
banz dangc nix (lianl/ndeeul) laail	なぜこのようになったのか？
daaus nix laaux eh	今度
eeul haanz es raanh reeux	親愛なる細身の人よ
jaec (rimz/jimz) (lox/loz/loh) rauz eh/es	私たちの親族たちよ
jaec (rimz/jimz) (loz/lox) laaux eh	親族たちよ
jiez laez mengz les	そうなのですか？　あなたよ
jiez (raaiz/raaix) mengz eh	本当ですあなたよ
jiezraaix beengz loh	本当ですよ
joongs bixnuangx ronl jail rauz	遠方の兄弟たちよ
leg feah eh	よその家の子よ
lumc boz xoois xez nix	今の私たちのように
meangh nix	今・現在
yaangh xoonz/gaais haaus mengz nauz xaaux	あなたがさきほど言った話のように
yangh ndaanl jis ndaanl (rauz/goc/neec) xez nix	今の（私たち / 兄 / 妹）のように

*調子を整えるための音節は基本的に除いた。

表 5-11. ［年歌 10 プ］における語彙的意味のない定型句

bail ges nos, bail leeux ges, bail leeux laaux eh, bail loh (mengz/beengz) eh,
bail los ndaix (ges/hes/es), xaaux saml eh raanz reeux

る歌詞」と異なっていてもなかなか気付かれないことがあった。歌い手は口をついて定型からずれた表現をするが，聞き手側はそれほどこうしたノイズ的な部分にこだわらず，より大きな枠組みで歌を聴いているのである。

　それでは，プイ歌の押韻や音数律はどうなっているのだろう。付録 2 を一瞥しても漢歌のような明確な音数律や押韻規則らしいものは見あたらない。行の長さはまちまちで，押韻もあったりなかったり，具体的にどこで押韻しているのか非常にわかりづらい。ただ歌手たちや書き起こしを手伝った楊氏によると，プイ歌には厳格な押韻規則はないものの，頭韻（最初の音節で押

韻），腰韻（行の末尾と次の行の中央で押韻），尾韻（行末で押韻）すべてが駆使されているという。この点については［年歌10プ］を歌った歌手たちにもインタビューを行った。そこで王家義は「押韻はしなくてはならない」と述べていたが，具体的にどう押韻するのかについて明確な説明は得られなかった。音数律についても特に言及されることはなく，全体として非常にルーズに歌詞ができているようにみえる。

　だが，本当に何も規則らしいものもなしにこれほど複雑に旋律を組み立て，歌詞を即興で歌えるものだろうか。そこには隠れた無意識の構造が潜んでいるのではないか。これを探るために，プイ歌の歌詞の構造を詳細に分析していく必要がある。そこで，ここでは付録2に収録した［年歌10プ］について分析していくことにする。とくにm1のターンを重点的に見ていこう。

　m1の歌詞をよく見ると，長いふしで歌われている行では歌詞に繰り返しがあるらしいということに気がつく。歌詞も言語表現であり，文法的・意味的まとまりとして文節が存在する。そこでこの繰り返しが文節単位で起きているのではないかという推測から，m1の歌詞をすべて文節単位で切り分けて並べてみた。その結果が表5-12である。

　この表から，切り分けられた文節の多く（64％）が5音節または7音節から成っており，それ以外のほとんどの文節が4，6，8音節と，5音節または7音節単位からの「字余り・字足らず」と考えられる長さであることがわかった。プイ歌は基本的にいわゆる「七五調」からできあがっていたのである。煩雑なためここでは表を呈示しないが，女性側の第1ターン（付録2におけるf1）においてm1と同じ行数ある1〜26行目[15]を同様の手法で分析した結果，なんと約83％（34/41）もの文節が5音節または7音節であった。漢歌も7音節をひとつの単位としていたが，このような7音節，5音節からなる音数律は中国西南少数民族歌謡から日本の和歌や俳句にいたるまで，東アジアに広く見られる特徴である（遠藤2008）。この志向性は複数の言語や語族をまたいで存在しているため，統語構造などからきているわけではなく，この地域一帯に広がる歌のハビトゥスのようなものなのであろう。

---

15) f1-8は書き起こせていないため，通し番号はひとつ多い。

第5章 山歌の型枠

表 5-12. ［年歌 10 プ］m1 のターンにおける文節

番号	音節数	文節ごとに区切った歌詞
1	6	xaaml mengz bux laaux ndael raanz
2	6	nyiel xois nauz xal bux laaux
3	5	xois miz nauz maz enh
4-1	5	xois miz lengh maz yaangz
4-2	7	suil xoonz byaangz xeeul goons daaus nix
5	8	rauz xiz dianl xoonz xeeul goons daaus nix
6	5	xeeul goons xic maiz gueh
7-1	5	xeeuc nix yic gueh wenl
7-2	6	bux jees bux laaux saml meangl
7-3	9	xez nix bangz wenl dangx xic haauc xic rienh
8-1	5	ndabt ndianl bail xus bil
8-2	7	meangh nix ruz rib auc rogt nguad
9-1	4	rogt nguad rih roz
9-2	6	jaec haz meangz xuaangl daz mbux
10-1	5	sauc wuh gel banl dianc
10-2	7	luz liz luz yez gel banl nianx
11-1	5	ndabt ndianl bail xus bil
11-2	7	gedt dul luz liz hauc xeedt nguad
12	5	xeedt nguad bail xib sis
13-1	4	jaec rimz daangs mbaanx
13-2	9	meangh nix bux lac dih fih xaaux xianl xunl
13-3	5	liz jiangl jingl fih oh
14-1	5	wenz mos fih sol woil
14-2	7	wenz genl ndooil fih suans daaus nix
15	8	wenz genl ndooil？？fih suans ndaix？
16	5	beedt nguad bail xib hac
17	6	renl mengz dogt jiac xiaml xaaux
18	5	dogt ges haux xiaml daaiz
19-1	5	banz dangc nix lianl laail
19-2	7	gul daaus hams mengz joongs bix nuangx
19-3	7	meangh nix meeuz rauz ndil miz leeh

165

第 2 部　山歌の言語的相互行為論

番号	音節数	文節ごとに区切った歌詞
19-4	12?	bil nix？？？？？？？？ miz leeh
19-5	6	beangz Loz dianl loh saauc miz leeh
20-1	7	haec mengz lenh haec rauz gueh rox
20-2	7	haec mengz daanl haec rauz rox eeh
20-3	7	？？ daanl ac goc rox eeh
21-1	7	meangh nix gogt wenl bix miz laail
21-2	5	ges gul miz dangz byaail
21-3	4	leg goc lac dies
22	7	xoonz xois dies xus genz raanz nguax
23-1	7	xoonz bix dies xus lac raanz waangl
23-2	8	goc dies xus luz haux saanl raanz boh
23-3	7	dies xus xaanl haux heenc raanz boh
24	7	ndiab dogt bas xic bangc rauz xux
25-1	9	ndiab dogt qyih dogt dongx xic bangc xois haanl
25-2	8	ndiab miz dogt dongx byal maanl xic ieh
25-3	7	miz hoz ndaangl byal jaaic xic ieh

　押韻についても，この切り分けによって多少わかりやすくなっている。表 5-12 に示した作業によっても規則的な押韻はされないことがよりいっそう明らかになっており，その点で楊氏の解説は正しい。だがこの作業によって，押韻がわかりやすく見えてきた例もある。

　(5.8) 腰韻（＿部分及び＿部分がそれぞれ押韻）
　　m1-2. nyiel xois nauz xal bux laaux　　大人よ，私の言うことを聞いて下さい
　　m1-3. xois miz nauz maz enh　　私は他のことは言いません
　　m1-4. xois miz lengh maz yaangz　　私は他のことは話しません

ほかにも表 5-12 からは，4-1 'yaangz' と 4-2 'byaangz' で腰韻，6 'xeeul' と 7-1 'xeeuc' の間で頭韻，7 全体末尾 'rienh' と 8 全体の真ん中にある 'meangh' で腰韻，16 末尾の 'hac' と 17 真ん中にある 'jiac' で腰韻，17 末尾の 'xaaux' と 18 の真ん中にある 'haux' で腰韻など，さまざまな形で押

第 5 章　山歌の型枠

韻がなされていることがわかる。特に 16～18 は見事に韻が互い違いに踏まれていて，(5.8) の事例とともに模範的な腰韻の使い方といえる。ほかにも 11 の末尾と 12 の冒頭のように，前後の節で同じ言葉を使った押韻も見られ，全体を貫く規則性は見いだせないものの，それなりに高い頻度で押韻が「口をついて」行われている様子がみてとれる。

いっぽう平行関係についても，このように切り分けたために繰り返し部分がはっきりとみてとれるようになった。たとえば 4-2 と 5 の末尾は同じ言葉（'xeeul goons daaus nix'）であるし，14-2 と 15 の冒頭は同じ言葉で始まっている。他にも 22 と 23-1 のあいだはかなり明白な統語的平行関係が見られる。

(5.9) 統語的平行関係

22	xoonz	xois	dies	xus	genz	raanz	nguax
	N	PN	V	V	LOC	N	N
	言葉	私	放る	置く	上に	家	瓦

「私の言葉は瓦葺きの家の上に置いた」

23-1	xoonz	bix	dies	xus	lac	raanzwaangl[16]
	N	N	V	V	LOC	N
	言葉	兄	放る	置く	下に	廂房

「兄の言葉は廂房の下に置いた」

このような平行関係や繰り返しが 20-1 と 20-2，23-1 と 23-2，23-2 と 23-3，24 と 25-1，25-2 と 25-3 のあいだにも見られる。具体的に分析した事例を 2 つ挙げておこう。

(5.10) 意味的平行関係

23-1	xoonz	bix	dies	xus	lac	raanzwaangl
	N	N	V	V	LOC	N
	言葉	兄	放る	置く	下に	廂房

---

16) 'raanzwaangl' という単語は 'raanz'「家」に 'waangl' という修飾語がかかっている形であるが，'waangl' 単独では意味を成さない。この構成は 22 の末尾にある 'raanz nguax' と同じなので，この 2 つの文節は統語的に完全に平行関係にあると言ってよい。

第2部　山歌の言語的相互行為論

「兄の言葉は廂房の下に置いた」
23-2　goc　　dies　　xus　　luz　　hauxsaanl　raanz　boh
　　　N　　　V　　　V　　　N　　　N　　　　　N　　　N
　　　兄　　放る　　置く　　楼　　米　　　　　家　　年長者
「兄は年長者の家の（屋根裏にある）米倉に置いた」

　この事例では 23-1 にある 'xoonz' が 23-2 にはないが，意味的には同じ構造（「兄（の言葉）は〜に置いた」）が繰り返されている。

(5.11) 意味的平行関係
25-2　ndiab　　miz　　dogt　　dongx　byalmaanl　xic　　ieh
　　　V　　　　ADV　　V　　　N　　　N　　　　　ADV　　V
　　　思う　　ない　　落ちる　腹　　ウナギ　　　なら　　やめる
「ウナギの腹に落ちなかったらやめよう」
25-3　miz　　hoz　　ndaangl　byaljaaic　xic　　ieh
　　　ADJ　　V　　　N　　　　N　　　　　ADV　　V
　　　ない　　合う　　体　　　鯉　　　　　なら　　やめる
「鯉の体に合わなかったらやめよう」

　この事例において，25-3 は 'ndiab' が省略されていると考えられるが，比喩表現が変わっているだけで意味的には同じことの繰り返しになっている。

　こうした，文節をあえて区切るような分析はあまりに恣意的に思われるかも知れないが，少なくとも平行関係や繰り返しはおそらく意識的に行っている。さきにみた，旋律と定型表現が結びついた事例を思い出してほしい。譜例 5-6 の f1-48 は明らかに念を押しているし，ここで見た表 5-12 の終わりの部分に平行関係が見られるのも，歌が終わるということを繰り返し述べて念押ししていると考えられるのだ。

4 │ 形式とはなにか ── 定型性のトレードオフ

　以上ここまでの分析をまとめる。漢歌は旋律と声調の間にほとんど相関が見られないかわり、旋律を歌詞の型枠として厳格に運用しており、襯詞もこの型枠の一部として機能している。これが旋律独特の「ノリ」のようなものを生み出して歌詞の聴取可能性を支えている。これに対しプイ歌の旋律は旋律と声調のあいだにそれなりの相関があり、定型句と結びついた定型的な旋律をある程度歌詞に合わせて改変しつつ積み重ねてひとつひとつのふしが生み出されていることがわかった。プイ歌では、このゆるやかな定型性が「ノリ」となり、歌詞の聴取可能性を担保している。つまり漢歌では旋律が襯詞と結合して、そこに厳格に音数律を守った歌詞を入れる「固い」枠として運用されているのに対し、プイ歌では旋律と歌詞の関係はもう少しゆるやかであり、旋律は歌詞に応じて弾力的に変化する「やわらかい」枠として用いられている。

　韻律についても、漢歌は押韻と音数律について明確な規則があり、歌い手もそれを意識している。旋律を含めた広義の厳格な韻律規則のうえで、歌手たちは平行や繰り返しを含みながら歌を作り上げている。いっぽうプイ歌では韻律についてそれほどはっきりした規則があるわけではないが、韻を踏むことそのものは頻繁に行われている。ただ、それはさまざまな襯詞や定型句によって覆い隠されがちである。音数律についても同様に、1行単位で見てみるとほとんどわからなくなるものの、文節に分解してみると歌詞が基本的に七五調でできあがっていることがわかる。これに対し歌詞の定型句、繰り返しや平行関係といった歌詞の語彙的・統語的定型性は顕著であり、これも歌詞を文節で分けることにより明白に見てとれる。こうした特徴から、漢歌のように全体的枠組みに厳格な定型（韻律規則）を設定しそのなかで歌うのではなく、プイ歌では各行それぞれにおいて部分的な定型表現や音数律のような枠組みを積み重ねることで歌を紡ぎ出していると考えられる。

　このように、漢歌とプイ歌は定型性の在り方において対照的である。ここでポイントとなるのが聴取可能性である。漢歌もプイ歌も歌掛けである以

上，歌詞が聞き取れなければ成立しない。しかしそこで最大の障害となるのが，中国語もプイ語も声調言語であるという事実だ。声調言語は音高の上下が聴取可能性に重大な影響を及ぼすが，音高の上下は同時に旋律という，歌を歌たらしめる要素が成立するためにきわめて重要である。ここを乗り越えるために，漢歌は旋律と襯詞を固い型枠として用いることで歌詞の定型性を担保し，旋律を歌詞から独立させる方向に発達した。いっぽうプイ歌は，旋律を声調とある程度一致させることで歌詞を聞き取りやすくしつつ，同時にそれを定型句と結び付けて「ノリ」を生み出している。さらに韻律規則も弾力的に運用することで詩行全体に柔軟性を持たせ，これらをやわらかい型枠として運用している。ここに見られるのは声調と旋律の結びつきと，韻律の厳格さのあいだにあるトレードオフの関係である。聴取可能性を声調と旋律の結びつきに求めれば歌詞の形式への縛りはゆるくなり，声調と旋律を分離すれば歌詞の形式への縛りはきつくなる。言語が音楽と出会いながらなお言語的相互行為にとどまるときに何が起きるか。山歌はその答えを完全に示してくれるわけではないが，漢歌とプイ歌の違いはそこに起こりうる現象の広がりについて示唆している。

＊

　以上が山歌のもっとも基本となるレベルにおける在りようである。これを土台として，山歌はどのような言語表現を目指しているのだろうか。次章ではこれを「修辞」という側面から解明していきたい。

第6章

山歌の歌い方（1）
── 山歌の修辞学 ──

1 はじめに ── 修辞とはなにか

　「レトリック」（あるいは「修辞」）という言葉は元来，学問としての修辞学と，いわゆる言語表現の技巧の双方をさしている。ローマ時代の修辞学はだいたいにおいて「発見，配置，表現法，行為，記憶」という5分類に沿って雄弁術を教えるものであったが，雄弁術がたいした意義を持たなくなった中世ヨーロッパにはいると，修辞学はこのうち直接言語表現をあつかう「表現法」の部分だけが主要な対象となり，言葉の「文彩（あや）」を分類し精緻に体系化していった（野内 2002）[1]。つまり，言語表現の技巧をあつかう学問となった。

　本章でいう「修辞」もつまるところ山歌の文彩を意味している。言語表現の技巧（文彩（あや））としての「修辞」の内実を表わす定義としては，おそらく佐藤（1986: 12）による「日常語としてのレトリック」の定義「言外の誘導力をそなえた言語表現の，技巧と効果」というあたりが無難なところであろう。修辞は古来素朴に「通常の言辞からの偏差」と考えられてきたが，「通常の

---

[1] 実際には古典的修辞学（レトリック）にはずっと複雑な展開があるのだが，本書の本筋とは関係ないので詳述はしない。修辞学のより詳細な展開についてはバルト（1979）を参照。

言辞」というのはかなりあやふやな規準である[2]。むしろ，修辞とは，行為として言語をとらえたときにみてとれる発語内的力または，発語媒介行為を誘発する力（オースティン 1978）をもたらす言語表現の一側面であり，かつ人間の発見的認識を表現する重要な手段である，とみるべきだろう。

　山歌において主要な評価は歌詞の修辞にかかっている。歌を評価するときに，山歌を聴き・歌う人々は「好听（ハオティン）」という言葉をよく使う。「好听（ハオティン）」とは日本語に訳しづらい言葉なのであるが，粗雑を承知で訳すなら「聞いて耳に心地よい」といった意味合いをもつ。これにはいわゆる「声がよい」という聴覚刺激がもたらす快感情，「滑舌がよく歌詞がはっきり聞き取れる」という言語的認知のしやすさといったニュアンスも含まれるが，なにより重要なのがどのような表現を用いるかという問題である。本章ではまず歌手たちへのインタビューから修辞を中心とする「好听（ハオティン）」の規準を明らかにし，そのうえで付録資料を中心に，山歌においてどのような表現がみられるかを分析することで，山歌の修辞技法に迫っていきたい。なお，比喩系列の諸用語の定義についてはやや複雑なため，章末に本書における定義と解説を補遺としてまとめたので参照いただきたい。

---

[2]　修辞を「通常の言辞からの偏差」として考える説は，そもそも「通常の言辞」を抽出することが不可能であるという主張を中心に，現在さまざまな角度から批判され否定されている（Kienpointner 2011）。そしてこのことは，修辞が実際はグラデーションをなして言語表現に遍在しているという見方を支持することになる。マイヤーは修辞学者や哲学者たちによる「修辞とはなにか」をめぐる議論の系譜をたどるなかで，ニーチェの「言語はそれ自体が純粋に修辞的な技法の結果である」という言葉を引用しており（Meyer 2009: 37），ニーチェ自身はさらに「レトリック（修辞）は同時に言語の本質である」とまで述べている（山口 2011: 17）。これらの言葉が示すように，いかなる言語表現も修辞の側面を持つ。いわゆる修辞的技法と呼ばれるものは修辞性が卓越する表現技法（表現のパターン）のことであるが，その前提にはこの「修辞の遍在性」があることに注意しておかなくてはならない。

第 6 章　山歌の歌い方 (1)

2 「好听(ハオティン)」を目指して —— 山歌の評価

　山歌ではどのような歌を歌えばよいのか。「好听(ハオティン)」の明示的規準はどの地域でもそれほど大差ない。まず声がはっきり聞こえること。よく通る声であればなおよい。これは掛け合いを楽しむための大前提である。滑舌が悪く何を歌っているのか分からなければ歌の評価のしようもない。

　そのうえで歌詞をめぐる評価の軸がある。漢歌においてその中心となるのが比喩である。2004年に花渓で漢歌の書き起こしを手伝ってもらった羅氏によると、よい歌とは「表現が豊富で、比喩、含意が多く、感情がよく表現されているもの」である。よって単調に同じことをただ繰り返しているような歌はよくない。付録1の男性側歌手である張氏は、羅氏と同じように山歌のよしあしの大部分は比喩で決まると述べていた。特に情歌では「天・地・水・草・木」といった自然物で男女の関係を表す比喩がよく使われるという。そして、歌手たちはすべからくそうした表現を大量に記憶し、随時それを用いることで歌詞を組み立てている。まれにまったく新しい歌詞をその場で思いついて歌うこともあるが、押韻がうまくいかないことが多く、なかなかその場で完全な創作をするのは難しいようである。さらに、比喩表現を含め歌詞を構成する言葉はなるべく「文雅(ウェンヤー)」、つまり上品で美しいものでなくてはならず、かつ互いに謙譲的な姿勢を示し続けることが求められる。

　プイ歌においてもこうした規範はそれほど大きく変わらないようにみえる。自然物などによる比喩を積極的に用いること、互いに謙譲的な姿勢を保つことは漢歌と同様重要である。さらに付録2の書き起こしを手伝ってもらった楊氏によると、「副詞が多く実詞が少ないのはよくない」という。これはつまり、「無意味な音節」(楊氏の言う「副詞」。前章表5-10、5-11に示したような表現)があまり多いのはよくなく、多彩な表現を用いることがよい歌を歌うために必要であるということだ。

　こうした評価基準はどこで誰に聞いてもほとんど異口同音の答えを聞くことができるが、具体的にどのような表現がよいのか、またどのような表現がよく用いられるのかをその場で聞くことは難しい。そこで、歌詞の書き起こ

しの現場で時折出る評価に注目しつつ，書き起こされた歌詞からどのような表現が具体的に用いられているのかを，漢歌とプイ歌それぞれについてみていこう。

3 山歌の修辞技法

(i) 漢歌の修辞技法

まず，張氏自身の述べた「天・地・水・草・木」にかかる比喩表現についてみていこう。付録1をみればわかるように，確かに自然物が出てくる比喩表現は漢歌において非常に頻繁にある。その一例として次の歌が挙げられる[3]。

(6.1)［羅甸08漢：m16］より
三棵杉樹共一窩，　　三本の杉の木が1カ所に生えています，
下雨三年不透脚。　　（密生していて）三年雨が降っても根元は濡れません。
貴州出名大樹子，　　貴州は大木で有名だが，
妹家出名好山歌。　　妹の家はよい山歌で有名です。

この歌の前半は杉の木が密生している様子を歌っているが，この全体で「団結している」または「基礎が非常にしっかりしている」という意味の隠喩になっている。後半は貴州と「妹の家」（山歌では一般に女性側は「妹」，女性側は「兄」と呼ばれる）を対照させる典型的な対句であり，修辞学の用語で言えば「対照法」と呼ばれる技法である。掛け合いは謙譲を基本とし，相手を讃えるように歌うことから，当然前半の隠喩は女性側の歌が基本を踏まえていて非常にしっかりしている，という意味に解釈される。

(6.1)は相手の技量を讃える内容であるが，主要テーマである恋愛をめぐるやりとりでも自然物が活用される。

---

3) 第2段は内容的に第1段の繰り返しであることがほとんどなので，引用は基本的に第1段からのみとする。

第 6 章　山歌の歌い方 (1)

(6.2) ［羅甸 08 漢：f49］より
妹家門边有蓬花,　　妹の家の辺りには花が咲いていて,
哥变飞鹅団转爬。　　兄は蝶になって（花のまわりを）まわっている。
哥变飞鹅団转绕,　　兄は蝶になって（花のまわりを）めぐっている,
问你要绕哪蓬花。　　あなたに聞くが（あなたは）どの花をめぐっているの？

ここでは第 1 行によって「花」と「妹」のあいだに隣接性が, 2 行目の「哥变飞鹅団转爬」(兄は蝶になって（花のまわりを）まわっている) によって「兄＝蝶＝飛びまわる」というイメージの結合が設定され, さらに念を入れるかのように 3 行目で 2 行目末尾の動詞「转爬」(まわる) を「转绕」(めぐる) に変えることで 4 行目の動詞「绕」(めぐる) につなげ (この 3 行目と 4 行目は平行関係になっている), 4 行目の「问你要绕哪蓬花」(あなたに聞くが (あなたは) どの花をめぐっているの？) という換喩 (蝶→(飛んで) めぐる) と隠喩 (花→女性) を組み合わせた表現が生み出されている。

もうひとつ, 自然物は登場しないが同じ比喩系列の修辞技法である提喩の事例についてもみておこう。

(6.3) ［羅甸 08 漢：f11］より
不会唱歌也是难,　　（妹は）歌を歌えず歌うのが難しい,
不会刁花绣牡丹。　　花を刺繍することも牡丹を縫うこともできない。
刁花还要花模样,　　花を刺繍するには花柄を縫わなくてはならない,
唱歌更比刁花难。　　歌を歌うのは花を刺繍するより難しい。

ここでは「花や牡丹を刺繍する」ことが刺繍技術全般を指しており,「種から類への提喩」となっている。さらにプイ族の女性にとって刺繍が上手であることは (少なくとも規範的・伝統的には) その女性が聡明で優秀であることの指標となっているため, ここにはさらに女性に求められる能力のひとつ「刺繍技術」によって, 女性の優秀さを表す「概念の外延の含有関係」としての提喩 (佐藤 1986: 162) がみてとれる。

最後に直喩についても事例を挙げておこう。(6.4) は歌い手の緊張する心情を新兵が初めて塹壕に入ったときの心情に喩えており, どちらかといえば説明的直喩と呼べる表現である。

第2部　山歌の言語的相互行為論

(6.4)［羅甸 08 漢：f13］より
不会唱歌也是焦,　　歌を歌えないのもあせるもの,
好比新兵上战壕。　　新兵が塹壕にはいるようなものだ。

　ここでは「好比」が関連性を示す，いわゆる「喩詞」（注14参照）となっている。こういった喩詞が使われていなくても，次の事例のようにすぐ後に直接表現がくるものは直喩と言って差し支えないだろう。

(6.5)［羅甸 08 漢：f14］より
笋子好吃难剥売,　　タケノコはおいしいが皮をむくのが難しく,
山歌好唱又难学。　　山歌は歌うとよいが学ぶのが難しい。

　この (6.5) はすぐ後で述べる平行関係による対句も活用して，両者の比喩関係が明確になるようにしている。漢歌では喩詞を用いた表現はそれほど多くないが，この形式の直喩は非常によく使われる。
　こうした比喩系列の修辞表現以外にとりわけ目立つ修辞技法が対照法・反復法と誇張法である。対照法とは「語ないし観念を対比＝対称関係におき，両項を際立たせ引き立てる」修辞技法である（野内 1998: 172）。対句表現もこれに含まれ，漢歌を含む中国語の韻文では非常によく用いられる。ヤーコブソンが詩的表現の本質と考えていた平行性（平行関係）（Jakobson 1960: 368）のうち，意味的な平行性も実質的に対照法であるなど，この技法は詩的表現において世界中でよく使われる手法である。たとえば東インドネシアの諸言語に見られる詩的表現において，音韻的・意味的平行性が基本的原理としてみられることが知られている（Fox 1988）。
　付録 1 にある平行関係（平行性のある詩行）の事例についてはすでに前章の事例 (5.5)〜(5.7) でもいくつかみたので，ここでは他の掛け合いからの事例をみてみよう。次の事例の 2 行は「上」対「下」を対照しており，典型的な対照法である。

(6.6)［青岩 4.09 漢：h4］より 3 行目と 4 行目
上面盖的是茅草,　　（家の）上を覆っているのはチガヤで,
下面鋪的是黄沙。　　（家の）下に敷いているのは黄砂だよ。

前章の事例 (5.7)（[羅甸 08 漢：m10]）もこうした典型的な対照法であると言える。だが意外とこうした対照法は少なく，形式上対照的にみえても，内実は同じことの繰り返しで，むしろ表現の再利用とも取れるような事例の方が目につく。ヤーコブソン流にいえばどちらも「平行性」ではあるが，むしろここでは修辞学用語である「反復法」としてこの表現をみたい。反復法とは強調のため，あるいは文体的効果をねらって同一の語や表現を少なくとも二度以上繰り返すことである（野内 1998: 262）。前章の事例 (5.5) や (5.6) は明らかに同じ言葉の繰り返しで，確かに平行関係はみられるが対照法とはいいづらい。同様の繰り返しは [青岩 4.09 漢] にもみられる。

(6.7) [青岩 4.09 漢：h2] 2 行目と 3 行目
我家朝門修不合。　　我が家の門は出来が合わない。
我家朝門修不好，　　我が家の門は出来が良くない，

こうした行を単位とした反復はしばしば 2 行目と 3 行目のあいだにみられる。これは，歌い手たちが 2 行 = 1 句 = 1 文として考え，1 行は 1 文節として感じていることを反映していると思われる（その現れが書き起こしにある句読点である）。2 行目と 3 行目のあいだにこの形式の反復を入れることで，句間のつながりを強め，1 段全体の歌詞全体の緊密性を高めるとともに全体のテンポをよくしている。また，もし句を単位としてこの反復をみるならば，先行する句の後半と続く句の前半がしりとり形式（連鎖形式）になっている，いわゆる「前辞反復」と呼ばれる反復形式だともいえる。こうした反復形式を取れば，歌い手は順番に歌を進めていくことができて歌いやすいであろう。もちろんそれだけではない。佐藤は連鎖形式の一種である連鎖漸層法[4]の説明のなかで，連鎖形式を「散歩や遊びに近い楽しみ」であり，「強調のためよりは，むしろ現実や心理の動きを，人工的な模型，ミニアチュア・モデル

---

4) 連鎖漸層法とは，しりとり形式を取りながら事態の推移を述べたり表現を大きくしていく修辞技法である。たとえば佐藤 (1986: 246) は夜半に置き時計が鳴る音を聞いた夏目漱石がその心理的残響を描写した「…しかも其の鳴りかたが，次第に細く，次第に遠く，次第に濃かに，耳から，耳の奥へ，耳の奥から，脳のなかへ，脳のなかから，心の底へ浸み渡つて…」という表現を挙げている。

によって模写してみるゲーム」「現実を人為的なひな形に造形してみる遊び」「形式化を楽しむこと」であると述べている (佐藤 1986: 245-246)。連鎖形式は楽しい遊びでもあるのだ。

　漢歌で目立つ最後の修辞技法である誇張法は，ものごとを大げさに表現することである。この技法は言語形式を問わない，言語の意味論的領域を利用した修辞である。誇張法を用いるうえで重要なのは，その誇張が十分に「うそっぽい」ことだ (佐藤 1986，野内 1998; 2002)。嘘であるとすぐにわからない誇張は虚言となってしまい，倫理的に問題であるばかりでなくせっかくの修辞が効果を発揮せず台無しになってしまう。

　漢歌ではたとえば次のように誇張法が使われる。

(6.8)［羅旬 08 漢：m15］より
妹唱十首不用想，　　妹は十首歌うにも考えないが，
我唱一首想半天。　　私は一首歌うにも半日考える。

　これは男性側が女性側の技量を讃えているのだが，もちろんここで男性は臨機応変に歌を掛け合っているのであり，「一首歌うにも半日考え」ているわけはない。ちなみにこの句は兄と妹の技量を対比的に示す対照法もあわせて効果的に用いられており，これだけでも男性側の優れた歌の技量がみてとれるというものである。このしばらく後にも男性側は，今度は1段全体を使って，天人まで持ち出して誇張法を使う。

(6.9)［羅旬 08 漢：m18］より
情妹唱歌本好听，　　愛する妹の歌は本当にすばらしい聞き心地だ，
歌声飞到半天云。　　歌声は空の真ん中に浮かぶ雲にまで飛んでいく。
天上七子得听见，　　天上の七子（七仙女）の耳にも入り，
下凡来找唱歌人。　　下界に降りてきて歌った人を探すよ。

　このように，漢歌では誇張法は相手の技量を讃え，反対に自分がいかに劣っているかを強調するために使われる。歌のジャンルが変わればなにを誇張するかは変わるが，基本的に自分より相手のことをほめたたえることに変わりはない。先述の事例 (6.6) は対照法を用いつつ，婚礼に呼ばれた客と

第6章　山歌の歌い方 (1)

「攔路歌」(第3章4節 ii. b 参照) を歌う主人が，自分の家がひどい有様であることを誇張して述べた歌である。もちろん，客側も主人側の家が立派であることを誇張して表現する。次の事例 (6.10) はここまで述べてきた典型的な詩形に準じていない，長大な詩行を歌って大がかりに主人側を讃えたものである。

(6.10)［青岩 4.09 漢：g2］より
头到修起龙抢宝,　　最初に龍の宝玉をあしらってあり,
二到修得铁拦杆。　　二番目に鉄の欄干を作った。
三到修得金狮子,　　三番目に金の獅子を作り,
四到修得金花兰。　　四番目に金の蘭を作った。
五到修得金银猪,　　五番目に金銀の豚を作り,
六到灯笼挂两边。　　六番目に提灯が (門の) 両辺に懸けられている。
七到修起有七仙,　　七番目に七仙まで呼んできて,
八到人马走中间。　　八番目に人と馬が真ん中を歩ける (ぐらい家の中が広い)。
九到修起转过楼,　　九番目に楼閣をぐるりと作り,
十到狮子滚绣球。　　十番目に獅子が毬を転がしている。
此从今天盖个好,　　今日はこのように立派な家ができています,
万古长亲走到头。　　ずっとずっと万古にいたるまで親戚でいましょう。

この事例は (6.6) と同じ「攔路歌」の掛け合いから取ったものであり，ここでは主人側 (新郎側) がいかにすばらしいかを龍の宝玉から仙人からおめでたい存在である獅子まで持ち出してほめたたえている。確かに歌い掛けられている主人の家は比較的裕福なのだが，この表現はもちろん誇張である。さらにここでは事例を次々と挙げていく「列挙法」という修辞技法まで使い，たたみかけるように言葉を連ねてさらに印象を深めている。

まとめると，漢歌では比喩表現や誇張法によって個々の表現を強調し，さまざまに修辞するだけではなく，対照法や反復法によって詩句のつながりを強化して歌詞にまとまりをもたせている。こうした修辞技法を多彩に展開することが，漢歌では「好听(ハオティン)」な歌い方であると考えられる。

(ii) プイ歌の修辞技法

いっぽう，付録2（＝［年歌10プ］，【映像13】）のプイ歌をみてみると，修辞技法が使われる場所がターンの冒頭と末尾に比較的限られていることがわかる。比喩表現についても冒頭と末尾の部分に多くみられる。また1行が長い分，漢歌と違って複合的で長い語句を使って修辞技法を活用することが多い。たとえば次の事例は男性側1ターン目の末尾にみられる，さまざまな修辞技法をまとめて駆使した歌詞である。

(6.11)［年歌10プ：m1-25］
ndiab ac dogt qyih dogt dongx xic bangc ac xois ac haanl [ndiab doh] miz dogt dongx ac byalmaanl ac xic ieh miz ac hoz ndaangl ac byaljaaic ac xic ieh [jiez raaix bail loh mengz ac eh].
（あなたの）意に落ち心に落ちたと思ったなら，私たちを手伝って答えて下さい。ウナギの腹に落ちなかったらやめましょう，鯉[5]の体に合わなかったらやめましょう。

冒頭の"ndiab dogt qyih"「意に落ちる」にある「落ちる」という表現自体が「納得する，よいと思う」という意味の隠喩で，プイ語では日常的によく使われる慣用表現である。さらに，これに重ねて"miz dogt dongx byalmaanl"「ウナギの腹に落ちる」，"miz hoz ndaangl byaljaaic"「鯉の体に合う」と述べている。付録2注8にあるとおり，この比喩は書き起こしを手伝ってくれた楊氏によると慣用表現ではなく「（おそらく）その場での思いつき」であり，楊氏も妙な表現だと首をかしげていた。だがそれでも冒頭に慣用的な表現が使われたために「ウナギの腹」「鯉の体」が冒頭でいうところの「（あなたの）意」の喩えであることがわかる（「あなたの」意であることは掛け合いという状況から推測される）。これは直接並列させることで両者の関連性を示す一種の直喩と考えられる。さらにこの行では"bangc xois haanl"「私

---

[5] 黄鎮邦によると'byaljaaic'は尾の形は鯉に似ているが，体長10 cmほどで鯉より小さく，体型も寸胴型の，鯉とは別種の魚であるらしいのだが（黄鎮邦 私信），種名が不明なのでここではひとまず楊昌厚の訳に従い「鯉」としておく。

第6章　山歌の歌い方 (1)

たちを手伝って答える」までの前半で肯定の仮定文，後半で否定の仮定文を同じ'〜xic…'「〜なら…」という形式で対比させた対照法，さらに，前半部分では「意に〜」「心に〜」，後半部分では「ウナギの腹に〜」「鯉の体に〜」と比喩で結びつけられた同意表現を反復する反復法が使われている。

これに答える女性側のターン冒頭部分でも，ここまで長くはないが同じような表現技法がみられる。

(6.12) [年歌 10 プ：f1-2]
bux dies bux xic haanl yangl bux baanl ac senc haanz ac bangxmbah sauh ac bux baanl ac haanz dongc ac bangxmbah.
人が置けば人がすぐ答えます，まるで肩に担いだ天秤棒を自分の肩に移すように，肩に担いだ天秤棒の桶を自分の肩に移すように。

ここでは先行ターンに "haanl"「答える」ことを "yangl"「〜のように」という言語標識を用いて直喩表現で「天秤棒（の桶）を肩から肩に移す」ことに喩え，さらにそれを繰り返して強調している。

(6.12) が歌われた後も，f1-3〜f1-5 まで「歌＝天秤棒（の桶）」という連関が活用され続け，「肩に水を担ぐ」(f1-3)「水をこぼす」(f1-4, f1-5) といったようにこの比喩が敷衍されていく。f1-4 と f1-5 にみられる「水をこぼす」は最初「歌＝天秤棒（の桶）」だったのが，さらに換喩によって「歌＝天秤棒（の桶）＝中身の水」へと連関が延び，さらに「水をこぼす→水を運ぶのに失敗する」という種から類への提喩[6]による転換をへて「歌を引き継ぐのに失敗する」という，この表現の直接的意味へと到達する，分解してみるとかなり複雑な比喩表現である。

また，このターンの冒頭と末尾に注目すると，ターンが終わりに近づくと「歌を置く」(m1-21〜m1-23, f1-47〜49 など)，ターンの冒頭には「歌を受けとる」に関連するさまざまな比喩表現がみられる (f1-1〜f1-9, m2-1〜m2-11

---

[6] 両者はほぼ等号関係で結ばれうるので種から類への提喩ではない，という人もあるだろうが，他にも「道に迷って目的地にたどり着けない」（もし飲み水を運ぶのであれば）「水にゴミが入って使えなくなる」などといった失敗の仕方も考えられるため，やはり前件が種で後件は類と考えるべきだろう。

など)。これらにみられる表現から「歌は受け渡されるモノである」という一般的隠喩が導き出される。これは男性側と女性側のどのターンを取っても同じである。ワースはこうした,詩句の全体を通じて現れる隠喩表現を「メガメタファーmegametaphor」と名づけ,これが繰り返し現れることで独特の繊細な効果を生み出すことを指摘した (Werth 1994; 1999)。またレイコフはこうした認識や発想の根幹にある概念関係を示す隠喩を「概念メタファー」とし,認知言語学の基本概念として確立 (Lakoff and Johnson 1980, Lakoff 1987),さらにターナーとの共著でこの概念が詩作品の分析にも活用できることも示した (Lakoff and Turner 1989)。ワースのメガメタファーは詩人の想像力でいくらでも創造できるが,レイコフの概念メタファーは十分に慣用化されていることが必要である。ここでの事例も,具体的な表現は人によって異なるものの,「歌は受け渡されるモノである」という隠喩は [年歌10プ] にかぎらず掛け合いにおいて頻繁に用いられる慣用化されたものだ[7]。

---

[7] 本章の目的は山歌における修辞技法の使われ方を明らかにすることなので,ここでは山歌のやりとりに関して概念メタファーが見られる可能性を指摘するにとどめることとする。

なお,概念メタファー論およびこれを発展させた現代メタファー論 (Contemporary Theory of Metaphor) (Lakoff 1993) については,近年コーパス言語学の立場から批判が寄せられている。たとえばダイグナンは英語において想定されてきた概念メタファーのいくつかは誤りであること,(レイコフを含む) 概念メタファー論者の多くは概念メタファーが人間の認知能力を基盤としていることを強調するが,むしろ認知能力は概念メタファーを形成する,他にいくつもある要因のひとつに過ぎないことなどを,大規模コーパスの分析から非常に説得力のある形で示している (ダイグナン 2010, Deignan 2008)。ダイグナンは概念メタファーの存在そのものについてはむしろ肯定的なのだが,コーパスの分析によって従来の概念メタファー研究にあった安直さに対して大きな疑問を投げかけたといえる。この批判を真摯に受けとめるならば,どのような表現が概念メタファーであり,それがどの程度人々の認知を反映しているのかの分析については慎重にならざるをえない。山歌の概念メタファー論を本格的に展開するには,さらなる言語資料の蓄積が必須であり,現段階では時期尚早と言えよう。ここで挙げた「歌は受け渡されるモノである」も,本書で対象としているブイ歌には必ず見られるのでひとまず概念メタファーと考えてよいだろうが,今後資料の蓄積を待ってさらなる検証を行う必要がある。

第6章　山歌の歌い方（1）

　こうした，個々の（語彙レベルでの）表現にかかわる修辞技法としてもうひとつ目立つのが迂言法である。迂言法とはある簡潔ないい方があるのにわざわざ別の言い回しをする技法で，比喩とも深い関係にある。互いに相手のことを「兄」「妹」と呼び合うのは漢歌と同じだが，プイ歌にはさらに凝った迂言法が用いられる。

　(6.13)〔年歌10プ：m1-5〕
　[xaaml mengz *ac leh xic yah* bux laaux] rauz *xiz* dianl xoonz *xic ac* xeeul *ac* goons [daaus nix *ac laaux eh*].
　私たちは昔のことを語るのです。

　ここではプイ歌（プイ語では普通単に'weanl'「歌」という）のことを"xoonz xeeul goons"「昔のこと」または「昔の言葉」と言い換えている。ここにはプイ歌が伝統的なプイ族の歌い方で，中国語を使ったりするのは新しいという観念が関わっているとともに，このような言い回しをすることで表現を少し上品にしている。

　相手に対する呼びかけでも迂言法が用いられる。その場合，次の事例のように漢歌と同様相手を高めることがほとんどである。付録2の注1にあるように，m1-2をはじめ各所で出てくる'bux laaux'という表現は，「大きい人」「大人(たいじん)」という敬意表現である。これに類する言い回しは他にもm2-12にある"soongl guaail"「賢い2人」, f2-43の"guaail xaanghxaaiz"「聡明な人」などがある。これ以外にも，指す相手が3人称の場合はユーモラスな迂言法がみられる。

　(6.14)〔年歌10プ：f1-22〕
　saislaaux dauc suolweil wenz genl ndooil nangh suans [mengz *ac*] wenz sianl *ac* renz bail nangh suans [jiez laez *laaux es*].
　大官にある人が位に就き，禄を食む人が計算する，暇な人が計算を始める。

　ここでいう"wenz genl ndooil"「禄を食む人」や"wenz sianl"「暇な人」はどちらも役人の比喩（提喩）である。役人を指して「暇な人」とはひどい言いぐさだが，実際役人というのは農作業をするわけでもなく建物のなかで一

183

日過ごすので，基本的に農耕民であるプイ族の平民からすれば暇な人であろう。じつは "wenz genl ndooil" も，ここではやや古風に訳したが，直訳するとこれは「他人のご飯を食べる人」であって，これも税として徴収した物資で生活する役人を少々揶揄した表現である。プイ歌の歌手たちは，こういった讃えたり讃えられたりする二人称的関係の外に対しては，自由におかしみのある表現をして遊ぶのだ。

ただ，こうした表現よりも個々の言い回しにおいてさらに目立つのは誇張法であるように思われる。[年歌 10 プ] にはたとえば次のような誇張法がみられる。

(6.15) [年歌 10 プ : f2-11]
jiez nuangx xiangl *ac* lac dadt gaul reenz [meangh nix] beengz genl xiangl yiec lauc *ac* miz noh [*xiz yac ndaix ges* mengz *ac lox*].
妹のところでは，岩の上で育ったひょろひょろでツタのようなカシワの下で春節を過ごし，妹たちの春節は酒も肉もありません。

今時そんな柏の木の下，しかもひょろひょろで頼りない木の下で放浪生活のようなことをするプイ族女性は村にはいないであろう。しかも酒も肉もないとは。もちろんこれは妹＝女性側（この歌の歌い手）が貧しいことの誇張表現である。誇張法はこのような家の財政状況を表すときによく使われる。[年歌 10 プ] は 1 年の行事を歌うのがテーマなので誇張表現は少なめであるが，別のテーマの歌ではよく使われる。たとえば [酒歌 06 プ] は婚礼の宴席で客側と主人側が酒席について掛け合う歌である。この掛け合いは VCD 用に撮影されたものなので現実の結婚祝いではないのだが，一応歌手たちの前には食事が用意されている。ここでは酒席の盛大さを讃えるために次のような表現を用いたりする。

(6.16) [酒歌 06 プ : f4-10]
xus banz xib nyih ndeenl *ndaix ges* gal xoongz xeengz ndil rag [*haz loc* jiezraaix *eh*].
12 皿を置いて，テーブルの脚が折れそうだ。

第 6 章　山歌の歌い方 (1)

　これは宴席の食事があまりにも豪勢でテーブルに並べきれず，重さに耐えかねてテーブルの脚が折れてしまう，という誇張表現である。さらに，こうしたいい料理を食べ続けた結果が次の事例 (6.17) である。

(6.17)［酒歌 06 プ：f4-17, f4-18］
　f4-17. dauc *haz* raanz boh raanz bix genl ndil *ndaix ges* nac biz lumc gaisjais.
　　　　父の家兄の家に来ていい物を食べ，顔は卵を産んだ雌鶏のように太った。

　f4-18. nac mais lumc daauzwaangl *ndaix ges* dangz bux langl *ah* bux nac yac los [*haz* joongs rauz *ah lauc eh*].
　　　　顔は桃のように赤くなり，新しい人も古い人も顔がわからない。

　太りすぎて顔もわからなくなるとは，いくらなんでも太りすぎである。これが誇張であることは VCD の映像を見ればすぐわかる。［酒歌 06 プ］は調査助手として雇っていた当時 20 代のプイ族女性とともに書き起こしたものであるが，この表現はかなり可笑しかったらしく，書き起こしながら私は彼女と 2 人で笑ってしまった。このように，プイ歌での誇張法は漢歌のようにひたすら謙遜し，優雅に強調するためというよりも，物事をユーモラスに語るために用いられることが多い。

　いっぽう，ターン（詩句）全体の構成を眺めたときに目立つ修辞表現として列挙法や反復法が挙げられる。列挙法についてはたとえば，(6.18) のように数行にわたって事例を列挙していく箇所がある。

(6.18)［年歌 10 プ：m1-13, m1-14, m1-15］
　m1-13. [jaec *ac* rimz *ac* es *xic yah*] daangs *ac* mbaanx meangh nix bux lac dih fih xaaux xianl *ac* xunl liz jiangljingl *ac* fih oh [*bail loh* mengz *ac eh*].
　　　　私たちは同じ集落の人間ではありません。今地底人もまだ春節の準備をしていません，中央の暦もまだ出ていません。

　m1-14. [xal mengz *ac leh xic yah* bux laaux meangh nix] wenz mos fih solwoil [meangh nix] wenz genl ndooil fih *ac* suans [daaus nix *ac laaux eh*].
　　　　新たな人（＝皇帝）はまだ即位しておらず，禄を食む人（＝役人）もま

185

だ（暦を）計算していない。

 m1-15. [xal mengz *ac los xic eh* bux laaux meangh nix] wenz genl ndooil [? ?] fih suans [ndaix *leeux ac laaux eh*].
   禄を食む人もまだ計算していません。

具体性はともかく，地底人（神話上の存在物），皇帝，役人がそれぞれまだ春節を迎える準備を開始していないことを繰り返し述べている[8]。また，ターンの最後にも次のような列挙法がよく用いられる。

 (6.19) ［年歌 10 プ：m1-22，m1-23］
 m1-22. xoonz *ac* xois *ac* dies xus genz *ac* raanz *ac* nguax [*bail ges* jaec *ac* rimz *ac* loz *xic* bozsul *es*].
   私たちの言葉は瓦葺きの家の上に置きました。

 m1-23. xoonz *ac* bix dies xus lac raanz *ac* waangl goc *yah* dies xus luz *ac* hauxsaanl *ac* raanz *ac* boh *leeux eh* dies xus xaanl *ac* hauxheenc *ac* raanz boh.
   兄たちの言葉は廂房の下に置きました，兄は年長者の家の屋根裏にある米倉に置きました，年長者の稲倉に置きました。

これは先ほども述べた「歌は受け渡されるモノである」という概念メタファーにもとづく歌詞だが，その置き場所として"genz raanz nguax"「瓦葺きの家の上」"lac raanz waangl"「廂房の下」"luz hauxsaanl raanz boh"「年長者の家の屋根裏にある米倉」"xaanl hauxheenc raanz boh"「年長者の稲倉」を列挙している。

こうした列挙ではなく，単純な詞句の反復もよくみられる。第 6 章で列挙した定型句ももちろん反復されるのだが，それ以外でもたとえば次のような反復がみられる。

 (6.20) ［年歌 10 プ：m2-50］
 [eeul haanz *ac es* raanz reeuh] bixnuangx sos dauz langl ngoh *yac* miz lumz anl *ac*

---

8) 繰り返しではあるがまったく同じ内容の反復というわけではないので，反復法とはいいがたい。

mengz xoz mbaanx roh *bail yah* miz lumz anl *ac* mengz neec *ac* mbaanx roh.
姉妹たちが後に話してくれたら，私はそのよその集落から来た若いあなたたちの恩は忘れません，よその集落のあなた方妹たちの恩は忘れません。

ここでは「よその集落から来たあなたたちの恩は忘れません」という文句を，多少語句を入れ替えて繰り返している（"miz lumz anl mengz xoz mbaanx roh /miz lumz anl mengz neec mbaanx roh"）。こうした列挙や繰り返しは歌詞にリズムを生み出すうえで重要であるのみならず，前章の分析を考え合わせれば旋律を調節するうえでも重要な意義をもっていると考えられる。これ以外にも，語彙は違うが同じ内容を繰り返す箇所もある。

(6.21) [年歌 10 プ：f1-39, f1-40] より（襯詞と定型句は省略）
f1-39.　goc　　　xiz　　　bis　　　　　qyamhqyoonh qyamhqyoonx
　　　　兄（漢語）すぐに　積み上げる　だんだんと（擬態語）
　　　　bail　saangl　guaanl　bis　　　baz　daaillaaux.
　　　　なる　高い　　聡明な[9]　積み上げる　妻　満足だ
　　　　兄はだんだんと整理し（布を）高く積み上げ，それに妻は満足する。

f1-40.　xaangh　xoonz　xaangh　xuez　bix　bis
　　　　上手　　言葉　　上手　　話し　兄　積み上げる
　　　　yah　daailngviz　　lumc　　yamzsil daailfoih.
　　　　妻　極めて満足だ　ように　満足で立派さに頭を垂れる
　　　　話の上手な人よ，兄が整理すれば妻はほんとに満足し，立派だと思うよ。

f1-39 と f1-40 で同じ「兄」という単語が漢語とプイ語で繰り返されているが，これはプイ歌でよくある言い換えである。f1-40 は "xaangh xoonz xaangh xuez" という呼びかけが冒頭に置かれたあとで f1-39 の後半部分（"guaanl bis〜"）を同義語で繰り返し，さらに "lumc"「〜のような」という直喩による修飾句を後続させている。

ちなみに，f1-40 にみられる 'xuez' という単語はおそらく x [ɕ] という子

---

9) 'guaanl' は形容詞で原義は「聡明な」であるが，プイ歌の中では換喩的にしばしば「聡明な人＝あなた」という意味として使われる。

音連続による押韻のために適当に発音されたもので，プイ語には元々なく，この引用文でつけた「話し」という語義は文脈から類推したものである。プイ歌にはこうした子音連続による4音節の語句が，とりわけ擬態語に多く用いられる。f1-39にある'qyamhqyoonh qyamhqyoonx'もその一例であり，こうした表現のほとんどは日常会話では使われない。実際に発音してみると「ヤムヨーンヤムヨーン」という調子のいい言い回しであることがわかるが，美しい詩的表現というよりは，たとえば既存の慣用的擬態語ではいかんとも形容しがたい対象を無理矢理表現しようとして新しい言葉を作ってしまうような，なんとか「うまいこと」言ってやろうという表現の創造的遊びであるように思われる。実際，書き起こしでこうした表現に出会うと，この書き起こしを手伝っている楊氏はじめまわりで書き起こし作業をみている人々は可笑しそうによく笑っていた。

　以上がプイ歌に多くみられる修辞技法である。付録2をみればわかるように，プイ歌では漢歌ほど積極的に凝った美しい表現は取られないようである。むしろ付録2のような一年の出来事を歌う「年歌」の場合，主要な歌の筋である一年の出来事の描写は比喩や明らかな誇張（「明らかでない誇張」は定義上誇張ではないのだが）を伴わずに比較的淡々と進められる。そしてその描写の密度は歌のなかの時系列が進んで春節が近づくにつれて詳細さを増していく。そして，ターンの受け渡しをしたり相手や自らの状況を描写するときにはここぞとばかりさまざまな比喩や誇張法を用いるのだ。上述のとおり，そうした修辞はユーモラスな方向を目指しているように思われる。こうした，全体の修辞を使う場所の配分も含めた歌がプイ歌における「好听」（プイ語でいえば'nauz ndil'「上手に歌う／話す」）なのだ。

4 「好听」とはなにか ── 修辞学から語用論へ

　ここまで，漢歌とプイ歌の主要な修辞技法を分析しながら，山歌が目指す評価である「好听」とはなにかを探ってきた。ここで再びこれまでの分析結果をまとめておこう。漢歌における修辞技法は比喩や誇張法が多く用いら

れ，表現を高貴なもの（仙女や獅子など）や，自然物を用いて，行内レベルの表現を美しくすることをめざしている。また，対照法や反復法を活用することで詩句全体を緊密に組織するとともに，詩句全体のリズムを形作っている。ちなみに，漢歌では特にどこに修辞がよく使われるという場所があるわけではないが，これは漢歌の詩句が比較的短いためであろう。

　一方のプイ歌はこれとは方向性が異なる。まずそもそも詩句の長さがまったく異なっているため，対照法や反復法によって詩句全体を緊密に結びつけるのは難しい。詩句全体の構成は次章で分析するように，修辞の使用とは異なる方法で組織されている。むしろ，その組織に従って修辞を使う場所がゆるやかに分かれているようだ。数行をまとめる働きをしている修辞技法はいろいろあり，概念メタファーを敷衍して行を結びつけていくメガメタファー的技法や，列挙法や反復法が活用される。個々の表現については複雑な比喩や誇張，迂言法が用いられるが，それは漢歌のように美辞麗句を並べるというよりは，修辞対象を生き生きと，しばしばユーモラスに描写するためである。

　こうした，それぞれの方向性と手法によって山歌は「好听」をめざしていくのであるが，もうひとつ最後に重要な「好听」を目指す指針がある。それは前章でもカギとなった「聴取可能性」からさらに一歩踏み込んだ「理解可能性」の問題をクリアすること，つまり相手が歌詞を聞いてその意味をすぐ理解できるということである。これは特にいわゆる芸術的な詩や純文学作品を典型例として分析する，欧米の詩的効果研究に欠けている視点である。たとえばスペルベルとウィルソンは，情報意図と伝達意図を明示した言語表現の理解に向けて，人々は「関連性の原則」[10]に従って妥当な解釈（推意）にいたるまで推論を行なっていくのだと主張する「関連性理論」を打ち立てた

10）関連性の原則とは東森と吉村（2003）のまとめによると次の3つである。
　　（1）関連性の認知原則：人間の認知は関連性の最大化に適うように働く傾向がある。
　　（2）関連性の伝達原則：全ての意図明示的刺激は自身の最適な関連性の見込みを伝達する。
　　（3）最適な関連性：意図明示的刺激は以下の場合聞き手にとって最適な関連性をもつ。
　　　　a．聞き手が処理する労力に見合うだけの関連性がある
　　　　b．伝達者の能力と選好に合致するものの中で最も関連性がある。

(Sperber and Wilson 1995 [1986], Wilson and Sperber 2002)。彼らは詩的効果についてもこの関連性理論にある「推意の強弱」(推論によって得られた推意がどれほど強い妥当性をもつか)という考え方を応用して,「関連性のほとんどを幅広い弱い推意の配列を通じて達成しているような発話のもつ独特の効果」(Sperber and Wilson 1995 [1986]: 222)という詩的効果の定義を与えている。だが,これでは意地悪くいえば「なにか言いたいのはわかるがなにを言っているのかよくわからない表現ほど詩的である」ということになってしまう。たしかに,いわゆる芸術的文学作品,特に近現代の詩は作者が本当はなにを言いたいのかは普通あまり表明されず(直接表明して伝わるなら詩作など必要ないとばかりに),読み手に解釈をゆだねていることが多い。だがそれを規準としてしまっては山歌のような即興性のある掛け合いは成り立たない。山歌はまず聞いてすぐ内容を理解できなくてはならず,「解剖台の上のミシンと蝙蝠傘の偶然の出会いのように美しい」式のシュールレアリズム的表現は受け入れられない。漢歌にしろプイ歌にしろ,その表現はいっぽうで理解可能性という制限によって,またいっぽうで陳腐でつまらない表現を並べないようにするという規範に拘束されていて,歌い手たちは両者の緊張関係のあいだで表現を生み出している。

　ただ,だからといって,山歌が言語芸術としてつまらないのだ,ということにはならない。むしろ山歌は,修辞と修辞学とはそもそもなんであったかを思い出させてくれるきっかけになるのだ。本章の冒頭で修辞を「行為として言語をとらえたときにみてとれる発語内的力,発語媒介行為を誘発する力をもたらす言語表現の一側面であり,かつ人間の発見的認識を表現する重要な手段」として考えるとしたが,この捉え方は古代ギリシャにおける,訴訟に打ち勝ち政治的権力を握るために必須とされた弁論術からの伝統を視野にいれたものである。『ゴルギアス』のなかでプラトンはソクラテスに,弁論術は「おべっか術」であり「最善のものをさしおいて,ただ快いものだけを狙う」と悪口を言わせているが(田中 1966: 262),あながちこの悪口は間違っていない。確かに基本的に修辞とは受け手(=聞き手・読み手)に対してなんらかの快い感情をもたせるための技法なのであり,技法の分類学としての修辞学はその技法を具体的に解明し実用に供するためのものなのである。現代

の欧米や日本の修辞学は，上で述べた，ここでの修辞の定義の後半部分，「人間の発見的認識を表現する重要な手段」としての修辞に注意を集中している。そこからレイコフの隠喩研究に端を発する認知言語学をはじめとした重要な研究が生まれているのだが，いっぽうで実用として，相手との関係を調整する術としての修辞についてももう少し考えてみる必要があるのではないだろうか。陳望道の『修辞学発凡』(1973 [1932]) に始まる中国の近現代修辞学は，まさしく修辞を「言語コミュニケーション行為」として捉え，現代中国語においてどのような時にどのような修辞が用いられるかを詳しく分析し，そこからどのような場面ではどのようなことに注意して修辞を駆使するべきかを研究している (宗廷虎 1998, 陳汝東 2004)[11]。近現代の芸術的文学作品のような，自己表出することに最大の重みを置くような言語表現 (もちろんすべてがそうとはいわないが) は修辞学にとって本来極端で非典型的な研究対象なのだ。目の前でなんらかの反応を返す聞き手・読み手に向けて，美しかったり，愉快だったり，時には不快だったりといった印象をいかにもたせるか。相手とのやりとりをどのように調整し，相手からどのように言葉を受け取ってどのように言葉を返すか。修辞を分析するにあたって，そうした相互行為的側面を考慮に入れることの重要性は大きい。

＊

ここまで，修辞学の観点から山歌の言語表現を分析してきた。ところで，さまざまな場面で使用される言語表現やそれを用いた相互行為の実相を明らかにしていこうとする分野に語用論がある。修辞学と語用論はともに実際の言語的相互行為をみながらも，前者はそれを詳細な技法の分類体系からみつめ心理的効果をもつ行為として研究し，後者はそれが具体的にどのように言語の規範を守ったり逸脱したりするのかを研究する点で，本質的に表裏一体の関係にある。そこで次章では山歌の語用論として，山歌の相互行為としての層について分析を試みる。

---

11) 言語表現全体を修辞学の対象として捉える考え方から，中国では修辞学を言語学の下位分野として位置づける見方が主流である (陳汝東 2004)。本書における「修辞」もこの考え方を共有している。

補遺 —— 比喩について

・比喩（直喩・隠喩・換喩・提喩）

比喩とはある対象（趣意 tenor）に対して，なんらかの共通性または類似性（根拠 ground）をもつ別のもの（媒体 vehicle）を持ち出すことで説明を加える修辞技法である[12]。比喩には大きく分けて直喩，隠喩，換喩，提喩がある。**直喩**は趣意と媒体のあいだにある類似性や関連性の根拠および標識が言語的に明示される[13]。日本語における典型的な標識は「のような」であり，他にも多様な標識が認められるが（山梨 1988: 36-39），これは中国語やプイ語でも同様である[14]。直喩には根拠を強調せず，単に共通点を示すことで説明を加える「説明的直喩」（たとえば「鳥のような鳴き声」）と，根拠の強調を伴う「強意的直喩」（たとえば「白鳥のように美しい女性」）がある（ibid.: 181-182）。また，直喩はあえて関連性・類似性の存在を明示することでむしろ趣意と媒体のあいだに関連・類似関係を設定するという，新しい認識を促す修辞でもある（佐藤 1986: 73-76）。**隠喩**はそうした関連性や類似性が明示されない比喩のひとつである（たとえば「男はみんな狼だ」という警句）。隠喩における趣意と媒体は概念上別カテゴリーに属しており，両者の（ある程度既知の）類似性に基づいて媒体により趣意を「見立て」，そのあいだに橋をかけることでカテゴリー越境的認識を実現する（野内（2002）参照。なおこのカテゴリー越境性は直喩も同じである）。

---

12) この比喩の捉え方はリチャーズ（1978）によるもので，現在比喩を説明するに当たってもっとも標準的な図式である。ただ英語の用語および訳語については論者によってさまざまあり（芳賀・子安 1990: 6），ここでは言葉のうえでの関係のみならず，比喩がもつ複数の概念・カテゴリーの参照関係を念頭に置いた山梨（1988）の訳語を用いることにする。

13) 直喩と隠喩を，喩えの根拠が明示されているか否かで区別すべきであるという説もある（安井 1978，野内 1998）。

14) 中国の現代中国語修辞学では，tenor を「本体」，vehicle を「喩体」，ground を「喩解」と呼び，さらに直喩で現れるさまざまな言語標識（「像」，「如」，「彷彿」など）および隠喩で用いられる「是」（〜だ）のことを「喩詞」と呼ぶ（陳汝東 2004）。このように比喩表現を説明する用語体系や分析の方向性は中国修辞学と欧米および日本の修辞学は少し異なるが，基本的図式はどちらも同じである。

換喩は隣接性を原理とした比喩表現である。隣接性とは因果関係，容器と中身，時間的前後関係，主体-属性など，時間的，空間的，属性的なつながりのことであり[15]，その事例としてたとえば「軍靴の音」で軍隊や戦争を，「赤ずきん」で童話の赤ずきんちゃんを指す用法が挙げられる。換喩表現で活用される隣接性は，隠喩や直喩と異なり常識的に認識できる性質のものであり，対象の一部分を取り立てることによりそこを認識的にクローズアップしてイメージさせる効果がある（ibid.: 64）。最後に**提喩**は，一般に同一カテゴリーにおける「類と種」の関係に基づく比喩表現である。「類で種を示す」の提喩としては「花見」で花の一種である「桜の花」を見に行くことを指す例が挙げられる。逆に「種で類を示す」提喩の例として「乳と蜜の流れる土地」で「良い広い土地」を表した聖書の表現が挙げられよう（佐藤 1986: 185-186）。こうした提喩は，プロトタイプ認識を利用しているという側面もある（野内 2002: 54-55）。

なお，**提喩と換喩の区別**，とくに「部分と全体」の関係による比喩をどちらに含めるかについては諸説あるが，ここでは管見したかぎりもっとも明瞭な区分法と思われる，佐藤信夫が『レトリック感覚』（1986）で提起した区分を採用しておきたい。佐藤が用いた区分法は，グループμが『一般修辞学』（1981）のなかで示した「様式Π（パイ）」と「様式Σ（シグマ）」の2種類の意味論的分解法を援用したものである。様式Πとは物理的な部分-全体関係（論理的積）に基づく分解法であり，いっぽう様式Σとはカテゴリー的な部分-全体関係（論理的和）に基づく分解法である。具体的には次の事例が挙げられている。

- 『一般修辞学』（1981）における2種類の意味論的分解法
  様式Π：木＝枝と葉と根と…
  様式Σ：木＝ポプラあるいは柏あるいは樺あるいは…（グループμ 1981: 195）

この事例では，様式Πで分けられた諸要素がどれを取っても「木」ではないのに対して，様式Σで分けられたどの要素も「木」である点に大きな違い

---

[15] こうした内実は「隣接」という言葉の意味から少々かけ離れているので，野内は換喩の原理として隣接性ではなく「結合性」を挙げている（野内 2002: 38）。

がある。どちらも「部分-全体」に違いはないが，その論理的，認識的構成はまったく異なっている。佐藤はこのうち様式Πの関係にあるものを換喩に入れ，様式Σによるものを提喩としている。

第 7 章

山歌の歌い方 (2)
── 山歌の語用論 ──

1 | テクストとしての山歌

　本章では，個々の言語表現を包む層，つまり山歌における相互行為としての層に焦点をあてる。本書であつかってきた山歌はすべて韻律規則を保持しながら，さまざまな修辞を駆使して歌われている。そしてこの歌に最終的な方向づけを与える要素が，掛け合いである。第 5 章でも第 6 章でもそのことは示されてきたが，それでは山歌の「掛け合い」はどうなっているのか。山歌のやりとり全体を語用論的「テクスト」としてとらえ，談話分析と会話分析の分析概念を用いて[1]それを解明するのが本章の目標である。前章の理論的背景であった修辞学は長いテクストの分析も対象としているが（前章冒頭で触れた五分類のうちの「配置」がそれにあたる），そこでもっぱら対象とされるテクストは論争的議論であり，いかに相手を説得しているかを解明するのを主眼としている。だが本書の対象である山歌のやりとりは相手を説得す

---

1) ここでいう「談話分析 Discourse Analysis」はむしろ Pragmatics（語用論）の間にあるという点で「談話語用論」と呼ぶべきかもしれない（Zienkowski 2011）が，ひとまず日本で一般に使われる用語法に従って「談話分析」としておく。会話分析はアメリカ社会学から生まれた学問分野で談話分析とは出自や方法論が異なるのだが，本論で触れるようにどちらも山歌の「掛け合い」分析に欠かせないので，本書では両者の関係についての理論的考察は措く。

ることをめざしてはいないため，修辞学という理論的枠組みはあまり適切ではない。

　本章の分析において基本的な分析の枠組みを提供する概念は「結束性 cohesion」と「整合性 coherence」である。語用論において「テクスト」は，書かれた文章のみならず，さまざまな状況で話された談話・会話をも指す広い概念であり，これらの用語はテクストをひとつの意味的まとまりをもつ単位としてまとめあげている性質（テクスト性 texture[2]）を分析するために使われている。結束性はハリデーとハッサンによって提唱された概念であり，指示と照応（代名詞や指示詞），代用（英語なら one や代動詞 do の使用），省略，接続表現の使用といった文法的要素，さらに同義語や対義語などによる繰りかえしや関連語の共起といった語彙的要素によって実現される意味的連関である（Halliday and Hasan 1976; 石橋・伝 2001）。この結束性には前章でみた列挙法や反復法といった，詩句の結びつきを強める修辞技法も含まれる。整合性はこうした結束性のはたらきを時に借りながら，読み手／聞き手（煩瑣なため以後は「受け手」とする）がテクストに見いだしていく意味的連関である。人間は継起する物事のあいだになんらかの意味的つながりを見いだそうとする生き物であり，言語表現の間にもまずなんらかのつながりを見いだそうとする。テクストの整合性はそうした認知的活動の産物である。整合性はテクストに固有の属性ではなく受け手がテクストをいかに認識するかに依存しているため，受け手によってテクストの整合性（どういう点で整合的かというとらえ方）は異なりうる。発し手と受け手，受け手相互の想定する整合性のずれをある程度解消するためにテクストの発し手はテクストに解釈のガイドとしての結束性を付与していくのである（Bublitz 2011）。もっとも，結束性の標識があるからといって整合性があるとは限らない。結束性が整合性に寄与するには，結束性によって結びつけられた語句の間になんらかの関連性が見いだされる必要があり，結束性はあくまでそのつながりの発見に道筋を

---

[2]　この訳語は甲田（2001）による。texture はふつう織物などの「きめ」といった意味で使われることが多く，「テクスト性」は textuality の訳語として使われることが多いが，ハリデーとハッサンはこれを上述のような意味合いで使用しており，texture を「テクスト性」と訳すのは十分妥当であると考える。

つけるだけである (Enkvist 1978; Brown and Yule 1983: 197)。

　もうひとつの分析枠組みが，会話分析において用いられてきた，ターン，ターンテイキング，隣接対，移行適切場といった諸概念である。こうした枠組みを整備したサックスらは論文の冒頭で分析対象を（自然に生起する）「会話」に限定している（Sacks et al. 1974: 696）が，彼ら自身述べているようにターンテイキング自体はさまざまな場面でありふれている。病院の診察や警察への110番通報における会話などの，社会的に特殊な状況のなかで繰りひろげられる「制度的会話」の研究（Drew and Heritage 1992）が示すように，上述の分析概念が自然発生的な会話から遠く離れた場面でも有効であることはよく知られている。本書の探究する山歌も掛け合いであり，こうした概念をある程度適用することが可能である。山歌の掛け合いを2組の間で交わされる対話としてみれば，同一の歌い手の組が歌う一連の詩句を「ターン」，その交替を「ターンテイキング」，隣接するターンを「隣接対」と呼びかえることができる。ただし山歌，とくに漢歌の場合，ターンの長さはふつう決まっているため会話分析で重要なテーマとなる「移行適切場」をめぐる調整はほとんど問題にならない。山歌の全体的な文脈ややりとりの基本的な態度もあらかじめ決められている。会話分析の立場からすればこれ自体が遂行的に実現されるプロセスなのだということになろうが，本書での事例はいずれもあるべき山歌の姿から大きく逸脱した局面をもたないので，これも大きな分析上の問題とはならない。山歌のやりとりの分析に会話分析で用いられる諸概念を導入するねらいはひとえに，それが複数の発話主体による相互行為によって形成されていることを明示することにある。

　まとめると，本章ではそれぞれの山歌を，山歌固有の形式とジャンル由来の定型的文脈による拘束のなかで，2組の「歌い手（たち）＝発話主体」がさまざまな形で結束性の力をかりて整合的に組み立て，先行する相手の歌に応じて歌をかえしていくことでつくりあげるテクストとしてとらえる。そのうえで，談話分析や会話分析の分析概念を用いて，漢歌とプイ歌それぞれの掛け合いの特質を浮き彫りにしていく。それでは，まず漢歌の具体的な分析から，歌い手たちがどのように歌を掛け合っているのかをみていこう。

2 漢歌の掛け合い —— 切り詰められた対話

　まず，掛け合いの全体の流れを示している付録1（【映像4】）を検討する。この掛け合いは羅甸県第5回民族運動会山歌表演にて歌われた漢歌である。このステージは羅甸県政府主催なので，冒頭からf7あたりまでは政府の人々に対するお礼を男女の組がそれぞれ述べている。たとえば，次の掛け合いがそうである。

(7.1) ［羅甸08 漢：m3, f3］[3]
m3. 城头唱歌喜万家,　街角で歌を歌って皆を喜ばせましょう,
　　 到此先敬政府家。　まずはここで政府にごあいさつ。
　　 没有哪样来送你,　あなたに贈る物もありませんが,
　　 唱首喜歌来表达。　めでたい歌を歌って（お祝いの気持ちを）表します。

f3. 初头走到罗甸来,　年初に羅甸にやってきて,
　　 站在台上开歌怀。　ステージの上に立って歌を始めます。
　　 站在台上把歌唱,　ステージの上に立って歌を歌い,
　　 祝贺领导大发财。　指導者の方がお金持ちになるのを祝います。

　(7.1)に現れる二人称「你」が明らかに「万家」（みんな）または「政府家」（政府の方）を指していることからも，この部分の歌が互いの相手ではなくステージの外にいる人々に向けられていることがわかる。こうした部分では相手の歌に応じて言葉を返すというより，それぞれ自分たちが前のターンに歌った内容の続きを歌う，という傾向がある。この部分は形式として掛け合いのように見えるが，実際は男性の組と女性の組それぞれが順番にステージの外にいる人々に歌い掛けているだけなのである。こうした部分は，当然自発的に行っている漢歌，たとえば貴陽市で収録した結婚式の歌掛けにはみられない。
　この箇所の整合性はひとえに歌い掛ける方向とその内容にある。f7まで

---
[3] 第6章と同様、本章でもとくに注記がなければ歌詞の引用は1段目のみとする。

第 7 章　山歌の歌い方 (2)

のすべての歌は「领导」(指導者)への言及があり，内容や指示対象から，どれも舞台を設けてくれた共産党政府とその指導者を讃えるものであることがわかる。ターン間には表現の連続性(同一表現の使用や先行ターンへの言及)はなく，ターン間の結束性はあまりないが，それでも内容と歌い掛けるターゲットの同一性からここに一定の整合性を見いだすことは容易である。なお，このことは付録 1 末尾の 2 ターン m58 と f58 についても当てはまる。

(7.2)［羅甸 08 漢：m58，f58］
m58. 唱完这首哥留言，　この首を歌って兄は言づてします，
　　　各位老幼放心闲。　みなさんどうぞくつろいでください。
　　　时间忙忙不等我，　時間は慌ただしく私を待ってはくれません，
　　　吃成早饭又来陪。　朝食を食べてまたご一緒します。

f58. 唱歌唱到唱半边，　歌を歌ってまだ半分しか歌えていません，
　　　麻烦这些老幼些。　みなさんを煩わせてしまってすみません。
　　　麻烦老人吃早饭，　老人を煩わせて朝食を食べます，
　　　吃成早饭慢开言。　朝食を食べたらゆっくりごあいさつします。

　ここでは主催者側から昼休憩に入ることを知らされて，男性組と女性組が昼休憩に行くこと，午後も歌うことを，あいさつとして観客たちに歌い掛けている。つまり，冒頭の政府へのあいさつと同じく，「相手の歌との掛け合い」という構造を離れた箇所である。なお付録 1 には収録しなかったが，昼休憩の終了後，午後の部の冒頭のターンについても同様に，昼食から帰ってきてこれから歌う旨を観客に歌い掛けてから，午前の続きを掛け合っている。このように，ステージでは冒頭と最後に聴衆への挨拶が歌われ，山歌の場を画するのである[4]。

　m8 からは「情歌」になる。情歌は男女の恋愛を，2 人の出会いから掛け合っていくというジャンルであり，これを歌うことが主催者側からの唯一のリクエストである。ふつう情歌ではまず 2 人が知り合うところからはじまるとされるが，ここで実際に歌われているのは，次の事例のように，ひたすら

---

[4]　この論点はそのまま遊び論へとつながっていく。第 9 章参照。

第 2 部　山歌の言語的相互行為論

互いに相手の歌を讃え，自分には釣り合わないと歌いあうことである。

　　(7.3) [羅甸 08 漢：m9, f9]
　　m9. 妹在惠水会唱歌,　　　妹は恵水に住んでいて歌が上手です,
　　　　 来到罗甸假意说。　　　羅甸に来て嘘を言っているのです。
　　　　 来到罗甸假意唱,　　　羅甸に来て心にもないことを歌い,
　　　　 假把一二唱不合。　　　少し歌っただけで歌が合わないふりをしているのです。

　　f9. 妹在惠水莫唱歌,　　　妹は恵水に住んでいますが歌は歌いません,
　　　　 来到罗甸现来学。　　　羅甸に来て今学んでいるのです。
　　　　 只要你们专心听,　　　あなた方はよく聞いて,
　　　　 管它唱合唱不合。　　　歌が合うかどうか判断してください。

この箇所では男性側 m9 の 1 行目「妹は恵水に住んでいて歌が上手です」に対して，女性側 f9 の 1 行目で「妹は恵水に住んでいますが歌は歌いません」と応じている。これとは逆に，女性側の「～できない」という歌にたいして男性側が「あなたは～できる」と肯定形で返すこともある。

　　(7.4) [羅甸 08 漢：f11, m12]
　　f11. 不会唱歌也是难,　　　歌えないのもつらいもの,
　　　　 不会刁花绣牡丹。　　　花を刺繍することも牡丹を縫うこともできません。
　　　　 刁花还要花模样,　　　花を刺繍するには花柄を縫わなくてはなりません,
　　　　 唱歌更比刁花难。　　　歌を歌うのは花を刺繍するより難しい。

　　m12. 妹会唱歌妹不难,　　　妹は歌を歌えます，妹には難しくない,
　　　　 妹会刁花绣牡丹。　　　妹は花を刺繍し牡丹を縫うこともできます。
　　　　 妹会刁花牡丹绣,　　　妹は花を刺繍し牡丹を縫うこともできます,
　　　　 还不难来顺不难。　　　戻るも進むも難なくできます[5)][6)]。

なお，この事例は前章の事例 (6.3) を一部に含んでいる。前章の分析で示したように「牡丹や花の刺繍」は女性の聡明さを示す提喩である。ここでは

---

5)　つまりなんでもできる，という意味。
6)　浪哨(ランシャオ)では好きな異性に美しい刺繍を施した巾着袋を渡す風習がある地域もある（第 3 章参照）。

f11 と m12 の双方でこの提喩表現を用いたやりとりが行われている。

　基本的な歌の応酬はこうした相手の先行する表現に対して「そんなことはない」と否定表現を用いて，自分の歌が下手であること，または相手の歌は下手ではなくむしろ上手であることを歌っていく。この応答に際して，(7.4) のように先行する相手のターンで用いられた修辞表現を流用することがままある。ただこの事例のように女性側の修辞を男性側が流用することはめずらしく，むしろ男性側の表現を踏まえた修辞表現で女性側が返すという状況がよくみられる (m15 → f15, m25 → f25, m26 → f26 など)。ほとんどの場合こうした修辞の流用はとくに流用元に言及することなく行われるが，まれに次の事例のように先行ターンについて「～を聞きました」というように言及することもある。

　　(7.5)［羅甸 08 漢：m17, f17 より抜粋］
　　m17. 要吃桔子問桔根,　　みかんを食べるにはみかんの木の根にたずねればよく,
　　　　 要吃笋子四月生。　　タケノコを食べるには四月に生える (のを待ちましょう)。

　　f17. 你们講来我得听,　　あなたがたが話したことを私は聞きました,
　　　　 要吃笋子問竹根。　　タケノコを食べるには竹の根にたずねればよいと。

　この事例では f17 の 2 行目が，「要吃～問…」(～を食べるには…にたずねればよい) という構文については m17 の 1 行目を，その中身 (食べるもの) は m17 の 1 行目を流用している。このような複雑な参照関係になっているのが，わざとなのか先行する歌詞をきちんと覚えていなかったからなのかは不明であるが，ここでも (修辞とまではいわないが) 表現形式の流用がみてとれる。最初の書き起こしをしてくれた楊氏はこうした同じ表現を繰り返すのはよくない歌い方であると言っていたが，この修辞の流用あるいは表現形式の流用がこの歌掛けの結束性に貢献する要素のひとつとなっていることは確かである[7]。さらに (7.5) では先行ターンを間接的に指し示す表現を用いることで結束性を高めている。こうした，先行ターンへの反駁と修辞・表現の流用によ

---

7) また，これが許されているために歌詞を考えるのが容易になっているのも確かである。表現の流用は歌い手が歌詞を考える労力を減らす，または / そして歌詞を考える難易度を下げるという表現の経済性にも寄与している。

る結束性の利用は，政府へのあいさつが終了したm8以降の付録1全体（m58とf58をのぞく）のやりとりに共通している。よって，漢歌において相手への応答の方法にはこのふたつが基本としてあるとみてよい。

　なお，他の歌をみてみると必ずしもこれらの方法には回収されない応答のしかたがある。たとえば次の掛け合いは第3章で取り上げた「欄路歌」で歌われた歌の一節である。

　　（7.6）［小河1.10 漢：g4, g5 全体］
　　g4. 今天是个好期成,　　　今年はよい時期です,
　　　　你拿竹竿拦朝门。　　あなたは竹竿を持って道をふさぎます。
　　　　又是哪个来撒种,　　　またどれが種をまくのですか,
　　　　又是哪个栽树林。　　またどれが林の木を植えるのですか。
　　　　又是哪个见它长,　　　またどれがそれが伸びるのを見るのでしょう,
　　　　又是哪个见它生。　　またどれがそれが生えるのをみるのでしょうか。
　　　　又是哪年生出土,　　　またどの年に土からそれが伸びるのでしょう,
　　　　又是哪年长成林。　　またどの年に林になるのでしょうか。
　　　　又是哪年来长大,　　　またどの年に大きくなって,
　　　　哪个砍它做朝门。　　誰がそれを切って門を作るのですか。
　　　　你把根烟唱清楚,　　　あなたはタバコを持ってはっきり歌ってください,
　　　　我会从头开朝门。　　私は頭から始めて門を開きます。

　　g5. 讲送人来说送人,　　　話して人に送ります, 話して人に送ります,
　　　　你不分来我来分。　　あなたが分けないなら私が分けましょう。
　　　　王母娘娘来撒种,　　　王母娘娘が種を撒きます,
　　　　东海龙王挑水淋。　　東海龍王が水を持ってきて浴びせます。
　　　　张良过路不敢砍,　　　張良が道を過ぎても切れません,
　　　　女良过路不敢行。　　女良が過ぎてもうまくいきません[8]。
　　　　寅卯一年长出土,　　　寅卯の1年目に土から出て,
　　　　寅卯二年长成林。　　寅卯の2年目に林になります。

---

8) この句は本来大工の神様である魯班をもちだすべき箇所であり，明らかに歌い間違えている。この歌を書き起こしてくれた葛氏によると，この句は本来「魯班師傅法力大，砍送主家做朝门」（魯班先生は法力が強く，（生えてきた木を）切って主人に送り門を作らせます）と歌うべきであるという。たしかにそのほうが文意が通る。

寅卯三年才长大,	寅卯の3年目にようやく大きくなり,
主家砍它做朝门。	主人はこれを切って門を作ります。
这首喜歌我唱出,	この喜びの歌を私は歌って,
下首娱乐姨妈们。	次の歌はおばさんたちを楽しませます。

　この箇所はうっかり客側 (g) が主人側の歌うべき内容を先に歌ってしまったので掛け合いになっていないが，本来は g4 の歌詞と g5 の歌詞で「謎かけ→答え」という，質問—応答による隣接対を形成するべき箇所である（しかも注8で述べたように問答も一部間違えている）。こうした問答形式になっている歌は「盤歌」とよばれる（黄義仁・韋廉舟 1985: 73）。ただここで掛け合いにも正しい答えにも失敗しているように，問答形式は答えをあらかじめ知らないと成立しないため難しく，現在はあまり歌われないようだ[9]。

　以上はどんな漢歌にもみられる，隣接するターン間の関係のありかたである。だが漢歌のやりとりの特徴はこの小さい単位にのみあるわけではない。もうひとつ取りあげるべきこととして，掛け合いの流れ（文脈）の推移がある。これは短い歌掛けでは問題にならないが，付録1の掛け合いのように歌掛けが長大になるとおおいに重要性を帯びてくる。先に付録1の歌掛けは「情歌」であると述べた。情歌は男女の出会いから，互いが親しくなり，愛情を吐露し，時間が来て再会を約して別れるという流れで歌うことが規範として決まっている。付録1の歌手である張氏によれば，情歌の一般的な流れは次のように推移する。

(7.7)「情歌」の全体的流れ
　　相会（知り合う）→連妹（連れ添う）→想妹（相思相愛になる）→当家（結婚を約束する）→分離（時間が来て分かれる）→送妹（女性側を見送る）

　「情歌」をひとつのジャンルとすれば，これらの名前がつけられた過程ひとつひとつは情歌のサブジャンルを構成する。これらをすべて歌うにはまる

---

9) ここで歌手が無理をして盤歌を歌って失敗した遠因は，第3章で述べたように，近年急に貴陽市近郊で山歌が再興していること，その再興に布依学会が積極的に動いていて歌集などが学会員に配られていて生半可に歌の知識が流通していることにあるだろう。

一晩かかり，全体を観察するのは容易ではない。ただ，付録 1 には最初に位置する「相会」から次の「連妹」への移行がみられる。それがはっきりわかるのが m47 である。

(7.8)［羅甸 08 漢：m47］
m47. 想妹连啊～～～　　妹と連れ添いたい！
　　　去年想妹到今年。　去年妹を好きになって今年に至ります。
　　　不是今年得起意，　今年になって好きになったのではありません，
　　　去年起意要来连。　去年連れ添いたいと思ったのです。

ここで男性側は「想妹连啊～～～」とはっきり「連妹」（妹と連れ添う）について歌っていることを宣言する。これ以降男性側は聞いていて恥ずかしくなるぐらい直接的に女性側への想いを歌っており，このあとは男性側の恋わずらいをめぐってやりとりが続く。書き起こしを校閲する段階で張氏もここを見て「ここが連妹歌だ」とはっきり指摘しており，歌い手自身にとってもこの変化は意識されていた。しかし，やりとりをよく見るとこれよりかなり前，m36 のあたりでやりとりの話題が転換しつつあるのがわかる。ここより以前の部分では基本的に山歌のうまさについて互いに「あなたの歌はすばらしい，私のように下手な歌い手では釣り合わない」と掛け合っていたのが，このあたりから男性側は「妹は美しい，妹と連れ添いたい」と歌い，女性側はそれに対し「私はそんなに美しい女性ではない，あなたは嘘をついている，本当は他に好きな女性がいるんだろう」と応じるという掛け合いに変わるのだ。

(7.9)［羅甸 08 漢：m36］
m36. 高坡打鸟要眼多，　高い山で鳥を撃つには目が良くないといけません，
　　　出来连妹要会说。　出てきて妹と連れ添うには話しが上手でないといけません。
　　　眼尖得个好鸟打，　目がよければよい鳥を撃てる，
　　　出来连妹好宽乐。　出てきて妹と連れ添うのはとても楽しいものです。

ただ，m36 から f46 までの間には「妹の家は山奥といういなかにあって，あなたとは釣り合わない」といった意味合いのやりとりも行われていて，

204

第 7 章　山歌の歌い方 (2)

はっきりと「連妹」の段階であるとは判断できず，あくまでこの箇所は「連妹」への移行区間であると考えられる。m47 の一行目は，そうした曖昧な状況を打破しようとする一声なのだ。

「連妹」は相互に相手に対して恋愛感情があることがわかっていなくてはならない。じつは，「連妹歌」への転換を決定づけるのは m47 ではなく，それに応ずる f47 の歌である。

(7.10)［羅旬 08 漢：f47］
一张帕子五尺长，　　　一枚のターバンは五尺の長さがあります，
帕子缠妹妹缠郎。　　　ターバンは妹に巻きつき妹はあなたに巻きつきます。
情哥缠妹不长久，　　　しかし兄が私に巻きついている時間は長くありません，
妹遮情哥久久长。　　　妹が兄を長く引き留めているのです。

この歌は「ターバン（＝巻くもの）→巻きつく」という換喩的連関によって，妹（女性側）が兄（男性側）に「巻きつく＝連れ添う」ということを意味しており，さらに 4 行目で「長く歌掛けを続けよう」と歌っている。つまり，女性側が男性側に対して恋愛感情があることを表現するものなのである（最初に書き起こしをした楊氏は，ここの歌詞を書き起こしてすぐ「有感情了！」（その気になった！）と言っていた）。ここではじめて男性側と女性側双方の互いに対する気持ちが双方向的に表明される。もっとも山歌は長く続けるものなので，その後もとんとん拍子に話が進んだりはせず，先に述べたように，男性側は恋わずらいについて歌い，女性側は男性側の気持ちがニセモノではないかと問いただす堂々巡りのやりとりがひたすら続くのであるが[10]。

以上のように，漢歌における掛け合いの流れは，それぞれのサブジャンルごとに特徴的なやりとりのパターンがあり，片方のアプローチ（次のパターンに属する歌）に対して相手が同じパターンで返すことで推移していく。

ここでひとつ指摘しておくべきことがある。漢歌では，ターン内で接続表

---

10) 付録 1 には入れていないが，昼休憩後も男性側の「どれだけ自分が妹を好きか」という主張と，女性側の「あなたが本当のことを言っているとは思えない」という，付録 1 の m47 以降と同じようなやりとりが男女計 60 ターンほど続き，それからようやく「想妹」「当家」を主題とするやりとりに移行している。

現が用いられることはあるが，先行ターンとの論理関係を示す接続表現は一切使われないのだ。「しかし」「そして」といったいわゆる接続詞，さらに事態の継起などを示すため日常的に使用される「就（チウ）」のような，中国語において広い意味で接続表現に数えられる表現（周剛 2002）もない。また先行ターンを直接指示する表現も少ない。事例（7.5）のように間接的に先行ターンからの引用であることを示す表現もあることはあるが例外といえる。つまり，ターン間の結束性をしめす談話標識は修辞・表現の流用を除いてほとんど存在しないのだ。これはおそらく全体的な対話の展開が「情歌」というジャンルによって定められているうえ，典型的なやりとりのパターンはサブジャンルのレベルでほとんど決まっており，かつ相手とのやりとりに対する基本的な身構えが慣習的かつ自覚的に定められている（必ず相手に対して謙遜しなくてはならない）ために，ターン間における意味的連関を解釈するのにそれほど労力を要せず，接続表現を使ってターン間の関係を指示する必要がないからであろう。

文脈上不必要な接続表現を使うことがかえってテクストの理解を阻害する可能性については，日本語と英語話者による実験ではあるがこれを傍証する研究がある。甲田直美は結束性の実現において中心的役割を果たす接続詞が，文章の理解速度を速めるかどうかを検証する心理学実験の結果をまとめている。これによると，接続詞のつなげる文章の関連性が低すぎても高すぎても，接続詞の存在によって文章の理解速度が遅くなる。甲田はその原因として文章の読み手の能動的（自発的）な推論を挙げている。つまり文章の読み手は，並べられた文章の間に関連性（通常は時間的前後関係や因果関係）を見いだそうと能動的に推論を働かせるために，接続詞がつなげる文章の関連性が高すぎても低すぎても接続詞がその推論過程を阻害してしまうというのだ（甲田 2001: 114-118）。接続表現は一般に結束性を示すための重要な指標となっている（Halliday and Hasan 1976）。しかし漢歌ではジャンルに由来するさまざまな拘束によって整合性を見いだすことが容易なため，そこまで結束性を示さなくともかまわないのであろう。

ターン間には接続表現がみられない一方，次の事例のようにターン内では時折接続表現が使われることがある。

第 7 章　山歌の歌い方 (2)

(7.11) ［羅甸 08 漢：m50］
天上起云云起翻,　　　天上では雲が起こって翻っています。
河头起罩天要干。　　　河では霧が発生しているのに（地上は）乾いています。
为其等妹得怪病,　　　妹を待っていたせいで奇病にかかり,
才能起到自一翻。　　　ようやく今起き上がれたのです。

　ここで使われている「为其」は「〜のせいで,〜のために」という,原因・理由を表す従属節をつくる接続詞である。ここでは「等妹」(妹を待つ)を恋わずらいの原因として挙げ,さらにこの行自体が次の行の「才能」(ようやく〜できる／できた[11])という表現の背景となっている。ほかにも次のような条件節をつくる接続詞も使われる。

(7.12) ［羅甸 08 漢：m50 より］
只要情妹有心意,　　　妹にその気さえあれば,
这时玩耍也不迟。　　　この時に遊んでも遅くありませんよ。

　この文では「只要」(さえあれば)によって,前半部分が後半部分に対する十分条件であることを示している。一般に文章の認知において 2 文が並べられたとき,文章の配置における前後関係を時間的前後関係や因果関係における原因と結果として解釈しやすい (甲田 2001) ために (7.11) は「为其」がなくてもなんとか解釈は可能であろうが,(7.12) は「只要」がなければこのように解釈するのは難しいだろう。
　ここでみた結束性はいわゆる談話標識が果たす機能のひとつである[12]。スタッブスはテクストの構造を示す談話標識(つまり結束性を実現する表現)に,ターンのような小さな単位をしるしづけるものと,より大きな単位をしるしづけるものがあることを指摘した (Stubbs 1983: 184)。漢歌ではこのうち前者,

---

11) 中国語には時制がないのでこのどちらにも解釈できるが,ここでは文脈上過去であると解釈するのが妥当である。
12) 談話標識(語用論的標識などとも呼ばれる)という用語の定義や範囲について現在ほとんどなんらコンセンサスもない (Aijmer and Simon-Vandenbergen 2011) 現状だが,あえていえば談話標識とは,それ自身は命題的意味をもたず,談話の中で文脈と結びついて談話の整合性を構築する「テクスト構成的機能」や会話参与者間の人間関係を調整する「対人的機能」などを果たす,比較的短い語句である (林 2008)。

しかもターン内部でしか結束性を発揮しない談話標識しかない。サブジャンルレベルの掛け合いの推移においても談話標識は用いられず，いわゆる内容語の意味の変化しか観察することはできない。通常の会話であれば英語のみならず中国語を含むどのような言語でも談話標識はかなり頻繁にみられる（Aijmer and Simon-Vandenbergen 2011; 馮光武 2004）ことを考えると，漢歌において，談話標識，それも談話の構造自体を管理するような標識がみられないのは特異な現象である。さきにみたように，結束性が必要とされるのはほどほどに関連性のある要素間であって，あまりに自明な文脈では結束性を示す談話標識は必要ないか，むしろ邪魔である。そして結束性を示す談話標識が求められないもうひとつのケースである，関連性があまりに低い要素が出てくるという事態は，掛け合いである漢歌においてまずありえない（理解できないほど詩的な表現は避けられるため）。ここから，歌い手にとってもっとも自由度が高く，相手にとって解釈の幅がありうる部分はターン内の表現にかぎられるということがわかる。ターン間の結束性は修辞の流用や同じ表現の反復といったもので保たれるが，ここに談話標識が必要とされるほどの文脈の転換が起こることはないのである。

　漢歌のやりとりの特徴は以上でほとんどつくされていると思われる。ここで改めて注意を向けたいのが，修辞・表現の流用による結束性である。現代の修辞学を含めこれまでの修辞学は，いわゆる言葉の文彩の分類と議論法の精緻化という，ミクロとマクロの分析に二分されていた。野内（2002）のように両者を同じ枠組みで捉えようという研究もないではないが，個々の文彩とより大きな段落の構成方法は独立したもののように捉えられてきた。しかし，本節の分析から示唆されるのは，文彩がそのまま，結束性という，個々の文彩より大きな，ミクロとマクロの間にある文章の単位の結合にかかわる可能性である。漢歌における修辞の流用は，相手の歌に対するわかりやすい応答を生み出すために活用されている。漢歌の修辞の流用は，修辞学における断絶をつなぐ技法なのだといえるかもしれない。

　じつは同様に修辞が言葉のやりとりに大きな役割を果たす文学的遊びが日本にある。連歌や連句である。これらは，それぞれの歌や句の連鎖がイメージの連鎖に負っている（大森 2004）。しかもその多くは門外漢には詳細な解

説がないとどうイメージがつながっているのかわからないほど自由な連鎖なのだ[13]。漢歌における修辞の役割というのはそうしたかけ離れたイメージの連鎖ではなく，言語表現そのものの連鎖，修辞学でいうところのしりとり形式（前辞反復）に近い。このように文彩を駆使した結束性にもバリエーションがあるが，ともあれテクスト全体の整合性に寄与する要因として，文彩レベルの修辞はもっと重視されてしかるべきであろう。

3 プイ歌の掛け合い —— 引きのばされた対話

　いっぽう，プイ歌の掛け合いはおそらく漢歌と大きく異なっているであろうことは，付録1と付録2を見比べてみればすぐにわかる。漢歌のターン交替に比べて，プイ歌のターンが異常に長いことは明らかである。付録2の各ターンをみてみると，それぞれm1（男性側の1ターン目）は25句，f1（女性側の1ターン目，以下同様）は51句，m2は55句，f2は67句から構成されていることがわかる。ちなみに［羅甸07プ］の書き起こしデータでは最大1ターンで115句も歌われた例もある。ここまでくると1ターンを歌いきるのに30分以上かかる。これだけでも，羅甸県のプイ歌は相当に長大なターンで構成されていることがわかる。まずはこの長大なターンがどのような構造を持っているのかについて，付録2を事例にみていきたい。なお，事例については煩雑なため必要なもの以外は日本語訳のみをここに示すこととする。

　付録2（【映像13】）は「年歌」と呼ばれるジャンルである。これは一年の行事（おもに農作業）について，順を追って歌っていく歌掛けである。歌の全体的な流れは日付を具体的に述べることで進んでいく。歌の中心的テーマは

---

13) 大森の挙げる事例のひとつに，芭蕉の『猿蓑』に収録された連句がある（大森2004: 192）。その発句は「市中は物のにほひや夏の月」であり，夏のイメージであるのに，連鎖が進んで最後の第十句になると「能登の七尾の冬は住うき」でなんと能登の冬の話になってしまうのである。他にも連歌や連句についての解説書（たとえば村松2004）を読むと，そのイマジネーションの闊達さに驚かされる。

春節の準備にあるので，春節が近づくにつれ歌に出てくる日付の間隔がせまくなり，春節の準備について詳細に述べていく形になる。

まず m1 は「私の話すことを聞いてください (m1-2)」「古い時代の言葉を話すのです (m1-4)」などといった相手に対する呼びかけからはじまっている。これが m1-7 まで続く。m1-8 から具体的な歌掛けの内容に踏みこんでゆく。m1-8 では「六月になりました」[14]と切りだし，「田は稔り (m1-9)」と歌ったあと，七月の様子について述べる。それは「まだ春節の準備をしていません (m1-13)」「暦もまだ出ていません (m1-13)」という話題であり，春節を基準として季節をはかっていることがわかる。続いて八月には餅米を植える，という話になる（八月に田植えをするはずはなく，これは楊氏によると歌手の間違いであるらしいが，その後のターンでも堅持される）。最後に「私はまた姉妹たちに問う，私たちの収穫はどうですか？ 羅旬は賑やかですか？ (m1-19)」と問いかけ，「私たちの言葉は瓦葺きの家の上などに置きました (m1-22)」，「口に落ちた（納得した）ならつないで下さい (m1-24)」，「（そうでないなら）やめましょう (m1-25)」と歌ってターンを締めくくる。

引き続いて女性側のターンがはじまる。まずはじめに「人が置けば人はすぐつなぎます (f1-1)」と歌い，相手の歌を引き継ぐことを述べる。同様の意味の句が続き，「失敗しても後悔しない」という意味の句を継いだ (f1-4, f1-5) あと，「私たちは兄 (＝男性側) の歌を (しかと) 聞いた (f1-6)」「（それは）瓦葺きの家の上にあなたが置いた話です (f1-7)」と歌う。この f1-7 は明らかに先行するターンにおける男性側の歌 (m1-22) を指している。そこから「口をついでこのように言いましたか？ (f1-12)」といった定型表現を挟みつつ m1 の内容を確認していく。六月のチガヤの話 (f1-16 ← m1-9)，七月にはまだ暦もできておらず誰も新年の準備をしていないこと (f1-20～22 ← m1-13～15)，八月に早生の餅米を植えたこと (f1-25～27 ← m1-16～18)（ただこれについては「金持ちがその収穫を積み上げる」という意味の話が追加されている），それは順調に進んだかどうかについて尋ねられたこと (f1-30～31 ← m1-19～

---

14) これは旧暦の六月である。プイ族も漢族と同様 1 年の初め（春節）は旧暦に従っている。以後，年歌で出てくる日付はすべて旧暦である。

20) を歌う。そこから女性側が新しい情報を付け加えていく。まず質問に対して,「村は本当によく,羅甸県は本当に平和です (f1-34)」と答え,さらに九月にシーツを作り[15],それに男性側夫婦は満足であること (f1-37〜40),十一月には男性側の家が薪や炭をつくり (f1-43〜44),酒を仕込むこと (f1-45) について述べる。それと並行して「妹 (=女性側) は独り身の苦しい生活なのでそのようなことは考えられずつらい」と述べられ (f1-45〜46),そして m1 と同様に「私の話は〜に置いた」(f1-47〜49) と歌ったあと最後に「口に合ったら (=納得できたら) つないで下さい」(f1-50),「そうでないならやめましょう」(f1-51) と歌ってターンを締めくくる。

これに対して応答する男性側のターン m2 も今度は f1 とほぼ同様の構造をもっていることがわかる。まず相手の歌を引き継ぐことを示し (m2-1〜m2-4),自分の技量不足をわびた (m2-4〜5) 上で相手の歌を聞いたことを述べ (m2-6〜12),九月に男性側がシーツを積み上げて満足したこと (m2-13〜17) を述べる。ただ,ここで f1 と違うのはすかさずこのことについて否定することである (m2-22〜25)。続いて十月について (そして明示していないが十一月についても) 確認したうえでそんなことはないと否定する (m2-27〜35)。ここからようやく十一月 (霜月) について憂いつつ触れ (m2-37〜40),師走に突入する。師走からは一気に日付感覚が細かくなる。まず十二月十九日には村を創始し,牛を殺す (m2-42)[16]。続いて女性側にそれがうまくいったか尋ね (m2-44),各地のプイ歌が似ているか (つまりよその人間である女性側のプイ歌と合っているか) を尋ねた (m2-47〜48) あと,最後に例のごとく自分の歌がここまでであること,相手に歌を引き継いで欲しいという言葉をつないでいく (m2-49〜55)。さらにこれを受けた f2 についても同様に分析できる。

ほかにも全体的流れと絡み合う形で「今の私たちは」といった定型表現 (第 5 章表 5-10 を参照),さらに自分の状況を憂え (m2-24 など),相手を讃え

---

15) プイ族は藍染めで有名であり,付録 2 の注 12 にあるように,藍染めで手織りのベッドのシーツを多く持っていることが富の証のひとつである。

16) 伝統的には年末に牛を 1 頭つぶすのであるが,実際に牛をさばくのは大変なので,年末に牛を殺すのはそれほど多くないという。その代わり豚は 1 匹つぶす。

る（f2-43 など）表現が随所に挿入される。また，各句の末尾にはしばしば"jaec rimz lox rauz ac es"「あなたがた親族たちよ」といった呼びかけの文句が置かれる（第 5 章表 5-10 参照）。

　以上から，「年歌」では漢歌と異なり，呼びかけや先行ターンの引用，または直接的に「さきほどのあなたの話を聞きました」（f1-6 など）といった先行ターンを指示する表現などふんだんにターン間の結束性を示す談話標識が使われ，積極的にターン全体を先行ターンへの応答として組織してやりとり全体の整合性を確保していることがわかる。前節でみた修辞の流用についても，とくにターンの末尾とそれに続くターンの冒頭部分に見てとれる。

　　（7.13）［年歌 10 プ：m2-52，f2-7］
　　m2-52. xoonz xois dies *xic qyax* xus genz mbael ndaaix [*bail lah* jaec rimz *ac* lox *xic* bozsul *eh*].
　　　　　わたくしたちの言葉はカラムシの葉の上に置きました。

　　f2-7.　 xoonz mengz *ac* dies xus genz mbael ndaaix [*las* jaecrimz *ac* lox rauz *ac es*].
　　　　　あなたの言葉はカラムシの葉の上に置きました。

　これのように，たとえば男性側の 2 ターン目末尾の比喩表現は女性側の 3 ターン目冒頭近くで繰り返されている。もっとも，この事例に隣接する m2-53 では「生姜の葉」と言っているにもかかわらず，それに対応する女性側の歌 f2-6 および f2-8 では「キュウリの葉」となっていて，女性側が正確に関連づけるのに失敗している。

　こうした分析結果から，「年歌」の 1 ターン内部における構造は次のように定式化できる。

　　（7.14）「年歌」の基本構造 1：ターン内部における組織化としてみた場合
　　　1. 開始部
　　　　　1-1. 相手の歌を引き継ぐことの意思表示
　　　　　1-2. 相手の歌を聞いたことを述べる
　　　2. 相手への返答：相手の歌の内容を具体的に文脈上の時系列に沿って歌い返す

第 7 章　山歌の歌い方 (2)

    3. 新情報の付与
        3-1. 2 で歌った時点から引き続いて時系列に沿って年中行事について述べる
        3-2. 相手に対して 3-1 の内容について尋ねる
    4. 終結部
        4-1. 自分のターンを終えることを告げる
        4-2. 相手に対して歌を引き継いで欲しいことを頼む（同時にいやならやめてもよいと言う）
    5. 文脈から独立した表現
        5-1. 自らの境遇を憂える
        5-2. 相手に対して呼びかける

　これまでの解説から明らかなように，(7.14) の 1〜4 は順に歌われ，そのなかに随時 5 が挿入されるようになっている。この構造からは，年歌においてターンの冒頭と末尾に自らのターンの開始と終了を告げながら相手のターンとの接点を提示する部分があり，そのなかにターンで述べた内実（相手の歌への返答と新情報の付与）が挟まれている，という形が見てとれる。年歌のやりとりでは相手とのあいだの接点と，対話に含まれる情報が分離しているのである。いっぽう相手との応答関係を基準に置くと，年歌の基本構造は次のようにも整理できる。

(7.15)「年歌」の基本構造 2；相手との応答関係に基準を置いた場合
    1. 相手の歌を引き受ける
        1-1. 相手の歌を引き継ぐことの意思表示
        1-2. 相手の歌を聞いたことを述べる
        1-3. 相手の歌の内容を具体的に文脈上の時系列に沿って歌い返す
    2. 相手へと歌いかける
        2-1. 1-3 で歌った時から引き続いて行事について述べる
        2-2. 相手に対して 2-1 の内容について尋ねる
        2-3. 自分のターンを終えることを告げる
        2-4. 相手に対して歌を引き継いで欲しいことを頼む
            （同時にいやならやめてもよいと言う）
    3. 文脈から独立した表現

213

3-1. 自らの境遇を憂える
3-2. 相手に対して呼びかける

　言葉のやりとりの基本形のひとつは「質問―応答」から形成される隣接対である（山田 1999）。(7.15)に示した構造に見えるように，年歌はこの「質問―応答」型の隣接対を極めて明瞭に形式化している。以上から，年歌は会話の基本構造をそっくりそのまま保存したまま，分かりやすく引き延ばした形式をしていることがわかる。しかもどちらかが一方的に質問し，片方が答えるというわけではない。どのターンも相手の質問に答え，さらに相手に返すという手続きを必ず踏む。これによって，プイ歌における双方の歌い手は形式上完全に対等に掛け合いを行うのである（このことは歌手たち自身も意識している）。さらにもう一つ注目すべきは(7.14)における5，または(7.15)における3の，「文脈から独立した表現」である。ここではプイ歌がひたすら相手に対して謙遜するという倫理的スタイルを貫いていること，そしてどれほど長大であっても随時相手に対して呼びかけることで「この長い話はあなたに向けて歌われているのだ」というメッセージを送り，やりとりというフレームを維持しようとしていることがわかる。このようにみると，プイ歌のターン構造が持つ相互行為上の最大の特徴は，その文脈・状況明示性にあるといえるだろう。これはプイ族一般で行われる発話形態ではなく[17]，プイ歌にのみ特異的にみられる特徴である。また，Urban (1991)は南米インディオの儀礼的対話の形式が彼らの社会的結合の仕方と並行的であることを示しているが，プイ族は古来より今にいたるまで平等社会ではなく[18]，プイ歌の対話の形式と社会的構造のあいだにつながりがあるとは考えられない。よってプイ歌のターン構造を社会的背景と安易に結びつけることはできないが，

---

[17] プイ語の談話資料として周国炎（2009b）がある。このなかにはプイ族のネイティブ人類学者である黄鎮邦氏の取材録音の書き起こしが含まれているが，そこでの会話にはプイ歌のような形式性はなく，日本人から見て特別奇異に感じられるようなやりとりは見られない。

[18] 黄義仁（1999）によると，古代からプイ族には奴隷制のような身分制度があったとされる。現代もほぼ完全に中華人民共和国の統治体制下にあり，狩猟採集民のないわゆる平等社会とはほど遠い。

それだからこそこの文脈・状況明示性は示唆に富んでいる。先行発話との関連にひたすら言及し，ターンの移行適切場も間違えようがないほど明確に提示するこの言語的相互行為は，プイ族も（私たちと同様）会話において暗黙のうちに前提としているような，会話の連鎖性への期待を明示的に言及しているのである。

　ここでもうひとつ気になるのが，このプイ歌の長さと構造が言語に由来する特徴なのかどうかという問題である。ここまでの分析は，本書で主に扱っている事例が羅甸県で収集したプイ歌であることによって限界づけられている。だが他の地域に目を転じると，じつはプイ語で歌われる歌掛けにも長詩型と短詩型があり，貴陽市や荔波県では漢歌と同じような長さで歌が歌われることがわかる。本書では資料不足のため，羅甸県のような長詩型のプイ歌と並べて詳細に分析することはできないが，ひとつ事例を挙げてみよう。(7.16)は第3章で取りあげた，2009年12月に開かれた布依年節で客側が歌ったプイ歌である。

　　(7.16) 布依年節で歌われた掛け合いより[19]
　　（客）gul gaanl daanl mengz ngil youz gauh
　　　　　私は話して親友のあなたに聞かせます，
　　　　 gul nauz daauh mengz ngil youz loz
　　　　　私はしゃべって古い親友のあなたに聞かせます。
　　　　 guh zuoh bol guh daaul rih riengc
　　　　　私は坂を越え山の畑を越えて来ました，
　　　　 guh zuoh jiangc guh daaul rih reeuh
　　　　　私は山道をどんどん越えてやって来ました。
　　　　 wanh guh baail dangh dac wenh jiuh
　　　　　今日私は広い河の橋のところに来ました，
　　　　 wanh guh baail dangh jiuh wenh aih

---

19) 貴陽市はプイ語文の規準音が取られている望謨県とは異なる方言区に属しており，音韻体系が少し異なる。そのためここで歌詞の記述に用いた表記はあくまで近似的なものである。貴陽市の音韻体系については貴陽市誌編纂委員会（1999: 144-146）参照。

今日私は小川の橋のところに来ました[20]。
dangz zaih niz liz laaul daaul zuoh
　ここに来れば酒席があります，
dangz zaih niz liz laaul daaul genl
　ここに来ればお酒が飲めます。
mengz aul jiuc mauz daix meah zuoh
　あなたは来て茅台酒を注いでくれます，
mengz aul wuc liangz yil meah daaul
　あなたは来て五粮液[21]を注いでくれます。
goh nyieh sal dih goh nyieh youz gauh
　ありがとう，ありがとう親友よ，
sal langz xic goh nyieh youz loz
　古い親友よ重ねがさねありがとう。

　この歌詞は1首全体が12行，各行基本的に7音節で構成されている。行の区分は書き起こしを手伝ってくれたインフォーマント（布依年節で主人側の歌い手として歌っている）の示唆に基づいた，現地の歌い手が意識しているものである。この歌詞をみるとむしろ漢歌に近い印象を受ける。漢歌では1首の1段目と2段目で同じ内容を繰り返すが，ここに挙げたプイ歌は1行歌うごとに同じ内容をもう1行繰り返している。

　貴陽市は第3章で述べたようにかなり漢化が進んだ地域であり，プイ語を流暢に使えるのはほぼ60代以上に限られている。当然ながらプイ歌を満足に歌える人は非常に少なく，今までの調査では最初から最後までプイ歌で通した掛け合いはなかった。（7.16）が含まれる掛け合いも，主人側と客側がそれぞれ「（主）漢歌→（客）プイ歌→（主）プイ歌→（客）プイ歌→（主）漢歌→（客）漢歌→（主）漢歌→（客）プイ歌→（主）漢歌→（客）プイ歌」となっていて（事例（7.16）で示したのはこの掛け合いの最後の部分である），プイ歌と漢歌が1首ごとに入り乱れるように歌われている（第3章注31も参照）。ただ

---

20) インフォーマントによると，もともと橋で歌う歌詞であったようだ。3章で触れたように，1980年代には橋のたもとに人が集まって大きな歌会が催されたこともあった。
21) 茅台酒，五粮液はそれぞれ貴州省および四川省で製造される蒸留酒の高級ブランド名。

この歌い方も，貴陽市においてプイ歌と漢歌の形式がある程度類似しているからこそ可能なのだ。羅甸県のようにプイ歌と漢歌の形式がかけ離れているところではおそらくこのようなやりとりは不可能であろう。ちなみに，プイ語で歌詞が記載されているおそらく唯一の歌集である『布依族酒歌』(趙焜他 1988) には，1980年代後半に貴陽市近郊で収集された歌が多数収録されているが，その歌詞も (7.16) で示した歌詞と基本的に同じ形式であり，貴陽市近郊では以前からこの漢歌と似た形式の短詩型プイ歌が歌われてきたようである。これ以外にも，2010年に訪れた荔波県では二重唱の短詩型プイ歌が歌われていた[22]。こうしたことから，本章で分析した「プイ歌」の形式はあくまで羅甸県の長詩型プイ歌にのみ当てはまることは確かだ。短詩型のプイ歌の構造については今後の課題としておきたい。

　最後に即興性との関係でいえば，これほどまでに結束性を必要としていることから，漢歌と比べてかなり大きな自由度があることが推測される。実際，よくみると相手の歌を引用するにしてもまったく同じように引用するわけではないことがわかる。次の事例は f1-44 と，それを引用して歌った m2-29 である。

　　(7.17) [年歌 10 プ：f1-44, m2-29]
　　　　f1-44. [meangh *haz* nix yangh beanl jis beanl goc xez *ac* nix] goc xic deedt faix laaux gueh fenz byoomc *ac* faixjoongl gueh daans [*bail leeux ac laaux eh*].
　　　　　　　兄は大きな木を伐って薪を作り，カシワを伐って炭を作ります。
　　　　m2-29. [lumc ndaanl *ac* jis ndaanl goc xez *ac* nix] [meangh nix] goc nyiel deedt lac faix laaux gueh fenz mengz nauz ramc *ac* faixjoongl *ac* faixreengz gueh daans [jiez laez *ac laaux eh*].
　　　　　　　「(兄は) 大木を切り倒して薪を作る」(と言ったこと) を，あなたが「(兄は) イチイガシワ，アラカシを切り倒して炭を作る」(と言った

---

[22] この二重唱のプイ歌については張中笑 (1989) に簡単な音楽学的分析がある。張中笑も述べているように単純でありながら非常に興味深い歌なのだが，残念ながら本書の調査では実際に歌っている場面を記録することはできず，VCD にて確認しただけであった。

こと）を兄は聞きました。

　このふたつの歌はそれぞれ同じことを歌いつつも細かい言い回しが異なっており，しかも引用であるはずの m2-29 のほうが 'faixreengz'「アラカシ」という単語が加わって先行発話を詳細化している。またターンの長さすらかなりまちまちであることを鑑みると，プイ歌を歌うに際して歌い手の自由になる領域は非常に広いといえる。プイ歌に課された文脈・表現上の制約は，はっきりいえば，(7.14)，(7.15) で示した構造を守ることだけなのである。

4 | 誇張された対話としての山歌

　第5章，第6章と同じく，ここまでの分析からも漢歌とプイ歌の対照的な姿が浮かびあがってきた。漢歌は修辞や談話標識などを使って自らのターン内の詩句のつながりを強める一方，「掛け合い」としてのつながり（整合性）をほぼ所与の形式にゆだねていて，ターン間の結束性は見られなかった。これに対しプイ歌はターン内の詩句のつながりについては漢歌ほど強く示さない一方，ターン内の構造やターン間の結束性を示す談話標識を駆使してターンの間の結びつきを強め，通常の対話なら暗黙の期待として表出されずにいる文脈・状況明示性を徹底的に強化していた。

　両者ともに，通常の（歌ではない）対話とは一見かなり異なる，独特の形態を持っていることは明らかであるが，だからといって通常の対話と無関係なわけではない。むしろ，通常の対話（会話）を基本として，それが持つ形式を誇張した形で歌を掛け合っている。漢歌はターン間の結束性が見られないと指摘したが，それは単に対話のパターンを固定化し，ターン間のやりとりにおける即興性を可能な限り縮減することで結束性を示す必要をなくしたからである。そのぶん，漢歌は自らの詩句を美しく洗練させる方向に発展させている。プイ歌は，通常の対話に潜在的に存在する要素を顕在化させ，歌い手間の対話を対等な形で進めていくような形式を発展させることで，極めて長いターンの応酬に「掛け合い」としての整合性を与え，ターン内の表現を

第7章 山歌の歌い方(2)

自由に行えるようにしている。

漢歌の「固い形式性」とプイ歌の「やわらかい形式性」については，第5章で見た音の層や第6章で見た言語表現の層でも同じような傾向が見られた。いや，むしろこれらはすべて関連していると見た方がいいだろう。ここまで第2部で見てきたことは次のように概括することができる。

山歌は音韻から全体的スタイルにいたるまで，細かく形式化された歌掛けである。その形式が，日常とは離れたフレームに相互行為を遊離させ，そこでは現実と離れたやりとりがおこなわれる。そこではプイ族の倫理的理想を演じながら，現実の状況とのつながりも維持する。漢歌と（長詩型の）プイ歌は形式化の方向がまったく異なる。漢歌は声調とは完全に遊離した固定旋律でふしをつけ，7音節×2という単位で歌を連ねていく。旋律と襯詞が合わさり，そこに韻律規則が組み合わさって歌詞の型枠ができあがっている。そのなかで比喩などの修辞技法を駆使して美しい表現を目指していく。掛け合いのかたちもこうした形式のなかでの表現を追求する方向と軌を一にして，掛け合いのあるべき態度や文脈を所与の型にゆだね，各々のターンのなかで即興性を発揮する。つまり漢歌はそのあらゆる側面に固定的な形式を定め，その枠内で各々の歌い手が表現を洗練させていくようになっている。これに対しプイ歌は，旋律と声調をゆるやかに関連付けることで歌詞の定型性をゆるめつつも，定型句を多用しこれと関連した旋律型を使い，いくつかの定型を組み合わせて歌詞全体を作りあげることで，歌詞に柔軟性を持たせている。そうしたやわらかい型枠のなかで，結束性を駆使しターン内構造を「掛け合い」の整合性を強化する形に整えている。そして，そのターン内構造に応じた修辞技法を駆使して歌詞を「うまいこと言う」，つまりユーモアや機知に富んだことを言う方向に生み出していく。つまりプイ歌はあらゆる側面でゆるやかな形式を定め，そのなかで歌い手たちが自由に表現を磨いていくようにできているのだ。こうした独自の発展を遂げることによって，おのおのの歌掛けは通常の対話とかなり異なった姿になっているが，それでもその底辺には通常の対話，日常的な言語表現の在りかたが横たわっている。山歌は，私たちが（そしてプイ族や漢族たちが）普段行っているおしゃべりとあくまで連続的な芸能なのだ。

第 2 部　山歌の言語的相互行為論

＊

　山歌とはなにか。第 2 部ではこの疑問に山歌の言語的相互行為としての側面から答えた。だがまだ，本書の冒頭で示した設問にすべて答えたわけではない。最後に山歌の普遍性，つまり山歌を私たちが生活のなかで行っていることとの結びつきを明らかにするみちすじが残っている。すでにいくども見え隠れしているが，これをたどるキーワードが声と遊びである。第 3 部ではまず山歌を含めた歌掛けの一般的特質について考察し，それを踏まえて山歌とはなんなのかについて，「声」と「遊び」という側面に注目しながら見ていくこととしたい。

コラム3

ことばのよもやま

　人類学者というのはたいてい，世界のどこかに調査地(フィールド)をさだめ，そこに長期間滞在して調査をする。なかには何十年にもわたってひとつのフィールドに通う研究者も少なくない。調査地の多くはほとんど日本で知られていない言語を話す地域であり，人類学者には珍しい言語を習得した人が少なくない。エチオピアのボディという人々が持つ特異な色と模様の分類体系を記述した，認識人類学の名著『認識と文化―色と模様の民族誌』(福井1991)の冒頭には，著者の福井勝義が，文法書も辞書もない，当然文字もない，たった100語の基礎語彙リストがあるだけというボディ語を，まったくのゼロから媒介言語すら使わずに学んでいく過程が記されている。

　さすがに近年ここまで大変な調査をする人類学者はほとんどいないが[1]，長期調査のためには現地語をある程度習得する必要があることには変わりない。現地で生活するのに現地の人々が使う言語ができなければ大変な苦労を強いられる。それでは通訳がいればいいではないかと思う人もいるだろうが，貧乏大学院生に通訳を雇う金などない。それに現地語で会話することで人々と打ち解けやすくなるし，なによりしばしば現地の言葉のなかに調査の重要な手がかりがあるものである。

　さいわい私にとって語学の勉強は趣味みたいなものなので，現地語を学ぶ

---

[1] この著書のための調査が行われたのは1970年代後半である。記述言語学者の仕事というのはすべからくこれに近い状態から始まるのだが(それでもたいてい媒介言語はある)，人類学者で近年こうした状況から調査を始める人はまずいない。その理由としては，すでに言語学や人類学などの研究者が調査に入ったことのある土地がずっと増えたこと，以前より研究者が多忙になって調査の時間を取りづらくなっていること，紛争が増えて危険な地域が増えたこと(とはいえ，ボディも福井が調査に入る前から「簡単に人を殺す」人たちとして知られており(福井1991: 2)，事実そうなのだが)，人類学の研究対象がいわゆる「未開の地」だけではなく都市にも広がったことなどさまざま考えられる。

のはそんなに苦痛ではなかったのだが，人並みに苦労はした。2004年には貴州大学の留学生向け中国語クラスで1ヶ月間集中的に中国語（標準語）の読み書き会話を習い，2006年の長期滞在中は3ヶ月半ほどテキスト（王偉・周国炎 2005）を用いたプイ語の個人レッスンを受け，併行して貴陽方言の個人レッスンも受けた。本書の研究はこうした授業で熱心に教えてくれた先生方の賜物である。さらに，日々の現地の人たちとの会話がすばらしい実地訓練となったことは言うまでもない。

　それでは調査をするためにどれぐらい現地語ができればよいのか。これは研究テーマによって大きく異なる。ひたすらヒツジや馬の数を数えたり，畑の面積を図ったり，作物の収穫量や食べ物のカロリーを量ったりするのに現地語の語学力はほとんど必要ないだろう。こうしたデータが重要な生業研究では，現地語ができないうちはこういう調査をひたすらやり，現地の生活にも慣れ，現地語がある程度できるようになればインタビューなどに精を出してこうした量的データの持つ社会的意味を探るという段階を踏むのが王道だが，本書のような研究ではそうはいかない。仮に山歌を大量に録画したとしても，書き起こしが出来なくてはたいした意味はない。歌詞の書き起こしには中国語やプイ語の知識が必須である。

　本書の研究ではどれくらいの語学力が必要だったかを見てもらうために，プイ歌の書き起こしのときのやりとりを少し書いてみよう。付録2に書いたように，書き起こし作業の大半は楊昌厚氏と二人で，ビデオカメラを使ってDVテープを再生しながら行っている。次の例は付録2のm1-5を書き起こした時のやりとりをかなり単純化したものである。

　　（ビデオを止めて）
　　楊「xaaml mengz leh bux laaux。おい，dianl xoonz xic xeeul goons。書けよ，xaaml mengz leh bux laaux（これは）つまり『どうぞあなたさま』という意味だ」
　　私「（キーボードをたたきながら）xaaml mengz leh bux laaux」
　　楊「rauz xic dianl xoonz xic xeeul goons。rauz xic」
　　私「rauz xic…」
　　楊「rauz xic dianl xoonz xic xeeul goons」

コラム3　ことばのよもやま

私「diangl ?」
楊「dianl」
私「aul 鼻音?」
楊「dianl…いらない。xoonz xic…」
私「xoonz xic…」
楊「xeeul goons。xoonz xic というのはつまり，xoonz byaangz のことだ。xoonz byaangz というのは事実上，xoonz xic と同じことだよ」
（私が"xoonz byaangz = xoonz xic"と書く）
楊「あー，そうだ！　えーと…（書いたプイ語を読み直して）つまり…『どうぞ，古代の"言传"を話そう』という意味だ」
私「xaaml mengz は…えーっと…『どうぞあなたさま』…」
楊「『どうぞあなたさま，私たちはじゃあ』だ。それから『古代の"言传"を言う』，"言传"っていうんだよ。（私の入力した文章を読んで）うん，よし次」[2]
（ビデオを再生）

　この会話の日本語の部分はすべて中国語貴州方言，アルファベット部分はすべてプイ語でなされている。私はほとんどプイ語を話していないが，プイ語を書く能力は必要だ。あと，会話には出てこないが楊氏の言った翻訳においてプイ語がきちんと中国語に対応しているかをチェックする能力も欠かせない。つまり，プイ語を話せる必要はあまりないが，聞いて理解できる必要はかなり高い。そしてなにより，楊氏のかなりきつい貴州なまりを聞き取り，標準語なり貴州方言なりで返事ができないとこの会話は成り立たない。
　実際，私は本書における調査をほとんど中国語で行っている。インタビューもほとんどが中国語だ。中国語に関しては，（見た目もあいまって）貴州にいるあいだはまずもって日本人だとは思われず「中国のどこか別の土地から来た人」だと思われる程度の会話能力があり，文章の読み書きもできるが，残念ながらプイ語を話す能力は最後まであまり伸びなかった。なぜなら，調査で知り合ったプイ族がほぼ全員中国語とのバイリンガルで，私がプイ語

2）　この会話は付録2の書き起こしの録音を再構成したものである。実際には何回かビデオを聞きなおしたりしている。

で話しかけてもほぼ100％中国語で返事が返ってきて，全然プイ語の会話練習ができなかったからである。そのぶん中国語はかなり鍛えられたように思う。言語というのは使う機会があればこそ身につくものだ。

　おそらく，長期調査で望ましい語学力というのは，となりで話している現地の人たちの雑談がそれなりに聞き取れて，宴会で盛り上がっているところでも会話に参加できる程度の会話能力と，現地の行政文書や現地語の論文が読めて，完ぺきではないにしろ意味の通じる文章を書ける読み書き能力ではないか。本書の記述でも，たまたま隣で交わされていた会話がヒントになっていたり，米酒を飲んでしたたかに酔っぱらった深夜に書いた記録がもとになっている箇所があったりする。行政文書をやりとりする能力は調査許可を取ったりするために現地の機関とやりとりするのに必須だし，現地の研究者がどんなことを調べて書いているのかを知ることは研究を進めるうえで大切なことだ。

　こうしてみると，調査に必要な語学力というのは相当高いように思える。たしかに高い。ただ，これはあくまで「望ましい」レベルであって，これがすべてできなければ研究できないというわけでもない。できないならできないなりに，工夫をすればよいのだ。

　私の場合，最初はほとんどなにも通じなかった。学部生時代には2年間第二外国語として中国語を学び，出発前の半年ほど語学学校で個人レッスンを受けたのに，貴陽市に着いた当日は饅頭屋で饅頭ひとつまともに買えなかったのだ。私の発音がひどかったのと，店員の貴陽なまりがひどかったのがあいまって，まったく言葉ではコミュニケーションが取れず，最後はひたすら身振りで「饅頭ほしいんだ！」と訴えるほかなかった。その数日後の安順から龍宮への移動では，乗合バスの運転手に運賃を10倍ぼったくられたが，急いでいたうえにまともに値段交渉もできないのでおとなしく払うほかなかった[3]。

　その後，貴州大学の留学生宿舎にうつってから，日本語学部で日本語教師

---

3)　「はじめに」で書いた山歌との出会いはこのあとの出来事である。今から思えばよく龍宮鎮の会場までたどり着けたものだ。

をしていた青年海外協力隊の方から貴陽弁をいくつか教えていただいた。また，日本語学部の学生たちとも仲良くなって，貴陽弁を教えてもらったりした。最初に覚えたのは「刹一脚！」「有下！」「好 多 銭？」「没得」である。
それぞれ「車を止めて！」「降ります！」「(値段は) いくら？」「ないよ」という意味だ。貴州大学は花渓にあり，貴陽の街中との往復にかならずバスに乗らなくてはならないので「刹一脚」と「有下」は必須単語である。これを満員のバスのなかで大声で叫ばないと大学前で降ろしてもらえない。日本らしい恥じらいは禁物である。標準語で教科書っぽく「麻煩你，请停车」(すみませんが，止めてください) などとおとなしく言ってもまず止めてもらえない。「いくら？」は標準語だと「多少銭」なのだが，よそよそしくて貴陽人はまず使わない。「ないよ」は標準語だと「没有」で，これは貴陽でもよく使うのだが，「没得」と言うといかにも貴陽人ぽくてよい。これは関西人が「ないよ！」と言う代わりに「ないで！」とか「ないわ！」とか言うのと同じである[4]。このたった4つのフレーズだけでずいぶんと貴陽の居心地がよくなった。バスから降りるときに「有下」と叫ぶのはなかなか気持ちいい[5]。

　さすがにこれだけのフレーズでは調査ができないので，2004年の調査では貴州大学の友人に通訳をしてもらっていたが，2006年の調査からは基本的にすべてひとりで調査を行った。貴陽弁の個人レッスンで貴陽弁の発音のコツを知ってからは，飛躍的に貴陽 (そして貴州全体) の言葉が聞き取れるようになった。話す中国語も「貴普話」(貴州なまりの普通話 (＝標準語)) になってきた。貴普話を話すコツは，日本人の苦手な「そり舌音」や「巻き舌音」をすべてやめることである (第2章参照)。じつは貴普話は日本人にとってとても発音しやすいのだ。貴州から帰るときは，飛行機の乗り継ぎのついでに滞在する上海や広州でうっかり貴普話を話さないよう，こっそり飛行機のなかで練習したものだ。

---

4)　ちなみに私は生まれも育ちも関西なので，貴州なまりが時々無意識のうちに関西弁に脳内変換されることがある。

5)　2012年10月に貴陽を再訪したとき，貴陽市の公共交通事情が大幅に変わっていて，「有下！」と叫ぶ必要はまったくなくなっていた。このエピソードも近いうちに「昔話」になるのであろう。

さらに，貴州で暮らすにしたがってだんだん振る舞いも現地人らしくなっていったように思う。そして，中国での振る舞いが中国語のなかに刷り込まれていった。今や中国で中国語を話しているときの私と日本で日本語を話しているときの私はちょっと別人である。日本だと大声を出すことはめったにないが，中国で中国語を話しているときはだいたい大声で，物わかりの悪いタクシーの運転手に道順を説明するときなどは（日本基準でいえば）わりと怒鳴っている。不思議なもので，日本にいるときでも，明らかに日本語を話しているときと中国語を話しているときとで気持ちの動き方やしぐさが変わる（気がする）。

　最後に貴州省で調査してから2年半が経った。そのあいだ，当然だが貴州なまりにふれる時間は激減し，私が「貴普話(クイプーホワ)」をしゃべる機会もほとんどなかった。ときたまインターネットやテレビで貴州が取り上げられると，食い入るように出てくる人々の発音を聞いてしまう。気が付くと，貴州なまりはわけのわからない中国語の方言から，懐かしい言葉になっていた。

写真1．在りし日の貴州大学校門（2006年撮影）。今は改築されてもっと立派な門になっている

第 3 部
歌掛けの遊び論，遊びとしての山歌

　第1部と第2部では「山歌とはなにか」という問いに対して，山歌固有の諸状況を明らかにするところから答えてきた。しかしそれだけではまだ山歌の普遍性には届かない。第3部ではこの問いに答えるみっつめのみちすじである，歌掛けの普遍的特性を探る道のりをたどることとなる。まず山歌を他の歌掛け，とくに奄美の歌掛けと比較することによって歌掛けの一般的特徴を明らかにする。そのうえで，山歌を含む歌掛けがどのように「遊ぶこと」や「声を出して歌うこと」という普遍的現象に連なっているのかを探っていきたい。

第 8 章

再説，歌掛けとはなにか

　歌掛けという行為は世界中にあるはずなのだが，これまで本書のような「歌詞に関してある程度の即興性を持ちながら，歌によって言葉を交わす行為」という明確な定義と限定をつけたうえで歌掛けを研究したものはおそらくないと言ってよいだろう。そこでまずそもそも世界のどこに歌掛けがあるのかを限られた資料から概観し，なかでも突出して研究の蓄積がある奄美の歌掛けについてまとめる。奄美の歌掛けを特徴づける歌には「遊び歌」と「八月踊り歌」があるが，中でも八月踊り歌は山歌と対照的な歌掛けである。踊りがあり，テンポは速く，熱気あふれるなか，歌を掛け合っていく。この歌と山歌の間にどのような共通性があるのだろうか。この探究から，一般歌掛け論を構想していきたい。

1 | 歌掛けはどこにあるか

　第 1 章で述べたように，日本では照葉樹林文化論において，いわゆる「歌垣」(つまり歌掛けと性的解放，豊穣の予祝儀礼が合わさった風習) を照葉樹林文化圏の重要な共通要素としたため (佐々木 1982)，歌掛けがそうした文脈でしか言及されない傾向がある[1]。確かにいわゆる照葉樹林文化圏には歌掛け

---

1) たとえば『民族遊戯大事典』では歌掛けや歌垣という項目はなく，「男女の交友と求

が多く,西はヒマラヤ(北村 2004)から東は台湾のヤミ族(皆川 2001, 2002, 2004),さらに中国雲南省のペー族(工藤・岡部 2000)やモソ人(遠藤 2003),広西チワン族自治区のチワン族(手塚 2002a),北タイのカレン(内田 1992)やアカ(高橋 1996),ルー(馬場 1996),タイ人の「ソー」と呼ばれる歌謡(船津・船津 1994)にいたるまで,多くの事例がある。貴州省ではプイ族の歌掛け以外にも,ミャオ族の爬坡節(パーポーチェ)やトン族の蓮花坪(リェンホアピン)で歌われる歌掛け(小島 1997)が有名である。さらにベトナムの歌掛けについては,Nguyen Van Huyen(1934)がトンキン(ベトナム北部)を中心にさまざまな地域の事例について詳細な記述を行っている。この研究は具体的な調査地についてしばしばはっきりせず,どれが同じ地域の事例なのか不明なことがままある点に問題はある。だがそれでもなお蝋管録音に基づく旋律分析や韻律分析,そして歌掛けの社会的文脈の記述(多くは宣教師や植民地行政官による文書に依拠しているが)まで幅広くまとめている点で資料的価値が高く,興味深い。

　しかし,歌によって言葉を掛け合う,という風習は東〜東南アジア大陸部に限らず実際には世界各地で行われている。たとえばグレゴリオ聖歌には交唱(アンティフォナ)という2パートによる掛け合いを行う形式があるが,この起源はユダヤ教の典礼にあるという説もあり(Wellesz 1923),はるか昔からヨーロッパまたは近東地域で歌による掛け合いがあったとみられる。他にもヨーロッパではルーマニアで歌掛けがあるという報告がある(Suliţeanu 1979)。またアメリカではアメリカ先住民諸部族が歌う応答形式の歌(Kurath 1956)のほか,「ダズンズ」という,おもに黒人の青少年が行う歌掛け的な遊びがある。これは"Yo, mama-""If I f-k your mother"などという定型句を含みながらたがいを罵倒する文句(多くの場合相手の母親を性的に侮辱する)を,韻を踏んだ節をつけて投げかけあい,機知を競うもので,時には真剣なけんかに発展することもある(Abrahams 1962)。このダズンズを最初に報告したドラードは,類似の事例として北米アリュートの歌合戦やグリーンランドイヌイットの「太鼓合戦」を挙げている(Dollard 1991 [1939]: 289-290)。ダズンズも太鼓合戦も,いずれも節の付いた「歌」で互いを罵りあう,歌に

愛」という項で万葉集の歌垣(嬥歌(かがい))などにふれているだけである(江守 1998)。

よる戦いである。さらに，ヤン・デ＝ヨセリン＝デ＝ヨングは東インドネシアのブールー島やババール島民の歌掛けについて報告している（de Josselin de Jong 1941）[2]。アフリカではガーナでの歌掛けについて報告がある（Mensah 1967）。

こうしたさまざまな報告をみてみると，それぞれ興味深い特徴が浮かびあがってくる。たとえば皆川が報告しているヤミ族は，大型の船を新造したり，家屋を新築した際にミヴァライという祝宴を 2 日間にわたって開くが，その際に主人と客人が歌掛けを行う。そこでの掛け合いでは基本的に客人が主人を讃えるのだが，そこには必ず毀誉双方が含まれていなくてはならないという。つまり歌の前半で主人を讃えると，後半ではかならずけなさなくてはならない。これは「言葉や歌は，人の体に突き刺さる槍と同じだ」という考えからきている。さらに，ヤミ族にはそれぞれの家系の幸運の総量は等しく，一人の幸運が増せばその子や孫の代に不幸が訪れるという考え方がある。そのため，祝宴では主人を讃えるべきであるとされるいっぽう，あまり主人を讃えすぎてもよくないとされている。このジレンマを解決するために，掛け合いでは「褒めながらけなす」という方法が取られるのだ（皆川 2001, 2002）。また北米での歌掛けは明確に集団間の競争として位置づけられており，日本古代の歌垣やプイ族の歌掛けとは随分様相を異にしている。

ただ，多様な歌掛けについて以上のように散発的な報告はあるものの，ほとんどの場合研究の蓄積が不十分で，本書で論じてきた山歌と全面的に比較しうるだけの情報がない。その数少ない例外が，次節で紹介する奄美の歌掛けである。奄美の歌掛けは山歌と似たようなところから，ここ数十年で山歌と正反対の発展を遂げている。それではまず，奄美の歌掛けの諸側面について，本書と同じように見てみよう。

---

[2] これはホイジンガが『ホモ・ルーデンス』で引用しているデ＝ヨセリン＝デ＝ヨングの講演（ホイジンガ 1973: 256–258）を論文として出版したものと思われる。

第 3 部　歌掛けの遊び論，遊びとしての山歌

2 ｜ 奄美の歌掛け

　奄美地方は日本の民俗学，民族音楽学において長く注目されてきた地域である。歌掛けについての最初の記録はおそらく『南島雑話』(1984) であろう。これは薩摩藩士の名越左源太がお由良騒動により遠島中 (1850～1855年)，現地で見聞した奄美の風俗をまとめた民族誌的書物で，このなかに図入りで歌掛けの記述がみられる。明治維新後も昇曙夢，文英吉，茂野幽考といった奄美地方出身の知識人たちによって民謡の記録が進められた。戦後になると沖縄県立芸術大学や法政大学沖縄文化研究所，また地元の研究家などによってぼう大な数の論文が発表されるようになった[3]。ただ，その多くは 8・8・8・6 形式の琉歌調をはじめとする音数律の分析，日本本土や沖縄との伝播論的，文化史的つながりの考察や歌詞の内容分析をもっぱらとしていた。「歌掛け」という，歌の状況と形態の特異性に注目したのは小川学夫が最初であろう。

　小川は『奄美民謡誌』(1979) で，既刊の資料集が曲名と歌詞の羅列をするばかりで，唱歌形式 (ハヤシ詞や歌詞の反復を含めた実際の歌われ方) を無視している点を批判し (ibid.: 17)，歌の持つ生き生きとした即興性に注目しつつ，長期間にわたる精力的な現地調査を元に奄美地方の民謡の全体像を明らかにした[4]。さらに 10 年後に出版された『歌謡 (うた) の民俗―奄美の歌掛け』

---

3) 奄美の民謡研究史については，中原 (1997) に包括的なレビューがある。
4) そのうえで，小川はそれまであった，(沖縄の「おもろさうし」のような) 長詩形叙事歌謡から歌掛けのような短詩形叙情歌謡に移行したとする説に反論している。奄美において前者は呪術や宗教的信仰と強く結びついており，後者はより世俗的な社会と結びつきが強いが，小川はどちらが先かというより，両者には優劣関係があるだけで，「祭式にはぐくまれた叙事歌謡と，歌掛けという場での抒情歌謡とは，はるか昔から併存し，互いに影響を与えたり受けたりしながら消長の歴史をくりかえしてきたのではないか」(小川 1979: 338-339) と主張している。多くの場合，芸能その他の文化的要素に対する単系統的な進化論はこうした多系統的状況がありうることを想定していない。小川の述べた両者併存的状況は歌のみならず，あらゆる儀礼や遊び，芸能研究において念頭に置く必要があるだろう。本書では扱っていないが，プイ族にも「古歌」という叙事詩があり (貴州省民族事務委員会古籍整理弁公室・黔南州民委

第 8 章　再説，歌掛けとはなにか

(1989) でもより歌掛けに的を絞った分析を行っている。ただ，小川の研究は奄美地方各島における民謡の全体像を記述・整理することに重点を置いているため，実際に人々がどのように歌い踊っているのか，具体的事例がほとんど示されていない。そこで，より個別の集落における事例に密着して民族誌的記述を行ったのが酒井 (1996) と中原 (1997) である。酒井 (1996) は徳之島の南部から東部にある集落，中原 (1997) は奄美大島の北部にある佐仁集落をおもな対象として調査を行っている。『奄美民謡誌』によると，小川が初めて奄美大島を調査をした 1963 年から『奄美民謡誌』を出版した 1979 年までの間ですでに奄美の民謡に衰退，変化がみられたという。たとえば農作業や漁などのおりに歌う「仕事歌」(奄美の言葉で「イトゥ」という) は生業形態や経済状況の変化によってすでにその歌われる場自体が失われ，その一部は遊び歌に取りこまれ，それ以外は古老が覚えているものを再現してもらうのが精一杯であった。そこから酒井，中原の研究までの 30 年間に，奄美地方の民謡を取り巻く状況には引き続き大きな変化があった。中原が調査した頃には，人口減少のために奄美大島では八月踊りのような大きな行事は東京や大阪近郊などに移住した人々なしには成り立たなくなっていたようである。それにもかかわらず，これらの著作をみるかぎり，基本的な歌の技法，歌の場の構造自体には変化がほとんどない (ただし歌い手の平均年齢は上がっていると思われる)。本節ではこれらの研究から奄美の歌掛けにおける中心的な存在とみられる 2 種類の歌掛けをみていく。ひとつめは三味線を持っておもに個人対個人で歌を掛け合う「歌遊び (歌アシビ)」，そしてもうひとつは 8 月 (または 7 月) の盆正月の季節に集団で踊りながら歌う「八月踊り」である。これらを中心に，奄美における歌掛けの音数律，掛け合いの対話的構造，社会的位置づけについてそれぞれみていきたい。

1998) 山歌とともに併存してきたとみられる。またさらに小川は，折口信夫から照葉樹林文化論につらなる歌垣研究でいわれるような「性の解放」や豊穣の予祝などは歌掛けにとって単に付帯的な事柄ではないかとしており (小川 1989: 229)，私もこれに賛同である。

第 3 部　歌掛けの遊び論，遊びとしての山歌

（ⅰ）歌遊びと八月踊り ── どこで歌われるか

　奄美地方では，戦前頃までは日常生活から婚礼，葬儀，年中行事にいたるまであらゆる場面において歌が歌われていた。小川はこうした奄美の民謡を，歌われる場面にそって「遊び歌」「行事歌」「仕事歌」に分類している（小川 1989: 14-15）。このうち，仕事歌は先述の通り小川が調査を開始した 1960 年代の時点ですでに歌われるべき状況そのものが消滅しており，行事歌もすでに多くの年中行事が行われなくなっていた。現在でも盛んに行われている歌掛けは遊び歌のひとつ「歌遊び」と行事歌のひとつ「八月踊り」である。

　小川は奄美の歌掛けが「きょくたんに言えば，日常の言葉に曲節と韻律が付加された段階である」（ibid.: 229）と述べている。歌遊びは人々の集まる場でこうした「日常の言葉」の掛け合いを，ふしをつけて一定の音数律で行う遊びであり，奄美において「遊び」といえば歌遊びを指すほど深く浸透している。この遊びは婚礼や誕生祝い，新築祝いなどで行われることが多いが，それ以外でもとくに目的なく寄り集まった時にも行われる，「ハレ」と「ケ」の中間的なものであるという（ibid.: 20）。酒井は徳之島における歌遊びの場について以下のように述べている。

> 　「歌あそび」は，歌そのものを楽しむための自然発生的な集まりで，多くは「掛け歌」の方式を取る。一曲ごとに，決まったフシにのせて参会者が交代で短い歌詞を出してゆくやり方である。曲目や歌う人，歌詞の順序は固定されていないが，歌い出しだけはその曲の由来を示す固有の歌詞（元歌）が決まっている場合が多い。以後は，歌詞は覚えているストックから適当に選び，即興も付け加える。歌の受渡しはあたかもバレーボールのトスのように多方向的で，上げられたボール（歌）を誰がうまく受けとめ，如何に面白く長く続けてゆくかに興味が集中する。三味線や太鼓の伴奏楽器が心臓の鼓動のように途切れることなく拍節を刻み，歌の受け皿になる。参会者は手拍子，フシ漕ぎ（船を漕ぐように体を前後に揺らして歌うこと）などの動作で共振しながらリズム感をそろえ，手のひらをすり合わせて持続感を維持する。ハヤシ詞やカケ声，時には即興的な手踊りがその場を活気づける（酒井 1996: 148-149）。

　中原によると奄美では，正月を中心に冬の間は三味線歌（多くの場合歌遊

びのこと），旧暦八月を中心とした夏の間は屋外での八月踊り歌が中心になる。ここでも歌の情景は徳之島と大差ないようだが，掛け合いの方法は少々異なり，正月では男女一人ずついるリーダー格を中心に集団で歌を掛け合う「ボレウタ（群歌）」という形式を取る（中原 1997: 78-82）。他の時期についてもほぼ同様であろう。

　奄美大島では，本土への移住などによる急激な人口減少と高齢化[5]のために 90 年代には旧来の「シマ」（集落）の行事をほとんど維持できなくなっていた。そのため歌遊びや八月踊りといった「シマの歌」（とりわけ集団で踊る八月踊り）が，移住していった人々も含めた，人々のシマ意識をつなぎ止める重要な契機となっている。八月踊りは旧暦八月（一部地域では七月）最初の丙丁（ひのえひのと）の 2 日間に行われる「アラセツ」と，アラセツ後の壬癸（みずのえみずのと）の 2 日間に行われる「シバサシ」という行事を中心に夏の間ほぼ集落単位で踊られる。踊り手集団は男女数十人からなる大がかりなもので，中原が調査した佐仁集落ではそのメンバーは八月踊りの時にだけ現れる「マエ」と「ウシロ」という集落内区分によって 2 グループ踊りの輪が形成され，両グループは自発的に出来ては消えていく「歌クミアイ」という歌仲間によって構成されている（ibid.: 68）。八月踊りの舞踊形式は多くの場合円舞で，男女数十名が列を作って円形に並ぶ。男女双方のグループにおいて歌の上手な者が近接して立ち，互いに歌を掛け合い，他の人々はそれぞれのリーダーの歌を唱和しながら踊る（ibid.: 108）。

　こうした歌は元来集落単位で閉じていた。しかし本土とのつながりが深まり，奄美の民謡が知られるようになるにつれ，テレビによる取材や民俗芸能大会への出演が増えている。奄美大島でもとくに歌が盛んなシマとして知られる佐仁集落では，1961 年に東京九段の日本青年館で開かれた「全国民俗芸能大会」に八月踊りおよび数名の三味線歌の名人（ウタシャ）が出演したのを皮切りに，中原が調査したころでは年 5〜6 回本土で公演を行っていたという（ibid.: 193）。その際，演者たちは何度も練習を繰り返し，舞台に合わ

---

5) たとえば佐仁集落では，東京や京阪神方面への移住などのため，1957 年から 1992 年の間に人口が半分以下に減少，92 年の段階で 70 歳以上が約 23％を占めている（中原 1993）。

せて見栄えがするように踊りの振り付けを変更するなどの工夫をして舞台にのぞんでいる。テレビが撮影にくる際も，保存会が用意したそろいの衣装を着て踊る。こうした見た目への配慮は内輪だけで歌い踊る場合にはみられなかった現象である。また，坪山豊や武下和平といった奄美出身の著名なウタシャがレコードやCDを出し，海外公演などもこなしていることも，奄美の歌の知名度を上げることに大きく貢献している[6]。

(ⅱ) 奄美の歌掛けにおける詩型

徳之島や奄美大島における歌遊びの歌詞は基本的にモーラを単位とした音数律であるが，具体的にどのような音数律かは旋律によって異なり，8・8・8・6の琉歌調や5・8・5調，さらには不定型の歌詞まで非常に多様である。さらに言葉に対してモーラ数が足りない場合，言葉を短縮して（例えば「きゆ」→「きゅ」など）歌うなどして柔軟に対応している。なかでも5・8・5を基調とする詩型は拘束がゆるく，話しことばをのせやすく親しみやすく，現代でも新しい歌を生み出し続けている（酒井 1996: 181）。

小川によると，こうした状況は奄美地方のほかの島でも大差なく，さまざまな音数律がみられるという（小川 1979, 1989）。どうも5や7を基調としたものは本州から，8を基調としたものは沖縄からの影響であるらしく，この二つの文化の結節点として，奄美独自の歌に対する感覚を生み出した結果が5・8・5調といった独特の音数律であるようだ。

また，こうした歌詞が実際に歌われる時には，1単語，歌詞の一部，またはその全体を反復するといった，複雑な反復形式が現れることが知られている。小川（1979）はこの反復形式も曲の系譜を探る手がかりとして詳細に分析，整理しているが，あわせてそもそもこの反復は「歌掛けにあって歌の印象を強め，そして相手方に次の文句を出させる余裕を持たせるためではな

---

[6] さらに世代が下がり，元ちとせや中孝介（あたり）といった，元々島唄を歌っていた歌手がJ-POP界に進出すると，日本全土で奄美が歌どころであることが知られるようになった。こうした近年の知名度の急上昇も，奄美の歌掛けをめぐる環境に大きな影響を及ぼしていると考えられる。

かったか」という見解も述べている (ibid.: 177)。

同様に，実際に歌われる現場で必ず出される「ハヤシ詞」についても，これを歌いながら次の文句を考えた，という古老のことばを引きつつ (ibid.: 129)，小川はハヤシ詞の種類を①調子を取るような一種のかけ声が，そのままハヤシ詞になっているもの，②はっきりした意味を持ち，今も解釈可能ではあるが，現行の曲との関連はほとんど消えてしまい，慣習的に歌われているだけのもの，③本来はなんらかの意味があったであろうが，現在まったく意味不詳となっているもの，の3つに分類している。これらのハヤシ詞は基本的には曲ごとに決まった位置で歌われる。

(iii) 歌詞における修辞

それでは，奄美の歌掛けにおいてどのような修辞がみられるのだろうか。これについては残念ながら本書第6章で行なったような修辞技法の具体的研究はないようである。だがこれまでみてきた小川 (1979, 1989)，酒井 (1996)，中原 (1997) にある事例から奄美の歌掛けにみられる修辞技法を分析することは可能である。ほかにも奄美大島笠利町城前田で踊られていた八月踊り歌を全曲記録した資料（久万田 1991）を用いながら，奄美の歌掛けで用いられる修辞（文彩）をみていこう。

まずは比喩表現である。奄美の歌掛けではとくに隠喩の使用が顕著である。次の事例は奄美大島の歌遊びでかならず最初に歌われる「あさばな節」である。

(8.1) 愛しゃん人や庭鳥卵　吾や親鳥なて　朝宵押さとり欲しゃぬ
いとしい人は鶏の卵だ。私が親鳥になって朝晩押さえていたい。（小川 1979: 84）

ここでは恋人を鶏の卵，自分を親鳥に喩えたうえで，その隠喩関係を敷衍して「朝晩あなたを押さえていたい（＝ずっと抱いていたい）」という表現につないでいる。奄美の歌掛けにみられる隠喩は多くの場合こうした，前半で隠喩によって2項の趣意（ここでは恋人と私）全体の関係を別の事物に置きか

え，後半でこれを踏まえた行動を述べるという形式になっている。ほかにも久万田（1991）にみられる隠喩では，趣意と媒体を設定したうえで，両者をつなげる根拠をあたかも謎かけ（複式なぞ）のオチのように歌うという形式がみられる。

  （8.2）人（ひと）が嫁女（よめじょ）や　枯れ木ぬ花よ　すぃがろすぃがろに　おとろしや
    人の嫁というのは枯れ木であるよ。すがろうにも恐ろしい。（久万田
    1991: 61）

ほかにも，歌全体が隠喩であり，状況からなにが趣意かを聞き手に推測させるような歌もある。次の事例は畑仕事に一緒に行こうとしない娘に対して，父親が歌った歌である。

  （8.3）いしょばたまつぎなんてぃ　やまどぅりのむんゆすぃしゅり
    うやどぅりやとぽとぽ　くゎどぅりやはねぬねんしゅてぃなきゅり
    磯端の松の木のところで，山鳥の親子が物を食べている。
    親鳥はもう飛ぼう（と言っても），子鳥は羽がないと言って鳴いている。
    （中原 1997: 97）

これは歌われた状況から，歌っている親と子どもが山鳥の親子になぞらえられていて，この歌全体で親が子どもを揶揄しているのは明らかである。中原にこの歌を教えた老女は小さい頃この歌を父親に歌われてしまい，畑仕事について行かざるをえなかったという。
 また数は少ないが久万田（1991）の資料には直喩表現もみられる。

  （8.4）年やとていきゅり　先や定まらぬ　荒海（あれうみ）に浮（う）しゅる　舟ぬごとに
    年はとってゆき，先のことは定まらない。まるで荒海に浮く舟のようだ。
    （久万田 1991: 59）

 ただ，こうした比喩表現は奄美の歌掛けにおいてそれほど顕著ではない。むしろ歌掛けの修辞はもっぱら文章構成法によくあらわれる。なかでも平行関係（Jakobson 1960）に含まれる反復法，対照法はよくみられる。

  （8.5）かまくらぬ花や　手ぬ先に染みゅり　親ぬ訓事（うやゆしぐと）や　胸に染みろ

第8章 再説,歌掛けとはなにか

　　かまくら（ホウセンカ）の花は,手の先に染ま（ってきれいだが），
　　親の教えもあなたの胸にしっかり染めなさい。　　（小川 1989: 33）

　この歌では前半が「ホウセンカの花は手をよく染め」,それと同じように親の教えを胸に染みこませなさいと教えさとしている。これは平行関係を基盤としながら前者と後者を対比させている対照法である。
　こうした修辞技法はたしかにしばしば用いられるが,全体的にみれば,とりたてて比喩のような概念の飛躍や文章の修辞的構成による文彩を用いない表現のほうが多い。これが,先に引用した小川が奄美の歌掛けを評して「きょくたんに言えば,日常の言葉に曲節と韻律が付加された段階である」(*ibid.*: 229) と述べた理由ではないかと考えられる。だが奄美の歌掛けが「日常の言葉」から離れていることがはっきりわかる修辞がある。それが誇張法である。奄美の歌掛けで歌われる歌詞の多くは,状況からみて誇張であると判断されるのである。

　(8.6) 昼食ぐゎや据かてぃ　昼食食まちぐぁしぃりば
　　　　清ら女童ぬ来んむんぬ　抱かぢうきゅみぃや
　　　昼食を据えられて,食べようとすれば
　　　美しい娘が来たのに,抱かずにおかれようか。（酒井 1996: 82）

　これは田植え歌の掛け合いである。歌詞だけからこれが誇張であると判断することはできないが,状況から考えると明らかに誇張であるとわかる。たしかに田植えの時に娘が昼食を持ってくることはあろうが,その娘をこれを歌うたびに本当に抱いていたら大変である。ちなみにこの歌に対する女性側の応答は「美しい女童の腰を抱いてみたか青年たち,千里走る（速い）舟に乗ったような心地だ」といった大意の歌であり,(8.6) に輪を掛けた誇張表現を使い,ずいぶんエロチックな掛け合いになっている。
　これは「曲節と韻律が付加され」た結果日常の文脈から遊離し,歌掛けであるというフレームがはめられることで全体が虚構となった結果可能になった表現である。音声的枠組みがはめられることで,歌詞は日常の言葉とは別のフレームのなかに置かれる。このことにより真っ先に活用される修辞が,誇張法なのではないだろうか。

第 3 部　歌掛けの遊び論，遊びとしての山歌

（ⅳ）　奄美の歌掛けにおける対話構造

　次に奄美の歌掛けの語用論的側面，つまり掛け合いのやりとりがどのような形式で行われているのかをみていこう。小川（1979，1989）は歌遊びにおける歌の継ぎ方を次の 5 通りに分類している。以下の掛け合いは小川（1979: 130-137）で挙げられた事例で，レコードや既存の歌謡集などから取られているが，小川自身も歌遊びの現場を多く取材しており，ほぼ実際の歌遊びに即しているとみてよい。

　（1）ひとつめは問答の形である。たとえば，次のようなあいさつ的問答がみられる。

　　（8.7）今ぬあんちゃめぐゎ　吾し始めらば　うりが声戻せ　汝たししより
　　　　【大意】今の「あんちゃめぐゎ」（歌の名）は私から始めましょうから，
　　　　　　　その返しをあなたがして下さい。
　　　　うりが声戻し　吾しらんですりや　吾声ぬねだな　あべがならぬ
　　　　【大意】あなたのその歌に返しをしようと思いますが，私の声量がなく，
　　　　　　　大きな声でうたうことができません。

これ以外に恋の問答もきわめて多いという。これは歌遊びの場が従来，恋人を獲得する場であったことに由来する。

　（2）ふたつめは同傾向の事物を歌い継ぐ形である。たとえば，次のやりとりは三味線について歌いこんでいる。小川によると，全体を通してこの形式の継がれ方がもっとも一般的だという。

　　（8.8）三味線ぐゎぬ馬や　弦冠めて立ちゅり　吾や加那偲で　道に立ちゅる
　　　　【大意】三味線の駒は弦に支えられて立っている。私は恋人を偲んでこ
　　　　　　　うして道に立っている。
　　　　道弾き三味線ぐゎ　医者より勝り　寝なしうる加那が　起で聞きゅり
　　　　【大意】道々，歩きながら弾く三味線の音は，医者よりも勝る。病床に
　　　　　　　伏している恋人も起きて聞き惚れるほどに。

　（3）3 つめはある事件や物語を歌い継いでいく形である。これはある種の物語歌なのだが，あくまで掛け合いで歌われる。この形の歌は事件が起こる

とそれについて掛け合いでうわさを歌い，それが徐々に整序されたものであると考えられる。例えば次の事例は「かんつめ節」といい，かんつめという美女といわ加那の恋が実らず，かんつめが自殺するという悲恋物語（実際の事件だという）に基づいて歌われている。

(8.9) 夕がで遊だる　かんつめ姉くゎ　明日が宵なたと　後生が道にみ袖振ゆり
　　【大意】夕べまで一緒に遊んだ，かんつめ姉さんは翌日の夜には，もうあの世への道にみ袖を振って行くよ。
　　かんつめ姉ぐゎが　明日死のしゃん夜や　名柄ぬ佐念山なで　提灯御火の見てたんちゅる
　　【大意】かんつめ姉さんが明日死のうとする夜は名柄（地名）の佐念山に提灯の明かりを見たということだ。

こうした物語にまつわる歌は徳之島において「うわさ歌システム」（酒井 1996）とでも呼びうるような役割を果たしている。以前はうわさが歌によって広まることがよくあり，歌に歌われること自体に社会的制裁としての機能があったとみられている。また，小川は歌が叙情化していく契機は，恋の歌よりむしろうわさ歌のほうであるという指摘をしている（小川 1994）。

(4) 4つめは先に歌われた事柄に対する批評または感想を歌で返す形である。これも内容としてはうわさ歌に分類されうる形式である。次の事例は奄美大島の遊び歌「嘉徳なべ加那節」でよく歌われるものである。

(8.10) 嘉徳なべ加那や　如何しゃる生れしゅてか　親に水汲まし　居ちゅて浴びる
　　【大意】嘉徳（地名）のなべ加那（女性名）はいったい，どんな生れをしたのでしょうか。親に水を汲ませ，自分は居ながらに水浴みをする。
　　親に成されてど　くぬ明さ見ゆる　肝魂足らば　吾身ぬ遅れ
　　【大意】親に産んでもらって，初めてこの世の明るさを見ることができた。そうした感謝の心が足らないようではわが身の遅れだ。

この「なべ加那」という女性は親不孝者だったという説や，神高いノロ（奄美・沖縄地方の女性聖職者）だったという説がある。いずれにしろ，先行

する歌詞に対して，後続の歌詞は「親不孝」という側面から教訓を述べていることになる。

（5）最後の5つめは，前の歌詞の一部をとるか，形式を真似て後続する形である。これはターン間での意味上の関連はまったくなく，単に先行歌詞の一部からの連想を述べた継ぎ方である。たとえば次の事例では「長」というところで継いでいる。

 （8.11）長雲ぬ長さ　辛気さゆじ坂（しのぎさゆりぴりゃ）　加那に思めなせば　車と一原（くるまとばる）
  【大意】長雲（坂の名前）の長さといい，しんどいさゆじ坂といい，越すのは大変だが，恋人のことを思えば車が通る平坦地みたいなものだ。
  長首ぬ笹や　青ちょゆり美らさ（きょ）　しまぬ若者や　揃て美らさ（そろ）
  【大意】長い首の笹は青々としてきれいだ。シマ（部落）の若者は揃ってきれいだ。

こうした継ぎ方はもっとも安易で評価はされないが，なんとか歌を続けていくことはできる。

小川はこれらをまとめて（1）（4）は問答形，（2）（3）（5）を後続形とし，奄美の言い方でいえば前者は「カエシ歌」，後者は「ツギ歌」といえるのではないかとしている（小川 1979: 137）。奄美では歌掛けを連綿と続けていくことを「アブシナラベ」（田の畔を並べること）と呼び，かつては歌い手の評価が声のよしあしや音楽的技巧ではなく，歌の文句をどれほどよく知っていて，それを機敏に出せるかどうかにかかっていた。現在はそうした側面は徐々に後退して，奄美大島ではもはや歌を言語的相互行為として捉えることはできなくなっている（中原 1989）。

また，中原の報告する奄美の八月踊りでは，「アラシャゲ」という技法が用いられる。これは，最初のうちは相手が歌い終わってから返歌を返すが，掛け合いが進むにつれて曲のテンポを上げていくとともに，歌を返す位置をどんどん前倒ししていく技法で，最終的には相手がまだ半分程度しか歌っていないタイミングで歌を返すようになり，昂揚した雰囲気のなかこれ以上テンポを上げられずなにを歌っているかもわからないほどになって踊りが終わ

る掛け合い方である。なお，この間踊りの動きだけは変化しない（中原 1997: 110-111）。これは，おそらく歌が基本的に定型句でできていること，その蓄積がある程度歌い手のあいだで共有されているから可能なのであろう。そして，八月踊りでは「ナガレ」と呼ばれる決まった掛け合いの順番パターンが用いられることがある（*ibid.*: 108）[7]のも，アラシャゲが可能な要因の一つであろう。

3 山歌との比較

以上，本書の第1部と第2部に対応するかたちで奄美の歌掛けについて振り返ってみた。これを踏まえて，奄美の歌掛けと山歌を比較してこう。

(i) 社会に埋め込まれた歌掛け

奄美地方は江戸時代島津藩の半植民地状況にあり，非常に抑圧された歴史をもってはいるが，いかんせんプイ族とは政治的状況がまったく異なるため，第3章でみたようなアイデンティティ問題は奄美と貴州で比較することができない。とはいえ，「場所」全体でみれば奄美の歌掛けと山歌は似た部分がある。山歌も奄美の歌掛けもともに，かつては男女の恋愛において歌掛けが重要な役割を果たしていたことは明らかである。またそれ以外にも，双方とも結婚から仕事，年中行事にいたるまでさまざまな場面に歌掛けは根づいていた。さらにそれから歴史的な変化をこうむり，今となってはそうした「伝統的」な社会的位置づけとはずれた位置を占めるようになっているところも，両者は似ている。山歌も奄美の歌掛けも，あらゆる世界中の文化と同じく歴史的変遷を遂げている。そうしてたどりついた現代的な位置づけはどこにあるのだろう。山歌は今，少数民族文化の促進の機運に乗って，布依学

---

[7] ただし，この「ナガレ」（または「ナラベ」）は男女双方のリーダーに知識があればこそであり，またたとえ知識があっても片方がそれを好まなければ続けられることはない。

第3部　歌掛けの遊び論，遊びとしての山歌

会や民族宗教局などの働きかけにより歌会などそれまでなかった新たな舞台で演じられるようになっている。その社会的意味合いも，男女の社交（恋愛）や結婚にいたる過程における儀礼的位置づけから，中高年の娯楽や祝い事に花を添える余興へと変化している。山歌はそうした歴史的変遷と社会的位置づけを含み込んだ場所として存在している。これは奄美の歌掛けでも同様であるが，現代的な位置づけは異なっている。奄美は人口の急減とともに旧来の村落社会を維持できなくなっている。いっぽう本土には奄美からのぼう大な移民が根付いている。彼らを故郷に結びつけているのが歌掛けなのである。中原（1997）が示したのは，もともと「シマのもの」であった歌が，故郷を遠く離れるにつれ昔よりむしろいっそう強く人々をシマに結びつけているそのありようである。また，現代において奄美の歌掛けは奄美の魅力のひとつとして重要な文化資源にもなっていると考えられる。

　こうした変化が歌掛けの姿にも影響を及ぼしている。山歌では舞台化とともにより「見せる」方向への変化が現われはじめている。奄美ではこの事態はさらに深く進行している。奄美の人々は民謡大会に出場するべく東京に行き，舞台で演ずるためにおおいに練習し切磋琢磨するのである。そのため歌い手たちの動きも見た目も山歌とは比較にならないほど磨き込まれている。また舞台でより「聞き映え」のする表現を求めて歌の音楽性をますます高めている。山歌ではまだ今のところ，歌の音楽性にはまったく変化がない。これが歌に対する価値観にも反映している。この問題は歌の形式に深くかかわるので次節にてふれることとする。

（ii）　歌詞と踊り ── 歌の現場にて

　歌掛けの内部構造の問題についてはどうだろうか。奄美方言は声調言語ではないため，第5章で検証した声調と旋律の相同性についてはそもそも問題にならず，この点について山歌と奄美の歌掛けを比較することは無意味である。音声面の両者の比較からはせいぜい，歌掛けは声調のあるなしにかかわらず可能だという，きわめて当たり前なことが言えるにすぎない。

　韻律については両者に共通点がある。奄美の歌掛けは山歌と同様音数律が

ある。ただその規則は5・8・5をもっとも生産性の高いベースとしつつも，さまざまな音数律が同じ地域に同居していて山歌より多様である。旋律についても漢歌やプイ歌に比べて圧倒的に豊富である。ただそのように音楽的に山歌と比べて著しく発展している反面，歌掛けの即興性という点ではかつてほどの豊かさはなく，現在にいたっては即興の歌掛けは高齢のウタシャにしかできない状況になりつつあり，歌の規範であった「アブシナラベ」を即興で聞くことは難しい。こういった状況から，歌掛けにおいて歌の音楽性と言語的即興性はトレードオフの関係にあるのではないかと推測される。旋律と音数律は新しい歌詞を生産するための土台であったものが，奄美では時代とともにむしろそれが評価の中心となり，歌の言語的側面はどんどん後退していっているのだ。一方の山歌は歌い方（旋律のありかたや音数律）に関してはなんら変化がない。今後どうなるかはまだわからないが，今のところ山歌は奄美のような，鑑賞の仕方が根本的に変わって，歌詞ではなく歌の音楽的側面の重視一辺倒になっていくという道はたどっていない。

　修辞技法に関しては，使われる技法という点で奄美の歌掛けと山歌におおきな違いはない（もちろん生活環境も歴史も違うので内容については異なるが）。どちらも隠喩や直喩をはじめとする比喩表現を駆使し，反復法や対照法などの，平行性にもとづく文章構成上の技法を効果的に用いて文体を仕上げていく。ただ本章2節iiiで指摘したように，なかでも歌掛けの技法として注目すべきなのはやはり誇張法であるように思われる。第6章で検討した山歌の修辞技法においても誇張法は，これだけが現実との対比によってしか成立しない点で独特であった。奄美の歌掛けも山歌も，全体が誇張法におおわれている。これは歌掛けが置かれた社会的な場所が，日常的な場面からは切り取られ枠づけられているからである。つまり，全体が虚構の世界にあるからである。山歌でも「情歌」を歌ったからといって本当に恋に落ちるわけではなく，歌遊びでどれほどエロチックな歌を歌おうとそれが即現実のセックスに結びつくわけではない[8]。歌掛けで使われる誇張法は，この現実と歌掛けの

---

8) もちろん，まったく結びつかないというわけでもない。ここで強調したいのは，歌掛けが歌われる場所その外側の世界は異なるフレームが適用されているということである。フレームについては次章で詳しく取りあげる。

第 3 部　歌掛けの遊び論，遊びとしての山歌

フレームとのギャップに立脚しているのだ。

　言語的相互行為としての山歌と奄美の歌掛けはどちらも似ている。どちらも修辞を駆使し，相手の言葉に対してなんらかの整合性のある応答をしようとする。これは掛け合いなのだから当たり前である。少し変わったやりとりとしては，ある特定の故事や出来事を歌い手どうしが共同で歌っていく形式があるが，これも本章 2 節 iv における (3) の継ぎ方と付録 2 「年歌」の間には顕著な相似がみられる。(3) で歌い継がれるのはたいてい故事であるのに対して，「年歌」で歌い継がれるのは一年の出来事であるが，どちらもなんらかの時系列をもつ物語であることに変わりはない。これは日常会話と比べて一見変わった構造であるようにもみえるかもしれないが，じつは日常会話でもたとえば三者会話においてある特定の出来事に居合わせた 2 人がそこに居合わせなかった 1 人に共同で説明するといった状況，またはある共通の思い出話を 2 人で語り合うときなどにみることができる。

　日常会話をさらに比較対象として置いたときに浮きあがってくる歌掛けの言語的相互行為としての特異性は，本章 2 節 iv の (5) のような，形式上の共通性はあるが意味的に関係のない語句を返すことも場合によってはありうるという点にこそ認められる。山歌でも，プイ歌は定型句という文脈上関係のない語句をはさむし，漢歌も修辞や表現の流用をする。これは，相手の歌にうまく付けられないときにそれでもなんとか掛け合いを維持しようとして，結束性を実現する標識として表現の類似を利用した結果なのだ。たとえ意味連関として整合性に欠けていても，先行する歌とのあいだになんとか結束性を作り出し，歌を止めないことが歌掛けという枠組みを維持する最後の防衛線になっている。たしかに山歌でも奄美の歌掛けでも内容的になんら対応していない返しは良い評価を受けないが，だからといって排除されるわけではない。さらに，奄美の歌掛けでは掛け合いにおいて歌われはするが，じつはもう意味がよくわからなくなっている歌詞が時折歌われる。

　(8.12) なかばる主や　那覇好き衣装買い　ないっしょーや　那覇好き者や
　　　　那覇女郎よーし（久万田 1991: 54）

第8章　再説，歌掛けとはなにか

これは「まけまけ」という歌のクズシ[9]で歌われる歌詞の冒頭である。(8.12)は個々の単語そのものは意味がわかるが，全体としてなんのことか不明である。さらに前後の歌詞と比べると，その間には表現の類似すらない。それでも掛け合いとして歌われている。こうした事例からも，歌掛けというテクストの整合性のベースには，歌を構成するさまざまな韻律規則に従った歌を歌うことがあり，そのうえにさまざまな対話の型がのっている。漢歌ではこの型がサブジャンルレベルである程度決まっており，プイ歌ではきちんと相手の歌を反復したうえで返事を返していくことによって相手との対等性を維持する。奄美では小川が明らかにしたような型があり，さらになかには(8.12)のような，型以前のベースラインが赤裸々に露出している歌詞も用いられているのである。

　最後に，奄美の歌掛けと山歌のもっとも目立つ違いを取りあげたい。それは踊り（歌に伴う身体動作）の有無である。奄美の人々は歌いながらよく踊る。八月踊りは歌よりむしろ踊りが中心であるし，歌遊びでも歌い手やまわりの人々はよく手踊りなどを踊っているようである。これは山歌にはまったくみられない特徴である。山歌では通常歌い手はほとんど微動だにせず，相手を見ることもなく淡々と歌い続ける。じつは，中原によると奄美でも歌をしみじみと聴く場合は身体が静止に近い状態になるという（中原1997: 145）。山歌において歌い手がほとんど動かないのは，それだけ歌に集中していることの証左なのではないだろうか。また，とくに奄美の八月踊りは歌掛けではあるがその重点は踊りにあり，円舞を最高潮に盛り上げるためにアラシャゲという技法が駆使され，リズムの加速とともに，歌のやりとりも言語の意味のレベルにおけるやりとりを放棄して加速させていく。ここで目指されているのは言葉のやりとりではなく，より直接的な音と動き，深く身体に根ざし

---

[9]　これが歌われる笠利町城前田集落の八月踊り歌は，まず最初に女性側が歌いはじめ，それに男性側のリーダー（ウチジャシ）が答える形で始まる。徐々に掛け合いと旋律のテンポをはやめていくと（アラシャゲ），頃合いをみてウチジャシが同じ踊りのままで別の旋律を歌い出す。この別の旋律のことを「クズシ」という。さらにテンポを上げ，盛り上がりが頂点に達したところでウチジャシの「トーザイ！」というかけ声で一曲が終わる（久万田1991: 3）。

た高揚感である。ここでは言語も音楽的な音へと融解し，身体をつきうごかす興奮をもたらすための道具立てになっている。

4 一般歌掛け論を求めて —— 歌掛けのヴァリエーション

　本章3節 i の比較から，奄美の歌掛けも山歌もともにかつては似たような社会的位置づけを占めていたが，この1世紀ほどの社会状況の変化にともなって，かなり異なった位置づけをもつにいたったと考えられる。奄美では「シマの歌」が遠く離れた人々を結びつけ，貴州省では山歌が民族文化の象徴として新たな価値を見いだされるようになっている。ただし，これに類した変化はどのような文化，どのような社会にも同じようなかたちで起こっていることは自明であろう。そう考えると，社会のなかの歌掛けのありかたをいくら分析しても，そこから明らかになる「歌掛け」に独特の要素はごくわずかでしかない。それを煮詰めれば，歌詞中心主義からそれ以外の要素，つまり見た目（視覚的要素）や旋律の音楽性の強化（聴覚的な快楽への志向）への変化だといってよいだろう。

　奄美も貴州も，そしてその他多くの歌掛けも，本来は同じ旋律を使って歌詞を即興で繰りだしてやりとりする，言語的相互行為が中心にあったことは間違いない（ただし，この特質はそもそも，第1章で与えた歌掛けの定義のうちにすでに取りこまれていたともいえる）。だが，経済的発展と社会の流動性の増大とともに，歌は見た目を工夫したり直接体感できる音楽性をより重視するなど，直感的にわかりやすい方向へと変化することを余儀なくされる。また，後進が育ちにくくなるため歌詞の即興性を維持するのも難しくなっていく。奄美の歌掛けについてはすでに指摘したが，漢歌についても貴陽で行われた歌会では掛け合いでなく事前に練習してきた歌が「山歌」として多く歌われた（第3章）。その背景には，即興の掛け合いが技術的に難しいからという理由があると推測される。即興で歌を作るのは非常に高度な技術で，今それができている歌い手たちは小さい頃から歌を身体化させる環境があったからできるようになったのである。

以上のような変化は社会から歌掛けへの影響である。反対に奄美の歌掛けが人々をむすびつけ，山歌でも歌会が歌い手たちをむすびつけるのは歌掛けが社会へ与える影響であるといえる。このように歌掛けと社会は相互に影響し合っているのだが，それでも，歌掛けから社会への影響というのはその逆に比べて微弱であると言わざるをえない。あくまで歌掛けは社会状況に「埋め込まれ」ており，社会からの強大な圧力のなかで自らの位置づけをなんとか確保しているのである。ただ，繰り返しになるが，こうした状況は歌掛けに限らず，どのような芸能でも基本的に同じである。芸能活動がそれをとりまく社会的状況と没交渉に成立したり伝承されたりすることはありえない。

むしろ歌掛けの一般的特徴は相互行為の特異性のなかにはっきり浮かびあがってくる。歌掛けが言語的即興性を保つかぎり，歌掛けは「単に歌を交互に出す形式という以上に，歌を生み出す装置，ダイナミズムとしてとらえられる」(酒井 1996: 339)。そしてこのダイナミズムによって，対面的な相互行為を成立させ進行させるのである[10]。奄美の歌掛けと山歌との比較で浮き彫りになったのは，この相互行為が身体運動（身体全体の律動），音楽表現（記号的表象過程を経ない聴覚刺激），言語表現（記号的表象過程を経た聴覚刺激）の3つの軸のあいだで独自のバランスを取りながら進められることである。山歌ではこのうち言語表現が突出して重要である一方，奄美の八月踊りでは身体運動が，そして舞台化され歌の技巧が比べられるようになったシマ唄は音楽表現がそれぞれ重視されるようになっている。

だがそれだけではない。歌掛けの一般的特徴として忘れてはならないのは，それがさまざまな韻律規則によって日常的な言語行為からは隔離され，枠づけられた特異なジャンルとして社会的に位置を与えられていることである。山歌も奄美の歌掛けも，誇張法においてこの枠の存在を垣間見ることができた。歌掛けを構成する諸規則はすなわちこの枠づけ（フレーム）を与える装置（ベイトソン 1990, Goffman 1986 [1976], Foley 1997）であり，だからこそ歌掛けを維持するベースにもなっているのだ。このフレームによって社会的

---

10) これはかならずしも2者間であるとは限らない。たとえば歌遊びはその場の誰が歌ってもよい。

第3部　歌掛けの遊び論，遊びとしての山歌

　に与えられた位置とは，すなわち「遊び」である。山歌は「ちょっとしたお遊び（小玩意）」（付録1のm11）であり，奄美の歌掛けも「遊び(あし)」であるといわれている。歌掛けは遊びなのだ。

　遊びなら私たちの身のまわりにあふれている。山歌は遊びという局面において私たちとつながっている。だがそもそも遊びとはなんだろうか。そして歌掛けとはどのような遊びなのだろうか。この問題は，山歌とはなにかという本書の問いに答える最後のみちすじを用意してくれる。次章でこれらの問いに答えていこう。

第9章

歌掛けの遊ぶ声
—— 山歌の遊び性と声の力 ——

1 遊びとしての歌掛け

　「遊び」という言葉のない社会はあれど,遊びのない社会はない[1]。山歌や歌遊びなどの歌掛けはあきらかに「遊び」として当事者にとらえられている。だが「遊びとはなにか」という一般論になると意外と難しい。本章ではまずホイジンガ,カイヨワ,西村清和の遊び論を経巡りながら歌掛けの遊び性について考察していきたい。

　遊びとはなにか。この問いにはじめて正面から挑んだのがホイジンガである。ホイジンガは1938年にオランダで出版された,遊び論の金字塔ともいうべき著作『ホモ・ルーデンス』(1973)において,遊びを余技として低くみる既存の通念を逆転させ,文化を遊びの上に成立したものと考えた。そして博大な言語学の知識からさまざまな言語における「遊び」に相当する表現を検討し,遊びの機能の本質的なふたつの相として,(1)なにものかを求めての闘争,(2)なにかを表す表現,のふたつを挙げた (*ibid.*: 42)。そのうえで

---

[1] さらにいえば,動物も遊ぶ。カイヨワが遊びを分類するにあたって人間の遊びとともに動物の事例も逐一引きあいに出している点は示唆的である(カイヨワ 1973)。島田(2009)がまとめているように,動物の遊び研究には観察に完全に依拠せざるをえないという特有の困難があり,「遊び」の動物行動学的定義はほとんど不可能であるが,それでも動物が遊ぶことを否定する動物行動学者はいない。

第3部　歌掛けの遊び論，遊びとしての山歌

次のように遊びを定義した。

> 遊びとは，あるはっきり定められた時間，空間の範囲内で行なわれている自発的な行為もしくは活動である。それは自発的に受け入れた規則にしたがっている。その規則はいったん受け入れられた以上は絶対的拘束力をもっている。遊びの目的は行為そのもののなかにある。それは緊張と歓びの感情を伴い，またこれは「日常生活」とは，「別のもの」という意識に裏付けられている (ibid.: 73)。

ホイジンガはこの著書のなかできわめて多岐にわたる遊びを例に挙げているが，そのなかには詩経に見られる恋愛歌（グラネ 1989）やアンナンの歌掛け (Nguyen 1934) などといった歌掛けも含まれている。山歌や奄美の歌掛けもこれに連なるであろう。歌掛けの遊び性を探るにあたり，まずこのホイジンガの定義に含まれる要件を歌掛けにひきつけて分解してみよう。

はじめに「あるはっきり定められた時間，空間の範囲内で行なわれている」という，遊びの限定性。歌掛けは時間的にも空間的にも限定されている。山歌はもっぱら正月の祭りや祝い事のときに歌われるし，奄美の八月踊りは伝統的にアラセツ，シバサシの日が中心である。歌遊びは特定の日が決まっているわけではないが，日常生活を圧倒するほど頻繁に歌われるわけではないという点で時間的限定があると言える。そしてどちらの場合でも，歌う人々のまわりで歌声の届く範囲という，あいまいではあるが空間的に限られた領域内に限られて，歌掛けという活動は成立している。こうした限定性が，「「日常生活」とは，「別のもの」という意識」を遊びの場にもたらすことになる。遊びの限定性についてはさらにホイジンガ以降の議論も見る必要があるので，もう少しあとでより詳しくみることにする。

つぎに，「自発的な行為もしくは活動」，つまり強制されていないこと。これも山歌や奄美の歌掛けに当てはまる。いずれももともと積極的に男女の社交の場を持とうと人々が集まったことから始まった芸能であり，今でも報酬を受け取って呼ばれて歌うことはあるが，それでもあくまで余業としてやっているのであってなにか逼迫した生活上の必要があってやることではないし，誰かに命令されて強制されるようなものでもない。この自発性はあとで

第9章　歌掛けの遊ぶ声

述べる遊びの娯楽性をもたらす前提となっている。

　ホイジンガによるとこの活動は「自発的に受け入れた規則にしたがっている」「その規則はいったん受け入れられた以上は絶対的拘束力をもっている」というふたつの制限を持つ。ホイジンガはこの要素をきわめて重視しており「規則が犯されるや否や，遊びの世界はたちまち崩れおちてしまう」（ホイジンガ 1973: 38）ため，これを放棄する（悪用したりぺてんをするのではなく）「遊び破り<small>スポイル・スポート</small>」には厳しい制裁が待っているとしている（ibid.: 38-39）。「遊び破り」については適切な事例がないのでなんとも言えないが，山歌が韻律規則（第5章）や掛け合いの規範（第7章）によって成立しているのは確かだ。奄美の歌掛けも同様である（第8章）。

　このような規則をサールは「構成的規則」と呼んでいる。サールは構成的規則を「成立の如何そのものがその規則に論理的に依存する活動を構成する」（サール 1986: 58）規則と定め[2]，さらにこのなかにゲームの目的を明らかにする諸規則を含めている（ibid.: 94）。そしてそうした規則全体が個々のゲームを定義するとしている（ibid.: 59-60）。山歌の鑑賞における感覚の社会的構成も，韻律規則に従った歌い方を中核にしている（第4章）。遊びの規則性の本質についてもホイジンガの指摘からさらに深める必要があるので，あとでホイジンガ以降の議論を含めて詳しく見ることにする。

　ホイジンガによると遊びは以上のような，限定性，自発性，規則性といった形式的特徴を持っている。そして，遊びに固有の性質として「緊張と歓びの感情」を挙げる。遊びの領域内においてのみ成立するリズムとハーモニーのある秩序，不確実さに立ち向かうことからくる緊張（ホイジンガ 1973: 35-37）。こうしたものを内包した遊戯行為を誘発し駆動する遊びの本質的要素が「面白さ」である。上述の定義にある「歓び」とこれは同じものであろう。これは人を夢中にさせる力をもつ，「どんな分析も，どんな論理的解釈も受けつけない」（ibid.: 19）根源的な衝動である。この「面白さ」は楽しさと言いかえてもかまわないはずだ。遊びは，まぎれもなく楽しいのだから。

---

2)　ちなみにこの「活動」は原著ではactivityとなっており（Searle 1969: 34），サールは構成的規則が個々の行為（act）のみにかかると考えているわけではないと考えられる。

第 3 部　歌掛けの遊び論，遊びとしての山歌

こうした遊びの特質を「遊びの本来的娯楽性」と呼んでもいいだろう。この「面白さ」，「楽しさ」または「歓び」を味わうことが遊びの目的である。だから遊びの目的はホイジンガの言うように「行為そのもののなかにある」のだ。

　ホイジンガの遊び論はここまではよいのだが，そこから文化のあらゆる領域に遊びを見いだす努力を続けたあげくに「すべて遊びなり」という地歩にまでいたってしまう (ibid.: 430)。これはあまりに勇み足がすぎるであろう。なかでもホイジンガは宗教儀礼や秘儀と遊びを結びつけ，遊び空間の非現実性を強調して「遊び」の領域を押し広げていったが，これを批判したのがもうひとりの遊び論の巨人カイヨワである。1958 年にフランスで出版された『遊びと人間』(1973) においてカイヨワはホイジンガが見いだした遊びの形式的特徴について基本的に同意し，それらとほぼ同じ内容を遊びの「基本的定義」として採用している (ibid.: 39-40)[3]。しかしホイジンガの遊び論にある神秘主義的傾向や聖なる儀礼と遊びの同一視を批判し，遊びには虚構と気晴らし (つまり娯楽) の役割が神秘性に優越している必要があることを指摘，さらに賭けごとのような現実に物質的利害のからむ行為も遊びとして承認する必要を主張した (ibid.: 32)[4]。これは歌掛けの遊び論にとって示唆的である。第 1 章で紹介した「歌垣」と「歌掛け遊び」の区別 (内田 1984) が必要なのは，前者が儀礼性を含み，えてしてそれが虚構と気晴らしに優越しているである。本書で扱う歌掛けは，こうした点から見ても「遊び」としてとらえら

---

[3]　具体的には，(1) 自由な活動，(2) 隔離された活動，(3) 未確定の活動 (ゲーム展開や結果が分かっていないこと)，(4) 非生産的活動，(5) 規則のある活動，(6) 虚構の活動，さらに補足として遊びの自己目的性を挙げている。もっとも遊びが非生産的で虚構的であるとはいえ，「遊びが鍛える素質は，勉強や，大人のまじめな活動にも役立つ同じ素質である」(カイヨワ 1973: 267) として，遊びが現実生活にとって完全に無意味というわけではないことも注記している。

[4]　カイヨワは，ホイジンガが「聖」と「遊」を混同した原因は彼が遊びの外的構造にのみ注意を注いだことにある，と指摘している (カイヨワ 1973: 285)。そのうえで，遊びの内容そのものは現実生活にとって二義的な価値しかないのに対し，聖なる儀礼はその内容 (聖なるものを手なづけること) こそが重要である (ibid.: 291) ことを指摘して，「聖なるもの—世俗—遊戯」というヒエラルキーを提唱している (ibid.: 296)。

れる。山歌や奄美の歌遊びが娯楽を主としていることはすでに見た通りである。

　カイヨワはこのようにホイジンガを批判的に継承したうえで，遊びの分類として有名な「アゴン（競争）」「アレア（運）」「ミミクリ（模擬）」「イリンクス（眩暈）」の4分類を立て，遊びの形式的特徴だけではなくその内容に踏み込んだ分析の枠組みをつくった[5]。この分類は現在でも遊びを論ずるにあたって基本的な準拠枠となっている。ただ，「遊びにおいては，競争か，偶然か，模擬か，眩暈か，そのいずれかの役割が優位を占めているのである」（カイヨワ 1973: 43-44）といわれるように，この4分類は完全に排他的というわけではないし，これらの組み合わせとして成立している遊びもある。本書における山歌も，第3章で論じたように競争的要素をもっているので「アゴン」として分類できるし，舞台で娯楽として歌われる「情歌」については，競争的側面が後退し実際の恋愛を模しているという特徴が前面に出て「ミミクリ」となっていると考えることもできる。ただ，その場その場の歌掛けをどちらに分類するのが適切かはかなりはっきりしていると思われる。

　ただ，遊びを一定の特徴にしたがって分類するだけでは，「どのような遊びか」について答えることはできても「遊びとはなにか」に答えることはできない。カイヨワはこの点について，この4分類の各項目を人間の本能と結びつけることで乗り越えようとしている。彼によれば上記の各分類項目を特徴づける「競争すること」「運に身を任せること」「まねをすること」「自己の統御を失うこと」は人間の押さえがたい衝動でもあり（ibid.: 89），遊びの最大の文化的役割はこうした衝動を訓練し，制度化することで「くつわをはめる」ことにあるという（ibid.: 92）。そしてその「くつわ」が外れて現実生活

---

[5]　カイヨワの遊び論が言及される際にはこの4分類だけがよく取りあげられるが，実際にはカイヨワはこの4分類に直交するかたちで「パイディア（遊戯）」と「ルドゥス（競技）」という軸を設けている（カイヨワ 1973: 66）。パイディアとは統制されておらず気まぐれ，無秩序で移り気な遊びであり，ルドゥスとは反対に厳格な規約が存在し，努力，忍耐，技が必要な遊びのことである。カイヨワの示した表（ibid.: 80）では，さまざまな遊びが上述の4つに分類されたうえで，この「パイディア―ルドゥス」の軸にそって配列される。遊びが統制の度合いについても多様であることを明確に示した点でこの軸の導入は優れている。

第 3 部　歌掛けの遊び論，遊びとしての山歌

に遊びが浸出すると，それぞれの遊びの原理が暴力や迷信，狂気や麻薬中毒などへと「堕落」してしまう (ibid.: 104)。また遊びを単なる個人的な娯楽とは考えず (ibid. 81)，「遊びには，共感を込めて注目してくれる観客の存在が必要」(ibid.: 85) であるとして，遊びの社会性についても言及している。

　しかし，カイヨワのこうした議論はかなり問題がある。山歌に当てはめて考えてみよう。山歌は確かに競争的側面や，「まねをする」(「ふり」をする) 側面がある。しかし山歌を歌うことによってこうした衝動が訓練され，行きすぎないようになるとは考えにくい。山歌が衰退したからといってなにか人格的問題が起こったなど聞いたことがない。それに，山歌を歌いすぎて「堕落」するとはなんであろうか。さらにカイヨワの主張する観客の必要性も，確かに現在の山歌の多くは舞台化されているが，たとえば「欄路歌」はその場にいる人がほぼ全員歌い手であって観客はほとんどいない。もっと身近な例を考えてみてもこれがおかしいことはよくわかる。たとえば競馬にのめり込んで身を持ち崩す人のように，遊びが過ぎて現実生活に重大な痛手をこうむることもままあるが，かけっこや鬼ごっこのしすぎで暴走族になる人間はいない。それに，かけっこや鬼ごっこに普通観客はいない。遊びとカイヨワのいう「堕落」した行動をそのまま結びつけることには慎重でなくてはならないし，観客の存在は遊びに本質的ではない。なにより，遊びを「衝動を抑える文化的くつわ」としてしまうと遊びの自由さが損なわれてしまうのではないだろうか。カイヨワ自身が遊びを聖なる儀礼と対比させるなかで，「遊びとは，人が自分の行為についての一切の懸念から解放された自由な活動である」(ibid.: 294) と述べているにもかかわらず，この謂いでは遊びがなんらかの抑圧装置であるかのようだ。

　カイヨワが苦闘して失敗したのは，遊びになにか単純な因果関係のようなものを想定しようとしたからである。だが遊びの目的は行為そのもののなかにある，というホイジンガの洞察を思い返せば，カイヨワのたどるべきだった道は見えてくる。それはすなわち，遊びに独特の存在様態の探求である。遊びをどこかへ向かう衝動の顕在化した一形態ととらえるのではなく，世界に住まう人間の独特の在りかたとしてとらえる。そうしたなかで，遊びの社会性も適切に把握することができるだろう。遊びにおいて見いだすべき社会

第9章　歌掛けの遊ぶ声

性は，単純に観客のあるなしではない。遊びの社会性はある遊びを遊んで楽しいと感じる人々が一定以上おり，そのうえでそれが社会的に「あっていい」と存在が認められていることにある。こうして成立した遊びが，人々を結びつけて組織化し，コミュニティを形成するきっかけとなり，コミュニティのなかで役割を果たすことで生き甲斐をもたらすといった，社会において不可欠な機能を果たすようになることもあるだろう。奄美の八月踊りはまさにそうであった（第8章）。山歌も貴陽市においてそのような機能を果たしていた（第3章）。また遊ぶことではなくそれを見て楽しむ観客が現われ，その存在に元気づけられて遊ぶ人たちがさらに遊びに励む可能性もおおいにある。だがこうしたものは遊びの二次的な社会性にすぎない。遊びの一次的社会性は，あくまで遊ぶ人たち（遊び相手は人とは限らないが）のあいだにあるはずだ。それはなにか。

　この課題に現象学的立場から取り組んだのが西村清和（1989）である。西村は「遊びを非現実，非日常として隔離するのではなく，むしろ，他の諸行動とならんで，ひとがこの世の中で生き行動するひとつの，独特のありかたと考えるべきではないか」(*ibid.*: 3)と問いかける。そしてホイジンガと同じようにさまざまな言語の「遊び」に相当する語が持つ原義を検討したうえで，そこに共通してみられる「軽快に動揺し，ゆきつもどりつ徘徊する，あてどなく自在な往還運動」(*ibid.*: 23)を手がかりとして，遊びに独特の存在様態について考察を進めた。その結果見いだされた西村の遊びの定義が次の文章である。

　　　遊びとは，ある特定の活動であるよりも，ひとつの関係であり，この関係に立つものの，ある独特のありかた，存在様態であり，存在状況である。それは，ものとわたしのあいだで，いずれが主体とも客体ともわかちがたく，つかずはなれずゆきつもどりつする遊動のパトス的関係である(*ibid.*: 31)。

日本語に準拠して言えば，遊びは「を・遊ぶ」ではなく「と・遊ぶ」，「に・遊ぶ」という関係にある。つまり遊ぶとは，他者とするどく拮抗しあう「対向の企て」(*ibid.*: 98)ではなく，遊び手どうしが同一の期待を共有し，おたがいに同調しあう関係，両者のあいだにある，すぐには期待を成就させない

第3部　歌掛けの遊び論，遊びとしての山歌

でおくという，「仕組まれた不在の「間（ま）」」（*ibid.*: 38）を楽しむ関係に身を置くことである。さらにいえば，遊びと「対向の企て」の違いとは，私と他者との関係によってできあがる構造の違い，そしてある特定の場所にどのように住み込み，まなざしを向け合うかという存在様態の違いである（*ibid.* 111）。そして「遊びの目的は，ただ「おもしろく遊ぶ」ことにあり，遊びのルールとは，「おもしろい遊び」を規定するルールである」（*ibid.* 287）と述べ，ホイジンガの洞察へとたどり着く。

　こうした遊びの存在様態は歌掛けにもよくあてはまる。岡部隆志は雲南省白族（ペー）の歌掛け調査を通して，白族の歌掛けには目指す先はありつつもそこに到達することをためらい持続していく「歌掛けの持続の論理」，つまり歌い手のあいだにある間隙はそのままに，いつまでも対立した状態を表現したままなかなか終わらないという掛け合いのありかたがあることを見出した（岡部 2000, 2002）。山歌でも，テーマをじっくりと歌いこんでいくことこそがよいとする価値観があった（第4章）。この「間（ま）」こそが，遊びを決定づけるのだ。

　さらに西村の定義にはもうひとつ，ホイジンガがさきに上げた定義には含めなかったものの，別の箇所で指摘している遊びの要件が含まれている。それが「つかずはなれずゆきつもどりつする遊動」と西村が表現している，遊びの反復性である。ホイジンガは遊びの反復性について，遊び内部の反復（順番交替のような）と遊び自体の反復が存在することを指摘しているが，なかでも前者を遊びの本質的特性としている（ホイジンガ 1973: 34。なお，後者は遊びを成立させる要件ではなく，遊びが社会において成立している結果であろう）。歌掛けの反復性は自明である。それは「掛け合う」こと，ターンテイキングの反復である。当たり前だがこれがなくなれば歌掛けは歌掛けでなくなってしまう。

　以上の遊びをめぐる議論から，遊びは（1）物理的（時間・空間的）のみならず，心理的にも日常とは異なる区切られた領域をしめる（遊びの限定性），（2）遊びの目標も含めて，遊びを構成している規則をもつ（遊びの規則性），（3）楽しさ・面白さによって動機づけられている（遊びの本来的娯楽性），（4）遊び手どうし，遊び手と遊び道具のあいだに遊動的往還運動がある（遊びの反

復性），という4つの要素によって定義できる[6]。ただ，これまでの遊び論とは異なり，私はこの定義を遊びの典型性を規定するものと考えたい。つまり遊びをプロトタイプによって規定され，その外延に明確な境界線を引くことができない概念であるととらえるのである。これによってこれまでの遊び研究者が腐心し苦しまぎれに遊びから排除してきたスポーツやプロフェッショナルな演劇のような，その真剣さにおいて常識的な意味での「遊び」からかけ離れてはいるものの，完全に遊びでないとは言い切れない事象や，カラハリ狩猟採集民グウィのガイカリク（けんか遊び）のような遊びと暴力の境界線上にある事象（菅原1993）も，遊びの周辺に位置づけることが可能になる。第1章で述べた「歌垣」と「歌掛け遊び」の違いも，これによって境界事例の分類をめぐる不毛な議論を避けることができる。たとえば第3章で紹介した「男女の歌掛けを聞いた第三者の女性が男性に惚れて結婚する」という事例は「歌垣」としては微妙だし，それでも性的関係が関与しているので「歌掛け遊び」にも入らなくなってしまう。昔の山歌は歌垣的でもあり得たが，今の山歌はすっかり「歌掛け遊び」（本書でいう「歌掛け」）になったのであり，そこまでのあいだには中間的な事例がありうる。遊びをプロトタイプとしてとらえることによって，境界事例をこのように扱うことができる。

　上述の4つの要素のうち，とくに重要なのが遊びの規則性と限定性である。なぜなら遊びを現実から遊離した存在として現出させる装置としてこのふたつの要素は機能するからである。規則性についてはサールの「構成的規則」のをめぐる議論をすでに取り上げたが，西村も規則（ルール）について考察している。彼によると「ゲームのルールとは，なによりもゲームの遊びを成りたたせているもの，具体的な「遊びかた」を規定するもの，したがって，そもそもそのゲームがどのようなゲームかを定義するものである」（西村1989: 284）である[7]。またサールは構成的規則全体が個々のゲームを定義する

---

[6] この定義から，第1章で引用した山崎正和の「社交」概念も，実体としては遊びにきわめて近いことが分かるだろう。

[7] さらに西村は法哲学者ハートが見いだした，責務を与える「第一次的ルール」と権能を与える「第二次的ルール」の区別（ハート1976）を援用して，遊び方を規定するルールを第一次的ルール，なにがルールに反する行為かを判断する審判やスコアラー

第 3 部　歌掛けの遊び論，遊びとしての山歌

と考えたが，西村は「遊びかた」の規定（たとえば将棋の駒の可能な動きについての規定）自体はゲームを定義しないことを指摘している。これは山歌において修辞技法の使い方が山歌そのものを定義しない（あくまでうまく掛け合うための技法として使われている）ことからもわかる。「遊びかた」の規定は確かに遊びを構成するのだが，それだけでは足りない。さらに「ルールがゲーム行動の目的をも規定しそれへと動機づけること」（西村 1989: 295）によってルールによるゲームの定義が完成するのだ。歌掛けにおいてはありうべきストーリー（あらかじめ規定された文脈）がこれに相当する。

　遊びの規則（ルール）とは，「遊びの目指すべきゴール」を定めることでまず遊びの自己目的性を規定し，それに向かって楽しく遊べるように具体的な遊び方や反則を定めた諸規則が配置される，という構造をしている[8]。これによって，ゲームのなかで遊び手が行うふるまいの可能性は大幅に縮減され，いわゆる現実生活（日常生活）とは異なる世界が現出することとなる。山歌でも，自分たちが歌う前に歌い手の組が次に歌う内容を相談することがあるが，その行為は掛け合いそのものからは排除されている。あくまでステージに上がるのは「歌」の「掛け合い」のみである。韻律規則に従った歌を歌うこと，それだけが掛け合う二組に許されている（それ以外は「掛け合い」の外になる）のだ。

　こうして異世界としての遊びの時空がひらかれる。これを限るのが上述の「遊びの限定性」だ。ホイジンガは遊びの限定性を指摘はしたが，これがど

　　を導入してゲームを公的制度へと変貌させるルールを第二次的ルールになぞらえる（西村 1989: 389）。第二次的ルールの導入に西村は遊びからスポーツへの変貌をみるのだが，遊びとスポーツのあいだに截然と境界線を引きたい西村の意図に反して，これは同時に「一次的ルール」がまだ有効であることによりスポーツが遊びの要素をも備えたままであることも示しており，「遊び」概念をプロトタイプ的にとらえること有効性を例証している。

8)　後者のルールには一見「統制的規則」が含まれているようにみえるが，サールはフットボールやチェスを事例に「フットボールやチェスの規則は，フットボールやチェスの競技を統制するのみではなく，いわば，そのようなゲームを行う可能性そのものを創造する」（サール 1986: 58。傍点筆者）と述べていて構成的規則が同時に行動を統制することは否定していないので，その点は問題ない。

こから来るのかについてほとんど考察を深めていない。この重要な欠落について「フレーム」という概念を使って最初に考察したのがベイトソン (1990) である。ベイトソンは遊びが「これは遊びである」というメタメッセージによって規定される心理的フレームによって成立すると主張した。心理的フレームはメッセージの一部を除外し、別の一部を包含し、フレーム内のメッセージに対してはその外側とは違うつながりを読み取るよう要求する (*ibid.*: 270-271)。

　ベイトソンはこのように心理的フレームを規定したうえで論理階型論とこれを結びつけ、人間を含む動物はこの心理的フレームを適切に操作することによってメッセージとメタメッセージを適切に処理してラッセルのパラドックス[9]を逃れると考えた。これに対し西村は、遊ぶ人が遊ぶ状況にパラドックスをみいだしそれを処理する必要はまったくなく、メタメッセージによって遊ぶ人が「現実の遊ぶ自我」という存在了解をすればそれで十分であると批判した (西村 1989: 203-211)。ただこの批判は、ベイトソンのメタレベルの論理階型を「存在了解の状態」と置きかえれば無効化される。そもそも人間は生活するうえで自分の置かれた状況をいつでも意識的・無意識的に了解している。ベイトソンは「心理的フレーム」をあたかも特殊な状況下でかけられるものであり、普通の人間は普段「素の現実」とでも呼びうる存在了解のゼロレベルを生きているかのように論じてしまっているために、こうした誤解が生じているのではないだろうか[10]。だが実際には、「素の現実」世界を

---

9) 　ラッセルのパラドックスとは「自身を要素に含まない集合の集合は自身を含むか」という問いに潜むパラドックスである。ベイトソンが考察に使っているのは次のフレームである (ベイトソン 1990: 267)。

> このフレームのなかで僕が言うことは、全部ウソだ。
> お前が好きだ。
> おまえなんか嫌いだ。

10) 　この議論は清水博の「場所中心的自己」と「自己中心的自己」に通じている。清水は「自己」が二重構造をもっていることを指摘し、自他分離的にものを見たり決定したりしている自己を「自己中心的自己」、自己を場所のなかに置いて、場所と自他分離しない状態で超越的に見ている自己を「場所中心的自己」と規定している (清水 1996: 56)。これはベイトソンのいう「現実」とメタレベルの認識に相当する。清水は

生きている人間とはベイトソンが「遊びと幻想の理論」の後半で検討した，心理的フレームを扱えない精神疾患の患者（ベイトソン 1990）だけである。

　ベイトソンのフレーム論を発展させた社会学者ゴフマンは「素の現実」の不在ついて，「原初的フレーム primary framework」という概念を導入することで明確化している（Goffman 1986 [1976]: 21-22）。原初的フレームとは「それなしでは意味を成さない状況を意味のあるものにするような」フレーム（ibid.: 21）であるが，これは要するに状況に対して人が意識的・無意識的に行う判断のことである。ゴフマンはベイトソンの「フレーム」の心理的特徴引き継ぎつつ，社会的状況がそれによって定義され，社会的出来事や私たちの状況への主体的関与を支配し経験を組織する枠組みとしてフレーム概念をとらえなおし（Goffman 1986 [1976]: 10-11），そしてフレームを認識するさまざまな手がかりを「フレーミング・デバイス framing device」と呼んだ。ゴフマンが例示するフレーミング・デバイスには，新聞記事につけられた括弧からラジオドラマで活用される「お国なまり」，作り笑いなどさまざまある。舞台装置や衣装もフレーミング・デバイスと呼んでよいだろう。さきに検討したもろもろの規則にしたがった遊びの場におけるふるまい自体もフレーミング・デバイスとして働きうる。遊びの限定性とはまずそうした心理的・社会的なフレームであり，「遊び」が立ちあがるときにフレーミング・デバイスが起動して現実世界を区切りとる[11]。もちろん逆も考えられる。運動場，原っぱという遊びのために開けた空間（空間的限定）それ自体がフレーミング・デバイスとなって心理的フレームを呼び起こすこともある。しかしどちらが遊びにとって必須かと問われれば，西村にならって心理的フレームであると答えたい（上述の通り西村はベイトソンに批判的だが）。西村は遊びのはじ

　　さらに，場所にいる複数のアクターそれぞれがどのように，この「自己」の二重性から表現（行為）を生み出していくのかという問題について考察し「即興劇モデル」を構築することで，（清水はベイトソンに言及していないのだが）実質的にベイトソンの論理階型論に時間性を導入することを試みている（清水 1996）。

11）一見ここでいう「現実世界」が私たちの日常生活であると思いがちであるが，人間は常に「原初的フレーム」を通して状況を定義していることを考えれば，実際には遊びのフレームが区切りとった残りの領域にも，なんらかのフレームがかかっていることを忘れてはいけない。

まりを「自己と他者のあいだの遊戯関係と双方が同調する遊動」におく（西村 1989: 100）。遊びは舞台設定や遊ぼうとする主体の自由な意志によってもたらされるのではなく，あくまで遊びという状況を相互に了解することによって成立するのだ。たしかに，どのようなフレーミング・デバイスがあろうともそれが自動的に遊びという状況をもたらすわけではない。あくまで参与者間の同調，存在了解において遊びは成立する。

　こうした遊びの性質は相手がいなくては掛け合いにならない歌掛けでも当てはまる。いっぽうが掛け合うつもりでも相手が応じなければ掛け合いは成立しないし，歌い手同士が同調する（同じ歌を歌う）能力がなければやはり歌掛けにはならない。第3章でその事例はすでに見た。ただ歌掛けの場合，フレームの起動において決定的に重要なのは「楽しい」という感情，さきの4つの要素に挙げた「遊びの本来的娯楽性」である。たとえば［酒歌06プ］の歌掛けは市販VCDなのだが，掛け合いがまだ途中であるにもかかわらず女性側が席を立ち，撮影者の「え，もう歌わないの？」という呼びかけに「もう歌わないよ」と応じるところで映像が終わっている。他の民族でも，雲南省に住むペー族の歌掛けはほとんどが歌うことに疲れるか，歌うことが楽しくなくなってなんとなく終わってしまうという報告もある（岡部 2002: 102）。これは西村の「倦怠のみが遊びをやめさせる」（西村 1989: 111）という指摘と見事に一致する。ただし歌掛けが終わるのは倦怠のみによるのではない。その逆もありうる。奄美の八月踊りでは，アラシャゲを駆使してもうこれ以上は速くできないという盛り上がりのクライマックスにおいて掛け合いは終了する（中原 1997: 106）。これは，興奮によって身体能力的に掛け合いの間が維持できなくなったことによって遊びが終了する例と考えられる。ただこれは「倦怠のみが遊びをやめさせる」という言葉の反例ではあるが，同時に掛け合いがこのうえない楽しさのなかで成立していることを示しており，歌掛けにおいて本来的娯楽性が大きな役割を果たしていることの証左ともなっている。

　こうした歌掛けの動機，遊びの動機となる娯楽性を確認したうえで，歌掛けにおけるフレーミング・デバイスについて見てみよう。歌掛けほどフレーミング・デバイスが明瞭な遊びもそうそうない。歌掛けはふしまわしが決

まっており，それを歌ったとたんに歌掛けをしようとしていることがわかる。歌い掛けられた相手はもし歌掛けの場に入るなら，同じふしまわしで答えればよい。歌の返答もそれほど時間をかけないので，（プイ歌のように極端にターンが長ければ別だが）歌を掛け合っていることは歌詞がわからなくても理解できる。歌声が状況を定義するのだ。ただ，これ以外にフレーミング・デバイスがあるかというと，それは個別の事例によって異なると思われる。山歌では民族衣装が着られることもあるが，かならずしも民族衣装を着なくてもよい。先述のように，羅甸県の民族運動会や貴陽市の歌会であれば「舞台」が，貴陽市の欄路歌なら道をふさぐ棒の前後が歌掛けの場所となる。舞台は歌掛けという状況の周囲を区切り，棒は歌掛けという状況の中心になるという重要な違いはあるが，どちらも山歌というフレームを設定する装置となることに変わりはない。ただそのようにはっきりした空間的標識がつねに存在するとはかぎらない。羅甸県で 2007 年に参加した新築祝いでは山歌の歌い手も招かれていたが，昼食後にその歌手たちは他の客が談笑しているのと同じ空間で，それほど大きくない声で歌掛けをしていた。貴陽市のある歌会では舞台からはずれた林の中で中年男女が歌掛けをしていた。そうした自発的に発生した歌掛けの場には，いかなる（目に見え触ることのできる）フレーミング・デバイスもない。そこにただ歌声が響いているだけである。奄美の八月踊りや歌遊びのように体の動きがあれば，彼らが同じ「歌掛けの場所」にいることがはっきりわかるが，山歌の場合は相手を見ることすらなくじっとしているため，身体的な動きは心理的フレームを設定する手がかりにはなりにくいだろう。歌掛けの核にあるのはやはり，声に出して歌うという，そのことだ。

　歌掛けは歌を歌い，それを相手と交わすことで成立している遊びである。歌掛けの最大の特徴，もっとも顕著なフレーミング・デバイス，そして歌掛けの娯楽性において中心にあるのは歌うことである。だからこそ貴陽市では掛け合いでなくても「山歌」でありうるし，奄美ではもはや即興の掛け合いという性質がほぼ失われてしまったあとでも歌遊びや八月踊りが人々を惹きつけている。歌うとは，声を出すことに他ならない。最後にこの「声」について考えることで，「山歌とはなにか」という問いの答えを閉じることとし

たい。

2 歌え，遊べ —— 山歌の声

　声を出すこと。「声は，聞かれるものであるより前に"発する"もの」である (川田 1988: 251)。声は身体運動によって引き起こされた空気の微細なさざ波として，物理的世界に繋留されている。だがそれだけではない。声は場所を召喚し再創造する。山歌では歌声だけが歌掛けという状況を設定することがあるということは前節で述べた。*Listening and Voice: Phenomenologies of Sound* で聴くことと声の現象学を展開したイーデは，聴覚の領野は全方位的であり，聴く「私」の周囲を取り巻き，私の身体に浸透し，静寂という地平において消え去るとしている (Ihde 2007)。歌は声がとどく領域を聴覚的に作り出し，(うまくいけば) そこにいる人々の身体を共鳴させる。そこにいる人々が声に共鳴すればそこに声の場所が生まれる。ここでいう「共鳴」とは，声を身体で知覚し，承認し (意識的にしろ無意識的にしろ)，同調し，みずからを声の場所に開くことを意味する比喩である。共鳴は音の発生源に同調するという受け身の所作でありながら，みずからを同じ振動数で振わせて発生源へと音を返す能動的所作でもある。音響学的には物質のもつ固有振動数が一致しないと共鳴現象は起こらない。これと似て，声が物理的に届く範囲内にたとえ他者がいたとしても，その人に共鳴するための準備がなければ「共鳴」現象は起きず，声の場所の召喚は不発に終わる。その準備とは社会的背景の共有であり，知識であり，聴くための特別な身構え (澤田 1996) であり，要するにさまざまな意味での応答可能性のことである。西アフリカ，ブルキナファソにあるモシ王国の音世界を全体論的に厚く記述した川田順造は言う。「声を発することは，声を発するという行為を支える状況性と，声を発する者の現前性と，声の向けられた相手の特定性をまきぞえにして成り立っている。声は私の体内から出るものでありながら，口から発せられたあとでは他人に共有されてしまう」(川田 1988: 5-6)。この言葉はこうした声の特徴を，社会という視点からとらえている。そして声が，新しく場所を創り

だすという能動性と，そこにいる人々によって承認されなくてはならないという受動性の両方をもっているということも意味している。どのような状況で声を発するか，声を発するのはだれか，声を聴くのはいかなる人間か。こうしたことが声の行く末を決めている。声は声の発された現場にいる人々のあいだに響き渡り，人々を結びつけようとする。そうして人々が結びついた小さな社会，それが声の場所なのだ[12]。声の行く末とは，この場所に他ならない。

ここで「新しく場所を創りだす」といったのは，場所がその都度同一の形で喚び出されるわけではないからである。たとえばもし毎回同じ歴史性・現前性を備えた場所が喚び出されるならば，そこに新たな歴史は生まれないであろう。通時性に着目すれば，毎回なにが想起されなにが想起されないか，共時性に着目すれば地理的にどこの文脈まで参照するかは異なる。山歌が歌われるたびに異なるように，山歌の歌われる現場が毎回異なるように，場所は差異と反復を含みこんで現われる。

歌掛けの声は言葉をのせている。それにしても，なぜ歌うのであろうか。一般に歌うことによって言葉がわかりにくくなることは第5章などで見たとおりである。この問題には声の演戯性が関わっている。川田は発話行為を情報伝達性，行為遂行性，演戯性の3つの側面からとらえるべきであると主張している（川田 1988: 245）。そのうち演戯性とは感興によって測られる声のパフォーマンスとしての力である[13]。その力は言語の韻律的側面を声が自在に操って表現できるところにある。声のもつ，音としての特性である抑揚，

---

[12] 前節でみたベイトソンやゴフマンのいう「フレーム」とはこの場所の縁取りのことであり，フレーミング・デバイスとは場所を人々に認識させるしかけのことでもある。

[13] 他のふたつについて，情報伝達性とは情報の新しさと真偽が，行為遂行性とは話者及び場の適格性が重視される側面であるとされる（川田 1988: 245-256）。ちなみに川田はオースティンが発話の韻律的特徴（つまり演戯性）をまったく無視していることについて「行為としての言語を問題にしながら，書きことば中心の学問の伝統にとらわれた欠陥というべき」と批判しており（川田 2001: 182），この三側面はオースティンの「発語行為」「発語内行為」「発語媒介行為」（オースティン 1978）という概念区分の代替として提示されたものである。ただ川田の主要な関心が発話の演戯性にあったせいか，それ以外の側面については極めて不十分にしか論じられていない。

アクセント，リズム，声質を駆使することで，人は声にパフォーマンスとしての力をもたせる。この演戯性によって歌は，日常的な話し言葉から遊離する。イーデの，音は「歌の魂」である (Ihde 2007: 199) という言葉は，歌におけるこうした演戯性の比類ない重要性を指しているのだ。さらに川田によるとモシの語りの場では，この演戯性が「個々の発話行為にイヴェント（催しもの）性を与え，そのことによって言表の記述的内容にもかかわらず」，人々に我こそ次に語らんとさせる「行為遂行性」をもたせている（川田 2001: 189）。歌はまさにこうした演戯性を高める技術である。歌うことによって声が際立ったフレーミング・デバイスとなるのみならず，高められた演戯性によって歌い手たちはさらに歌うことへとうながされる。歌掛けの持続はこの，次の歌をうながす演戯性にも依っている。

　さらに声は独特のドラマツルギーをもっている。声を出したとき，それは場所を喚びだすのみならず，声を発した人の歴史や状況，ひいてはその人の存在が開示される (Ihde 2007: 171)。たとえば役者が声を変えるとき，声を発した時の社会的・演劇的「役」としての声も響くことになる。山歌では，歌手たちの声はそれぞれの人の声でありながら，同時に主人や客人，若い男性や女性の恋人の声である。物語を語るとき，演戯をするとき，そして歌うとき，人は自己の存在の別の可能性を二重写しに示すのだ（川田 1988: 199, Ihde 2007: 171-172）。声を変えることは自己を変えることをも意味している (Ihde 2007: 171)。声の演戯性は，声を発する者を変容させる力をもっている。

　こうして声は発せられる。大森荘蔵がいうように，声を出すことはすなわち身振りであり，「声振る」ことである（大森 1999: 70）。だが「ある人の声を聞くとはとりもなおさずその人に触れられること」，「互いに声を交わすとは互いに触れ合うこと」(ibid.: 70) という大森の言は厳密には正しくない。なぜなら，音である声は触ることよりも圧倒的に身体への浸透力が強いからである。人は耳のみで音を聴くわけではない。「音を聴く」とは，全身体で音を感じることであり，耳はその焦点であるにすぎない (Ihde 2007: 44)。音と響きあい共鳴する身体を意味する「音響的身体」という概念を打ち出した山田陽一は，「身体において，さまざまな音は同調しながら響きあう。それが音響的身体のありさまであるが，音は，音同士で共鳴しあうだけでなく，

身体とも共鳴し，また同じ場に存在する身体同士をも共鳴させる」と指摘している（山田 2008: 27）。これは声でも同じことである。声は発する人の延長であり，それはまぎれもなく相手に触れるが，同時に相手の身体を内側からゆさぶるのだ[14]。この試みは失敗することもあるが，まったく誘いかけに反応しないというのも難しい。歌ならばなおさらである。誰でも指摘することだが，耳はみずからを閉ざすことができない。響いてきた音をひとまずは受け入れてしまう。たとえ言葉はわからなくとも歌われた声の韻律が人の身体を響かせる。舞台の外にいる人々ならばその源へと耳を傾け，舞台の上の歌い手であればその呼びかけに新たな歌で答える。歌い手は聴衆に応え，歌の相手に答える。山歌の場合，付録1の歌手である張氏によると「双方が上手でなくては上手な歌を聞くことはできない」，「見事な歌掛けであれば聴衆は惹きつけられてすばらしい雰囲気で掛け合える」という。前者は共鳴関係の技術的な難しさを，後者は共鳴関係が成立して歌掛けの場所がひらかれたときの状態を言いあらわしている。このような声の力は田中雅一にならって「誘惑」と呼ぶべきかもしれない。誘惑とは主客の絶え間ない逆転と響応であり，そして誘惑者は誘惑される相手の能動性を求める（田中 2009: 283）。歌掛けはまさしくこのような声の誘惑が行われる現場である。それはもっぱら歌い手同士のあいだに起こるが，同時に周りで聞く者たちをも巻き込む。こうした同調と遊動こそが遊びではなかったか。歌の場所に入る人々はかくして遊びのうちに住まうのだ。

---

14) なんらかの精神的・肉体的理由で豊かに「声を出す」ことができない人々が声を出せるようにするワークショップを長年行っていた竹内敏晴は，声は相手をそっくり包み込んで気持ちよく同調させることもできるが，そうではなく声がおずおずと相手に触れることなく止ってしまうことも，相手を殴りつけるかのごとく出されることもあることを体験から述べている（竹内 2007）。声がいつも音楽学者たちが想像するような，理想的な間身体的共鳴現象を生み出すわけではないことはすでに指摘した。ここに述べる過程は失敗もありうるという留保が常についていることを注記しておきたい。山歌でもこれは同様である。たとえば第4章で取り上げた2008年の湖潮郷の歌会のあと，私が同行させていただいていた布依学会の人々が立ち寄った先の家で歌掛けをしようと持ちかけ，しきりに歌いかける場面があった。しかしその家の人々は山歌をよく知らなかったため結局うまく掛け合いは成立しなかった。

第9章　歌掛けの遊ぶ声

　川田は声そのものの魅力，記号の束縛を超えて遊ぶ声が発散する力を「イドラ」と名づけている（川田 1988: 249）。イドラは歌の響くところにいる人々を誘惑するはたらきそのものを指している。山歌は歌にしては著しくテンションが低く，聴覚的には言語表現以外なんら訴えるものがなく若者離れが進んでいると述べた（第4章）。だがそれならばなぜ私は言葉もわからないのに「はじめに」で述べたように山歌の声に惹きつけられたのだろう。それは，聞く気満々であった私の心の持ちようが歌に共鳴する準備を整え，山歌の歌声にイドラを感じ，歌の誘惑にのってしまったからであるのかもしれない。図らずも私はこの本を書くことによって，山歌の声の力がまだ失われていないことを証明してしまったようである。

コラム 4

調査＝生活 ── 外国で暮らすこと

　調査をすることとは生活することである。フィールド調査というと，毎日調査対象のおじさんやおばさんやおじいさんやおばあさんのところへノートとペンを持ってあれやこれや論文のデータになることを根掘り葉掘り聞くようなイメージを持つかもしれないが，実際はそんなことはない。むしろ大部分は論文に反映しようがない時間を過ごしている。

　調査許可がなかなか下りず，手続きのために役所めぐり。イベントの予定がのびて暇ができる。話を聞こうと思っていた人の都合が変わって待ちぼうけ。そんなことはざらにある。貴陽から羅甸まではバスで短くても4時間，長いときは7時間かかり，移動だけで一日仕事だ。羅甸でも話を聞く適当な人づてがなかなか得られず，何日も家に半分引きこもりのような状態になったことすらある。滞在中に書いていた日記を改めてひっくり返してみると，なかでもとくに目立つのが体調不良である。あまりに日常的すぎたのか忘れていたが，やたらと風邪をひいたり腹を下したりしていたらしい。もともと外国暮らしをしたことがほとんどなかったので，何か月も滞在していると疲れがたまったのだろう。幸い入院するような大病にはかからなかったが，滞在期間のうちかなりの日は体調が悪く，2006年の8月前半にいたってはほぼずっと風邪が続いて，ほとんど貴州大学留学生宿舎の部屋でサッカーのワールドカップを観戦したり，日本のアニメや映画のDVDを見たりしながらベッドに臥せっていたらしい。

　「調査」として滞在している期間のなかには，大学のなかで過ごしている時間がかなりある。コラム3に書いた通り，2006年の前半はほぼずっと貴州大学で語学の授業を受けていた。もちろんそのあいだはどこにも調査に出かける時間が取れないので，大学のなかで普通の留学生と同じように過ごしていた。当時は（今もだが）貴州大学に留学生と先生を含めて日本人がほとんどいなかったので，日本語学部の学生たちの，日本語を使っての課外活動

第3部　歌掛けの遊び論，遊びとしての山歌

写真1．ある友人のご一家と

に呼ばれてそこで友人ができて，よく大学周辺の食堂へごはんを一緒に食べに行った。夏休みなどに友人のご実家まで遊びに行ったこともある（写真1）。遵義のお宅にお邪魔したときは，中国にも子だくさんのお宅があること（もちろん一人っ子政策に違反しているので罰金は払っているらしい）や，少数民族優遇政策がこの一人っ子政策にまで及んでいること，そして日本から見ると少し独特な養子関係があることを知った。安順市のとなりの県でつつましく暮らしている公務員のお宅にうかがったときには，役人みんながみんな世間で言われているような汚職まみれというわけでもないことを知った。凱里のお宅にお邪魔したときは，近郊のミャオ族の民族観光村（写真2）にも連れて行っていただいた。凱里にプイ族はいないので，プイ族の調査だけをしていてはなかなか行かないところである。ほかにも調査期間中は貴州省のあちこちを訪れることができた。もちろんこうした「見聞」はそれ単独で学問的に重要な意味を持つわけではないが，本論とあまり関係のないところを実際に見聞きすることで，貴州省という場所のひろがりをより深く理解することができた。

　ただあちこちをまわるだけではない。日常のふとしたことが，調査地を生活の場所に変える。市場で慣れた様子で半斤（250g）の肉を買うとき。言われなくても正しいバス代を払うとき。効率よく街中を歩いて用事を済ませるルートをそらで考えるとき。大学の周りの食堂の

写真2．観光村のショーにて

コラム4　調査＝生活

値段やメニューを思い浮かべながら今日はどこで食べるか考えるとき。どれもちょっとしたことだが，そこに暮らしていないとできないこと，わからないことばかりだ。日常をそこで暮らすことで，「調査地」という自分の外側にある世界が，自分を包摂し自分に浸透する「場所」になっていく。

こうした，空間的な土地勘だけではない。生活とは当たり前の積み重ねだ。餃子を頼むと当然水餃子が出てくると思うようになり，お札というのはしわくちゃであるほうがよいと思うようになり（使い込まれていれば偽札ではないので，中国の人はしわくちゃであれば信用し，新札は怪訝な顔で慎重に検査される），バスの運転は荒く従業員の物言いはぞんざいでなれなれしいものだと思うようになる。人々はふつう携帯電話で大声で話すものだと思うようになり，ひまわりの種や食べかすは下に捨てるものだと思うようになり，いつの間にか自分もやるようになることもある。言葉もそうだ。はじめはまったく理解できなかったものが，いつしか懐かしいなまりとなり，自分もそれを話すようになる。

なかには，都会の道端ではほろをまとってうずくまる老婆や足や手のない障碍者が乞食をしているものだということや，人ごみにはスリがいるものだということや，道路などの工事は上の機関の人間がどんどん収賄・ピンハネするので現場に資金が回らず，いつまでも工事が終わらないものだというような，当たり前の状況になっていることが社会的によくないこともあるが，いずれにしろ，日本とは違う「ふつう」を身につけること，それが長期間よその国で暮らすということである。もし日本にいるときと同じ「ふつう」で暮らせるのなら，それはそういう特殊な環境を作り上げる力が働いているからだ。このことは海外で日本の「ふつう」を生きている人々には見えないかもしれないが，日本と違う「ふつう」を身に着けて生活しているとよくわかる。

写真3．春節前夜ある友人の家にて

第 3 部　歌掛けの遊び論，遊びとしての山歌

　よく人類学の教科書には「他の土地に行くことで他者の常識をとらえ，己の価値観を相対化する」ことがフィールドワークの眼目であるというように書いてあるが，これは必ずしも常に日本とは違う「ふつう」を驚きの目で見よ，というわけではないだろう。そんなことをしていたら長期滞在の「日常」生活が成り立たない。そうではなく，なにが新たに自分にとって「ふつう」になったのかを認識することではないだろうか。そうした，かつて「奇異」だった「ふつう」が，調査地を自分の生きる場所にし，自分の生きてきた場所を調査地にする。フィールドワークとはなにか，という問いに対する答えはあらゆるフィールドワーカーそれぞれにあるが，私はこうした過程の（不完全な）進行が，教科書的な文言の言わんとするところではないかと思う。「調査をすることとは生活することである」とはつまり，こういうことだ。

写真 4．2006 年，羅甸の下宿から外を望む

おわりに
── 山歌の民族誌を綴じる ──

　本書は「山歌とはなにか」という問いに対して，3つのみちすじから答える試みであった。そのひとつめは歌掛けを取りまく社会的環境について検討すること。ふたつめは歌掛けを言語的相互行為ととらえ，その詳細な様相を旋律や音韻，修辞，コミュニケーション構造といった諸レベルから記述すること。そして3つめは，歌掛けの普遍的特性を探り，それがどのように「遊ぶこと」や「声を出して歌うこと」という普遍的現象に連なっているのかを究明すること。これら3つがそれぞれ第1部，第2部，第3部にあたる。まずはこれまでたどってきたみちすじを簡単に振り返ってみよう。

　第1部の第3章ではまずフーコーの言説理論とエイジェンシーという概念を手がかりに，「プイ族」というカテゴリーがどのように構築されているのかを論じた。ここで明らかになったのは，中国という国家体制による言説編制の効果，そしてプイ族とされる人々が国家による言説編制の政治に抵抗するよりもそれに適応して生きることを選んでいることである。そのうえで，山歌がどのような「場所」で歌われているのかを示した。本書では「場所」という概念を「山歌が歌われる社会関係の通時態と共時態を含みこんだ領域」という，やや特殊な意味を込めて使っている。山歌の「場所」の通時態を記述するなかで明らかとなったのは，山歌が昔から恋愛・結婚を中心にさまざまな状況のなかで歌われていたこと，そして文化大革命のあたりから山歌が従来歌われていた状況に変化が生じて衰退をむかえ，山歌の社会的位置づけが「ずれ」てきたということである。その結果として存在しているのが山歌の共時態，山歌の現代的状況である。今の山歌は「市場経済化」と民族宗教局や布依学会をアクターとする歌掛けの場の復興のなかで存在している。こうしたなかで，「歌友」のような新たな社会関係が生まれている。

　こうした社会的位置づけの変化が，山歌を鑑賞する感覚にまで影響を及ぼしていることを示したのが続く第4章である。個人の外側に広がる世界を

おわりに

「外在的場所」とすると，感覚の配置という個人の内面に広がる世界は「内在的場所」と呼ぶことができる。この章で示したのは，山歌が従来，声に出された言葉という，聴覚的認知を経由した記号的表現に依存していたこと，そして視覚を経由した記号過程や，より直接的な身体的快楽に結びついた視覚中心性へと表現の重心をずらす試みがみられることである。またさらに，それにもかかわらず山歌の聴覚的側面は変化しておらず，言葉による言語表現に山歌を鑑賞する感覚の社会的構成の核があることも指摘した。

　つづく第2部は山歌の言語的相互行為としての側面を，山歌を構成する形式（型枠），その中身である表現の修辞技法，そしてそうした技法を駆使して行われる掛け合いという3つの層に分け，それぞれ第5章，第6章，第7章で検討した。第5章で示されたのは聴取可能性を軸とした，漢歌とプイ歌の対照的な形式の在りかただった。漢歌では厳格に韻律規則を運用することで歌詞の声調と旋律との関係を自由にしていたが，プイ歌では定型を積み重ねることで歌詞に対する韻律規則をゆるやかに運用し，そのかわり歌詞の声調と旋律をある程度一致させるようになっていた。この，「漢歌＝厳格な規則を設けてそのなかで表現を凝らす」「プイ歌＝柔軟な規則を設けてそれをその場に合わせた適当な形で運用する」という傾向は修辞や掛け合いの在りかたにも見られた。

　第6章における修辞技法の分析からは，漢歌では比喩などを用いて表現を美しく洗練させ，1ターン内の歌詞を緊密に結びつけるいっぽう，プイ歌ではターンの位置に合わせて修辞を使いわけ，比喩や誇張法によりおもしろい表現を模索していることが見て取れた。そして第7章では，漢歌におけるやりとりが型にはまっていて，文脈や掛け合いにあるべき態度そのものが定型化されていて，それぞれの歌い手は掛け合いという状況にはほとんど言及せず互いにみずからの表現を洗練されたものにすることに注力しているのに対し，プイ歌では通常の会話では明示しないようなさまざまな暗黙の期待をすべて言明し，掛け合いをかならず「相手に対する返答」として組織することが明らかとなった。そして，このように多様で，一見すると普通の会話からかけ離れた山歌も，普通の日常会話の在りかたを基盤として成立していることも示した。

おわりに

　第3部ではこうした山歌の現場の分析から少し距離を置き，山歌の普遍性を探るみちすじをたどった。第8章では，考察の抽象性を「歌掛け」一般へと引きあげるためにさまざまな歌掛けの事例を挙げたあと，もっとも資料のそろっている奄美の歌掛けについてまとめ，これと山歌を比較した。その結果，歌掛けがそれぞれ独自の「場所」を占めているとはいえ社会に埋め込まれて成り立っている点では共通していること，歌掛けが相互行為として，身体運動，音楽表現，言語表現の3つの軸のあいだでおのおの独自のバランスをとって成立していること，そして歌掛けがさまざまな（広い意味での）韻律規則によって日常的な言語行為から切り離され，枠付けられた特異なジャンルとして社会的に位置づけられていることが明らかになった。とりわけこの最後の一般的特徴が，歌掛けを遊びとする手がかりとなっている。

　第9章では歌掛けとはいかなる意味で遊びなのかを，ホイジンガ，カイヨワ，西村清和の議論を批判的に検討しながら考察した。そこから，遊びの本質的特性として，規則性，限定性，反復性，本来的娯楽性を見いだし，これが山歌や奄美の歌掛けにもそれぞれのかたちで実現していることを示した。またその規則は遊びの目的そのものを規定するとともに，それに向かって楽しく遊ぶために諸規則を定める，という構造をしていること，こうした規則が有効になる領域を定めるのはベイトソンやゴフマンの言う「フレーム」であることを示した。そして最後に，歌掛けというフレームを起動させる中心的役割を果たすものとして，第1章の議論で一度は考察から外した「声」を取りあげた。おもにイーデと川田順造の議論を参照しながら，声が多数の身体を共鳴させることで声の場所を召喚し再創造すること，歌という形態が声の演戯性を高め，声による誘惑をもたらしていることを示した。そうして，「はじめに」で述べた，山歌に私が魅了された理由がこの声の力によるのではないかと考え，最初に議論から外した山歌における声の力の重要性にあらためて注意を向けた。

　以上が本書でたどってきた3つの「みちすじ」の軌跡である。これらのみちすじは，山歌をテーマとした3つの研究領域であると考えてもよい。それ

おわりに

らはそれぞれ独立した領域でありながら，ひとつの「萃点(すいてん)」[1]を共有している。それは，山歌の歌われる場，相互行為の場である。どういうことか。

　まず第1部でたどった山歌の社会環境の記述は，これまで強調してきたように，つまるところ山歌の「場所」を示すものであった。そしてこの「場所」とは，通時態と共時態を含めた形で山歌の歌われる場に現出している。山歌の場所は「一定の中心」をもつと第3章で述べたが，その中心こそが山歌の歌われる場，歌声がそこから響き，歌を交わす2組の歌い手がいる場である。第1部のみちすじは，そうした山歌の歌われる場に収斂せざるを得ない。第2部は言わずもがな，その山歌の歌われる場で交わされる言葉を「歌詞」として，テクストとして分析したのであった。そして第7章で最終的に示したように，山歌は最終的に「歌を掛け合う」ことをめざして結束し，言語表現として整合性のとれた形になるように組織されている。山歌の表現はその場で理解されなくては意味がない。あくまで歌を掛け合う場が第2部のみちすじの焦点となっていたのだ。では第3部はどうか。第3部で示したことは，要するに山歌とは遊びであり，その中心にあるのは声であるということであった。ところで，遊びとは相互行為にかけられた心理的・社会的フレームであった。このフレームは場を規定するものとして，ひとつ抽象度の高い普遍的レベルに属している。だからこそ，山歌の諸相にも奄美の歌掛けの諸相にも遊びを成立させる中心的諸要素を見いだすことが可能だったわけだ。そして山歌の歌声はそのフレームを可能とし，人々をそこに参入させる根源的な力を秘めていた。ここで目指されているのはやはり，山歌の歌われる場を規定すること，その場を成立させること，つまり山歌の掛け合いがありうべきものとしてそこに出現でき，維持できるための前提を生み出すことである。ここでも，山歌を歌う場こそが中心となっている。

　以上から，本書の3つの「みちすじ」がいずれも歌掛けの歌われる場をめぐっていることは明らかである。これが，山歌の歌われる場，相互行為の場

---

[1] この言葉は南方熊楠に由来している。鶴見和子によると萃点とは，森羅万象の相互連関のすじみちがもっとも多く通る結節点のことで，南方は森羅万象の相関関係を示した「南方曼荼羅」を説明するにあたって萃点を「それをとると，いろいろの理を見出すに易くてはやい」点として示している（鶴見1981）。

を萃点とした理由である[2]。

「はじめに」において，民族誌とは他者と出会い続けたことのその結果である，と私は述べた。そうであるとすれば，あらゆる出会いは「場」をもつのだから，民族誌の萃点がそこにあるのは当然である。本書の3つの領域はこの萃点によって結び合わされる。ここをもってこの民族誌は綴じられる。

歌掛け論の展開

本書は山歌をめぐる民族誌であるとともに，歌掛け論への試みでもある。最後に，本書を通して見えてきた歌掛け論のありうべき展開について考えてみたい。

残念ながら今のところ歌掛け論というものはほぼ存在しないと言ってよい。すでに何度か述べたように現在中国で見られる歌掛けを「歌垣」として見るのは現状においてほぼ間違っているが，これに代わる歌掛けへの視点はいまだ確立していないように思われる。本書はこれを確立するための模索ともなっている。

そのなかで鍵となったのが，歌掛けを言語的相互行為として見るという観点である。山歌におけるこの観点の妥当性は第1章と第4章で示した通りであるが，第8章で検討したように，おそらくほかの歌掛けについてもこれは当てはまる。この観点に立って推し進めたのが第2部で行ったような言語学的な（おそらくより厳密には語用論的な）分析だ。ここで明らかとなったのが，「歌掛け」と呼ばれるもののなかにおける多様性である。その多様性は第8章における比較でさらに深まった。おそらくこの言語的相互行為としての多様性はこれから事例を増やしていくなかでますますその度合いを増すとともに，「歌を掛け合う」という相互行為における普遍的特性を明らかにし

---

[2]「遊び」がむしろ萃点ではないかと思われるかもしれないが，遊びが現実に現われている場はどこか，ということになるとやはり歌掛けが行われているその場であると考えざるを得ない。現実態が存在しない抽象概念はただの観念論である。抽象概念の根拠は現実にある。よって遊びよりも歌掛けが歌われている現場こそが萃点としてよりふさわしいといえる。

おわりに

ていってくれるだろう。

　本書はこの「掛け合い」に対して談話分析的アプローチをおもに取ったが，事例によっては本書とは異なるアプローチのほうが有効なこともある。たとえば本書で扱った歌掛けはどれも2者間のものであったが，3者以上が入り乱れ，歌への割り込みも自由に行える歌掛けであれば，そのやり方の分析には会話分析で洗練されてきた移行適切場や修復といった概念がより重要性を帯びてくるはずだ。また，身振り手振りや踊りのような身体動作がより重要な意味を持つ場合なら，ジェスチャー研究が参照枠となるだろう。

　いずれにしても，歌掛けを言語的相互行為として把握するうえでおそらくなにより重要なのは，それがいかにして「会話」なのかを，従来行われてきたような談話分析や会話分析などとの重なりや相違に注意しながら解明していくという姿勢だろう。本書である程度提示できたように，歌掛けは見た目は異なるが会話の延長線上で把握することができる。会話を扱う研究において，歌掛けは「会話の辺境」として，会話という普遍的現象の本質を探る重大なヒントを提供できるかもしれない。

　ただ，これだけでは歌掛けを純粋に「言語表現」として把握するだけになってしまう。こうした相互行為がいかなる社会的状況において行われているのか，いかなる「行為」として成立しているのかを明らかにする必要がある。つまり，歌掛けを人々のあいだに起こる「出来事」として考える必要がある。言語人類学者のシルバスティンが徹底した記号論的探求によって示したように，あらゆる言語表現は出来事の起こる現場を基点としたコンテクスト（指標野）のなかで起こっている（小山 2009: 42）。そのコンテクストを明らかにする手法こそが人類学におけるフィールドワーク，民族誌的手法であろう。出来事に立ち会い，その場にいる人々の話を聞き，（今回はほとんどできなかったが）自分もやってみる。さらにその出来事に立ち会っている人々に連なる人間関係のネットワークを追いかけていく。こうした「出来事」の見えないところにまで肉薄していくにはフィールドワークしかない。そのうえでさまざまな政策や制度などの「場面から完全に距離を置く社会的勢力（ロカール）」の諸要素（ギデンズ 1993: 33）についても調べてゆく。こうすることで「出来事」の全貌をつかむことができるだろう。こうした作業は歌掛け研究に限ったも

のではないが，歌掛け研究に欠かせないものである。

　それでは，歌掛け研究は言語人類学として進めていくべきなのか。おそらく，純粋に言語に焦点をしぼり，それとコンテクストとの関連づけに終始すれば，歌掛けのもうひとつの重要な側面をとりこぼすことになるだろう。それはもちろん言うまでもなく歌掛けの音楽性，「声の力」である。そもそもなぜ歌掛けは「歌」であって普通の発話ではないのか。それは歌掛けの「フレーム」を起動するとともに，川田のいう「声のイドラ」をまとわせるためだ。歌掛けにおいて遊びは声の生み出す場所に宿る。ただそのために何をやってもよい，というわけではないのも，歌掛けの歌掛けたるゆえんだ。歌掛けは歌詞を聞き取って即興で歌詞を作って返していく芸能であり，歌詞が聞き取れないほど音楽性を重視してしまえば元も子もない。歌詞と音楽性（とくに旋律）の関係を探るには声調言語であれば本書で試みたような，声調と旋律の一致度を測るやり方もあるが，声調言語でなければどうか。声調言語でなくてもそれぞれの言語における独自のリズムや抑揚，発音の音色というものがあるが，それをどう音楽性と結びつけて検証するべきかに関しては不勉強で私にはまだアイディアがないが，歌掛けにおける「声」の在りかたを知るために必要なテーマであることは確かだ。こうした声の在りかたについては，これまでの民族音楽学から多くを学ぶことができるはずである。

　ここまで述べてきたのはあくまで本書を通して考えた歌掛け論の展開の可能性にすぎないし，ここに示した以外の可能性ももちろんある。たとえば工藤隆や岡部隆志，遠藤耕太郎らが推し進めているような，中国の歌掛けを参照点として万葉集など日本の古代文学に残された作品を歌掛け（歌垣）として読み直そうとする試みはそのひとつであろう（工藤 2004，岡部・工藤・西條 2011）。これらの研究から，歌掛けにおける「歌掛けの持続の論理」（岡部 2000; 2002）や「歌路」（辰巳 2000）といった独特の概念が見いだされている。歌掛けはほとんど総体的に記述されたことのない芸能であり，今後事例を増やしていくことでこうした概念の妥当性を検証していくことができるだろう。また結果として日本古代文学研究の新局面が開かれれば，それこそ歌掛けの持つ学問的重要性が示されたことになるだろう。

　ただ最後にひとつ強調しておきたいのは，「歌掛け論」を展開していくう

おわりに

えでさまざまな既存の研究文脈とじゅうぶんに対話を深めていくことの重要性である。歌掛けは音楽，言語表現，対話（あるいは会話），社会といったさまざまな領域が交錯する芸能（あるいは行為）である。歌掛け研究独自の概念を立てたとしても，それはすでにある別の学問領域における既存の概念と同じものであったり，包摂されるものであるかもしれない。こうした概念や用語上の混乱・不一致を放置してしまうと，歌掛けが本来持つ広がりを狭めてしまう。歌掛けの事例を増やしながら他のさまざまな領域との対話と協働をすすめることで，歌掛けの本当の特殊性と普遍性が明らかになっていくのではないだろうか。歌掛けは孤立した現象ではなく，これまで豊富に研究が蓄積されてきた事柄と深く結びついており，それでいながら独特の存在である。こうした「普通さと特殊さのあいだの割り切れなさ」を精緻に描くこと，それが今後の歌掛け論に求められている。

付録1．2008年羅甸第五回山歌表演（漢歌）【映像4】

収録日時：2008年2月12日9：12～11：40（2時間28分）
　　（これはここに書き起こした分。この掛け合い全体の収録日時は以下の通り；
　　　　2008年2月12日9：12～11：40，14：10～17：30
　　　　　2月13日9：10～12：00　　　　　延べ約9時間）
収録場所：羅甸県龍坪鎮体育中心にて
歌手：男性…尤周学(54)，張成国(52)。
　　　　羅甸県羅沙村。二人とも漢族。張は小学校教師，尤は共産党政治部村支部書記。
　　　女性…豊佩香(36)，楊正芝(40)。
　　　　恵水県(豊は好花紅郷，楊は三都郷)。二人とも漢族。
　　　　豊は夫と理髪店兼写真屋，楊は農業。二人とも字が読めない。
収録者：梶丸岳
収録機材：(ビデオカメラ)Canon DM-IXY S1，(DVテープ)SONY DVM60
　　　(LPモード(音声16ビットレート)にて収録)
書き起こし：楊昌厚(羅甸県民俗宗教局)，黄宝権(羅甸県文化局)，梶丸岳
校閲：張成国，豊佩香

書き起こし上の注釈
　・下線は押韻している箇所(m4まで)
　・全体のシーンに関係するコメントについては太字の(　)で示す。

---

m1.　　正月初头来开言，　　　　正月はじめにごあいさつします，
　　　　我给领导拜个年。　　　　指導者の方に年頭のごあいさつをいたします。
　　　　祝福领导成绩好，　　　　指導者の方の成績が良く，
　　　　你们富贵万万年。　　　　あなた方の富貴がいつまでも続きますように。
　　　　来到街上来看戏，　　　　街中に来て劇(遊び)を見て
　　　　祝贺领导乐喜成。　　　　指導者の方が喜びますようお祝い申し上げます。
　　　　祝贺领导成绩好，　　　　指導者の方の成績が良く，
　　　　祝你富贵万万春。　　　　あなたの富貴がいつまでも続きますように。

f1.　　站在台上开个言，　　　　ステージに上がってごあいさつします，
　　　　各位领导放心闲。　　　　指導者の方々はおくつろぎください。

付録1. 2008年羅甸第五回山歌表演（漢歌）【映像4】

	祝贺领导心情好，	指導者の方のご機嫌うるわしゅう，
	唱首山歌贺新年。	山歌を歌って新年を祝います。
	来在街上开歌声，	街中に来て歌声を上げ，
	各位领导费了心。	指導者の方々にお気遣いいただきます。
	唱首山歌来祝贺，	山歌を歌ってお祝いします，
	我为你们贺新春。	私があなた方のために新春のお祝いをします。
m2.	今年唱歌第五年[1]，	今年は歌って五年目です，
	用去政府好多钱[2]。	政府はいくらお金を使っても気にしません。
	银钱用完你会找，	銀貨を使い切ってもあなたはまた(銀貨を)探せます，
	你们名誉管万年。	あなた方の名誉は万年に渡るのです。
	今年唱歌第五春，	今年は歌って五回目の春です，
	用去领导好多银。	政府はいくらお金を使っても気にしません。
	钱用完了你会找，	お金を使い切ってもあなたはまた(お金を)探せます，
	你们名誉管万城。	あなた方の名誉は万里に渡るのです。
f2.	现在台上开歌场，	今ステージの上で歌掛けの場を始めます，
	好山好水好风光。	山よく水よく景色よし。
	山好水好人又好，	山よく水よく人もよい，
	祝贺领导喜洋洋。	指導者の方が大喜びであることをお祝いします。
	现在台上开歌声，	今ステージの上で歌を始めます，
	好山好水好地名。	山よく水よく地名よい。
	山好水好人又好，	山よく水よく人もよく，
	唱首山歌喜盈盈。	大喜びで山歌を歌いましょう。
m3.	城头唱歌喜万家，	街角で歌を歌って皆を喜ばせましょう，
	到此先敬政府家。	まずはここで政府にごあいさつ。
	没有哪样来送你，	あなたに贈る物もありませんが，
	唱首喜歌来表达。	めでたい歌を歌って(お祝いの気持ちを)表します。
	城头唱歌喜万多，	街角で歌を歌って皆を喜ばせましょう，
	到此先敬政府家。	まずはここで政府にごあいさつ。
	没有哪样来送你，	あなたに贈る物もありませんが，

---

1) この山歌表演が第5回目だから。
2) "用去多少不在乎"（いくら使ったか気にしない）という意味。

付録 1．2008 年羅甸第五回山歌表演（漢歌）【映像 4】

	唱首喜歌解宽乐。	めでたい歌を歌って心地よくいたしましょう。
f3.	初头走到罗甸来，	年初に羅甸にやってきて，
	站在台上开歌怀。	ステージの上に立って歌を始めます。
	站在台上把歌唱，	ステージの上に立って歌を歌い，
	祝贺领导大发财。	指導者の方がお金持ちになるのを祝います。
	初头走到罗甸行，	年初に羅甸にやってきて，
	站在台上开个声，	ステージの上に立って声を出します。
	站在台上开个口，	ステージの上に立って口火を切って
	祝贺领导喜盈盈。	指導者の方が大喜びなのを祝います。
m4.	叫我唱歌我就来，	私に歌を歌えといえば私はすぐ来ます，
	罗甸领导最关怀。	羅甸の指導者はもっとも気遣ってくれますから。
	来到台上把歌唱，	ステージに来て歌を歌って
	三个代表记心怀。	「3 つの代表」[3] を心に刻みます。
	叫我唱歌我唱歌[4]，	私に歌を歌えといえば私は歌います，
	罗甸领导最活泼。	羅甸の指導者の方は一番快活です。
	来到台上把歌唱，	ステージの上に来て歌を歌い，
	三个代表记心窝。	「3 つの代表」を心に刻みます。
f4.	站在台上唱山歌，	ステージの上に立って山歌を歌います，
	各位领导好斟酌。	指導者たちはよく考えてくれました。
	各位领导搞得好，	指導者たちはよくやってくれました，
	唱首山歌来娱乐。	山歌を歌いますので楽しんで下さい。
	站在台上开歌声，	ステージの上に立って歌声を出します，
	各位老幼好宽心。	みなさんどうぞ寛いでください。
	不得哪样来祝贺，	お祝いの品はなにもありませんが，
	唱首山歌来欢迎。	山歌を歌って歓迎します。

---

3) 「3 つの代表」は江沢民中国共産党前総書記が 2000 年に発表した思想であり，「中国共産党は，中国の生産的な社会生産力の発展の要求，中国の先進的文化の前進の方向，中国のもっとも広範な人民の根本的利益を代表すべき」とするものである。現在中国共産党はこれを基幹思想のひとつとしている。

4) 標準中国語における「歌」の発音は 'ge1' であるが，貴州方言では 'go1' となるため韻を踏んでいる。

付録 1．2008 年羅甸第五回山歌表演（漢歌）【映像 4】

m5.　党的政策最英明，　　　共産党の政策はもっとも英明ですばらしいです，
　　　为了建设新农村。　　　新農村を建設する⁵⁾ためには。
　　　领导承头把歌唱，　　　指導者は歌を歌うための負担を請け負ってくれました，
　　　各位老幼来光临。　　　みなさんどうぞいらっしゃってください。
　　　党的政策最光明，　　　共産党の政策はもっとも公明正大です，
　　　为了建设新家庭。　　　新しい家庭の建設⁶⁾のためには。
　　　领导承头把歌唱，　　　指導者は歌を歌うための負担を請け負ってくれました，
　　　各位老幼来欢迎。　　　みなさんどうぞ歓迎します。

f5.　改革开放新政策，　　　改革開放新政策で，
　　　各位老幼来新鲜。　　　みなさん生き生きしています。
　　　各位领导搞得好，　　　指導者たちはよくやってくれました，
　　　一年更比一年鲜。　　　年を追うごとに生き生きとしています。
　　　改革开放迎春节，　　　改革開放が春節を迎え，
　　　各位领导照喜欢。　　　指導者たちも喜んでいます。
　　　各位领导来听歌，　　　指導者たちが歌を聞きに来ました，
　　　一年更比一年能。　　　年を追うごとによくなっています。

（ここでなにか男女の組で相談，1 分ほど間が空く）

m6.　正月初六来开声，　　　正月六日に声を出し，
　　　得罪几多领导们。　　　（下手なので）多くの指導者たちを怒らせてしまいます。
　　　各位老幼没敬到，　　　みなさんを充分敬うことができませんが，
　　　希望你们放宽心。　　　どうぞみなさん寛いでください。
　　　正月初六来唱歌，　　　正月六日に歌を歌い始め，
　　　得累几多领导多。　　　（下手さに）多くの指導者たちを疲れさせます。
　　　各位老幼没敬到，　　　みなさんを充分敬うことができませんが，
　　　希望老幼放宽乐。　　　どうぞみなさんゆったり楽しんでください。

f6.　正月初六来开言，　　　正月六日にごあいさつし，

---

5) 2005 年から中国共産党は都市と農村の格差是正のために，インフラ整備の重点を農村に移すなど「社会主義新農村建設」政策を打ち出している。
6) これは全段の「新農村建設」のために生活が一新されてよくなったことを指している。

付録 1. 2008 年羅甸第五回山歌表演（漢歌）【映像 4】

	得罪几多政府人。	（下手なので）多くの政府の方々を怒らせてしまいます。
	得罪几多政府们,	多くの政府（の人）を怒らせて,
	大伯大爷开个言。	年長者の方々にごあいさつします。
	正月初六来开声,	正月六日に声を出し,
	得罪几多领导们。	（下手なので）多くの指導者たちを怒らせてしまいます。
	得罪几多领导心,	多くの指導者たちを怒らせて,
	大伯大爷开个声。	年長者の方々に声を披露します。

m7. 有钱无钱也要来,　　お金のある人もない人もやって来ます,
　　 别人赶场我赶街。　　他の人は市に行き私は街の市に赴きます。
　　 别人赶场做买卖,　　他の人は市に行って商売をし,
　　 我们来和理歌排。　　私たちは（市に）やってきて歌を歌います。
　　 有钱无钱也要说,　　お金のある人もない人も話します,
　　 别人赶场我唱歌。　　他の人は市に行き私は歌を歌います。
　　 别人赶场做买卖,　　他の人は市に行って商売をし,
　　 唱首山歌解宽乐。　　（私は）山歌を歌ってゆったり楽しみます。

f7. 不会唱歌也要来,　　歌を歌えなくてもやって来ます,
　　 只给政府巧安排。　　政府の巧みな案配のおかげで。
　　 不得哪样来祝贺,　　お祝いの品はなにもありませんが,
　　 唱首山歌解开怀。　　山歌を歌うので気晴らしをして下さい。
　　 不会唱歌也要行,　　歌を歌えなくても行かなくては,
　　 自得[7]政府好热情。　ここの政府はとても熱心です。
　　 自得政府好热意,　　ここの政府はとても熱意があります,
　　 唱首山歌表我心。　　山歌を歌って私の（感謝の）気持ちを表します。

（政府へのあいさつはここまで。ここから相会歌に移行）

m8. 十冬腊月下大雪,　　今年の冬は大雪が降り,
　　 脚有僵来手又缺。　　足はかじかみ手は動きません[8]。
　　 搭伴老幼唱两首,　　あなた[9]におつきあいして少しだけ歌いましょう,

---

7) 「这里」（ここ）の貴州方言。
8) 実際, この歌が歌われた年は 50 年ぶりの大寒波が貴州省を襲っていた。
9) 「老幼」の訳。本来この語は三人称であるが, ここでは二人称の敬語として使われて

付録 1. 2008 年羅甸第五回山歌表演（漢歌）【映像 4】

	心头抖抖像筛煤。	心は煤をふるいにかけるようにぶるぶるふるえます。
	十冬腊月打明霜,	今年の冬は霜が降り,
	脚有缺来手又僵。	足は動かず手はかじかみます。
	当倒老幼唱两首,	あなたに出会って少しだけ歌いましょう,
	心头抖抖像筛糠。	心は籾殻をふるいにかけるようにぶるぶるふるえます。

f8. 站在台上唱山歌,　　ステージに立って山歌を歌います,
　　脚下多少老幼多。　　足下には多くの皆さんが集まっています。
　　站在台上唱几声,　　ステージに立って少し歌います,
　　心中无歌害羞多。　　歌が思い浮かばずとても恥ずかしい。
　　站在台上开歌声,　　ステージに立って歌声を披露します,
　　脚下多少老幼们。　　足下には多くの人々がいます。
　　站在脚下老人看,　　足下ではお年寄りが見ていますが,
　　心中无歌害羞人。　　歌が思い浮かばずとても恥ずかしい。

m9. 妹在惠水会唱歌,　　妹は恵水に住んでいて歌が上手です,
　　来到罗甸假意说。　　羅甸に来て嘘を言っているのです。
　　来到罗甸假意唱,　　羅甸に来て心にもないことを歌い,
　　假把一二唱不合。　　少し歌っただけで歌が合わないふりをしているのです。
　　妹在惠水会开声,　　妹は恵水に住んでいて声を披露できます,
　　来到罗甸假意昏。　　羅甸に来てダメなふりをしているのです。
　　来到罗甸假意唱,　　羅甸に来て心にもないことを歌い,
　　假把一二唱不成。　　少し歌っただけで歌えないふりをしているのです。

f9. 妹在惠水莫唱歌,　　妹は恵水に住んでいますが歌は歌いません,
　　来到罗甸现来学。　　羅甸に来て今学んでいるのです。
　　只要你们专心听,　　あなた方はよく聞いて,
　　管它唱合唱不合。　　歌が合うかどうか判断してください。
　　我在惠水不开声,　　私は恵水に住んでいますが（歌）声は出しません,
　　来到罗甸现来行。　　羅甸に来て今学んでいるのです。
　　只要大家看热心,　　皆さんよく見て,
　　管它唱成唱不成。　　歌が様になっているかどうか判断してください。

　いる。

付録 1．2008 年羅甸第五回山歌表演（漢歌）【映像 4】

m10.　　慢慢唱歌慢慢来，　　　　ゆっくり歌を歌ってゆっくり行きましょう，
　　　　慢慢划柴慢慢开。　　　　ゆっくり薪を割ってゆっくり（割れ目を）開きましょう。
　　　　慢慢划柴柴成块，　　　　ゆっくり薪を割れば薪は（いい大きさの）カタマリになります，
　　　　慢慢唱歌歌成排。　　　　ゆっくり歌うと歌は列をつくります。
　　　　慢慢唱歌歌成排，　　　　ゆっくり歌うと歌は列をつくります，
　　　　慢慢划柴慢慢脱。　　　　ゆっくり薪を割るとゆっくり（薪が）分かれます。
　　　　慢慢划柴柴成块，　　　　ゆっくり薪を割ると薪は（いい大きさの）カタマリになります，
　　　　慢慢唱歌歌成排。　　　　ゆっくり歌を歌えば歌は列ををつくります。

f10.　　不会唱歌也要学，　　　　歌を歌えなくても学ばなくてはいけません，
　　　　不会喝酒捞缸钵。　　　　酒を飲めなくても酒の器を取ります。
　　　　你一首来我一首，　　　　あなたが一首歌えば私も一首，
　　　　姊妹唱歌为欢乐。　　　　姉妹が歌うのは楽しむためです。
　　　　不会唱歌也能行，　　　　歌を歌えなくてもなんとかします，
　　　　不会喝酒浪费心。　　　　酒を飲めないと気を遣います。
　　　　你一首来我一首，　　　　あなたが一首歌えば私も一首，
　　　　一个一首老身材。　　　　ひとり一首歌うのが成熟した人です。

m11.　　情妹唱歌会熟悉，　　　　妹は歌をよく知っています，
　　　　慢慢编来慢慢成。　　　　ゆっくり作ればゆっくり（歌が）できあがります。
　　　　唱歌本是小玩意，　　　　歌を歌うのは元々ちょっとしたお遊びです，
　　　　大学之人唱不成。　　　　大学出の人でも歌えません。
　　　　情妹唱歌要为多，　　　　妹は沢山歌わなくてはいけません，
　　　　慢慢编来慢慢合。　　　　ゆっくり作ればゆっくり合ってきます。
　　　　唱歌本是小玩意，　　　　歌を歌うのは元々ちょっとしたお遊びです，
　　　　大学之人唱不合。　　　　大学出の人でも歌は合いません。

f11.　　不会唱歌也是难，　　　　歌えないのもつらいもの，
　　　　不会刁花[10]绣牡丹。　　花を刺繍することも牡丹を縫うこともできません。
　　　　刁花还要花模样，　　　　花を刺繍するには花柄を縫わなくてはなりません，
　　　　唱歌更比刁花难。　　　　歌を歌うのは花を刺繍するより難しい。

---

10)「刁 diao1」は「刺繍する」という意味の貴州方言。もしくは，書き起こしの際に「挑 tiao3」（模様を縫う）と間違えられたのかもしれない。

付録1. 2008年羅甸第五回山歌表演(漢歌)【映像4】

	不会唱歌也是行[11],	(妹は)歌を歌えず歌うのが難しい,
	不会刁花就不行。	花も刺繍することができなければもうだめです。
	刁花还要花模样,	花を刺繍するには花柄を縫わなくてはなりません,
	唱歌更比刁花行。	歌を歌うのは花を刺繍するより難しい。
m12.	妹会唱歌妹不难,	妹は歌を歌えます,妹には難しくない,
	妹会刁花绣牡丹。	妹は花を刺繍し牡丹を縫うこともできます。
	妹会刁花牡丹绣,	妹は花を刺繍し牡丹を縫うこともできます,
	还不难来顺不难。	戻るも進むも難なくできます[12]。
	妹会唱歌妹不焦,	妹は歌を歌えます,妹は焦りません,
	妹会刁花绣荷包。	妹は花を刺繍し巾着袋[13]を縫うことができます。
	妹会刁花荷包绣,	妹は花を刺繍し巾着袋を縫うことができます,
	还不焦来顺不焦。	戻るも進むも焦りません。
f12.	不会唱歌也是难,	歌えないのもつらいもの,
	客膝头[14]上舵算盘。	膝の上にはそろばんを置きます。
	左手翻来右手算,	左手でひっくり返して右手で計算しますが,
	算走哪边是妹难。	どうやっても妹には難しいのです。
	不会唱歌也是行,	歌えないのもよくありません,
	客膝头上舵算行。	膝の上にはそろばんを置きます。
	左手翻来右手算,	左手でひっくり返して右手で計算しますが,
	算走哪边是妹难。	どうやっても妹には難しいのです。
m13.	妹会唱歌歌赶歌,	妹は歌を歌えて,次から次へと歌が続きます,
	会织绫罗梭赶梭。	繻子を織れて,杼は次から次へと動きます。
	会织绫罗直缎子,	(妹は)繻子も緞子も織れます,
	不得掉干哪一棵。	どの糸も飛ばすことはありません。

---

11)ここではたまたま韻を踏むのに「xing」という音を選んだためここで「行 xing2」が使われている。そのまま直訳すると「(妹は)歌が歌えないのはまだいいとして」となるが,文意としては1行目と同じと解釈されると判断してこの訳にした。これ以降の「行」はすべて同様。
12)「なんでもできる」という意味。
13)浪哨(ランシャオ)では好きな異性に美しい刺繍を施した巾着袋を渡す風習がある地域もある。
14)「客膝头」は貴州方言で「膝」という意味。

付録1．2008年羅甸第五回山歌表演（漢歌）【映像4】

	妹会唱歌声赶声,	妹は歌を歌えて，次から次へと歌声が続きます，
	会织绫罗根赶根。	繻子も次から次へと織ることができます。
	会织绫罗真缎子,	（妹は）繻子も緞子も織れます，
	没得掉断哪一声。	どの一声も飛ばしてしまうことはありません。
f13.	不会唱歌也是焦,	歌を歌えないのも焦るもの，
	好比新兵上战壕。	新兵が塹壕にはいるようなものです。
	我的山歌唱不好,	私の山歌はうまくない，
	上又焦来下又焦。	上から下まで焦っています。
	不会唱歌也是行,	歌を歌えないのもよくありません[15],
	好比新兵上战争。	新兵が戦争に行くようなものです。
	我的山歌唱不好,	私の山歌はうまくない，
	上又冷来下又冷。	上から下まで(緊張と困惑で)冷たくなっています。
m14.	高坡石头滚得凶,	山の石は恐ろしい勢いで転がり，
	平地茅草像麻绒。	平地のチガヤは麻の糸のよう[16]。
	情妹歌头来的稳,	妹の歌い始めはしっかり落ち着いていて，
	赫我小郎脸灰红。	私のような小才は驚いて顔を白黒[17]させてしまいます。
	高坡石头滚得成,	山の石は転がることができ，
	平地茅草像麻绳。	平地のチガヤは麻縄のようです。
	情妹歌头来得稳,	妹の歌い始めはしっかり落ち着いていて，
	赫得小郎脸灰尘。	小才はびっくりして顔が灰色になります。
f14.	笋子好吃难剥壳,	タケノコはおいしいが皮をむくのが難しく，
	山歌好唱又难学。	山歌は歌うとよいが学ぶのが難しい。
	你们山歌唱得好,	あなたがたの山歌が上手で，
	心头抖抖唱不合。	（私の）心は震えてしまって歌が合いません。
	笋子好吃难剥层,	タケノコはおいしいがむくのが難しく，
	山歌好唱口难行。	山歌は歌うとよいが口をまわすのが難しい。
	你们山歌唱得好,	あなたがたの山歌が上手で，

---

15) 直訳は「歌を歌えないのはまだいいとして」。注11参照。
16) 「カヤを編む際に麻の繊維を一緒に編み込んで強くしたひものように，あなたの歌もしっかりしています」という意味。
17) 直訳すると「灰色や赤色」である。血の気が引いたり紅潮したりということ。

付録 1. 2008 年羅甸第五回山歌表演（漢歌）【映像 4】

	心头抖地唱不成。	（私の）心は震えてしまって歌えません。
m15.	和妹唱歌好新鲜，	妹と歌を歌うのはとても新鮮です，
	首首都是抬爱客。	どの首もお客さんが好きになります。
	妹唱十首不用想，	妹は十首歌うにも考えませんが，
	我唱一首想半天。	私は一首歌うにも半日考えます。
	和妹唱歌好宽乐，	妹と歌うのはとても愉快だ，
	首首都是抬爱哥。	どの首も兄は好きになります。
	妹唱十首不用想，	妹は十首歌うにも考えないが，
	我唱一首都不合。	私は一首だってうまくいきません。
f15.	你们讲来我得听，	あなたがたが話せば私は聴くよ，
	月亮出来月亮明。	明るい月が出てきた明るい月が。
	想了三天和两夜，	三日二晩考えて，
	想了两首陪你们。	二首だけ考えてあなたがたにお伴します。
	你不讲来我想讲，	あなたがたが話さないなら私が話そうか，
	月亮出来月亮黄。	月が出てきた，黄色い月が。
	想了三天和两夜，	三日二晩考えて，
	想了两首陪伴郎。	二首だけ考えてあなたにお伴します。
m16.	三棵杉树共一窝，	三本の杉の木が 1 カ所に生えています，
	下雨三年不透脚。	（密生していて）三年雨が降っても根元は濡れません。
	贵州出名大树子，	貴州は大木で有名だが，
	妹家出名好山歌。	妹の家はよい山歌で有名です。
	三棵杉树共一林，	三本の杉の木が 1 カ所に生えている，
	下雨三年不透根。	（密生していて）三年雨が降っても根は濡れない。
	贵州出名大树子，	貴州は大木で有名だが，
	妹家出名好歌声。	妹の家はよい歌声で有名です。
f16.	罗甸听到好山歌，	羅甸にはよい山歌があると聞き，
	绕山绕水要来学。	山をめぐり水をめぐって学びに来ます。
	前面绕来亭子过，	先にめぐってあずまやを過ぎて，
	还是绕来听山歌。	それでもやってきて山歌を聞きます。
	罗甸听到好歌声，	羅甸にはよい歌声があると聞き，

付録1．2008年羅甸第五回山歌表演（漢歌）【映像4】

	绕山绕水要来听。	山をめぐり水をめぐって聞きに来ます。
	前面绕走亭子过,	先にめぐってあずまやを過ぎて,
	还是绕来听声音。	それでもやってきて声を聞きます。

m17. 要吃桔子问桔根, みかんを食べるにはみかんの木の根にたずねればよく,
　　　要吃笋子四月生。 タケノコを食べるには四月に生える(のを待ちましょう)。
　　　要唱好歌得问妹, いい歌を歌うには妹にたずねればよい,
　　　妹是前朝聪明人。 妹は昔から賢い人でした。
　　　要吃桔子问桔脚, みかんを食べるにはみかんの足下にたずねればよく,
　　　要吃笋子四月多。 タケノコを食べるのは四月が多い。
　　　要唱山歌得问妹, 山歌を歌うには妹にたずねればよい,
　　　妹是从前聪明婆。 妹は以前から賢い女性でした。

f17. 你们讲来我得听, あなたがたが話したことを私は聞きました,
　　　要吃笋子问竹根。 タケノコを食べるには竹の根にたずねればよいと。
　　　你们山歌唱得好, あなたがたの山歌は上手です,
　　　慢慢走来慢慢跟。 (私は)ゆっくり歩いてゆっくりついていきます。
　　　你会讲来我来说, あなたが話すと(今度は)私が話します,
　　　要吃笋子问竹林。 タケノコを食べるには竹林にたずねればよいのです。
　　　要唱好歌好像你, あなたのようによい歌を歌うには,
　　　慢慢唱来慢慢学。 ゆっくり歌ってゆっくり学びます。

m18. 情妹唱歌本好听, 妹の歌は本当にすばらしい聞き心地です,
　　　歌声飞到半天云。 歌声は空のまんなかに浮かぶ雲にまで飛んでいきます。
　　　天上七子得听见, 天上の七子(七仙女)[18]の耳にも入り,
　　　下凡来找唱歌人。 下界に降りてきて歌った人を探します。
　　　情妹唱歌本好多, 妹の歌は本当にすばらしい,
　　　歌声飞到半天多。 歌声は空のまんなかにまで飛んでいきます。
　　　天上七子得听见, 天上の七子(七仙女)の耳にも入り,
　　　下凡来找妹唱歌。 下界に降りてきて妹が歌を歌うのを探します。

f18. 天上飞来是飞机, 天上を飛んでくるのは飛行機で,
　　　河中摆尾是鲤鱼。 川の中で尾を並べているのは鯉です。

---

18) 七仙女は中国の神話に出てくる最高神玉皇大帝の7人の娘のこと。

293

付録1. 2008年羅甸第五回山歌表演（漢歌）【映像4】

	要唱好歌和像你，	あなたのようによい歌を歌うには，
	除非和你去学习。	あなたのところで学ぶほかありません。
	天上飞来是飞鹅[19]，	天上を飛んでくるのは蝶で，
	河中摆尾是情哥。	川の中で尾を並べているのは兄です[20]。
	要唱好歌和像你，	あなたのようによい歌を歌うには，
	除非和你学一学。	あなたと学んでみるほかありません。

m19. 　剪刀落地尖对尖，　　はさみは先が向かい合うように地に落ちて，
　　　钢盆落地口朝天。　　鋼のお盆は口を上に向けて地に落ちています[21]。
　　　要唱山歌和像妹，　　妹のように山歌を歌うには，
　　　除非太阳落东边。　　太陽が東に落ちるほかありません[22]。
　　　剪刀落地棵对棵，　　はさみは向かい合って地に落ちて，
　　　钢盆落地口朝河。　　鋼のお盆は口を川に向けて地に落ちています。
　　　要唱好歌和像妹，　　妹のようによい歌を歌うには，
　　　除非太阳落东坡。　　太陽が東の山に落ちるほかありません。

f19. 　隔河得见哥声音，　　川を隔てて兄の声が聞こえました，
　　　绕山绕水要来听。　　山をめぐり水をめぐって聞きに来ます。
　　　一来学到好声音，　　やってきてまずよい声を学び，
　　　二来学你好名称。　　次にあなたのすばらしい名声を学びます。
　　　隔河得见哥音乐，　　川を隔てて兄の音楽が聞こえました，
　　　绕山绕水要来学。　　山をめぐり水をめぐって学びに来ます。
　　　一来学得好声气，　　やってきてまずよい声を学び，
　　　二来学得好山歌。　　次によい山歌を学びます。

m20. 　不会唱歌也是难，　　歌えないのもつらいもの，
　　　快刀砍水难转弯。　　鋭利な刀で水を切ってもその流れを変えるのは難しい。
　　　唱歌遇到行家手，　　歌を歌っていると名手に出会いました，
　　　弯木上马怕墨弹。　　曲がった木は台に乗せられ墨を弾かれるのを恐れています[23]。

---

19) 「飞鹅」は貴州方言で「蝶」の意味。
20) この行は文意がおかしく，歌い間違いである可能性がある。
21) 女性側の歌は見事に男性側の歌に合っていて様になっている，という意味の比喩。
22) つまり「妹のように見事に歌うのは不可能である」ということ。
23) 墨壺は大工が材木に直線を引くために使用する道具である（日本でも同じものが使わ

付録1．2008年羅甸第五回山歌表演（漢歌）【映像4】

	不会唱歌也难说,	歌えないのも難しいもの,
	快刀砍水难转角。	鋭利な刀で水を切ってもその流れを変えるのは難しい。
	唱歌遇到行家手,	歌を歌っていると名手に出会いました,
	弯木上马怕墨说。	曲がった木は台に乗せられ墨を恐れています。

f20. 大路弯弯不算弯,　　大きな道が曲がっているのは曲がっているうちに入りません,
　　　小路弯弯走四川。　　小さな道はまわりまわって四川に行きます。
　　　哥们山歌唱得稳,　　兄たちの山歌は落ち着いていて,
　　　害得我们难转弯。　　私たちはうまくついていけません。
　　　大路弯弯不算新,　　大きな道が曲がっているのは大変なうちには入りません[24],
　　　小路弯弯通北京。　　小さな道はまわりまわって北京に通じます。
　　　哥们山歌唱得稳,　　兄たちの山歌は落ち着いていて,
　　　害得我们难转身。　　私たちはうまく身をかわすことができません。

m21. 不会唱歌也是焦,　　歌えないのも焦るもの,
　　　耗子爬楼遇到猫。　　ネズミが家に登ってネコにでくわしました[25]。
　　　唱歌遇着行家手,　　歌を歌っていると名手に出会いました,
　　　还焦顺焦是哥焦。　　行くも戻るもままならず兄は焦ってしまいます。
　　　不会唱歌也是难,　　歌えないのもつらいもの,
　　　耗子爬楼遇猫山。　　ネズミが家に登って大きなネコにでくわしました。
　　　唱歌遇着行家手,　　歌を歌っていると名手に出会いました,
　　　弯木上马怕墨弹。　　曲がった木は台に乗せられ墨を弾かれるのを恐れています。

f21. 隔河看见青冈林,　　川を隔ててカシワの林が見えます,
　　　陪伴龙虎下山林。　　龍虎を連れて林から（兄が）おりてきました。
　　　我妹山歌唱不好,　　妹はの山歌はうまくありません,

れている）。この道具は，墨に浸された綿が入っている壺から，墨のついた糸をのばして材木の上に張り，糸を弾くと材木の上に直線が引かれるようになっている。この行にある「马（馬）」は材木を乗せる作業台のこと。曲がった木は直線を引かれまっすぐ切られてしまうと，ほとんど材木として使える部分がなくなってしまう，つまり材木として役立たずであることがわかってしまう。この行はこの曲がった木と同じように，「あなたと掛け合うと私の歌が下手なことがわかってしまう」という意味。

24) この行は直訳では意味不明なので，第1行をもとに意訳した。
25) 第2章で述べたように，プイ族の家屋は伝統的に2階が居住空間となっている。この行は全体で「失敗した」という意味の比喩になっている。

付録1. 2008年羅甸第五回山歌表演（漢歌）【映像4】

   瞎子下楼脚难蹬。 めくらが家からおりるのにハシゴを踏むのは難しいのです。
   隔河看见青冈林， 川を隔ててカシワの林が見えます，
   陪伴龙虎下山坡。 龍虎を連れて（兄が）山からおりてきました。
   我们山歌唱不好， 私たちの山歌はうまくありません，
   瞎子下楼脚难说。 めくらが家からおりるのは難しいのです。

m22. 天上落来一把刀， 天から一本刀が落ちてきて，
   不杀龙尾杀龙腰。 龍の尻尾を殺さず龍の腰を殺しました[26]。
   两个情妹最会唱， 2人の妹はもっとも歌が上手です，
   脚踏楼梯步步高。 足は家のハシゴを踏んで一歩一歩上に上がっています。
   天上捞来一把针， 天から一本針を取ってきて，
   不杀龙尾杀龙筋。 龍の尻尾を殺さず龍の腰を殺しました。
   两个情妹最会唱， 2人の妹はもっとも歌が上手です，
   脚踏楼梯步步能。 足は家のハシゴを踏んで一歩一歩進みます。

f22. 讲送歌来讲送歌， 歌を送り歌を送りましょう，
   我的山歌唱不合。 私の山歌は（あなたの歌と）合いません。
   我的山歌唱不好， 私の山歌はうまくない，
   和像小娃怕吃药。 子どもが薬を飲むのを恐がるようです。
   讲送人来说送人， 人に話して送り話して送りましょう，
   我的山歌唱不成。 私の山歌はなってません，
   我的山歌唱不好， 私の山歌はうまくない，
   和像小娃怕打针。 子どもが注射を恐がるようです。

m23. 茅草林啊〜〜〜〜 チガヤの林よ！
   茅草陪伴青冈林。 チガヤはカシワの林に連れ添います。
   茅草陪伴毛雨下， チガヤは霧雨と連れ添っています，
   无名陪伴有名人。 無名の人が有名人と連れ添っています。
   茅草坡呵〜〜〜〜 チガヤの山よ！
   茅草陪伴青冈脚。 チガヤはカシワ（の林）のふもとに連れ添います。
   罩子陪伴毛雨下， 霧が霧雨に連れ添っています，
   无名陪伴有名婆。 無名の人が有名な女性に連れ添っています[27]。

26）龍の急所を切るくらい適切で上手だということ。
27）この歌は各行が「（無名の兄のような）つまらないものが（有名な妹のように）釣り合

付録 1. 2008 年羅甸第五回山歌表演（漢歌）【映像 4】

f23.	金竹椏来苦竹椏,	オウゴンチクもマダケも,
	大家都是姉妹家。	みんなすべて姉妹の家族です。
	只有唱歌得玩耍,	歌を歌うのは遊びのためです,
	哪有唱歌定輸家。	どこに歌で負ける家があるでしょう。
	金竹林来苦竹林,	オウゴンチクの林やマダケの林,
	大家都是姉妹们。	みんなすべて姉妹です。
	只有唱歌得玩耍,	歌を歌うのは遊びのためです,
	哪有唱歌定輸贏。	どこに歌で勝ち負けを決めることなどありましょう。

m24.	细细毛雨顺山飞,	細い霧雨は山をめぐって飛んでいます,
	好茶还要好水威。	よいお茶はよい水が必要です。
	好马还要好鞍配,	よい馬にはよい鞍を乗せねばなりません,
	好林还要好哥陪。	よい林にはよい兄が連れ添わなくてはいけません。
	细细毛雨顺山脚,	細い霧雨は山すそをめぐっています,
	好耍茶要好水喝。	お茶を楽しむにはよい水で飲まなくてはなりません。
	好马还要好鞍配,	よい馬にはよい鞍を乗せねばなりません,
	好妹还要好哥说。	よい妹にはよい兄が話さなくてはいけません。

f24.	青布衣裳十字裁,	青い布の衣装は十字に裁って,
	桔花扣子钉成排。	みかんの花（の刺繍をした）ボタンが並んでいます。
	金牌还要银牌配,	金のメダルには銀のメダルを配さなくてはいけません,
	穷家姉妹配不来。	貧しい家の姉妹では釣り合いません。
	青布衣裳十字成,	青い布の衣装は十字になっていて,
	桔花扣子钉成林。	みかん（の刺繍をした）ボタンは林のように並んでいます。
	金牌还要银牌配,	金のメダルには銀のメダルを配さなくてはいけません,
	穷家姉妹配不成。	貧しい家の姉妹は釣り合いません。

m25.	两个情妹一路来,	2 人の妹はいっしょに来ました,
	眉毛弯弯好人才。	眉はまあるく器量よし。
	眉毛弯弯人才好,	眉がまあるく器量がよくて,
	可惜小郎配不来。	惜しいかなわたくしには釣り合いません。
	两个情妹一路行,	2 人の妹はいっしょに行きました,

わないものと一緒にいる」ということの喩えになっている。

付録 1. 2008 年羅甸第五回山歌表演（漢歌）【映像 4】

	眉毛弯弯美貌人。	眉がまあるく美人です。
	眉毛弯弯人才好,	眉がまあるく器量がよくて,
	可惜小郎配不成。	惜しいかなわたくしには釣り合いません。

f25. 两个情妹一路来, 2 人の妹はいっしょに来ました,
又无衣来又无鞋。 （立派な）服もなければ靴もありません。
无衣无鞋陪伴你, 服も靴もなくあなたに連れ添います,
今天陪伴害羞怀。 今日は連れ添って(あなたを)恥ずかしがらせてしまいます。
两个情妹一路行, 2 人の妹はいっしょに行きました,
又无意来又无情。 （釣り合わなくて）その気もなにもありません。
无意无情陪伴你, その気もなくてあなたに連れ添って,
今天陪伴害羞人。 今日連れ添っても恥ずかしいだけです。

m26. 两个情妹笑溜溜, 2 人の妹は笑顔もかわいく,
你爱打扮哥爱逗。 あなたは化粧も好きで兄は喜んで引き留めます。
两个情妹生得美, 2 人の妹は美しく生まれついています,
唱首山歌来交流。 山歌を歌って交流しましょう。
两个情妹笑得多, 2 人の妹はよく笑い,
你爱打扮我爱说。 あなたは化粧も好きで私は喜んでお話しします。
两个情妹生得美, 2 人の妹は美しく生まれついています,
唱首山歌解宽乐。 山歌を歌って寛いで楽しみましょう。

f26. 两个情妹笑溜溜, 2 人の妹は笑顔もかわいく,
我们爱笑你爱逗。 私たちは笑うのが好きであなたは喜んで引き留めます。
我说情哥笑哪样, 私は言います，兄はなにを笑っているのですか,
笑我小妹不会游。 私のような妹が遊ぶことも出来ないのを笑っているのでしょう。
你说小妹笑笑来, あなたは妹が笑っていて,
我们爱笑你爱抬。 私たちは笑うのが好きであなたは喜んで引き留めます。
我说情哥笑哪样, 私は言います，兄はなにを笑っているのですか,
笑我小妹无人才。 私のような妹は風采が上がらないのを笑っているのでしょう。

m27. 两个情妹惠水来, 2 人の妹は恵水から来ました,
过河过水打湿鞋。 川を渡り水を越えて靴が濡れています。
不得花盆妹洗脸, 美しい盆で妹に顔を洗ってもらうこともできず,

	没得冈炭妹烤鞋。	妹に靴を乾かしてもらう炭火も用意できません。
	惠水来得美貌婆，	恵水から来た美人の女性，
	过河过水打湿脚。	川を渡り水を越えて足が濡れています。
	没得花盆妹洗脸，	美しい盆で顔を洗ってもらうこともできず，
	没得冈炭妹烤脚。	妹に足を乾かしてもらう炭火も用意できません。
f27.	情妹走到哥的乡，	妹は兄の郷まで着きました，
	哪晓哥来闹洋洋。	どうして兄が賑やかにもてなしてくれると思うでしょう。
	你有冈炭我烧火，	あなたが炭を持ってきてくれるので私は火に当たります，
	山歌唱起闹洋洋。	山歌を歌うと賑やかになります。
	情妹走到哥的村，	妹は兄の村に着きました，
	哪说哥来闹成成。	どうして兄が賑やかにもてなしてくれるでしょう。
	你拿冈炭我烧火，	あなたは炭を持ってきてくれるので私は火に当たります。
	唱起山歌闹迎迎。	山歌を歌うと賑やかになります。
m28.	妹在远方远路来，	妹は遠くに住んでいて遠い道を来ました，
	哥在后园掐烟苔。	兄は裏の畑でタバコの草むしりをしています[28]。
	哥是手长衣袖短，	兄は腕が長くて袖は短く[29]，
	不得给你倒茶来。	お茶をあなたに出すこともできません。
	妹是惠水来的婆，	妹は恵水から来た女性です，
	哥在后园掐烟脚。	兄は裏の畑でタバコの葉をむしっています[30]。
	哥是手长衣袖短，	兄は腕が長くて袖は短く，
	不得给妹倒茶喝。	妹にお茶を出して飲んでもらうこともできません。
f28.	我在他乡远路来，	私はよその郷にいて遠い道を来ました，
	来到哥乡又喜客。	兄の郷に来るともてなしてくれます。
	左手拉我坐板凳，	左手で私をひいてイス[31]に座らせ，
	右手拉我倒茶来。	右手は私をひいてお茶を出してくれます。
	我在哥乡也乐心，	私は兄の郷にいても楽しいです，

---

28) 厳密には「タバコの草の頂部をもぎる」下の葉を大きく育てるための作業。
29) 袖の短い服しか着れないほど貧乏暇なしだ，ということ。
30) 厳密には「タバコの草の下の方にある黄色くなって商品にならない葉をむしる」。
31) 「板凳」は貴州省をはじめ中国の農村で使われる，しゃがみ込んで座る背の低い木のイスのこと。

付録1．2008年羅甸第五回山歌表演（漢歌）【映像4】

	来到你乡好热情。	あなたの郷に来るととても熱心にもてなしてくれます。
	左手拉我坐板凳，	左手で私をひいてイスに座らせ，
	右手拉我烧火盆。	右手で私をひいて炭火に当たらせてくれます。

m29. 昨晩打梦妹要来， 昨夜は妹が来る夢を見て，
　　　急忙派人去扫街。 急いで人を出して街を掃除させました。
　　　急忙派人去扫路， 急いで人を出して道を掃除させ，
　　　不准灰尘 nya1[32) 妹鞋。ホコリが妹の靴を汚さないようにしました。
　　　听说大妹们要说， 妹たちが（やってくると）いうのを聞いて，
　　　急忙派人去扫坡。 急いで人を出して山を掃除させました。
　　　急忙派人去扫路， 急いで人を出して道を掃除させ，
　　　不准灰尘 nya1 妹脚。 ホコリが妹の足を汚さないようにしました。

f29. 昨晩打梦妹要来， 昨夜は妹が来る夢を見て，
　　　急忙打扫十金街。 急いで金の街を掃除させました。
　　　急忙打扫金街上， 急いで金の街角を掃除させ（たと言いますが），
　　　情妹不是好人才。 妹は（それに釣り合うような）器量よしではありません。
　　　昨晩打梦妹要行， 昨夜は妹が行く夢を見て，
　　　急忙打扫十金城。 急いで金の町を掃除させました。
　　　急忙打扫金街上， 急いで金の街角を掃除させ（たと言いますが），
　　　情妹不是好妹们。 妹は（それに釣り合うような）よい妹ではありません。

m30. 听说妹要来啊～， 妹が来ると聞いて！
　　　大路有刺我捡开。 大きな道にあるとげは私が拾いました。
　　　大路有刺我捡让， 大きな道にあるとげは私が拾って道をあけました，
　　　不准刺刺挂妹鞋。 とげが妹の靴をひっかけないように。
　　　听说妹要说啊～， 妹が（来ると）言うのを聞いて！
　　　大路有刺我捡着。 大きな道にあるとげは私が拾いました。
　　　大路有刺我捡让， 大きな道にあるとげは私が拾って道をあけました，
　　　不准刺刺挂妹脚。 とげが妹の足をひっかけないように。

f30. 昨晩晓得妹要来， 昨夜妹が来るのを知って，
　　　高岩高坎也要来。 高い岩や深いくぼみがあろうとやってきます。

---

32) nya1 は「汚す」という意味の貴州方言。漢字表記が不明なためピンイン表記をした。

付録1. 2008年羅甸第五回山歌表演（漢歌）【映像4】

	高岩高坎也要走,	高い岩や深いくぼみがあろうと行かねばなりません,
	手爬半山也要来。	手で山を登ってでもやって来ます。
	昨晩打梦妹要行,	昨夜は妹が行く夢を見て,
	高岩高坎也要行。	高い岩や深いくぼみがあろうと行ってきます。
	高岩高坎也要走,	高い岩や深いくぼみがあろうと行かねばなりません,
	手爬半山也要行。	手で山を登ってでも行ってきます。

m31. 昨晩打梦妹要来, 　昨夜は妹が来る夢を見て,
　　　惠水来的好人才。 　恵水から来たのは器量よしです。
　　　千里路上去打扫, 　千里の道も行って掃除して,
　　　万里路上接妹来。 　万里の道でも妹が来るのを迎えます。
　　　昨晩打梦妹要行, 　昨夜は夢で妹が行くのを見て,
　　　惠水来的美貌人。 　恵水から来たのは美人です。
　　　千里路上去打扫, 　千里の道も行って掃除して,
　　　万里路上接妹们。 　万里の道でも妹たちを迎えに行きます。

f31. 昨晩打梦我要来, 　昨夜は私が来る夢を見た（というあなたは）,
　　　罗甸出的好人才。 　羅甸から出たのはできる人です。
　　　罗甸出的人才好, 　羅甸から出た人はできがよく,
　　　绕山绕水也要来。 　山をめぐり水をめぐってでも（会いに）やって来ます。
　　　昨晩打梦我要行, 　昨夜は私が行くのを夢に見た（というあなたは）,
　　　罗甸出的好名称。 　羅甸から出たのは名声のある人です。
　　　罗甸出的人才好, 　羅甸から出た人はできがよく,
　　　绕山绕水我要行。 　山をめぐり水をめぐってでも私は行きます。

m32. 上前三步绕三街, 　前に三歩歩いて三つの街をめぐって,
　　　退后三步采花台。 　後ろに三歩下がって飾られたステージに上がりました。
　　　贵客从来不错路, 　賓客は今まで道を間違えたことはなかったのに,
　　　今天错走罗甸来。 　今日は間違えて羅甸に来てしまいました。
　　　上前三步绕三弯, 　前に三歩歩いて三つのカーブをぐるりとまわり,
　　　退后三步采花台。 　後ろに三歩下がって飾られたステージに上がりました。
　　　贵客从来不错路, 　賓客は今まで道を間違えたことはなかったのに,
　　　今天走到罗甸玩。 　今日は（道を間違えて）羅甸に来て遊んでいます。

付録 1. 2008 年羅甸第五回山歌表演（漢歌）【映像 4】

f32.　　　diao1[33]意来了 diao1 意来，　わざと来たのです，（私は）わざと来たのです，
　　　　　diao1 意来了闹歌台。　　　　　わざと賑やかな歌のステージに来たのです。
　　　　　diao1 意来了歌台好，　　　　　わざとよいステージに来て，
　　　　　拿走拿下去宣传。　　　　　　　（ここの話を）持って帰って宣伝します。

（テープ交換のため，f32 の第 2 段は収録できず。ここまでで開始から 1 時間半経過）

m33.　　　风吹木叶十八排，　　　　　風が十八枚の木の葉に吹きます，
　　　　　十八仙风吹妹来。　　　　　十八の神仙の風が吹いて妹が来ました。
　　　　　十八仙风吹妹到，　　　　　十八の神仙の風が吹いて妹が着きました，
　　　　　大地吹到小地来。　　　　　大きな土地から吹かれて小さな土地に来ました。
　　　　　风吹木叶十八层，　　　　　風は十八枚の木の葉に吹きます，
　　　　　十八仙风吹妹们。　　　　　十八の神仙の風が妹たちに吹きました。
　　　　　十八仙风吹妹到，　　　　　十八の神仙の風が吹いて妹が着きました，
　　　　　大的吹到小地名。　　　　　大きなところから小さな場所に着きました。

f33.　　　我在我乡小地方，　　　　　私の郷は小さいところです，
　　　　　来到你乡大地方。　　　　　あなたの大きな郷にやって来ました。
　　　　　来到你乡大去处，　　　　　あなたの大きな郷にやって来ると，
　　　　　家家户户亮堂堂。　　　　　どの家も立派で輝いています。
　　　　　我在我乡小地名，　　　　　私の郷はちいさな場所です，
　　　　　来到你乡大地名。　　　　　あなたの大きな郷にやって来ました。
　　　　　来到你乡大去处，　　　　　あなたの大きな郷にやって来ると，
　　　　　家家户户亮挣挣。　　　　　どの家もぴかぴか輝いています。

m34.　　　妹是远方来的客，　　　　　妹は遠くから来た客です，
　　　　　来到罗甸我来陪。　　　　　羅甸に来て私が連れ添います。
　　　　　来到罗甸我陪唱，　　　　　羅甸に来て私が一緒に歌ってみると，
　　　　　背个名声也值得。　　　　　その名声に違わぬ（すばらしさ）。
　　　　　妹是远方来的人，　　　　　妹は遠くから来た人です，
　　　　　来到罗甸我来跟。　　　　　羅甸に来て私が一緒に付き添います。

---

33)「diao1 意」は「わざと」という意味の貴州方言。漢字表記が不明のためピンイン表記した。

付録1. 2008年羅甸第五回山歌表演（漢歌）【映像4】

	来到罗甸我陪唱,	羅甸に来て私が一緒に歌ってみると,
	背个名声也宽心。	その名声どおりで安心します。
f34.	我在我乡来得忙,	私は私の郷から慌ただしく来ました,
	山歌不好不传扬。	山歌はうまくないので名も広まっていません。
	山歌不好不要讲,	山歌はうまくないのは言うまでもなく,
	讲起这些害羞人。	言えば恥ずかしい思いをするばかりです。
	我在我乡来得学,	私は私の郷から学びに来ました,
	山歌不好不要说。	山歌はうまくないのは言うまでもありません。
	山歌不好不要讲,	山歌がうまくないのは言うまでもなく,
	无名陪伴有名哥。	名もない人が名のある兄と連れ添います。
m35.	吃鱼要吃鱼半斤,	魚を食べるなら半斤食べねばならず,
	不吃鱼小臭泥腥。	小さく泥臭い魚は食べません[34]。
	山歌要唱这一对,	山歌はこの組み合わせで歌わなくてはいけません,
	得唱自对我宽心。	この組み合わせだから私はくつろげるのです。
	吃鱼要吃鱼半多,	魚を食べるなら半分以上食べなくてはならず,
	不吃鱼小臭泥脚。	小さく泥臭い魚は食べません。
	山歌要唱这一对,	山歌はこの組み合わせで歌わなくてはいけません,
	得唱自对心才乐。	この組み合わせだから楽しめるのです。
f35.	吃烟要吃柳叶烟,	タバコを吸うなら柳のタバコ,
	戴花要戴朵朵鲜。	花を頭に載せるなら新鮮なものを載せなくては。
	今天情哥来陪我,	今日は兄が来て私に連れ添うけれど,
	你看新鲜不新鲜。	あなたにとって（私の歌は）新鮮でしょうか？
	吃烟要吃柳叶形,	タバコを吸うなら柳の葉の形のものを,
	戴花要戴朵朵新。	花を頭に載せるなら新しいものを載せなくては。
	今天情哥来陪我,	今日は兄が来て私に連れ添うけれど,
	你看这个新不新。	あなたにとってこれは新しいでしょうか？
m36.	高坡打鸟要眼尖,	高い山で鳥を撃つには目が良くないといけません,
	出来连妹要嘴甜。	出てきて妹と連れ添うには口が上手でないといけません。

---

[34]「食べる魚は選ばなくてはならない」, つまり歌を掛け合う相手はちゃんと選ばなくてはならないという意味。

付録1. 2008年羅甸第五回山歌表演（漢歌）【映像4】

	眼尖得个好鸟打,	目がよければよい鳥を撃てる,
	跟妹玩耍好新鲜。	妹と遊ぶのはとても新鮮です。
	高坡打鸟要眼多,	高い山で鳥を撃つには目が良くないといけません,
	出来连妹要会说。	出てきて妹と連れ添うには話しが上手でないといけません。
	眼尖得个好鸟打,	目がよければよい鳥を撃てる,
	出来连妹好宽乐。	出てきて妹と連れ添うのはとても楽しいものです。

f36. 包谷杆杆节节甜,　　トウモロコシはどの節も甘く,
　　　磨子拉来筛子接。　　臼で挽いてはざるで受けます。
　　　不嫌包谷吃一碗,　　トウモロコシを一碗食べるのも厭わず,
　　　不嫌妹驼你来连。　　妹の腰が曲がっているのも厭わずあなたは連れ添うのですね。
　　　包谷杆杆节节香,　　トウモロコシはどの節もおいしく,
　　　磨子拉来筛子装。　　臼で挽いてはざるで受けます。
　　　不嫌包谷吃一碗,　　トウモロコシを一碗食べるのも厭わず,
　　　不嫌妹nang2[35)]你来诓。　　妹が賢くないのも厭わずあなたは来て嘘をつくのですね。

m37. 大河涨水满悠悠,　　大河はゆったりと水をたたえ,
　　　水打[36)]麻杆下柳州。　水は麻の茎を柳州[37)]まで流していきます。
　　　麻杆心空水得打,　　麻の茎は中空で水でよく流れます,
　　　见妹美貌哥十兜。　　妹の美しさを見れば兄は必ず引き留めますよ。
　　　大河涨水满弦弦,　　大河はゆったりと水をたたえ,
　　　水打麻杆下地沿。　　水は麻の茎を下流まで流していきます。
　　　麻杆心空水得打,　　麻の茎は中空で水でよく流れます,
　　　见妹美貌哥才连。　　妹の美しさを見ているから兄は連れ添うのです。

f37. 妹家坐在山里头,　　妹の家は山の中にあります,
　　　走去大多像花楼。　　（そこから）出て行ってみるとどの家も美しい。
　　　山也重来水也重,　　山が重なり水も重なり
　　　山高水重哪个游。　　山は高く水は多く誰が遊び（に来る）でしょうか。

---

35)「nang2」は「賢くない」という意味の貴州方言。漢字表記が不明のためピンイン表記した。
36) この「打」は「沖」（押し流す）の意味。
37) 広西チワン族自治区にある都市の名前。貴州省恵水県の東に隣接する独山県を水源地とする柳江という河の下流にある。

付録1．2008年羅甸第五回山歌表演（漢歌）【映像4】

	妹家坐在大山沟，	妹の家は深い山の中にあります，
	山也深来水也深。	山は深くて水も深い。
	山也重来水也重，	山が重なり水も重なり，
	哪个走到妹家行。	誰が妹の家まで来るでしょうか。

m38. 　九天下雨九天干，　　九日雨が降って九日晴れて，
　　　丢久不见妹出山。　　長らく妹が山を出るのを見ませんでした。
　　　井边不见妹挑水，　　井戸のあたりで妹が水を汲むのも見ませんでした，
　　　花园不见妹来玩。　　花園[38]でも妹が遊ぶのは見かけませんでした。
　　　九天下雨九天多，　　九日雨が降ってさらに九日，
　　　丢久不见妹出坡。　　長らく妹が山を出るのを見ませんでした。
　　　井边不见妹挑水，　　井戸のあたりで妹が水を汲むのも見かけませんでした，
　　　花园不见妹来说。　　花園でも妹が来るのを見かけませんでした。

f38.　 我家坐在山里头，　　私の家は山の中にあって，
　　　地方不好不来游。　　場所が悪く（ここまで）遊びに来ませんでした。
　　　地方不好不出处，　　場所が悪くて出て行けません，
　　　你看害羞不害羞。　　あなたは恥ずかしいと思いませんか？
　　　我家坐在山旮旯，　　私の家は山の中の辺鄙な場所にあって，
　　　地方不好不来玩。　　場所が悪くて遊びに来ませんでした。
　　　地方不好不来耍，　　場所が悪くて遊びに来ないなんて，
　　　你看该玩不该玩。　　あなたは（それでも私と）遊ぼうというのですか？

m39.　妹家坐在大地方，　　妹の家は大きな地方にあります，
　　　打扮姐妹亮堂堂。　　お化粧をした姉妹は輝くようです。
　　　走在山林雀鸟叫，　　山林を歩けば雀が鳴き，
　　　走到花园百花香。　　花園に行けば花々が香っています[39]。
　　　妹家坐在大地名，　　妹の家は大きな場所にあり，
　　　打扮姐妹亮挣挣。　　お化粧をした姉妹はぴかぴかと輝いています。
　　　走在山上雀鸟叫，　　山の上を歩けば雀が鳴き，
　　　走到花园百花生。　　花園に行けば花々が咲いています。

38）花園は男女がデートをする場所，つまり歌掛けをする場所の比喩。
39）この句は春のうららかな様を表す慣用表現「鸟语花香」（鳥は鳴き花は香る）を踏まえている。

付録1. 2008年羅甸第五回山歌表演（漢歌）【映像4】

f39.　妹在远乡远路来,　　　妹は遠くの郷にいて遠い道を来ました,
　　　一路撒花一路来。　　　道すがら花を撒きながらやって来ました。
　　　晓得你乡花为贵,　　　あなたの郷では花が貴いのを知って,
　　　我在我乡带朵来。　　　私は私の郷から花を持ってきました。
　　　我在我乡远路行,　　　私は私の郷にいて遠い道を来ました,
　　　一路散花一路行。　　　道すがら花を散らしてやって来ました。
　　　晓得你乡花为贵,　　　あなたの郷では花が貴いのを知って,
　　　我在妹乡带朵行。　　　私は妹の郷から花を持ってきました。

m40.　妹在远方远路来,　　　妹は遠くに住んでいて遠い道を来ました,
　　　连路散花连路来。　　　道すがら花を散らしてやって来ました。
　　　情妹散花落平地,　　　妹が散らした花は平地に落ち,
　　　我们散花落高岩。　　　私たちの散らした花は高い岩に落ちました[40]。
　　　妹在远方远路说,　　　妹は遠くに住んでいて遠い道を来ました,
　　　连路散花连路说。　　　道すがら花を散らしてやって来ました。
　　　情妹散花落平地,　　　妹が散らした花は平地に落ち,
　　　我们散花落高坡。　　　私たちの散らした花は高い山に落ちました。

f40.　细细毛雨顺山来,　　　細かい霧雨が山をめぐって来ます,
　　　不落平地落高岩。　　　平地に落ちずに高い岩に落ちました。
　　　落在高岩不重用,　　　高い岩に落ちても役には立たず,
　　　落在平地应花开。　　　平地に落ちた花は開くはずです。
　　　细细毛雨顺山飞,　　　細かい霧雨が山をめぐって飛び,
　　　不落平地落高山。　　　平地に落ちず高い山に落ちました。
　　　落在高岩我用去,　　　高い岩に落ちたものは私が使います,
　　　落在平地应花生。　　　平地に落ちた花は開くはずです。

m41.　妹在远方远路来,　　　妹は遠くに住んでいて遠い道を来て,
　　　连路散花连路来。　　　道すがら花を散らしてやって来ました。
　　　世上马多难割草,　　　世の中には馬が多く草刈りは大変で,
　　　人多花少分不来。　　　人が多くて花は少ないので全員に分けられません。
　　　妹在一方远路说,　　　妹は別のところにいて遠い道を来て,

---

40) 高い岩の上に落ちても誰も見えないので意味がない。つまりこの行は「私たちの歌は役に立たない」という意味。

	连路散花连路说。	道すがら花を散らしてやって来ました。
	世上马多难割草,	世の中には馬が多く草刈りは大変で,
	人少花多分不活。	人は少なく花が多いときっちり分けられません。

f41.	好朵鲜花在半岩,	鮮やかな花が大岩のまんなかにあります,
	只手拿着将头抬。	上を向いて手で摘まなくてはいけません。
	生不问来死不问,	生きていようと死んでいようと,
	你不到达为花开。	あなたは花が開いても(手が)届きません。
	好多鲜花在半岭,	多くの鮮やかな花が山のまんなかにあります,
	只手拿着将头抬。	上を向いて手で摘まなくてはいけません。
	生不问来死不问,	生きていようと死んでいようと,
	你不到达为花栽。	あなたは花が植わっていても(手が)届きません。

m42.	大路茅草颠对颠,	大きな道でチガヤの先と先が向き合っています,
	哪点撞到哪点连。	いつぶつかっていつ連れ添うのでしょうか？
	闯到旧花也要理,	古い花に出会っても相手をし,
	闯到新花也要连。	新しい花に出会っても連れ添わなくてはいけません。
	大路茅草棵对棵,	大きな道でチガヤが向き合っています,
	哪点撞到哪点说。	いつぶつかっていつ話すのでしょうか？
	闯到旧花也要理,	古い花に出会っても相手をし,
	闯到新花也要说。	新しい花に出会っても連れ添わなくてはいけません。

f42.	好朵鲜花在路边,	鮮やかな花が道ばたに咲いています,
	一片新鲜两片烟。	片方は新鮮でもう一方はタバコの葉です。
	一片新鲜两片好,	片方は新鮮でもう一方の花もよく,
	你看好连不好连。	あなたは連れ添うのによいと思いますか。
	好多鲜花在路旁,	多くの鮮やかな花が道ばたに咲いています,
	一片新鲜两片黄。	片方は新鮮でもう一方は黄ばんでいます。
	一片新鲜两片好,	片方は新鮮でもう一方の花もよく,
	你看好诓不好诓。	あなたは嘘をつきやすいと思いますか。

| m43. | 大路茅草颠对颠, | 大きな道でチガヤの先と先が向き合っています, |
| | 今天撞到新花园。 | 今日は新しい花園に出くわしました。 |

付録 1. 2008 年羅甸第五回山歌表演（漢歌）【映像 4】

	冷水揉[41]粑点面少,	冷たい水で生地をこねても麺は少なくなってしまいます[42],
	唱首山歌慢来连。	山歌を歌ってゆっくり連れ添いましょう。
	半路撞到半路说,	道半ばで出くわして道半ばで話します,
	今天撞到新花脚。	今日は新しい花に出くわしました。
	闻到新花也要耍,	新しい花に出会っても遊ばなくてはいけません,
	唱首山歌慢来说。	山歌を歌ってゆっくり話しましょう。

f43. 一朵鲜花满天飞, 　一本の鮮やかな花が空じゅうを飛び回り,
　　　唱首山歌把哥围。　山歌を歌って兄をとりかこみます。
　　　唱首山歌来兜你, 　山歌を歌ってあなたを引き留めます,
　　　你看新鲜不新鲜。　あなたは新鮮だと思いますか。
　　　一朵鲜花满天落, 　一本の鮮やかな花が空じゅうから落ち,
　　　唱首山歌来兜哥。　山歌を歌って兄を引き留めます。
　　　唱首山歌来兜你, 　山歌を歌ってあなたを引き留めて,
　　　看你心中是如何。　あなたが心の中でどう思っているか見てみます。

m44. 惠水罗甸坡背坡, 　恵水と羅甸は山を背に向かい合っていますが,
　　　从来姊妹认不着。　これまで姉妹のことは知りませんでした。
　　　今天姊妹来相会, 　今日姉妹と出会って,
　　　这时相会我宽乐。　この出会いの時を私は楽しんでいます。
　　　和妹坡背行啊～　 妹とは山を背に向かい合っていますが,
　　　从来姊妹认不清。　これまで姉妹のことはよく知りませんでした。
　　　今天姊妹来相会, 　今日姉妹と出会って,
　　　这时相会我宽心。　この出会いの時を私は心から楽しんでいます。

f44. 东山坡来西山坡, 　東の山に西の山,
　　　两条江水来会合。　2 本の河の水が出会いました。
　　　今天姊妹来碰到, 　今日は姉妹と(あなたは)出くわしました,
　　　请你情哥来斟酌。　どうか兄であるあなたと相談させてください。
　　　东山沟来西山沟, 　東の谷に西の谷,

---

41) ここでは「揉」の字をあてたが, 発音は rua1 で標準中国語の発音とかなり異なる。貴州方言で「こする, もむ」という意味。
42)「麺が少ないのはよくないことであるように, 兄たちの歌は下手であなたの歌と釣り合わない」という意味であるらしい。

付録1．2008年羅甸第五回山歌表演（漢歌）【映像4】

	两条江水来碰头。	2本の河の水が出くわしました。
	两条江水来碰到，	2本の川の水が出くわして，
	今天姉妹来交流。	今日姉妹たちと交流します。
m45.	哪岸[43]出门要爬山，	どうして家を出るのに山を登らないといけないと思うでしょう，
	哪岸过河要划船。	どうして川を渡って船を漕がなくてはいけないと思うでしょう。
	哪岸姉妹来相会，	どうして姉妹と出会うなどと思うでしょうか，
	筲箕gang4[44]锅万不按。	カゴでは鍋のふたにはなりません[45]。
	哪岸出门要跋坡，	どうして家を出るのに山を登らないといけないと思うでしょう，
	哪岸过河要湿脚。	どうして川を渡るのに足をぬらさないといけないと思うでしょう。
	哪面姉妹来相会，	どうして姉妹と出会うと思うでしょうか，
	筲箕gang4锅万不合。	カゴでは鍋のふたにはなりません。
f45.	昨晚打梦打得合，	昨夜はよい夢を見ましたが，
	不岸今天来会合。	今日出会うとは思いませんでした。
	不岸你也来碰到，	あなたと出くわすとは思いもしませんでした，
	姉妹唱歌好好说。	姉妹たちは歌を歌ってよくお話をしましょう。
	昨晚打梦打得新，	昨夜は新しい夢を見ましたが，
	不岸你也来会行。	あなたがやってくるとは思いませんでした。
	不岸你也来碰到，	あなたと出くわすとは思いもしませんでした，
	姉妹碰头好热情。	姉妹は出くわしたら熱心にもてなします。
m46.	昨晚打梦打得恶，	昨夜はすごい夢を見ました，
	梦见绣球跪楼脚。	夢に毬[46]が家の下にあるのを見ました。
	昨晚打个团圆梦，	昨夜はよい夢を見ました，
	哪面姉妹来会合。	するとなんと姉妹と出会いました。
	昨晚打梦打得真，	昨夜はよい夢を見ました，

---

43) ここでは歌手の張氏に従って仮に「岸」の字を充てている。発音はŋan2で「想像する，推し量る」という意味の貴州方言。ここ以降の「岸」はすべて同じ。
44) gang4は「ふたをする」という意味の貴州表現。漢字が不明なのでピンイン表記した。
45)「筲箕」とは米研ぎなどにつかう，スコップのような形をした竹で編んだざるのこと。丸くないので鍋のふたにしようとしてもずり落ちてしまう。この行は全体で「合わない，釣り合わない」という意味の比喩で，日常的に使う表現であるという。
46) 夢で毬を見るのは吉兆であるとされる。

付録1．2008年羅甸第五回山歌表演（漢歌）【映像4】

	梦见绣球跪楼层。	夢で毬が家の下にあるのを見ました。
	昨晚打个团圆梦，	昨夜はよい夢を見ました，
	哪个姊妹来会人。	するとなんと姉妹は人と出会いました。
f46.	不得家鸡喂野鸡，	にわとりが飼えなければキジを飼います，
	不得野鸡喂画眉。	キジを飼えなければガビチョウ[47]を飼います。
	画眉长大飞走了，	ガビチョウは大きくなって飛んでいきました，
	害妹得个空笼提。	そうして妹は空のかごを提げるはめになりました。
	不得家鹅喂野鹅，	アヒルが飼えなければガチョウを飼います，
	不得野鹅喂阳雀。	ガチョウがだめならホトトギスを飼います。
	阳雀长大飞走了，	ホトトギスは大きくなって飛んでいきました，
	害妹得个空笼说。	そうして妹は空のかごを持つはめになりました。
m47.	想妹连啊～～～	妹と連れ添いたい！
	去年想妹到今年。	去年妹を好きになって今年に至ります。
	不是今年得起意，	今年になって好きになったのではありません，
	去年起意要来连。	去年連れ添いたいと思ったのです。
	想妹多啊～～～	妹を想っています！
	去年想妹到今说。	去年妹を想って今に至ります。
	不是今年才起意，	今年やっと好きになったのではありません，
	去年起意要来说。	去年来て話をしようと思ったのです。
f47.	一张帕子五尺长，	一枚のターバンは五尺の長さがあります，
	帕子缠妹妹缠郎。	ターバンは妹に巻きつき妹はあなたに巻きつきます。
	情哥缠妹不长久，	しかし兄が私に巻きついている時間は長くありません，
	妹遮情哥久久长。	妹が兄を長く引き留めているのです。
	一张帕子五尺多，	一枚のターバンは五尺ほど，
	帕子缠妹妹缠哥。	ターバンは妹に巻きつき妹は兄に巻きつきます。
	帕子缠妹不长久，	ターバンが妹に巻きついている時間は長くありません，
	妹缠请哥久久说。	妹は兄に長く巻きついて話します。
m48.	等妹一天又一天，	妹を一日また一日と待ち，

---

[47] ガビチョウは目元に眉を描いたように白い文様がある鳥。中国ではよくペットとしてかごに入れて飼われている。

	等妹一年又一年。	妹を一年また一年と待ちます。
	情妹倒耍倒不耍,	妹は果たして遊ぶのか遊ばないのかどうなのですか,
	一直等到此时间。	ずっと待ってこの時間になりました。
	等妹一晨又一晨,	毎朝毎朝妹を待ち,
	等妹一春又一春。	一春また一春と妹を待ちます。
	情妹倒耍倒不耍,	妹は果たして遊ぶのか遊ばないのかどうなのですか,
	一直等到此时春。	ずっと待ってこの春になりました。
f48.	妹在妹乡十八年,	妹は妹の郷に十八年もいるのに,
	哪叫情哥不来连。	どうして兄は来て連れ添わなかったのですか。
	自冈[48) 情哥想妹连,	今更兄が妹と連れ添いたいと想っても,
	猴子过了火焰山。	猿はもう火焰山を過ぎてしまいましたよ[49)]。
	妹在妹乡十八春,	妹は妹の郷に十八年もいるのに,
	哪叫情哥不来行。	どうして兄は来なかったのですか。
	自冈情哥想到我,	今更兄が私のことを思い出しても,
	猴子过了火焰坡。	猿はもう火焰山を過ぎてしまいましたよ。
m49.	腊月栽花也不迟,	師走に花を植えても遅くありません,
	十月栽花正适合。	十月に花を植えるとぴったり時期に合います。
	只要情妹有心意,	妹にその気さえあれば,
	这时玩耍也不迟。	この時に遊んでも遅くありませんよ。
	腊月栽花也不多,	師走に花を植えても遅くありません,
	十月栽花正合脚。	十月に花を植えるとぴったり時期に合います。
	只要情妹有心意,	妹にその気さえあれば,
	这时玩耍最适合。	このときに遊ぶのはぴったり時期に合いますよ。
f49.	妹家门边有蓬花,	妹の家の辺りには花が咲いていて,
	哥变飞鹅团转爬[50)]。	兄は蝶になって(花のまわりを)まわっています。

---

48) 「自冈」は「現在」という意味の貴州方言。
49) 『西遊記』で孫悟空が牛魔王から芭蕉扇を奪って火焰山を通過する故事のことを指している。この火焰山のシーンは西遊記の中でも人気のある部分で, そこを過ぎてしまうとは話のいいところを逃してしまうことを意味する。つまり, この行は全体で「既にいい時期を逃してしまった」という比喩。
50) 「转爬」「转扑」はおそらく韻を踏むために2音節目の発音を変えたもので, こういう

付録1. 2008年羅甸第五回山歌表演（漢歌）【映像4】

哥变飞鹅团转绕,	兄は蝶になって（花のまわりを）めぐっています,
问你要绕哪蓬花。	あなたに聞きますが（あなたは）どの花をめぐっているのですか？
妹家门边有笼竹,	妹の家の辺りには竹が生えていて,
哥变飞鸽团转扑。	兄は鳩になって（花のまわりを）まわっています。
哥变飞鸽团转绕,	兄は鳩になって（花のまわりを）めぐっています,
问你要绕哪笼竹。	あなたに聞きますが（あなたは）どの竹をめぐっているのですか？

m50.
天上起云云起翻,	天上では雲が起こって翻っています。
河头起罩天要干。	河では霧が発生しているのに（地上は）乾いています。
为其等妹得怪病,	妹を待っていたせいで奇病にかかり,
才能起到自一翻。	ようやく今起き上がれたのです。
天上起云云几多,	天上では雲がわき起こり,
河头起罩打不落。	河では霧が発生しているのに雨は降りません。
为其你妹得怪病,	妹であるあなたを待っていたせいで奇病にかかり,
才得起到自一着。	ようやく今起き上がれたのです。

f50.
吃杯凉水凉又凉,	冷たい水を飲むととても冷たく,
吃颗花椒麻得长。	山椒を食べるとずっと痺れます。
情妹难解哥的意,	妹は兄の気持ちがよくわかりません,
哥有别人解心肠。	兄は他に気持ちを打ち明ける人がいるのです。
吃杯凉水凉菌菌,	冷たい水を飲むといつまでも冷たく,
吃个花椒麻得狠。	山椒を食べるととても痺れます。
情妹难解哥的意,	妹は兄の気持ちがよくわかりません,
哥有别人更关心。	兄は他の人にもっと気があるのです。

m51.
郎想妹来妹想郎,	男の人は妹を想い妹は男の人を思っています,
大家想得脸皮黄。	みんな想いすぎて顔色が悪くなります[51]。
在家想得肝肠断,	家では想いすぎてはらわたがちぎれるよう,
出门连妹改心肠。	家を出て妹と連れ添い気持ちを改めます。
郎想妹来妹想哥,	男の人は妹を想い妹は兄を思っています。
大家想点脸皮薄。	みんな想いすぎて顔の血の気が引いています。

　単語があるわけではない。意味としては「转」の部分だけから「まわる」と解釈してよい。
51) 恋わずらいになるということ。

	在家想得肝肠断,	家では想いすぎてはらわたがちぎれるよう,
	出门连妹解宽乐。	家を出て妹と連れ添い気持ちをほぐして楽しみます。
f51.	你想不得我想多,	あなたの想いは私には及びません,
	想在心中不好说。	心の中で想っていることはうまく言えないものです。
	吃了几多药不好,	薬を沢山飲んでもよくなりません,
	有了几多会不合。	いくつ飲んでも（薬が）合いません。
	你想不得我想亲,	あなたの想いは私ほどではありません,
	想在心中泪盈盈。	心の中では涙でいっぱいです。
	吃了几多药不好,	薬を沢山飲んでもよくなりません,
	有了几多会不行。	いくつ飲んでも（薬が）効きません。
m52.	天不落雨地不湿,	天から雨が降らないと地面も濡れません,
	风不吹树树不直。	風が木に吹かないと木もまっすぐになりません。
	情妹想我不算想,	妹が私を想う心は私に及びません,
	哥们想妹饭不吃。	兄たちは妹のことを想うとご飯も食べられません。
	天不落雨地不活,	天から雨が降らないと地面も生き生きとしません,
	风不吹树树不活。	風が木に吹かないと木も生き生きとしません。
	你妹想我不算想,	妹のあなたが私を想うのは想ううちに入りません,
	哥们想妹水不喝。	兄たちは妹を想うと水も飲めません。
f52.	哥们有话又不说,	兄たちは話があるのに話しません,
	哪晓心中来想婆。	どうして心の中で女の人を想っているなどわかるでしょうか。
	口含珍珠你不吐,	口に真珠を含みながらあなたははき出しません,
	晓得心中是如何。	どうして心の中がどうかわかるでしょうか。
	哥们有话又不行,	兄たちは話があるのに話しません,
	哪晓心中想妹们。	どうして心の中で妹たちを想っているなどわかるでしょうか。
	口含珍珠你不吐,	口に真珠を含みながらあなたははき出しません,
	哪晓心中想妹们。	どうして心の中で妹たちを想っているなどわかるでしょうか。
m53.	三两银钱买定墨,	三両の銀子で墨を買い,
	丢在河中染河黑。	河の中に捨てると河をは真っ黒になります。
	情妹说我不想你,	妹は私があなたを想ってないと言う,
	想在心中那晓得。	心の中で想っているのをどうしてわかるでしょうか。

付録 1. 2008 年羅甸第五回山歌表演（漢歌）【映像 4】

    三两银钱买定青， 三両の銀子で青（の染料）を買い，
    丢在河中染河浑。 河の中に捨てると河は濁ります。
    情妹说我没想你， 妹は私があなたを想ってないと言う，
    想在心中哪得听。 心の中で想っているのをどうして聞けるでしょうか。

f53. 哥们有话又不说， 兄たちは話があるのに話しません，
    跟前赶后三四坡。 前にも後ろにもみっつよっつと山があります。
    嘴含珍珠又不吐， 口に真珠を含みながらはき出しません，
    吐出口水是白沫。 口から出るのは白いつばばかりです。
    哥们有话又不行， 兄たちは話があるのに話しません，
    跟前赶后三四村。 前にも後ろにもみっつよっつと村があります。
    嘴含珍珠又不吐， 口に真珠を含みながらはき出しません，
    吐出口水是白型。 口から出るのは白いつばばかりです。

m54. 想妹多啊～～～   妹のことを想っています！
    想妹多多病来磨。 妹のことを想って病気にさいなまれています。
    我家有个望窗眼， 私の家には双眼鏡があり，
    夜夜望得月亮落。 夜な夜な月が落ちるのを見ています。
    想妹妹啊～～～   妹のことを想ってます！
    想妹多多病磨人。 妹のことを想って病気は人をさいなみます。
    我家有个望窗眼， 私の家には双眼鏡があり，
    夜夜望得月亮明。 夜な夜な月明かりを見ています。

f54. 你想不得我想多， あなたは私があなたを想うほどには想っていません，
    我家门口有棵药。 私の家には薬になる木が生えています。
    心想主动拿送你， 私は手渡しであなたに送りたいと思っているのですが，
    又怕你拿吃错药。 あなたが間違った薬を飲むのではないかと恐れています。
    你想不得我想亲， あなたは私があなたを想うほどには想っていません，
    我家门口有棵新。 私の家には木が生えています，
    我想主动拿送你， 私は手渡しであなたに送りたいと思っているのですが，
    又怕你吃吃不灵。 あなたが食べても効かないのではないかと恐れています。

m55. 吃烟不饱还要吃， たばこは吸っても飽きずにまだ吸いたくなります，
    想妹多多成相思。 妹を想って相思相愛になりたいと思っています。

付録1. 2008年羅甸第五回山歌表演（漢歌）【映像4】

	哥成相思妹来解,	兄が相思相愛になるには妹が来ればよいけれど,
	妹成相思挖药吃。	妹が相思相愛になるには薬をたべる必要があります[52]。
	想妹多啊～～～	妹を想っています！
	想妹多多病来磨。	妹を想って病気が私をさいなみます。
	哥成相思妹来解,	兄が相思相愛になるには妹がくればよいけれど,
	妹成相思吃药喝。	妹が相思相愛になるには薬を飲まなくてはいけません。
f55.	劝你哥来劝你哥,	どうぞ兄であるあなたよ,
	劝你不要想妹多。	どうぞ妹のことを想いすぎないでください。
	不得哪样来送你,	あなたに送るものは何もありませんが,
	拿我指甲送你喝。	私のツメをあなたに送って飲ませます。
	劝哥心来劝哥心,	どうぞ兄よ,
	劝哥不要想妹们。	どうぞ妹たちのことを想わないでください。
	不得哪样来送你,	あなたに送るものは何もありませんが,
	我拿心子送你们。	私は心臓を取ってあなたに送ります。
m56.	想妹多啊～～～	妹を想っています！
	背起背篼去挖药。	背負いカゴを背負って薬を掘りに行きます。
	山上草药吃不好,	山の上の薬草はおいしくありません,
	要妹心子兑酒喝。	妹の心臓を酒に混ぜて飲まなくてはいけません。
	想妹们啊～～～	妹を想っています！
	背起背篼挖药根。	背負いカゴを背負って薬の木の根を掘ります。
	山上草药吃不好,	山の上の薬草はおいしくありません,
	要妹心子兑酒吞。	妹の心臓を酒に混ぜて飲まなくてはいけません。
f56.	劝哥多来劝哥多,	どうぞ兄よ,
	劝哥不要去挖药。	どうぞ薬を掘りに行かないでください。
	坐在山上想一想,	山の上で座って少し考えて,
	一刚[53] 情妹跟你说。	しばらくして妹はあなたに話します。
	劝你心来劝你心,	どうぞあなたよ,
	劝你不要去挖心。	どうぞ心臓を掘りに行かないでください。

---

52) この句は「私はあなたと会うだけでよいが，あなたは別の薬（＝他の男性）と会う必要がある」，つまり「あなたは私のことを好きじゃない」という意味。

53)「一刚」は「しばらくして」という意味の貴州方言。

付録1. 2008年羅甸第五回山歌表演（漢歌）【映像4】

    去到山上想一想， 山の上に行って少し考えて，
    一剛情妹给你们。 しばらくして妹はあなたにあげます。

m57. 斑鸠飞来台上 gu1[54]， 鳩が飛んできてステージにとまります，
    滴落眼泪像银珠。 涙はこぼれて銀の珠のよう。
    想妹成了相思病， 妹を想って恋わずらいになりました，
    连路挖药连路哭。 薬を掘りながら泣いています。
    斑鸠飞来岩上来， 鳩が飛んできて岩の上に来ました，
    眼泪汪汪滴下来。 涙があふれてこぼれてきます。
    想妹成了相思病， 妹を想って恋わずらいになりました，
    连路挖药哭起来。 薬を掘りながら泣けてきます。

f57. 斑鸠飞来岩上 gu1， 鳩が飛んできてステージにとまります，
    眼泪流像水银珠。 涙は流れて水銀の珠のよう。
    你在外面说是想， あなたは外では想っていると言いますが，
    我在家中时时哭。 私は家の中でいつも泣いています。

（ここで主催者が昼休憩に入ることを歌手たちに伝えに来る）

    老鸦没来抬伤心， カラスが飛んでこないので傷心です，
    眼泪滴得好成河。 涙はこぼれて河のよう。
    你在外面时时想， あなたは外でいつも想っていますが，
    我在家中时时行。 私は家の中で想っているのです。

（昼休憩に入るためのあいさつ）

m58. 唱完这首哥留言， この首を歌って兄は言づてします，
    各位老幼放心闲。 みなさんどうぞくつろいでください。
    时间忙忙不等我， 時間は慌ただしく私を待ってはくれません，
    吃成早饭又来陪。 朝食[55]を食べてまたご一緒します。

---

54) gu1 は「かがむ」とう意味の貴州方言。漢字表記が不明のためピンイン表記した。
55) 実際これから食べに行くのは昼食であるが，昔はこのあたりでは朝に食事をとる習慣がなかったため「朝食」と言っているのだと思われる。

付録1．2008年羅甸第五回山歌表演（漢歌）【映像4】

    唱完这首我收歌， この首を歌って私は歌を収めます，
    各位老幼放宽乐。 みなさんどうぞくつろぎ楽しんでください。
    时间忙忙不等我， 時間は慌ただしく私を待ってはくれません，
    吃成早饭又来说。 朝食を食べてまた話します。

f58. 唱歌唱到唱半边， 歌を歌ってまだ半分しか歌えていません，
    麻烦这些老幼些。 みなさんを煩わせてしまってすみません。
    麻烦老人吃早饭， 老人を煩わせて朝食を食べます，
    吃成早饭慢开言。 朝食を食べたらゆっくりごあいさつします。
    唱歌唱到早饭行， 歌を歌って朝食に行きます，
    麻烦这些领导们。 指導者たちを煩わせてしまってすみません。
    麻烦领导吃早饭， 指導者たちを煩わせて朝食を食べます，
    吃成早饭慢开声。 朝食を食べたらゆっくり声を出します。

（ここで午前中は終了。女性側は「対不起大家，唱不好，多多寛容」（すみませんみなさん，うまく歌えませんでしたが，どうぞ大目に見てください）と言ってマイクを置く）

付録 2．羅甸県龍坪鎮「年歌」（プイ歌）【映像 13】

収録日時：2010 年 3 月 17 日 8：40～9：40（1 時間）
（これはここに書き起こした分。この掛け合い全体の収録時間は以下の通り；
   8：40～12：10，13：10～18：45 延べ約 9 時間）
収録場所：羅甸県龍坪鎮楊昌厚氏宅
歌手：男性…王家義(50)，黄元力(38)。
     羅甸県八総郷出身・在住。王は農業，黄は三輪タクシー運転手。
     女性…王小蓮(50)，王小芬(50)。羅甸県八総郷出身・在住。2 人とも農業。
収録者：梶丸岳
収録機材：(ビデオカメラ)Canon DM-IXY S1，(DV テープ)SONY DVM60
    (SP モード(音声 16 ビットレート)にて収録)
通訳：楊昌厚(羅甸県民俗宗教局研究員)　プイ語⇔標準中国語
書き起こし・翻訳：プイ語→中国語：楊昌厚，梶丸岳ほか
       プイ語・中国語→日本語：梶丸岳

記述上の注意点
通し番号；m は男性側，f は女性側。「m1-1」は男性側 1 ターン目第 1 行を意味する。
イタリック体；調子を整えるための，語彙的意味のない音節。
?；不明な音節。「?」ひとつあたり 1 音節。
[　]：定型句(本文表 1 参照)。
 *書き起こし時で，中国語に翻訳する際に定型句は飛ばされることが多かったことから，定型句の語彙的意味は文脈上重要でないと考えられる。そのため，語彙的意味のある定型句についても以下の訳文には含めなかった。

（男性側）

m1-1. *fih nauz xic bail leh* xaaml mengz *xic les* bux laaux ndael raanz laaux *es*.
  大きな家に住む立派な人[1]であるあなたにお願いします。

m1-2. [xaaml mengz *ac leh xic* yah bux laaux meangh nix] y*ac* dingc *ac* nyiel xois *ac* nauz *ac* los gac xal bux laaux laez *ac eh*.

---

1) 'bux laaux' は直訳すると「大きい人」，つまり「大人（たいじん）」という意味である。

付録 2. 羅甸県龍坪鎮「年歌」(プイ歌)【映像 13】

私の話すことを聞いて下さい，立派な人よ。

m1-3. [xaaml mengz *ac loh xic yah* bux laaux meangh nix] xois *ac* miz nauz *ac* maz enh [jiez raaiz *bail loh* mengz *ac eh*].
私は他のことは話しません。

m1-4. [xaaml mengz *ac loh xic yah* bux laaux meangh nix] xois *ac* miz lengh *ac* maz yaangz [?？？？][2)] dianl *ac* xoonz byaangz *ac* xeeul *ac* goons [daaus nix *ac laaux eh*].
私は他のことは言いません，古い時代の言葉を話すのです。

m1-5. [xaaml mengz *ac leh xic yah* bux laaux] rauz xiz dianl xoonz xic *ac* xeeul *ac* goons [daaus nix *ac laaux eh*].
私たちは昔のことを語るのです。

m1-6. [xaaml mengz *ac loh xic yah* bux laaux meangh nix] xeeul *ac* goons xic maiz gueh [*xic bail geh* jaec *ac* rimz *ac loz xic laaux ac eh*].
以前の人は（山歌の類の話を）するのを好みました。

m1-7. xeeuc *ac* nix yic gueh wenl [meangh nix] banx *ac* bux jees bux laaux saml *ac* meangl xez nix bangz wenl *ac* dangx *ac* xic haauc xic *ac* rienh [jiez raaix *bail loh* mengz *ac eh*].
今（プイ）歌を歌うことで，老人の心は落ち着き，今歌えば賑やかになります。

m1-8. [lumc *ac* boz *ac* xoois xic qyax xez *ac* nix] ges gul ndabt ndianl bail *ac* xus *ac* bil meangh nix ruzrib auc rogt nguad [jiez raaix *bail loh* mengz *ac eh*].
ひと月過ぎまた一年経ち，すぐ六月になりました。

m1-9. [xaaml mengz *ac leh xic yah* bux laaux] meangh nix rogt nguad *aez* rih roz *jaec es* hazmeangz xuaangl *ac* daz mbux [jiez raaix *bail loh* mengz *ac eh*].
今この六月に田は稔り，山のチガヤも穂が伸びています。

m1-10. [xaaml mengz *ac leh xic yah* bux laaux meangh nix] sauc *ac* wuh gel banl *ac*

---

2) 書き起こし時では飛ばされていた。文脈上とりたてて意味のない音節であることは確かである。

dianc luzliz luz yez gel banl *ac* nianx [*bail ges nos*].
正午になると半日経ち，六月になると半年経ったことになります。

m1-11. [xal mengz *ac leh xic yah* bux laaux] ges gul ndabt ndianl bail *ac* xus bil gedtdul luzliz hauc xeedt nguad [jiezraaix *bail loh* mengz *ac eh*].
一月過ぎ一年過ぎ，私たちは不意に七月に入りました。

m1-12. [xal mengz *ac leh xic yah* bux laaux meangh nix] xeedt nguad bail xib sis [*bail lac* jaec *ac* rimz *ac* loz *xic* bozsul *eh*].
七月十四日になりました。

m1-13. [jaec *ac* rimz *ac* es *xic yah*] daangs *ac* mbaanx meangh nix bux lac dih fih xaaux xianl *ac* xunl liz jiangljingl *ac* fih oh [jiez raaix *bail loh* mengz *ac eh*].
私たちは同じ集落の人間ではありません。今地底人[3]もまだ春節の準備をしていません，中央の暦もまだ出ていません。

m1-14. [xal mengz *ac leh xic yah* bux laaux meangh nix] wenz mos fih solwoil [meangh nix] wenz genl ndooil fih *ac* suans [daaus nix *ac laaux eh*].
新たな人（＝皇帝）はまだ即位しておらず，禄を食む人（＝役人）もまだ（暦を）計算していない[4]。

m1-15. [xal mengz *ac los xic eh* bux laaux meangh nix] wenz genl ndooil [? ?] fih suans [ndaix *leeux ac laaux eh*].
禄を食む人もまだ計算していません。

m1-16. [xal mengz *ac los xic eh* bux laaux meangh nix] beedt nguad bail *ac* xib hac [*bail lac* jaec *ac* rimz *ac* loz *xic* rauz *ac eh*].
八月十五日になりました。

m1-17. [xal mengz *ac los xic eh* bux laaux meangh nix] renl mengz dogt *xic* jiac xiaml *ac* xaaux *xic* [*bail leeux ges*].

---

3) 楊氏の解説によると，プイ族の神話世界では，天上，地上，地下にそれぞれ人間が住むと考えられているという。
4) プイ歌では前近代の状況など，すでに見られなくなった事柄が述べられることがある。この歌詞は朝廷（中央）が暦を決定していた頃の状況を反映している。

付録 2. 羅甸県龍坪鎮「年歌」（ブイ歌）【映像13】

八月十五日にはあなたが早生の餅米を植えるのを見ます[5]。

m1-18. dogt ges haux xiaml *ac* daaiz *los gaz* boz sul bux laaux geanx *laaux eh*.
早生の餅米を植えるのですね，器用なあなたよ。

m1-19. [banz dangc nix lianl *ac* laail] gul daaus hams mengz joongs *ac* bixnuangx [meangh nix] meeuz *ac* rauz ndil *ac* miz leeh ges bil nix xamx (？？？？？？？？)[6] miz leeh beangz Lozdianl *ac* loh saauc *ac* miz leeh.
私はまたあなた方姉妹に問います，私たちの収穫はどうですか？ 今年（……）はどうですか，羅甸は賑やかですか？

m1-20. haec mengz *ac* lenh *yah* haec rauz gueh rox haec mengz *os ox* daanl *ac* haec rauz *ac* roxeeh [? *ac*?] daanl *ac* haec goc *ac* roxeeh.
話して私たちに教えて下さい，話して私たちに知らせて下さい，兄に話して知らせて下さい。

m1-21. lumc xoonz *ac* haaus xois *xic* nauz yangh *ac* nix lumc xoonz *ac* haaus xois *xic* nauz yangh *ac* nix meangh nix gogt wenl *ac* bix miz laail ges gul miz dangz byaail *ac* leg goc lac dies [*bail leeux ac laaux eh*].
私たちの話はこのようです。私たちの話はこのようです。今私たちの歌の元手は多くなく，兄はまだ尻尾にたどり着かないまま，兄は（歌を）置きます。

m1-22. xoonz *ac* xois *ac* dies xus genz *ac* raanz *ac* nguax [*bail ges* jaec *ac* rimz *ac* loz *xic* bozsul *es*].
私たちの言葉は瓦葺きの家の上に置きました。

m1-23. xoonz *ac* bix dies xus lac raanz *ac* waangl goc *yah* dies xus luz *ac* hauxsaanl *ac* raanz *ac* boh *leeux eh* dies xus xaanl *ac* hauxheenc *ac* raanz boh.
兄たちの言葉は廂房の下に置きました，兄は年長者の家の屋根裏にある米倉に置きました，年長者の稲倉に置きました。

m1-24. ndiab *ac* dogt *ac* bas xic bangc *ac* rauz xux [bail ges jaec *ac* rimz *ac* lox *xic*

---

5) これは歌い間違いかと思われる。8月に田植えをすることはない。
6) この箇所は残念ながら聞き取れなかったが，前後で同内容を繰り返しているので，ここも直前と類似した内容が歌われたと推測される。

付録2. 羅甸県龍坪鎮「年歌」(ブイ歌)【映像13】

rauz *ac es*].
口に落ちた[7]と思ったなら私たちを手伝ってつないで下さい。

m1-25. ndiab *ac* dogt qyih dogt dongx xic bangc *ac* xois *ac* haanl [*ndiab doh*] miz dogt dongx *ac* byalmaanl *ac* xic ieh miz *ac* hoz ndaangl *ac* byaljaaic *ac* xic ieh [*jiez raaix bail loh* mengz *ac eh*].
(あなたの)意に落ち心に落ちたと思ったなら，私たちを手伝って答えて下さい。ウナギの腹に落ちなかったらやめましょう，鯉の体[8]に合わなかったらやめましょう。

(女性側)

f1-1. wenz *ac* dies wenz xic xux [*bail les ac* jaec rimz lox rauz *ac es*].
人が置けば人はすぐつなぎます。

f1-2. bux dies bux xic haanl yangl bux baanl *ac* senc haanz *ac* bangxmbah sauh *ac* bux baanl *ac* haanz dongc *ac* bangxmbah.
人が置けば人がすぐ答えます，まるで肩に担いだ天秤棒を自分の肩に移すように，肩に担いだ天秤棒の桶を自分の肩に移すように。

f1-3. saauc bux rabt bangxmbah lix ramx [*jaec rimz loh* rauz *ac eh*].
人が肩に水を担ぐように。

f1-4. mbah rabt ramx *xic* xuaz lamx ramx lac gogt bixbaz mboh qyianh.
肩に水を担いだとたん倒れて水をビワの木の根元にこぼしても後悔しません。

f1-5. [xal mengz *ac los xic eh* bux laaux] xaz moixhuac miz qyianh [*xic ac bail ges* mengz *ac* loh].
梅の木のところで(倒して)も後悔しません。

f1-6. yiangh xoonz *ac* haaus mengz goc xezxaaux rauz *ac* roxnyiel mengz nauz *ac* jiazbanh *ndaix ges* rauz *ac* roxnyiel mengz gaanc *ac* jiazbanh.

---

7)「意に適う」という意味の比喩表現。
8)「ウナギ」「鯉」はそれぞれ女性側を喩えたもの。慣用的ではなく思いつきであるらしい。

付録2. 羅甸県龍坪鎮「年歌」(ブイ歌)【映像13】

　　　　兄のさきほどの話を，私たちはさきほどあなたが言ったことを，ついさっきあなたが述べたことを私たちは聞きました。

f1-7. xoonz mengz ac dies xus genz raanznguax [jaec rimz ac lox xic rauz ac es].
　　　瓦葺きの家の上にあなたが置いた話です。

f1-8. (書き起こし漏れ)

f1-9. sis hac bux bail aul bangz saaml gaul bail ac xumh bixnuangx mbael ac souhjinc ac bail xumh.
　　　四，五人が行って三角巾を持って(歌を)包みます，姉妹がタオルを持って(歌を)包みます。

f1-10. yiangh xoonz ac haaus mengz goc nauz ac xaaux rauz ac roxnyiel mengz nauz ac jiazbanh.
　　　さきほどの兄の話を，私たちはあなたがさっき言った言葉を聞きました。

f1-11. ndabt ndianl bail xus ndianl lezleeh bozsul nauz ac nix yiangh lezleeh.
　　　ひと月またひと月過ぎたのですね？　あなたたちはこのように言いましたね？

f1-12. bas daaml xoonz nauz nix mus [jaec rimz ac loz rauz ac es].
　　　口をついでこのように言いましたか？

f1-13. hoz lix hauc rogt nguad [xic haz bail jiez laez nix].
　　　あなたの心[9]はまだ六月に入ったままです。

f1-14. bas daaml xoonz nauz nix [xic laail laez lees].
　　　口をついでこのように言いましたか？

f1-15. bas nauz lix yez luz leeh bozsul nauz ac nix [jiez laez nih]
　　　口はまだ六月だと，あなたたちはこのように言いましたか？

f1-16. hazmeangz xuaanl dauc ac mbomh [jiezraaix bail loh mengz ac es].
　　　チガヤは芽が出ようとしています。

---

9) これは 'hoz' の訳だが，この語は「喉」という意味であり「心」の比喩表現として使われている。

f1-17. bas daaml xoonz nauz nix [jaec rimz loh *laez ac eh*].
口をついでこのように言いましたか？

f1-18. mengz nauz ndabt ndianl bail xus *ac* ndianl lamz *ac* lianz *bail xic* hauc xeedt nguad [jiezraaix *bail ges* mengz *ac es*].
あなたはひと月またひと月過ぎて，不意に七月に入ったと言いました。

f1-19. bas daaml xoonz nauz nix xeedt nguad bail xib sis [*bail los* jaecrimz *ac* loz *xic* rauz *ac es*].
口をついでこのように言いました，七月も十四日になったと。

f1-20. bux lac dih fih xaaux xianl *ac* xunl wenz *ac* genl ndooil fih fangc *ac* sel guaih [jiezraaix *bail loh* mengz *ac es*].
地底人もまだ春節（の準備）を始めていない，禄を食む人もまだ方块字を開いていない[10]。

f1-21. baangc saislaaux nangh dauc suolweil wenz *ac* genz ndooil nangh fangc *ac* nangh guaih [jiezraaix *bail los* mengz *ac es*].
大官にある人でないと位に就けず，禄を食む人でないと（暦書を）開いて整理できない。

f1-22. saislaaux dauc suolweil wenz genl ndooil nangh suans [mengz *ac*] wenz sianl *ac* renz bail nangh suans [jiez laez *laaux es*].
大官にある人が位に就き，禄を食む人が計算する，暇な人[11]が計算を始める。

f1-23. bas daaml xoonz nauz nix [jaec rimz *ac* loh *xic* rauz *ac es*].
口をついでこのように言いました。

f1-24. ndabt ndianl bail xus ndianl luzliz hauc beedt nguad [jiezraaix bail loh mengz *ac es*].
ひと月またひと月過ぎて，不意に八月になりました。

f1-25. beedt nguad bail xib hac [*loh* jaec rimz *ac* loz *xic* rauz *ac es*].
八月も十五日になりました。

---

10)「方块字」とは漢字のこと。「方块字を開く」とは，「暦を調べる」の意。
11)'wenz genl ndooil（禄をはむ人）'も'wenz xianl（暇な人）'も「役人」の比喩。

付録2. 羅甸県龍坪鎮「年歌」(プイ歌)【映像13】

f1-26. doh beangz dogt ges jiac xiaml *ac* xaaux [haec bail jiezraaix *es*].
村中が早生の餅米の苗を植えます。

f1-27. doh beangz dogt ges haux xiaml dih [meangh nix] leg bux ndil dauc *ac* guaih [*ndaix ges*] ndaanl bux lix *xic eh* dauc guaih.
村中が餅米を植え、お金持ちの息子が(苗を)整理します、お金持ちが整理します。

f1-28. bas daaml xoonz nauz nix [*bail los*] xaanh xoonz *ac* loz [*rauz ac es*].
口をついでこのように言いましたね、話の上手な人よ。

f1-29. mengz maz hams bozdul yangh *ac* nix [jaec rimz *ac* lox *xic* rauz *ac es*].
あなたはどうして私たちにこのように問うたのですか？

f1-30. doh beangz dogt ges jiac xiaml *ac* xaaux [jiez laez mengz *les*].
村中が早生の餅米の苗を植えたのですね？

f1-31. doh mbaanx dogt ges haux xiaml *ac* diz mbaanx bozdul xez *ac* nix *loh genz* qyuh ndil miz leeh bil nix gueh meeuz xamx beangz Lozdianl qyuh saauc miz leeh.
村中が早生の餅米を植え、私たちの村はよくなりましたか？ 今年の農作業は順調(ですか)？ 羅甸県は問題なく平和ですか？

f1-32. meangh *haz* nix mbidt nac dauc *ac* nuangx nauz mengz *ac* ges [jaec rimz *ac* lox *xic* rauz *ac es*].
今(あなたは私に)顔を向け、妹はあなたに話します。

f1-33. beedt nguad bail xib hac xic doh beangz *ac* dogt ges jiac xiaml *ac* xaaux [*bail leeux eh*].
八月も十五日になり、村中が早生の餅米の苗を植えます。

f1-34. doh *ac* mbaanx dogt ges haux xiaml *ac* diz meangh nix beangz *ac* qyuh ndil leec *ndeh* beangz qyuh saauc leeux *ac* Lozdianl *ac* qyuh saauc *ac* raaiz *ndeh*.
村中が早生の餅米を植え、現在村は大変よく、村はまったく平和です、羅甸は本当に平和です。

f1-35. [meangh *haz* nix yangh ndaanl jis ndaanl rauz xez nix] [*bail leeux ac laaux eh*].

付録2．羅甸県龍坪鎮「年歌」（プイ歌）【映像13】

現在私たちのように。

f1-36. bix *ac* nuangx *es* rauz xic luzliz hauc guc *ac* nguad [*xic haz bail ges* mengz *ac noh*].
姉妹たちよ，私たちは不意に九月に入りました。

f1-37. guc nguad bail xib rogt [*bail ges* jaec *ac* rimz *ac* loz rauz *ac es*].
九月も十六日になりました。

f1-38. [yiangh ndaanl *ac* jis ndaanl goc xez *ac* nix] goc xic bis *ac* mangl log *ac* leeux noonh [*bail loh* mengz *ac es*].
兄は緑や紫の布を敷いています。

f1-39. goc xiz bis qyamhqyoonh qyamh *ac* qyoonx bail *ac* saangl guaanl bis baz daaillaaux [*bail leeux nos*].
兄はだんだんと整理し（布を）高く積み上げ，それに妻は満足する[12]。

f1-40. xaangh xoonz *ac es xic yac* xaangh *ac* xuez bix bis yah daailngviz lumc yamzsil daailfoih[13].
話の上手な人よ，兄が整理すれば妻はほんとに満足し，立派だと思うよ。

f1-41. meangh *haz* nix banz dangh nix ndeeul laail musleeh[14] [sul bux laaux *haz* rauz es].
現在なぜこのようなのですか？

f1-42. meangh *haz* nix ndabt ndianl bail *ac* xus ndianl [joongs bixnuangx ronl jail rauz es].
今ひと月またひと月過ぎました。

---

12) 布を高く積み上げられるほど持っていて裕福である，ということ。
13) 'yamzsil daailfoih' は「竹の皮が太陽に晒されてその先が下に垂れる様子」といったものを表す，楊氏いわく「抽象的」な概念である。ここでは「非常に満足で頭を垂れて尊敬する」という意味の，歌掛けに独特な比喩表現。
　なお，この句は実際には言いよどんだり歌い間違ったりしていて厳密にはこの通りではないのだが（【映像13】参照），歌い間違い部分は聞き取れなかったため歌詞は楊氏の書き起こしのままにしてある。
14) 'musleeh' は念押しや強意の助詞。

付録2．羅甸県龍坪鎮「年歌」（プイ歌）【映像13】

f1-43. xib nguad bail xib xeedt [joongs bixnuangx ronl jail rauz es].
十月も十七日になりました．

f1-44. [meangh *haz* nix yangh beanl jis beanl goc xez *ac* nix] goc xic deedt faix laaux gueh fenz byoomc *ac* faixjoongl gueh daans [*bail leeux ac laaux eh*].
兄は大きな木を伐って薪を作り，カシワ[15]を伐って炭を作ります．

f1-45. raanz bix bans haux lauc *ac* gueh xiangl ndiabt beanl nuangz ndaanlliangl miz diangl maz dangz lab.[16]
兄の家は米の酒を醸造して年を越します，妹のような独り者は師走のことも考えられません．

f1-46. meangh *haz* nix ndiabt ronl nix *xic ac* xooml *xic* diangl ronl nix *los* neec *xic* yis [*bail leeux ac laaux eh*].
今このように考えると虚しくなります，このように語ると妹たちはとてもつらい．

f1-47. yangh ges haaus bozdul *xic* lenh yangh *ac* nix luzliz laail *los* neec leg dies haec mengz [*ac laaux eh*].
私たちがこのように話すと，とりとめがなくなったのでもう妹たちは話を置いてあなたに渡します．

f1-48. xoonz gul dies xus genz raanz *ac* nguaz [jaec rimz *ac* loz *xic* rauz *ac* es].
私の言葉は瓦葺きの家の上に置きました．

f1-49. xoonz xois dies xus lac raanz waanl dies xus luz haux saanl raanz *ac* boh *ges* dies xus xaangl *ac* haux heenc *ac* raanz boh.
わたくしたちの言葉は廂房の下に置きました，年長者の家の屋根裏の米倉に置きました，黄色い稲の倉に置きました．

f1-50. liangh deenl *ac* bas xic bangc rauz *ac* xux [*os bail leeux ac laaux eh*].
口に合ったなら私たちを手伝ってつないで下さい．

---

15) 'faixjoongl' は細かく言うと「イチイガシワ」の意味だが，ここでは柏の総称．
16) 楊氏との書き起こしではこうなっているが，実際の歌詞とは多少の乖離があるように思われる（【映像13】参照）．ただ意味はおそらくここに示したものと同じであるため，ここではそのままにしておく．

付録2. 羅甸県龍坪鎮「年歌」(プイ歌)【映像13】

f1-51. liangh dogt yih dogt dongx xic haanl xiengz rauz daanl *ac* miz hoz xic ieh xoz xoonz wenl *ac* miz lumc *ac* xic ieh.
心に落ち腹に落ちたと思ったなら，私たちを手伝って答えて下さい，話して合わないと思ったならやめましょう。(私の)歌が様になっていないならやめましょう。

(男性側)

m2-1. fih dangz *ac* bas *los* goc nyamz *ac* xux [bail los] jaec *ac* rimz *ac* loh *xic* rauz *ac* es].
まだ口にも届いていないうちに兄はすぐつなぎます。

m2-2. fih dangz *ac* dongx nyamz *ac* haanl [meangh nix] xoonz *ac* mengz daanl *ac* ndaix hoz guas fangh *ndaix ges* xoz xoonz wenl *ac* ndaix lumc *ac* guas fangh.
まだ腹に至っていなくてもすぐ答えます，あなたの言葉は話すなり喉を通りました，あなたのプイ歌はこの上なく様になっています。

m2-3. [lumc *ac* ndaanl *ac* xois bozdul meangh *ac* nix] [bail los] jaec *ac* jimz *ac* loz *xic* rauz *ac* es].
今のわたくしたちのように。

m2-4. fih dangz *ac* bas goc nyamz *ac* xux bail nix fih dangz *ac* dongx nauz bix nyamz *ac* haanl [ndaix hes] bail *ac* xaz dois *ac* miz ndaix bail *ac* waanl [ndaix hes] hamz *ac* gul xuaangl *ac* yangz mengz *ac* bianh [ndaix ges] hamz *ac* gul xuaangl *ac* yangz neec *ac* miz bianh.
まだ口に至っていなくても急いで兄はつなぎ，今度は腹に落ちていなくても兄は急いで答えます。ナタでは斧にかないません。私が学ぶのが遅くてあなたのように利発でないことを恨んで下さい，私が妹のように学んでも素早くないことを恨んで下さい。

m2-5. [lumc *ac* ndaanl *ac* jis saucduz *ac* daaus *ac* nix meangh nix] xuanl *ac* miz bianh *ac* miz bianh xiz goongz riangz langl mengz ndangxgaanz [xez nix] leeuz hanz saml *ac* bais xoz ronghjeemh leeuz hanz saml *ac* bais neec ronghjeemh.
学ぶのが遅いのは，遅いのはどうしようもありません。あなたの後ろにつ

付録 2．羅甸県龍坪鎮「年歌」（プイ歌）【映像 13】

いても追いつかず，よそから来た人をこの上なくがっかりさせます。よそから来た妹をこの上なくがっかりさせます。

m2-6. [lumc *ac* ndaanl *ac* jis ndaanl gul dangc *ac* nix meangh nix] byagtgagt ngad genz *ac* rinl goc *lac* xic roxnyiel xoonz *ac* haaus soongl jiml xezxaaux *bail lac* jaec *ac* roxnyiel mengz nauz *ac* jiazbanh *ndaix* rauz *ac* roxnyiel mengz gaanc *ac* jiazbanh.

青菜は石の上で芽を出しました。兄は 2 人のご婦人がたの話を聞きました。あなたがついさっき話したことを聞きました，あなたがついさっき述べたことを聞きました。

m2-7. xoonz *ac* mengz *ac* dies xus genz *ac* raanz *ac* ngvaz [*lac mus* jaec *ac* rimz *ac* lox xic bozsul *es*].

あなたの言葉は瓦葺きの家の上に置かれました。

m2-8. xoonz *ac* mengz dies xus lac raanz *ac* waanl [*bail los*] dies xus luz haux saanl *ac* raanz *ac* boh dies xus xangl *ac* haux heenc *ac* raanz boh [jiezraaix *haz moh beengz ac loh*].

あなたの言葉は廂房の下に置かれました，年長者の家の屋根裏の米倉に置かれました，年長者の家の屋根裏の稲倉に置かれました。

m2-9. sul maz bas *yac* daaml xoonz *ac* nauz nix [meangh nix] dauc bix nauz mengz [*ac ges* jaec *ac* rimz *ac* lox *xic* rauz *ac es*].

あなたたちはなぜ口をついでこのように言ったのですか？　兄はあなたに（そう）言います。

m2-10. bih mengz *ac* dies xus genz *ac* raanz *ac* ngvaz meangh nix xois *ac* xumh *ac* xuaz bail aul ges gul bangz *ac* saml gaul *ac* bail *ac* xumh ndaix ges bail *ac* lix mbael *ac* soucjinc *ac* bail xumh [jiez raaix bail loh mengz *ac eh*].

あなたたちは瓦葺きの家の上に置いたら，わたくしたちはあたふたと言って三角巾を持って包みます，タオルを持って行って包みます。

m2-11. [lumc *ac* ndaanl *ac* jis *xic yah* xez *ac* nix] ges gul xumh *ac* bail yaox diec sianl bil nix rauz genl xianl *ac* miz ruangh *yah* bil nix xic gul golnyienz goc miz *ac* ruangh [jiez raaix bail lox mengz *ac eh*].

付録 2. 羅甸県龍坪鎮「年歌」（プイ歌）【映像 13】

(あなたの歌を)包んで箱の底にしまいます。今年は私たちは春節を過ごすのもつらくありません，今年は私たちが年を越すのもつらくありません。

m2-12. [banz *ac* dangc nix lianl *ac* laail] meangh goc *haz xic* dianl *ac* xoonz *ac* haaus soongl guaail nauz *ac* xaaux meangh nix rauz *ac* roxnyiel mengz nauz *ac* jiazbanh rauz *ac* roxnyiel mengz gaanc *ac* jiazbanh.
兄は話をしました，2人の賢い人がさきほど話ました。今私たちはあなたがついさきほど話したことを聞きました。私たちはあなたがついさきほど述べたことを聞きました。

m2-13. [lumc ndaanl *ac* jis ndaanl neec xez *ac* nix] mengz nauz ndabt ndianl bail *ac* xus bil mengz nauz luz *ac* liz hauc guc *ac* nguad [jiezraaix *haz moh* beengz *ac* loh].
あなたはひと月過ぎ一年過ぎ不意に九月に入った，と言いました。

m2-14. jaec *ac* maz bas *xic yah* daaml *ac* xoonz *ac* nauz nix mengz nauz guc nguad bail xib *ac* rogt [*haz loh* jaec *ac* rimz *ac* loh xic dauc *ac* es].
妹はどうして口をついでこのように言ったのですか？ 九月も十六日になったとあなたは言いました。

m2-15. [lumc *ac* ndaanl *ac* jis ndaanl goc xez *ac* nix meangh nix] yah bix bis geenl log lienh noonh [jiezraaix *haz loh* beengz *ac* loh].
兄の妻は緑や紫のシーツを整理しています。

m2-16. bis lix log bihnoz bis noonh bis qyamcqyoomh *naz* bail saanl guaanl *ac* bis baz daaillaaux [jiez laez muz lees].
緑や紫のシーツが積み上がって高くなったら，夫が整理します。妻は本当にこの上なく満足です。

m2-17. [eeul haanz *ac es* raanh *ac* reeux] yah bix jauc daail *ac* ngooiz lumc dungz *ac* yamzsil daail *ac* foih [jiezraaix *lazmoh* beengz *ac* loh].
兄の妻は本当に満足で，竹のように頭を垂れます。

m2-18. jiml maz bas *xic yah* daaml *ac* xoonz nauz nix beil *ac* xix[17] sul maz gaanc

---

17) 'beilxix'は中国語訳によると「搗蛋鬼」(いたずらっ子)または「家伙」(奴)であるが，良い意味でも悪い意味でも使う。

付録2. 羅甸県龍坪鎮「年歌」（プイ歌）【映像13】

yaangc ac deel [jiezraaix yez loh mengz ac loh].
ご婦人はなぜ口をついでこのように言ったのですか，あんたたちはなぜあのように言ったのですか？

m2-19. [lumc ac ndaanl ac jis ndaanl neec xez ac nix] xez nix ndiabt ndael dungx mas ngaaiz [ges mengz] ngangh ac ndael ndaangl ac mengz ngangh ac xaaux ngoh [jiezraaix bail loh beengz ac es].
（私のような）小人の心で（あなたのような）君子の心をはかりますと。

m2-20. [eeul haanz ac es raanh ac reeux] ges mengz ngangh ac ndael ndaangl ac mengz neec nauz ac ngoh [jiezraaix bail loh mengz ac eh].
あなたは自分の考えで私に話しました。

m2-21. [lumc ac ndaanl ac jis ndaanl goc xez ac nix] meangh nix guc nguad bail xib rogt [ndaix leh jaec ac rimz ac loz xic bozsul eh].
九月も十六日になりました。

m2-22. [eeul haanz ac es raanh ac reeux] ges gul goc lix bux bis log lianh noonh [jiezraaix bail lah beengz ac eh][18].
（兄には）緑や紫のシーツを整えてくれる人はいません。

m2-23. [eeul haanz ac es raanz ac reeux] mboh lix bis qyamhqyoonh bail saangl [meangh nix] guaanl bis baz daaillaaux [xic bail ges nos].
積み上げて整理してくれるひとなどいません。夫が整理して妻が満足する，といったことは何もありません。

m2-24. mboh lix yah yins jaauc daail ac ngooiz ges gul ruangh ac nuangx ndil daail ac foih [jiezraaix bail loh mengz[19] ac eh].
夫婦が満足するようなことなどありません。私は妹がこのうえなくよく言うのがつらいです。

---

18) この歌詞は否定語がなく，直訳すると「緑や紫のシーツを整えてくれる人はいます」となるが，それでは文脈上おかしく，歌い間違いの可能性がある。ここでは否定語を加えた訳文を挙げておいた。
19) この箇所では，2人の歌手がそれぞれ 'mengz', 'beengz' と違う歌詞を歌っている。どちらでも特に意味のない定型句として扱われる。

m2-25. [lumc ndaanl *ac* jis ndaanl goc xez *ac* nix] [meangh nix] bas lix [? ?] dungx jangl *ac* sil [meangh nix] raanz *ac* banz ndil *ac* joonc mengz *ac* roh jeemh raanz *ac* banz ndil *ac* joonc neec *ac* roh jeemh.
このような問題については考えてもいません[20]．所帯を持つなどということはよそから来た人である妹にだけ関わりがあるのです，所帯を持つことは妹たちよそから来た人だけのことです．

m2-26. [lumc ndaanl *ac* jis ndaanl goc xez *ac* nix] meangh nix xezxaz lac gauljais [*bail lah* jaec rimz *ac* loh *xic* rauz *ac* es].
今，ツタの下でぼんやりとしています．

m2-27. [eeul haanz *ac es* raanz *ac* reeux] ges gul nyiel naaic lac nauz nyiel meangh nix goc roxnyiel mengz nauz *ac* jiazbanh ndaix rauz roxnyiel mengz gaanc *ac* jiazbanh.
私はあなたのさきほどの話を聞きました，今，兄はさきほどあなたの話したことを聞きました，私たちはあなたがさきほど述べたことを聞きました．

m2-28. jaec *ac* maz bas *xic yah* daaml *ac* xoonz *ac* nauz nix mengz nauz xib nguad bail xib xeedt [*laz mus* jaec *ac* rimz *ac* loz *xic* rauz *ac* eh].
ご婦人方は口をついでこのように言いました，あなたは十月も十七日になったと言いました．

m2-29. [lumc ndaanl *ac* jis ndaanl goc xez *ac* nix] [meangh nix] goc nyiel deedt lac faix laaux gueh fenz mengz nauz ramc *ac* faixjoongl *ac* faixreengz gueh daans [jiez laez *ac laaux eh*].
「（兄は）大木を切り倒して薪を作る」（と言ったこと）を，あなたが「（兄は）イチイガシワ，アラカシを切り倒して炭を作る」（と言ったこと）を兄は聞きました．

m2-30. raanz *ac* bix suans *ac* haux lauc *ac* gueh xiangl mengz *ac* nauz *ac* [lumc *ac* ndaanl *ac* jis ndaanl neec xez *ac* nix] mengz nauz mengz *ac* miz dianl ges maz

---

[20] この箇所のブイ語歌詞には否定語がなく，直訳すると「このようなこと（男性側の生活が豊かであること）を思っている」という意味になる．しかしこれでは文脈上おかしいため，ここでは否定語を補って訳しておいた．なお，書き起こし時の歌詞では文脈上の思い込みからか 'meangh nix（今）' が 'miz lix（ない＋ある）' とされている．

付録 2. 羅甸県龍坪鎮「年歌」（プイ歌）【映像 13】

> ndianl lab [jiezraaix *haz loh beengz ac loh*].
> 兄の家は米の酒を造って年を越そうと算段しているとあなたは言いました。あなたは，あなたが師走のことについて何も話していないと言いました。

m2-31. sul maz bas *xic yah* daaml *ac* xoonz *ac* nauz nix [mengz nauz] dauc bix waanz *ac* xoonz *ac* haaus dauc gul daaus xoonz gaanc mengz *haz* nuangx [*xic bail leeux ges*].
あなたは口をついでこのように言いました。兄は言葉を返し，妹であるあなたに返事をしましょう。

m2-32. [lumc ndaanl *ac* jis ndaanl goc xez *ac* nix] xib nguad bail xib xeedt [*bail lah* jaec *ac* rimz *ac* loz *xic* rauz *ac eh*].
十月も十七日になりました。

m2-33. [xaaux saml *ac eh* raanz *ac* reeux] goc deedt faix laaux gueh fenz ramc *ac* faixjoongl *ac* faixreengz gueh daans [*bail leeux ac laaux eh*].
兄は大木を切り倒して薪を作ります，イチイガシワやアラカシを切り倒して炭を作ります。

m2-34. goc mboh suans *ac* maz lauc *ac* gueh xiangl [meangh nix] raanz *ac* bix nyiangl *ac* lumc fenz *ac* miz ued [jiezraaix bail ges beengz *ac* es].
兄は酒を造って春節を過ごそうという算段をしていません。兄の家はしばっていない薪のように散らかっています。

m2-35. [lumc ndaanl *ac* jis ndaanl goc xez *ac* nix] [meangh nix] jiac miz ued duc lix bangz *ac* gamz [meangh nix] xez nix saml genl yis xic joonc dauc *ac* bix [*xic bail ges nos*].
苗はまだばらけておらず縛られたまま[21]で，今憂いは兄に集中しています。

m2-36. xez *ac* nix yis yings *ac* dangz *ac* ruangx xiz joonc *ac* dauc *ac* gul [meangh nix jiezraaix] saml *ac* fanghfuz *ac* xiz ngoh xez nix saml *ac* dagtdauc *ac* xiz ngoh.
現在憂いも苦しみも私に集中しています。心は辛い，今つらいのは私です。

---

21) つまり，新年を迎える準備が出来ていないということ。

m2-37. [lumc ndaanl *ac* jis ndaanl neec xez *ac* nix] ndianl idt bail xib beedt [*bail lah* jaec rimz *ac* loz *xic* rauz *ac* es].
十一月も十八日になりました。

m2-38. [lumc ndaanl *ac* jis ndaanl neec xez *ac* nix] ges mengz suans *ac* doc deedt doc deenc *ac* gueh xiangl xez nix raanh *ac* reeux dianl *ac* yaangz niamz *ac* yaangz neeh [jiezraaix *bail loh beengz ac es*].
春節のことを算段すると心は乱れます，細身の人よ，（私の）準備は同じように少ししかありません。

m2-39. [lumc ndaanl *ac* jis ndaanl goc xez *ac* nix] miz lix saml dod deedt *ac* doc deenc gueh xiangl meangh nix yiangl *ac* mboh sal baaiz baus [bail leeux laaux eh].
春節のことを考えると心は乱れ，今は祖先を祀る線香も紙銭もありません。

m2-40. [lumc ndaanl *ac* jis ndaanl goc xez *ac* nix] [meangh nix] leghaus *ac* mboz wuz xiul ges *yah* banz *ac* dez reeul *ac* mengz duz *ac* liengz saauh jiazbanh *ac* dez reeul *ac* mengz banz *ac* liengz saauh.
leghaus も wuxiul[22] もなく，友人たちに笑われます，友人たちに笑われます。

m2-41. [eeul haanz *ac* es raanz *ac* reeuh]ndianl laab bail xib guc [*les* jaec rimz lox *xic* rauz *ac* es].
師走も十九日になりました。

m2-42. [xaaml mengz *ac* leg *xiz eh* bux laaux] sais *ac* suc dauc haail *ac* guanc meangh nix beangz wenz beangz gac waaiz *ac* naamh [jiezraaix *bail loh beengz ac eh*].
大官が来て地方を管理しています，今その地方の人々は泥の付いた水牛を殺します[23]。

m2-43. goc daauc hams *xiz qyax* mengz *ac* nuangx rauz [jaec rimz *ac* loz *xic* rauz *ac* es].
兄はあなたがた妹たちにまた尋ねます。

m2-44. [eeul haanz *ac* es raanz *ac* reeuh] gac waaiz naamh *ac* dez ndil miz *ac* ndil nauz

---

22) 'leghaus','wuxiul' はともに香料の名。
23) プイ族には正月の準備にウシを屠殺する風習があった。現在は準備が大変であるため豚で代用することが多い。

付録2．羅甸県龍坪鎮「年歌」（プイ歌）【映像13】

mengz *gah riengz* suizyil haec rauz *ac* roxeeh [*ndaix ges*] nauz riengz suizyil haec goc *ac* roxeeh.
泥の付いた水牛をうまく殺せましたか？　あなたよ道理に従って話し私たちに聞かせて下さい，道理に従って話して兄に聞かせて下さい。

m2-45. lumc xoonz *ac* haaus xois *xic* nauz yangh *ac* nix [bail *lac* jaecrimz *ac* lox *xic* rauz *ac* eh].
このように，わたくしはこのように話します。

m2-46. [eeul haanz *ac* es raanz *ac* reeuh] meangh nix ndaaulndih *xic* qyuh daans *ac* maux [*xic bail ges nos*].
今星たちは山の上にあります。

m2-47. dagtdauc *ac* qyuh daans *ac* mianl *neec* es heeh *xic* wenl *ac* daans beangz *ac hac* lumc miz lumc musleeh [joongs bixnuangx ronl jail rauz *eh*].
星々[24]はそれぞれの場所にある。さまざまな地域のプイ歌は似ていますか？

m2-48. *ees xic* wenl *ac* daans mbaanx *xic* hoz miz hoz musleeux *leeh* bozsul bixnuangx daanl beangz rauz *eh*.
それぞれの集落のプイ歌は同じでしょうか？　それぞれの集落の姉妹たちよ。

m2-49. [eeul haanz *ac* es raanz *ac* reeuh] joongs *ac* bix lenh *ac* dangc *ac* nix miz hoz *haz xic* bixnuangx sul *xic* soz dauc mos [*baaiz leeux ac laaux eh*].
兄たちはこのように話がうまくありません，あなたがた姉妹たちが新しく話し始めて下さい。

m2-50. [eeul haanz *ac es* raanz reeuh] bixnuangx sos dauz langl ngoh *yac* miz lumz anl *ac* mengz xoz mbaanx roh *bail yah* miz lumz anl *ac* mengz neec *ac* mbaanx roh.
姉妹たちが後に話してくれたら，私はそのよその集落から来た若いあなたたちの恩は忘れません，よその集落のあなた方妹たちの恩は忘れません。

---

24) 'dagtdauc', 'ndaaulndih' はいずれも星の名前だが，詳細不明なのでここでは「星々」と訳した。

m2-51. lumc xoonz *ac* haaus soongl xois *xic* nauz yangc *ac* nix gogt wenl *ac* bix miz laail meangh nix miz dangz byaail *los* goc lac dies [*bail leeux ac laaux es*].
わたくしたち2人の話はこのようです。兄の歌の元手は多くありません，まだ尻尾にたどり着かずに兄は（歌を）置きます。

m2-52. xoonz xois dies *xic qyax* xus genz mbael ndaaix [*bail lah* jaec rimz *ac* lox *xic* bozsul *eh*].
わたくしたちの言葉はカラムシの葉の上に置きました。

m2-53. xoonz *ac* bix dies xus lac mbael *ac* hingl goc *lez* hams mengz *ac* nuangx *ac* genl xiangl *ac* laez fih soongl wenz *xic* sul golnyienz *xic qyox* laez fih.
兄の言葉は生姜の葉の下に置きました。あなたに問います，妹はもう春節を過ごしましたか？　あなたたちふたりは年越しをしましたか？

m2-54. [lumc beanl *ac* jis beanl neec xez *ac* nix] lumc liangh dogt bas jiazxiz bangc *ac* rauz xux [*dic bail ges nos*].
考えて口に落ちたら私たちを手伝ってつないでください。

m2-55. liangh *ac* deenl yih deenl dongx xic bangc *ac* rauz nyiangl [meangh nix] mengz *ac* genl xiangl *ac* goons rauz *xic* ieh ges mengz hanz *ac* genl xiangl *ac* goons goc *ac* xic ieh.
考えて意に適うと思ったなら，私たちを手伝ってほどいて下さい，あなたが先に春節を過ごしたなら私たちはやめます，あなたが先に春節を過ごしたなら兄はやめます。

（女性側）

f2-1. wenz *ac* dies wenz xic xux [*bail los* jaec rimz *ac* lox xic rauz *ac* es].
人が置けば人はすぐつなぎます。

f2-2. bux ieh bux xic haanl neec genl xiangl *ac* xac mengz bux doh [*ndaix ges*] rauz genl xiangl *ac* xac goc *ac* bux doh.
一人がやめれば一人がすぐ答えます，妹はあなた一人を待ってから春節を過ごします，私たちは兄一人を待ってから春節を過ごします。

付録 2. 羅甸県龍坪鎮「年歌」(プイ歌)【映像 13】

f2-3. meangh nix yiangh xoonz *ac* haaus jiazbanh bozsul nauz xaux rauz roxnyiel mengz nauz jiazbanh *bail les* rauz roxnyiel mengz gaanc *ac* jiazbanh.
今ついさきほどあなたたちが話した話を，私たちはあなたがさきほど言ったことを聞きました。私たちはあなたがさきほど述べたことを聞きました。

f2-4. jiazbanh *ac* nyiel mengz *ac* nauz saml daux byogt riuhriuh saml daux dul max jeeuc *ac* riuhriuh.
ついさっき話を聞いて心はザアザア[25]とざわめいています，私たちの心はザアザアとざわめいています。

f2-5. [yiangh xoonz *ac* haaus mengz goc nauz *ac* xaaux] xoonz mengz dies xus genz mbael ndaaix [jiez laez muc lees].
あなたは(歌を)カラムシの葉の上に置きました。

f2-6. laaix xus lac mbael *ac* diangl lac hams joongs nuangx genl xiangl loz fih mengz nauz aul golnyienz haz lozfih [jiezraaix *bail loh* mengz *ac es*].
キュウリの葉の下に置いて，妹たちに春節を過ごしたか，あなたは(妹たちが)年越しをしたかを聞くのですね？

f2-7. xoonz mengz *ac* dies xus genz mbael ndaaix [*las* jaecrimz *ac* lox rauz *ac es*].
あなたの言葉はカラムシの葉の上に置きました。

f2-8. laaix xus lac mbael *ac* diangl nuangx genl xiangl ieh goons [*ndaix ges leeux ac laaux eh*].
キュウリの葉の下に置いた(話によると)，妹は先に春節をすごしたか？　と言ったのですね。

f2-9. [xal mengz *ac* los *xic qyax* bux laaux] rauz golnyienz ieh goons [*ndaix ges leeux ac laaux es*].
私たちは先に年を越したと。

f2-10. bas xic nauz genl *ac* xiangl xiangl rauz xiangl lac xaz gaulgadt [*beec leeux ac laaux es*].
口では春節を過ごしたと言いましたが，私たちの春節はクズの下で過ごし

---

25) 'byagt riuhriuh', 'jeeuc riuhriuh' はどちらも「ザアザア」に相当する波の擬音語。

付録 2. 羅甸県龍坪鎮「年歌」(プイ歌)【映像 13】

た[26]のです。

f2-11. jiez nuangx xiangl *ac* lac dadt gaul reenz [meangh nix] beengz genl xiangl yiec lauc *ac* miz noh [*xiz yac ndaix ges* mengz *ac lox*].
妹のところでは，岩の上で育ったひょろひょろでツタのようなカシワの下で春節を過ごし，妹たちの春節は酒も肉もありません。

f2-12. xiangl lac dadt joongs nuangx gaul reenz [meangh nix] beengz genl xiangl beangz *ac* roh rauz golnyienz *eh* beangz *ac* roh [*xic haz bail geh* mengz *ac eh*].
妹たちは岩の上で育ったひょろひょろでツタのようなカシワの下で春節を過ごし，妹たちはよその地方で春節を過ごします。私たちは外の地方で年越しをします。

f2-13. [meangh nix yangh ndaanl jis ndaanl neec xez *ac* nix] [*os* bail leeux *ac* laaux *eh*].
現在，今の妹たちのように。

f2-14. ndabt ndianl bail xus ndianl *laz leeh* bozsul nauz *ac* nix [*jiez laez muzlees*].
ひと月またひと月過ぎた，とあなたたちはこのように言いましたか？

f2-15. meangh *haz* nix ges nuangx saanl *ac* joobt *xic qyaaix* lac liangc [*ges joongs bixnuangx ronl jail rauz eh*].
現在妹は傘の下で笠を編んでいます。

f2-16. neec saanl meangx lac laez *meangh xi* xoonz *ac* xueh nyiel mengz nauz *ac* jiazbanh xoonz xueh nyiel mengz *ac* gaanc jiazbanh.
妹は階下で網を編んでいると，わたしたちはこの言葉をあなたがついさきほど言うのを聞きました。わたしたちはあなたがついさきほど述べるのを聞きました。

f2-17. mengz maz bas *xic yas* daaml xoonz nauz nix mus [*jaec rimz lox rauz ac es*].
あなたはどうして口をついでこのように言うのですか？

f2-18. ndabt ndianl bail xus bil mengz nauz luzliz hauc ndianl idt [jiez laez *ac* laaux

---

26)「クズの下での春節を過ごす」は「非常に貧しく簡略な年越しをした」という意味の比喩表現。

付録2. 羅甸県龍坪鎮「年歌」(ブイ歌)【映像13】

        nix].
        ひと月過ぎ一年過ぎ，あなたは不意に十一月に入ったと言いましたか？

f2-19. ndianl *ac* idt bail xib beedt [*haz* mengz jaec rimz lox rauz *ac es*].
        十一月も十八日になりました。

f2-20. mengz nauz haanl *bail lah* nuangx doc deedt doc deenc genl xiangl *laz leeh*
        bozsul nauz *ac* nix [jiez laez nih].
        あなたは春節になると妹の心が乱れると言いました，あなたたちはこのように言いましたね？

f2-21. mengz maz bas daaml *los* xoonz nauz nix mus [jaec rimz lox rauz *ac es*].
        あなたはどうして口をついでこのように言うのですか？

f2-22. ndiabt dangz goc ndaangl liangl dianl dangz xiangl xic daic dianl golnyienz *los*
        goc xic yis [jiez laez *ac laaux nih*].
        独り身の兄のことを思い，春節のことを話すと泣いてしまいます，年越しのことを話すと兄はつらい(とあなたは言いました)。

f2-23. [yangh beanl *ac* jis beanl goc xez *ac* nix] gas mengz lix maz uangl [*ac muz jis*
        leg *ac* feah *eh*].
        (兄に)どうして憂いがあるのですか？

f2-24. lix maz yis *es* yings *ac* ruangh lumc *ac* naanz musleex soongl bixnuangx *haz loh*
        es.
        富貴な家の娘[27]のようなつらさや憂いがどうしてあるのですか？　あなたたち二人の兄弟よ。

f2-25. [yangh ndaanl *ac* jis ndaanl neec xez *ac* nix] ndianl idt bail xib beedt [*bail leeux*
        ac laaux es].
        十一月も十八日になりました。

f2-26. meangh haz nix leg bix doc deedt doc deenc gueh xiangl [meangh nix] nuangx
        ac qyuh liangl daic *ac* nomh bixnuangx dul qyuh xiec daic nomh.
        現在兄の心は千々に乱れて春節を過ごし，妹は別の一方で独りで声を出さ

---

27) 自らのことを反語的に喩えている。

ずに泣いています。

f2-27. [yaangh gaais haaus mengz goc nauz *ac* xaaux] rauz roxnyiel mengz nauz *ac* jiazbanh rauz roxnyiel mengz gaanc *ac* jiazbanh.
私たちはついさきほどあなたが言ったことを聞きました，私たちはあながついさきほど述べたことを聞きました。

f2-28. ndianl laab bail xib guc [*bail los* jaecrimz *ac* lox rauz *ac es*].
師走も十九日になりました。

f2-29. mengz maz bas daaml xoonz nauz nix [*os bail leeux ac laaux es*].
あなたはどうして口をついでこのように言うのですか？

f2-30. *az* sais laaux dauc haail beangz bux beangz gac waaiz *ac* naamh [*jiez laez nih*].
大官たちが来て村を創始し，人々は泥の付いた水牛を殺します。

f2-31. mengz maz bas daaml xoonz nauz nix jaangl beangz deel xic gac waaiz naamh [*bail ges* mengz *eh*].
あなたはどうして口をついでこのように言うのですか？ 彼の村の人々が泥の付いた水牛を殺すと。

f2-32. mengz lac hams soongl rauz yangh nix gac waaiz naamh deel ndil miz ndil muslees bozsul nauz *ac* nix [*jiez laez muslees*].
あなたは私たち二人にこのように問いました，泥の付いた牛をうまく殺せましたか？ あなたたちはこのように言いましたね？

f2-33. mengz maz bas *xic qyas* daaml xoonz nauz nix [*yas bail leeux ac laaux es*].
あなたはなぜ口をついでこのように言うのですか？

f2-34. meangh *haz* nix mengz *les* nauz *ac* rauz suil haec mengz *ac* roxeeh nauz rauz suil haec goc roxeeh.
今，私たちが道理に従ってあなたに知らせると，私たちが道理に従って兄に知らせるとあなたは言いました[28]。

f2-35. mengz hams nuangx xic goongz menz nix *ac* xois xic gaanx jiezraaix ronl nix

---

28) 全体で，「私が道理(順序)に従って牛をうまく殺せたかどうか知らせましょう」という意味(f2-32 からの文脈的つながりによる)。

付録 2. 羅甸県龍坪鎮「年歌」(プイ歌)【映像 13】

neec xic gaanh.
あなたが妹に尋ねても(妹は)困ります。この門(をくぐるの)はわたくしたちには難しい，この道(を行くの)は妹には難しいのです[29]。

f2-36. banz dangc nix qyangl *ac* qyangl rauz bail qyangl gauc *ac* xux rauz bail dueh mengz gauc *ac* xexxex.[30]
私たちはこのようになりました。私たちは自分で試してみましょう，私たちは見てみましょう。

f2-37. meangh *haz* nix ndadt ndianl bail xus ndianl raiz *ndeh* sul bixnuangx *hac* rauz *es*.
現在ひと月またひと月過ぎました，あなたがた兄弟たちよ。

f2-38. bix *ac* nuangx *es* jiez nix lamz *ac* lianz hauc ndianl laab [jiezraaix *ndaix ges* mengz *ac es*].
姉妹たちは不意に師走に入りました。

f2-39. ndianl laab bail *ac* xib guc [*lez mus* jaec rimz *ac* loh rauz *ac es*].
師走も十九日になりました。

f2-40. meangh *haz* nix sais laaux dauc haail beangz [meangh nix] jaangl beangz gac waaiz *ac* naamh [jiezraaix *es*].
現在大官が村を創始し，村では泥の付いた水牛を殺しています。

f2-41. meangh *haz* nix gac waaiz naamh *ac* yiec xic ndil raaiz ndeh [soongl bixnuangx *haz* rauz *es*].
現在泥の付いた牛を無事屠殺し終えました。

f2-42. bil nix beangz qyuh xamx meeuz nix deel *ac* xic bengc *ac* qyuh soh[31] [*xic haz* bail ges mengz *ac* loh].

---

29)「私は歌が下手だからうまく歌えない」という比喩。
30) 書き起こしの際，楊氏は「この歌詞は意味が通らず間違っている」と指摘して"banz dangc nix ndeeul laail rauz bail qyangl xexxex rauz daanl gauc xexxex"という歌詞を提示した。ここでの訳文はこの訂正された歌詞の訳である。
31) 'soh' は「まっすぐだ」という意味であるが，そこから派生してここでは「順調である」という意味。

付録2. 羅甸県龍坪鎮「年歌」（ブイ歌）【映像13】

今年は村は平和で，今回の収穫それはとても順調でした。

f2-43. *qyaail laaux* guaail es xaanghxaaiz loz [rauz *ac es*].
おお，聡明な人[32]よ。

f2-44. meangh nix ndabt ndianl bail xus *ac* ndianl *lees* nauz deel sul bux laaux [*haz rauz es*].
現在ひと月またひと月過ぎました，とあなたがた立派な人に言います。

f2-45. meangh *haz* nix ndianl laab bail nyih xib [ges nos sul bux laaux haz rauz *es*].
今，師走の二十日になりました。

f2-46. gul *haz* nauz es [*ndaix ges*] xaaux gec boongc salxeenz [*ac raaiz nah geh* mengz *es*].
私は紙銭をひとやま作ります。

f2-47. dez bail saans *xic eh* jaangs *ac* jeez [jaec rimz *ac* lox rauz *ac es*].
持って行って市場で並べます。

f2-48. dez bail faanc jaangs gaail raanz neeh ndaix bih daaiz soongl daaiz sienl idt faix soongl faix [*ges noh* soongl bux laaux haec rauz *eh*].
持って行って市場に置いて，小さい家の人はひと束ふた束買います。

f2-49. raanz laail ndiabt bih doix soongl doix [os bail leeux *ac* laaux es].
大きな家の人は（紙銭を）ひと山ふた山買います。

f2-50. raanz *ac* rooix siangc soongl ndeenl nangc xeez saaml sis rauz bixnuangx jol ndaix reenl xiangl mos [hoz ndaix leeux *ac* laaux *es*].
ぼろ家の人がひとつふたつ蒸した血豆腐を（私たちに）くれると，私たち三四人の姉妹はやっと新年の気分になります。

f2-51. xal mengz *ac* leg *xic eh* bux laaux bixnuangx jol ndaix haamc xiangl mos [musleeh leeux *ac* laaux *es*].
あなたがた立派な人のおかげで姉妹はようやく新年をまたぐことができま

---

[32] 'xaangh' は「非常によくできる」，'xaaiz' は「裁縫」の意。女性の場合「裁縫ができる」ことがすなわち「賢い」となる。つまり，女性をほめる言葉なのであるが，ここは女性側が男性側に対する呼びかけとして使用している。

付録2. 羅甸県龍坪鎮「年歌」(プイ歌)【映像13】

す。

f2-52. meangh *haz* nix gul *haz* daaus nauz mengz bix xez nix haaus daaus nauz *ac* mengz ruangh.
今，私はまた兄であるあなたに話します，今また憂えているあなたに話を話します。

f2-53. meangh *haz* nix ndianl laab bail *xic qyaix* nyih idt [jaec rimz *ac* loz rauz *ac* es].
現在師走も二十一日になりました。

f2-54. gul lac hams *xiz qyah* mengz *ac* bix bux laez xaaux gez feenh salxic[33] dauc dies jaangl gaail xaaux jil xaaiz *ac* dauc beed [xiz yac bail loh mengz eh].
私は兄であるあなたに問います，誰が紫色の紙を作って市場に置き，持ってきて並べているのですか？

f2-55. beenc yaangz maz das xeez xiangl yaangz maz xoz idt [*bail* bixnuangx *nih*].
どのような板で血豆腐を日干しにしていますか？ 春節はいつですか？

f2-56. xiangl yaangz *ac* maz xoz idt jic duez max guanh xungl jic duez luangz guanh ramx musleeh [bixnuangx *es*].
春節はいつですか？ 何匹の馬が春を司っているのでしょう？ 何匹の龍が水を司っているのでしょうか？

f2-57. lac dih lix jic duez waaiz rais naz gonghguaz lix jic duez maz guanh doongh *xic qyax* mus *ac* leeh *nih*.
地底では何匹の水牛が田起こしをしていて，田の周囲では何匹の馬が畝を管理していますか？

f2-58. lix jic yah dauc xianz nonl *ac* sil razriamz suil haec rauz *ac* roxeeh razriamz suil haec jaec *ac* roxeeh.
何人の老婦人がカイコを飼っていますか？ 直接道理に従って私たちに教えて下さい，直接道理に従って妹たちに教えて下さい。

f2-59. meangh nix lianh xoonz haaus bozdul *siz ac* lenh yaangz *ac* nix [jaec rimz loh

---

33) 'salxic' は「紫色の紙」の意。本来プイ族が年越しの飾りに使用する紙は赤色であるが，このほうが音がいいので 'salxic' という単語を用いている。

rauz *ac es*].
今，話について考え，私たちはこのように話しました。

f2-60. xez nix gogt wenl dul miz lix byaaic dangz nic xaaml dies haec mengz *ac rauz es*.
私たちの歌の元手は尻尾まであリません，ここまで来て置いてあなたに渡します。

f2-61. xoonz gul dies xus genz raanz ngvaz *os* haec mengz *ac laaux eh*.
私の言葉は瓦葺きの家の上に置き，あなたに渡します。

f2-62. xic xus lac ruauzluz *xic* xus jaangl dangzwuz *ac* raanz boh xic xus genz suozmenx *haz* raanz boh.
梁の下に置きました，年長者の堂屋の真ん中に置きました，年長者の堂屋の正門の上に置きました。

f2-63. wenl *haz* dangs beangz *hac* lumc miz lumc [joongs bixnuangx jail rauz *es*].
別の地方のプイ歌は似ていますか？

f2-64. wenl dangs mbaanx *leh* hoz miz hoz meangh nix soongl nuangx dul xianl xoz xianl lenh.
別の集落のプイ歌は同じですか？ 私たち二人の妹はたった今学んでたった今話しました。

f2-65. bix *haz* nuangx es [*ndaix ges*] xianl xoz [*ndaix es*] jail rauz xianl *ac* ndaix dauc *ac* xianl lenh.
姉妹はたった今学んで，私たちはたった今話しました。

f2-66. liangh dogt bas xiz bangc rauz xux [*es bail leeux ac laaux eh*].
口に落ちたと思ったなら私たちを手伝ってつないで下さい。

f2-67. liangh dogt yih dongz xic waz xianx daaml xaz xic ieh xaz rauz wenl daulbingh *ac* xic ieh.
腹に落ちたと思ったならつかんで下さい，もう嫌ならやめましょう，歌が（よいと思っているものと）反対ならやめましょう。

参照文献

● 日本語文献（五十音順）

石橋雅人・伝康晴．2001．『談話と対話』東京大学出版会：東京．

伊藤悟．2010．「徳宏タイ族社会における掛け合いうたの復興と映像メディア―シャンヤー民間芸術団の事例から」『国際シンポジウム「雲南少数民族の伝統音楽―現状と未来」抄録集』pp. 22-26.

上野千鶴子．2005．「脱アイデンティティの理論」上野千鶴子（編）『脱アイデンティティ』勁草書房：東京．pp. 1-41.

内田るり子．1984．「照葉樹林文化圏における歌垣と歌掛け」『文学』1984年12月号：pp. 23-35.

内田るり子．1992．『山の恋歌―タイ北部カレン族の伝統』日本ビクター株式会社：東京．

江守五夫．1998．「男女の交友と求愛」大林太良・岸野雄三・寒川恒夫・山下晋司（編）『民族遊戯大事典』大修館書店：東京．pp. 117-123.

遠藤耕太郎．2003．『モソ人母系社会の歌世界調査記録』大修館書店：東京．

遠藤耕太郎．2008．「歌掛け歌における五七音への指向性―中国西南少数民族歌謡の音数律」『アジア民族文化研究』7：pp. 189-201.

王柯．2005．『多民族国家　中国』岩波書店：東京．

汪暉（石井剛訳）2011．『近代中国思想の生成』岩波書店：東京．

大木康．2003．『馮夢龍「山歌」の研究―中国明代の通俗歌謡』勁草書房：東京．

オースティン，ジョン L.（坂本百大訳）1978．『言語と行為』大修館書店：東京．

大林太良・寒川恒夫・岸野雄三・山下晋司（編）1998．『民族遊戯大事典』大修館書店：東京

大森荘蔵．1999．「流れとよどみ」『大森荘蔵著作集第五巻』岩波書店：東京．pp. 5-198.

大森文子．2004．「認知・談話・レトリック」大堀壽夫（編）『認知コミュニケーション論』大修館書店：東京．

岡部隆志．2000．「白族「海灯会」における歌掛けの持続の論理」工藤隆・岡部隆志．『中国少数民族歌垣調査全記録1998』大修館書店：東京．

岡部隆志．2002．「歌垣の歌の論理」工藤隆（編）『声の古代―古層の歌の現場から』武蔵野書院：東京．

岡部隆志・工藤隆・西條勉（編）2011．『七五調のアジア―音数律からみる日本短歌とアジアの歌』大修館書店：東京．

小川学夫．1979．『奄美民謡誌』法政大学出版局：東京．

小川学夫．1989．『歌謡（うた）の民俗―奄美の歌掛け』雄山閣：東京．

小川学夫．1994．「童歌にみる叙事歌叙情歌の芽生え」小島美子・藤井知昭（編）『日本の

参照文献

音の文化』第一書房:東京. pp. 314-332.

オジェ,マルク(森山工訳) 2002.『同時代世界の人類学』藤原書店:東京.

カイヨワ,ロジェ(多田道太郎・塚崎幹夫訳) 1973.『遊びと人間』講談社:東京.

梶丸岳. 印刷中.「中国貴州省の掛け合い歌「山歌」におけるコードスイッチング―言語交替と文化復興のはざまで―」『社会言語科学』15(2).

金森敦子. 2002.『江戸庶民の旅 旅のかたち・関所と女』平凡社:東京.

亀井伸孝. 2009.「人の遊びをどうとらえるか―遊び論の二つの系譜」亀井伸孝(編)『遊びの人類学―フィールドで出会った〈子ども〉たち』昭和堂:京都. pp. 1-20.

川田順造. 1988.『聲』筑摩書房:東京.

川田順造. 2001.『口頭伝承論 上』平凡社:東京.

神崎宣武. 2004.『江戸の旅文化』岩波書店:東京.

北村皆雄. 2004.「ヒマラヤの民の結婚と歌垣」『アジア遊学』63: pp. 118-123.

ギデンズ,アンソニー(松尾精文・小幡正敏訳) 1993.『近代とはいかなる時代か?―モダニティの帰結』而立書房:東京.

工藤隆(編) 2004.『声の古代―古層の歌の現場から』武蔵野書院:東京.

工藤隆・岡部隆志. 2000.『中国少数民族歌垣調査全記録1998』大修館書店:東京.

久万田晋. 1991.「奄美大島笠利町城前田の八月踊り歌」『沖縄芸術の科学』4: pp. 1-87.

グラネ,マルセル(岡田智雄訳) 1989.『中国古代の祭礼と歌謡』平凡社:東京

グループμ. 1981.『一般修辞学』大修館書店:東京.

小泉文夫. 1981.「うた」下中邦彦(編)『音楽大事典』平凡社:東京. pp. 227-229.

甲田直美. 2001.『談話・テクストの展開のメカニズム―接続表現と談話標識の認知的考察』風間書房:東京.

小島美子. 1997.『音楽からみた日本人』日本放送出版協会:東京.

小山亘. 2009.「シルヴァスティンの思想」シルヴァスティン, M.(小山亘編・榎本剛士・古山宣洋・小山亘・永井那和共訳)『記号の思想:現代言語人類学の一軌跡』三元社:東京. pp. 12-233.

サール,ジョン R.(坂本百大・土屋俊訳) 1986.『言語行為:言語哲学への試論』勁草書房:東京.

酒井正子. 1996.『奄美歌掛けのディアローグ―あそび・ウワサ・死』第一書房:東京.

佐々木高明. 1982.『照葉樹林文化への道―ブータン・雲南から日本へ』日本放送出版協会:東京.

佐藤信夫. 1986.『レトリック感覚―ことばは新しい視点をひらく』講談社:東京.

澤田昌人. 1996.「音声コミュニケーションがつくる二つの世界」菅原和孝・野村雅一(編)『コミュニケーションとしての身体』大修館書店:東京. pp. 222-245.

島田将喜. 2009.「遊び研究の〈むずかしさ〉と〈おもしろさ〉:動物行動学からみた系譜」亀井伸孝(編)『遊びの人類学―フィールドで出会った〈子ども〉たち』昭和堂:京都.

pp. 21-37.

清水博. 1996.『生命知としての場の論理』中央公論社：東京.

白幡洋三郎. 1996.『旅行ノススメ』中央公論社：東京.

菅原和孝. 1993.『身体の人類学』河出書房新社：東京.

菅原和孝. 2002.『感情の猿＝人』弘文堂：東京.

菅原和孝（編）2006.『フィールドワークへの挑戦—〈実践〉人類学入門』世界思想社：京都.

鈴木正崇. 1993.「創られた民族—中国の少数民族と国家形成—」飯島茂（編）『せめぎあう「民族」と国家—人類学的視座から』アカデミア出版会：東京. pp. 211-238.

瀬川昌久. 2003.「中国南部におけるエスニック観光と「伝統文化」の再定義」瀬川昌久（編）『文化のディスプレイ—東北アジア諸社会における博物館，観光，そして民族文化の再編』東北アジア研究センター叢書8号：pp. 135-174.

曽士才. 1998.「中国のエスニック・ツーリズム—少数民族の若者たちと民族文化」『中国21』3: pp. 43-68.

ダイグナン，アリス（渡辺秀樹・大森文子・加野まきみ・小塚良孝訳）2010.『コーパスを活用した認知言語学』大修館書店：東京.

高橋昭弘. 1996.「思いのたけを歌に託して—北タイ山地民アカ族のぶらんこ祭りと歌」民博「音楽」共同研究（編）『「音」のフィールドワーク』東京書籍：東京. pp. 264-283.

高山陽子. 2007.『民族の幻影—中国民族観光の行方』東北大学出版会：仙台.

竹内敏晴. 2007.『声が生まれる—聞く力・話す力』中央公論社：東京.

竹沢尚一郎. 2007.『人類学的思考の歴史』世界思想社：京都.

辰巳正明. 2000.『詩の起源—東アジア文化圏の恋愛詩』笠間書院：東京.

田中雅一. 2009.「エイジェントは誘惑する：社会・集団をめぐる闘争モデル批判の試み」河合香吏（編）『集団—人類社会の進化』京都大学学術出版会：京都. pp. 275-292.

田中美知太郎. 1966.『プラトンⅠ』中央公論社：東京.

田辺繁治. 2002.「日常的実践のエスノグラフィー—語り・コミュニティ・アイデンティティ」田辺繁治・松田素二（編）『日常的実践のエスノグラフィー—語り・コミュニティ・アイデンティティ』世界思想社：京都. pp. 1-39.

谷正人. 2007.『イラン音楽—声の文化と即興』青土社：東京.

鄭暎恵. 2005.「言語化されずに身体化された記憶と，複合的アイデンティティ」上野千鶴子（編）『脱アイデンティティ』勁草書房：東京. pp. 199-240.

塚田誠之. 1998.「民族集団はどのように作られるのか—「屯堡人」は漢族か？」可児弘明・国分良成・鈴木正崇・関根政美（編）『民族で読む中国』朝日新聞社：東京. pp. 45-74.

土橋寛. 1984.「"歌掛け"文化圏の中の南島」『文学』1984年6月号：pp. 76-89.

参照文献

鶴見和子．1981.『南方熊楠』講談社：東京.
手塚恵子．1990.「歌い掛ける者と歌い掛けられる者—壮族の人生儀礼におけるうたの掛け合いとその規範」『待兼山論叢　日本学編』24: pp. 1–27.
手塚恵子．2002a.『中国広西壮族歌垣調査記録』大修館書店：東京.
手塚恵子．2002b.「坂の向こう—壮族の歌墟と日本の歌垣」工藤隆（編）『声の古代—古層の歌の現場から』武蔵野書院：東京．pp. 170–224.
手塚恵子．2005.「三月三から南寧国際民歌芸術節へ：チワン族の象徴を求めて」山路勝彦（編）『中国少数民族のエスニック・アイデンティティの人類学的研究』科学研究費補助金研究成果報告書（課題番号 14401017）pp. 75–91.
床呂郁哉．2006.「変容する〈空間〉，再浮上する〈場所〉—モダニティの空間と人類学」西井涼子・田辺繁治（編）『社会空間の人類学—マテリアリティ・主体・モダニティ』世界思想社：京都．pp. 65–90.
中尾佐助．1966.『栽培植物と農耕の起源』岩波書店：東京.
長谷千代子．2007.『文化の政治と生活の詩学—中国雲南省徳宏タイ族の日常的実践』風響社：東京.
中原ゆかり．1989.「コミュニケーションとしての歌」『日本歌謡研究』28: pp. 55–63.
中原ゆかり．1993.「奄美八月踊りの伝統と創造—対抗による伝承から統合へ」『民族学研究』58(3): pp. 258–271.
中原ゆかり．1997.『奄美のシマの歌』弘文堂：東京.
名越左源太（国分直一・恵良宏校注）1984.『南島雑話：幕末奄美民俗誌』平凡社：東京.
西村清和．1989.『遊びの現象学』勁草書房：東京.
野内良三．1998.『レトリック辞典』国書刊行会：東京.
野内良三．2002.『レトリック入門—修辞と論証』世界思想社：京都.
ハート，ハーバート L.A.（矢崎光圀監訳）1976.『法の概念』みすず書房：東京.
芳賀純・子安増生．1990.『メタファーの心理学』誠信書房：東京.
馬建釗．2003.「中国の少数民族と民族観光業」瀬川昌久（編）『文化のディスプレイ—東北アジア諸社会における博物館，観光，そして民族文化の再編』東北アジア研究センター叢書 8: pp. 119–134.
バトラー，ジュディス（竹村和子訳）1999.『ジェンダー・トラブル　フェミニズムとアイデンティティの攪乱』青土社：東京.
バトラー，ジュディス（竹村和子訳）2004.『触発する言葉』岩波書店：東京.
馬場雄二．1996.「北タイ，タイ・ルー族の儀礼と歌（カプ・ルー）—農村開発と歌の役割の変化」民博「音楽」共同研究（編）『「音」のフィールドワーク』東京書籍：東京．pp. 284–301.
林宅男（編著）2008.『談話分析のアプローチ』研究社：東京.
バルト，ロラン（沢崎浩平訳）1979.『旧修辞学』みすず書房：東京.

参照文献

東森勲・吉村あき子. 2003.『関連性理論の新展開―認知とコミュニケーション』研究社：東京.

平野健一郎. 1988.「中国における統一国家の形成と少数民族―満州族を例として―」平野健一郎・山影進・岡部達味・土屋健治『アジアにおける国民統合』東京大学出版会：東京. pp. 33-105

ブーアスティン，ダニエル. 1964.『幻影の現代―マスコミが製造する事実』創元新社：東京.

フーコー，ミシェル（中村雄二郎訳）1970.『知の考古学』河出書房新社：東京.

フェルド，スティーブン（山口修・山田陽一・卜田隆嗣・藤田隆則訳）1988.『鳥になった少年　カルリ社会における音・神話・象徴』東京：平凡社.

福井勝義. 1991.『認識と文化―色と模様の民族誌』東京大学出版会：東京

藤田隆則. 2009.「歌う・諳んじる」日本文化人類学会（編）『文化人類学事典』丸善：東京. pp. 512-513.

藤田隆則. 2010.『能のノリと地拍子：リズムの民族音楽学』檜書店：東京.

船津和幸・船津恵美子. 1994.「北部タイ・ラーンナー地方の歌謡芸能「ソー」」『信州大学教養部紀要』28: pp. 37-66.

ブラッキング，ジョン（徳丸吉彦訳）1978.『人間の音楽性』岩波書店：東京.

ブルデュー，ピエール（石井洋二郎訳）1990.『ディスタンクシオン Ⅰ・Ⅱ』藤原書店：東京.

ブルデュー，ピエール（石井洋二郎訳）1995.『芸術の規則 Ⅰ』藤原書店：東京.

ブルデュー，ピエール（石井洋二郎訳）1996.『芸術の規則 Ⅱ』藤原書店：東京.

ベイトソン，グレゴリー（佐藤良明訳）1990.『精神の生態学』思索社：東京.

ホイジンガ，ヨハン（高橋英夫訳）1973.『ホモ・ルーデンス』中央公論社：東京.

松本光太郎. 2000.「民族識別工作の意味と現状―海南島の臨高人の事例から―」『現代中国』74: p. 278.

丸川和雄. 2007.『現代中国の産業：勃興する中国企業の強さと脆さ』中央公論社：東京.

皆川隆一. 2001.「対立構造と反転表現―ヤミ族の掛け合い歌」岡部隆志・丸山隆司（編）『神の言葉・人の言葉―〈あわい〉の言葉の生態学』武蔵野書院：東京. pp. 249-286

皆川隆一. 2002.「死霊の歌―ヤミ族の掛け合い歌」工藤隆（編）『声の古代―古層の歌の現場から』武蔵野書院：東京. pp. 225-268

皆川隆一. 2004.「台湾ヤミ族―負で中和する賛辞の歌掛け」『アジア遊学』63: pp. 106-117.

南亮進・牧野文夫（編）『流れゆく大河―中国農村労働の移動』日本評論社：東京.

村松友次. 2004.『対話の文芸 芭蕉連句鑑賞』大修館書店：東京.

メリアム，アラン P.（藤井知昭・鈴木道子訳）1980.『音楽人類学』音楽之友社：東京.

安井稔. 1978.『言外の意味』研究社：東京.

参照文献

安福恵美子．1996．「観光と売買春—東南アジアを中心に」石森秀三（編）『観光の二〇世紀』ドメス出版：pp. 173-191.
山口誠一（訳著）2011．『ニーチェ『古代レトリック講義』訳解』知泉書館：東京．
山崎正和．2006．『社交する人間—ホモ・ソシアビリス』中央公論社：東京．
山路勝彦．2002．「土家族とは誰か：中国少数民族の創出と再編」『関西学院大学社会学部紀要』92: pp. 41-53.
山下晋司．1999．『バリ　観光人類学のレッスン』東京大学出版会：東京．
山下晋司（編）1996．『観光人類学』新曜社：東京．
山田富秋．1999．「会話分析を始めよう」好井裕明・山田富秋・西阪仰（編）『会話分析への招待』世界思想社：京都．pp. 1-35.
山田陽一．2008．「音楽する身体の快楽」山田陽一（編）『音楽する身体—〈わたし〉へと広がる響き』昭和堂：京都．pp. 1-38.
山梨正明．1988．『比喩と理解』東京大学出版会：東京．
余志清．2007．「中国ブイ族における霊的職能者プモとその儀礼—貴州省大寨村班世顕氏の事例から」『比較民俗研究』21: pp. 159-172.
リチャーズ，I.A.（石橋幸太郎訳）1978．『新修辞学原論』南雲堂：東京．
ルソー，ジャン J.（小林善彦訳）1970．『言語起源論—旋律および音楽的模倣を論ず』現代思潮社：東京．
渡邊昭五．1981．『歌垣の研究』三弥井書店：東京．
渡辺文．2008．「芸術人類学のために」『人文学報』97: pp. 125-147.

● 欧文文献（アルファベット順）

Abrahams, Roger D. 1962. "Playing the Dozens." *The Journal of American Folklore*. 75(297): pp. 209-220.

Agawu, V. Kofi. 1988. "Tone and Tune: The Evidence for Northern Ewe Music." *Africa*. 58(2): pp. 127-146.

Aijmer, Karin and A-M. Simon-Vandenbergen. 2011. "Pragmatic Markers." In J. Zienkowski, J-O. Östman and J. Verschueren (eds.) *Discursive Pragmatics*. John Benjamins: Amsterdam. pp. 223-247.

Apted, Meiki E. 2010. "Songs from the Inyjalarrku: The Use of a Non-Translatable Spirit Language in a Song Set from North-West Arnhem Land, Australia." *Australian Journal of Linguistics*. 30(1): pp. 93-103.

Aroui, Jean-Louis. 2009. "Introduction: Proposals for Metrical Typology." In Aroui, J-L. and A. Arleo (eds.) *Towards a Typology of Poetic Forms: From Language to Metrics and Beyond*. John Benjamins: Amsterdam/Philadelphia. pp. 1-39.

Baart, Joan L.G. 2004. "Tone and Song in Kalam Kohistani (Pakistan)." In H. Quené and V.

van Heuven (eds.) *On Speech and Language: Studies for Sieb G. Nooteboom*. Netherlands Graduate School of Linguistics: Utrecht. pp. 5-15.

Banti, Giorgio and F. Giannattasio 2004. "Poetry" In A. Duranti (ed.) *A Companion to Linguistic Anthropology*. Blackwell: Malden, MA, and Oxford. pp. 290-320.

Bright, William. 1957. "Singing in Lushai." *Indian Linguistics*. 17: pp. 24-28.

Brown, Gillian and G. Yule. 1983. *Discourse Analysis*. Cambridge University Press: Cambridge.

Bublitz, Wolfram. 2011. "Cohesion and Coherence." In J. Zienkowski, J-O. Östman and J. Verschueren (eds.) *Discursive Pragmatics*. John Benjamins: Amsterdam. pp. 37-49.

Chao, Yuenren. 1956. "Tone, Intonation, Singsong, Chanting, Recitative, Tonal Composition, and Atonal Composition in Chinese" In M. Halle, H. Lunt, H. Mclean and C.H. Van Schooneveld (eds.) *For Roman Jakobson: Essays on the Occasion of his Sixtieth Birthday*. Mouton: Hague.

Cohen, Eric. 2004. *Contemporary Tourism: Diversity and Change*. Elsevier: Amsterdam.

Curran, Georgia. 2010. "Linguistic Imagery in Warlpiri Songs: Some Examples of Metaphors, Metonymy and Image-Schemata in Minamina Yawulyu." *Australian Journal of Linguistics*, 30(1): pp. 105-115.

Deignan, Alice. 2008. "Corpus Linguistics and Metaphor." in R.W. Gibbs, Jr. (ed.) *The Cambridge Handbook of Metaphor and Thought*. Cambridge University Press: Cambridge. pp. 280-294.

De Josselin de Jong, Jan P.B. 1941. "Oost-Indonesische Poezie." *Bijdragen tot de Taal-, Land- en Volkenkunde* 100: pp. 235-254.

Desmond, Jane C. 1999. *Staging Tourism*. University of Chicago Press: Chicago.

Dixon, Robert M.W. and G. Koch. 1996. *Dyirbal Song Poetry: The Oral Literature of an Australian Rainforest People*. University of Queensland Press: St Lucia.

Dollard, John. 1991 [1939]. "The Dozens: Dialectic of Insult" In A. Dundes (ed.) *Mother Wit from the Laughing Barrel: Readings in the Interpretation of Afro-American Folklore*. University Press of Mississippi: Austin. pp. 277-294.

Drew, Paul and J. Heritage (eds.) 1992. *Talk at Work: Interaction in Institutional Settings*. Cambridge University Press: Cambridge.

Edmondson, Jerold A. and D.B. Solnit. 1988. "Introduction." In J.A. Edmondson and D.B. Solnit (eds.) *Comparative Kadai: Linguistic Studies Beyond Tai*. Summer Institute of Linguistics and the University of Texas at Arlington: Dallas.

Edmondson, Jerold A. and D.B. Solnit. 1997. "Introduction." In J.A. Edmondson and D.B. Solnit (eds.) *Comparative Kadai: The Tai Branch*. Summer Institute of Linguistics and the University of Texas at Arlington: Dallas.

参照文献

Enkvist, Nils E. 1978. "Coherence, Pseudo-Coherence, and Non-Coherence." In J-O. Östman. *Cohesion and Semantics*. Åbo Akademi Foundation: Åbo. pp. 109–130.

Fabian, Johannes. 2002[1983]. *Time and the Other: How Anthropology Makes Its Object*. Columbia University Press: New York.

Feld, Steven and A.A. Fox. 1994. "Language and Music." *Annual Review of Anthropology*. 23: pp. 25–53.

Foley, William A. 1997. *Anthropological Linguistics*. Blackwell: Malden, MA, and Oxford.

Foucault, Michel. 1967. *Madness and Civilization*. Tavistock: London.

Fox, James J. (ed.) 1988. *To Speak in Pairs: Essays on the Ritual Languages of Eastern Indonesia*. Cambridge University Press: Cambridge.

Geertz, Clifford. 1973. *The Interpretation of Cultures: Selected Essays*. Basic Books: New York.

Gladney, Dru C. 1991. *Muslim Chinese: Ethnic Nationalism in the People's Republic*. Council on East Asian Studies, Harvard University Press: Cambridge.

Goffman, Erving. 1986 [1976]. *Frame Analysis*. Northern University Press: Boston.

Halliday, Michael A.K. and R. Hasan. 1976. *Cohesion in English*. Longman: London.

Helliwell, Christine. 1996. "Space and Sociality in a Dayak Longhouse." M. Jackson (ed.) *Things as They Are: New Directions in Phenomenological Anthropology*. Indiana University Press: Bloomington and Indianapolis. pp. 128–148.

Herzog, George. 1934. "Speech-Melody and Primitive Music." *Musical Quarterly*. 20: pp. 452–466.

Howes, David (eds.) 1991. *The Varieties of Sensory Experience*. University of Toronto Press: Tronto.

Howes, David (eds.) 2005. *Empire of the Senses: the Sensual Culture Reader*. Berg: Oxford.

Ihde, Don. 2007. *Listening and Voice: Phenomenologies of Sound (Second Edition)*. State University of New York Press: Albany. NY.

Jackson, Michael. 1989. *Paths toward a Clearing: Radical Empiricism and Ethnographic Inquiry*. Indiana University Press: Bloomington and Indianapolis.

Jakobson, Roman. 1960. "Closing Statement: Linguistics and Poetics." In T.A. Sebeok (ed.) *Style in Language*. MIT Press: Massachusetts. pp. 350–377.

Kienpointner, Manfred. 2011. "Figure of Speech." In J. Zienkowski, J-O. Östman and J. Verschueren (eds.) *Discursive Pragmatics*. John Benjamins: Amsterdam. pp. 102–118.

Kiparsky, Paul. 1973. "The Role of Linguistics in a Theory of Poetry." *Daedalus*. 102(3): pp. 231–244.

Kurath, Gertrude P. 1956. "Antiphonal Songs of Eastern Woodland Indians." *The Musical Quarterly*. 42(4): pp. 520–526.

Lakoff, George. 1987. *Women, Fire, and Dangerous Things*. The University of Chicago Press: Chicago.

Lakoff, George. 1993. "Contemporary Theory of Metaphor." In Ortony, A. (ed.) *Metaphor and Thought (2nd Edition)*. Cambridge University Press: Cambridge. pp. 202–251.

Lakoff, George, and M. Johnson. 1980. *Metaphors We Live By*. The University of Chicago Press: Chicago.

Lakoff, George and M. Turner. 1989. *More Than Cool Reason*. University of Chicago Press: Chicago.

LaPolla, Randy J. 1990. *Grammatical Relations in Chinese: Synchronic and Diachronic Considerations*. Ph. D. Dissertation, University of California, Berkeley.

LaPolla, Randy J. 1995. "Pragmatic Relations and Word Order in Chinese." In P. Downing and M. Noonan (eds.) *Word Order in Discourse*. John Benjamins: Amsterdam and Philadelphia. pp. 297–329.

Leben, William R. 1985. "On the Correpondence between Linguistic Tone and Musical Melody." in D.L. Goyvaerts (ed.) *African Linguistics: essays in memory of M.W.K. Semikenke*. Benjamins: Amsterdam. pp. 335–343.

List, George. 1961. "Speech Melody and Song Melody in Central Thailand." *Ethnomusicology*. 5(1): pp. 16–32.

Litzinger, Ralph A. 1998. "Memory Work: Reconstituting the Ethnic in Post-Mao China." *Cultural Anthropology*. 13(2): pp. 224–255.

Liu, Marjory. 1974. "The Influence of Tonal Speech on K'unch'ü Opera Style." *Selected Reports in Ethnomusicology*. 2(1): pp. 62–86.

Lundström, Håkan and J-O. Svantesson. 2008. "Hrlii Singing and Word-tones in Kammu." *Lund University Dept. of Linguistics and Phonetics Working Papers*. 52: pp. 117–131.

MacCannell, Dean. 1976. *The Tourist: A New Theory of the Leisure Class*. Macmillan: London.

Mark Lindy. L. and F-K Li. 1966. "Speech Tone and Melody in Wu-Ming Folk Songs" *Artibus Asiae Supplementum*. 23(1): pp. 167–186.

Mensah, Atta A. 1967. "The Polyphony of Gyil-gu, Kudzo and Awutu Sakumo." *Journal of the International Folk Music Council*. 19: pp. 75–79.

Meyer, Christian. 2009. "Precursors of Rhetoric Culture Theory." in I. Strecker and S. Tyler (eds.) *Culture and Rhetoric*. Berghahn Books: New York. pp. 31–48.

Molino, Jean. 2002. "La Poesia Cantata: Alcuni Problemi Teorici." In M. Agamennone and F. Giannattasio (eds.) *Sul Verso Cantato*. Padova: il Poligrafo. pp. 17–33.

Morey, Stephen. 2009. "The Realisation of Tones in Traditional Tai Phake Songs." In S. Morey and M. Post (eds.) *North East Indian Linguistics*, Volume 2. Cambridge University Press India: Delhi. pp. 59–74.

参照文献

Morey, Stephen. 2012. "Poetic Forms in Nocte, Singpho, Tai and Tangsa." In Hyslop, G, S. Morey and M. Post (eds.) *North East Indian Linguistics*, Volume 4. Cambridge University Press India: Delhi. pp.145-165

Mu, Yang. 1998. "Erotic Musical Activity in Multiethnic China." *Ethnomusicology*. 42(2): pp. 199-264.

Nancarrow, Cassy. 2010. "What's That Song About?: Interaction of Form and Meaning in Lardil Burdal Songs." *Australian Journal of Linguistics*. 30(1): pp. 81-92.

Nguyen, Van Huyan. 1934. *Les Chants Alternés des Garçons et des Filles en Annam*. Librairie Orientaliste Paul Geuthner: Paris.

Richards, Paul. 1972. "A Quantitative Analysis of the Relationship between Language Tone and Melody in a Hausa Song." *African Language Studies*. 13: pp. 137-161.

Rumsey, Alan. 2007. "Musical, Poetic, and Linguistic Form in "Tom Yaya" Sung Narratives from Papua New Guinea." *Anthropological Linguistics*. 49(3): pp. 235-282.

Sacks, Harvey, E. Schegloff and G. Gefferson. 1974. "A Simpliest Systematics for the Organization of Turn-Taking for Conversation." *Language*. 50(4): pp. 696-735.

Sadie, Stanley(ed.) 1988. *The Grove Concise Dictionary of Music*. Macmillan: London.

Schellenberg, Murray. 2009. "Singing in a Tone Language: Shona." In A. Ojo and L. Moshi (eds.) *Selected Proceedings of the 39th Annual Conference on African Linguistics*. pp. 137-144.

Searle, John R. 1969. *Speech Acts: An Essay in the Philosophy of Language*. Cambridge University Press: Cambridge.

Seeger, Charles. 1958. "Prescriptive and Descriptive Music Writing." *Musical Quarterly*. 44(2): pp. 184-195.

Shein, Louisa. 1997. "Gender and Internal Orientalism in China." *Modern China*. 23(1): pp. 69-98.

Smith, Valene L. (ed.) 1977. *Hosts and Guests: The Anthropology of Tourism*. University of Pennsylvania Press: Philadelphia.

Snyder, Wil. C. 2008. "Bouyei Phonology." In A.V.N. Diller, J.A. Edmondson and Y. Luo (eds.) *The Tai-Kadai Languages*. Routledge: New York. pp. 378-388.

Sollis, Michael. 2010. "Tune-Tone Relationships in Sung Duna Pikono." *Australian Journal of Linguistics*. 30(1): pp. 67-80.

Sperber, Dan and D. Wilson. 1995[1986]. *Relevance: Communication and Cognition*. Blackwell: Oxford.

Stebbins, Tonya and M. Planigale. 2010. "'Explaining the Unknowable': Accessibility of Meaning and the Exegesis of Mali Baining Songs." *Australian Journal of Linguistics*. 30(1): pp. 141-154.

Stock, Jonathan P.J. 1999. "A Reassessment of the Relationship between Text, Speech Tone, Melody, and Aria Structure in Beijing Opera." *Journal of Musicological Research*. 18: pp. 183–206.

Strehlow, Theodor G.H. 1970. "Geography and the Totemic Landscape in Central Australia: a Functional Study." In R. Berndt (ed.) *Australian Aboriginal Anthropology: Modern Studies in the Social Anthropology of the Australian Aborigines*. University of Western Australia Press: Nedlands, WA. pp. 93–140.

Stubbs, Michael. 1983. *Discourse Analysis*. University of Chicago Press: Chicago.

Sulițeanu, Gisela. 1979. "Antiphonal Performance in Roumanian Folk Music." *Yearbook of the International Folk Music Council*. 11: pp. 40–58.

Turpin, Myfany and T. Stebbins. 2010. "The Language of Song: Some Recent Approaches in Description and Analysis." *Australian Journal of Linguistics*. 30(1): pp. 1–17.

Unger, Jonathan. 1997. "Not Quite Han: The Ethnic Minorities of China's Southwest" *Bulletin of Concerned Asian Scholars*. 29(3): pp. 67–78.

Urban, Greg. 1991. *A Discourse-Centered Approach to Culture*. University of Texas Press: Austin.

Urry, John. 1992. "The Tourist Gaze 'Revised'." *American Behavioral Scientist*. 36: pp. 172–186.

Urry, John. 2002 [1990]. *The Tourist Gaze*. Sage Publications: London.

Wellesz, Egon (P. England trans.) 1923. "Some exotic elements of plainsong" *Music and Letters*. 4(3): pp. 275–281.

Werth, Paul. 1994. "Extended Metaphor—a Text-World Account." *Language and Literature*. 3(2): pp. 79–103.

Werth, Paul. 1999. *Text Worlds: Representing Conceptual Space in Discourse*. Longman: New York.

Wilson, Deirdre and D. Sperber. 2002. "Relevance Theory." *UCL Working Papers in Linguistics*. 14: pp. 249–287.

Wong, Patrick C.M. and R.L. Diehl. 2002. "How Can the Lyrics of a Song in a Tone Language Be Understood?" *Psychology of Music*. 30: pp. 202–209.

Wu, David Y.H. 1994. "The Construction of Chinese and Non-Chinese Identities." In W. Tu (ed.) *The Living Tree: The Changing Meaning of Being Chinese Today*. Stanford University Press: Stanford, California. pp. 148–167.

Wu, Zongji. 2000. "From Traditional Chinese Phonology to Modern Speech Processing: Realization of Tone and Intonation in Standard Chinese." *Report of Phonetic Research* 2000: pp. 1–11.

Yung, Bell. 1983. "Creative Process in Cantonese Opera I: The Role of Linguistic Tones."

Ethnomusicology. 27(1): pp. 29-47.
Zienkowski, Jan. 2011. "Discursive Pragmatics: a Platform for the Pragmatic Study of Discourse." In J. Zienkowski, J-O. Östman and J. Verschueren (eds.) *Discursive Pragmatics.* John Benjamins: Amsterdam. pp. 1-13.

● 中国語文献（音読み 50 音順）
韋啓光・石朝江・趙崇南・佘正栄他．1999．『布依族文化研究』貴州人民出版社：貴陽．
王偉・周国炎（編）2005．『布依語基礎教程』中央民族大学出版社：北京．
王紅曼．2000．『新中国民族政策概論』中央民族大学出版社：北京．
Oakes, Tim and 呉曉萍．2007．『屯堡重塑―貴州省的文化旅游与社会変遷』貴州民族出版社：貴陽．
貴州省社会科学院文学研究所・黔南布依族苗族自治州文芸研究室（編）1982．『布依族民歌選』貴州人民出版社：貴陽．
貴州世居民族研究中心・貴州省民族研究学会（編）2005．『民俗文化保護与旅游開発』貴州科技出版社：貴陽．
貴州省地方誌編纂委員会（編）1998．『貴州省誌・漢語方言誌』方誌出版社：北京．
貴州省中華文化研究会・貴州省旅游局（編）2001．『貴州旅游的文化思考』貴州人民出版社：貴陽．
貴州省布依学会．2005a．「関于樹立《布依族名溯源碑》的通知」『布依学研究』8: pp. 300-302.
貴州省布依学会．2005b．「《布依族名溯源碑》説明」『布依学研究』8: pp. 303-304.
貴州省布依学会（編）2004．『布依民歌経典』出版社不明．
貴州省民族事務委員会（編）1999．『貴州民族工作五十年』貴州民族出版社：貴陽．
貴州省民族事務委員会古籍整理弁公室・黔南州民委（編）1998．『布依族古歌』貴州民族出版社：貴陽．
《貴州通史》編輯部（編）2005．『貴州通史簡編』当代中国出版社：北京．
貴陽市花渓区地方誌編委会（編）2007．『貴陽市花渓区誌』貴州人民出版社：貴陽．
貴陽市誌編纂委員会（編）1999．『貴陽市誌：民族誌』貴州人民出版社：貴陽．
恵水県布依学会（編）2001．『恵水布依族』貴州民族出版社：貴陽．
厳奇岩 2009．『竹枝詞中的清代貴州民族社会』巴蜀書社：成都．
黄義仁．1999．『布依族史』貴州民族出版社：貴陽．
黄義仁・韋廉舟（編）1985．『布依族民俗志』貴州人民出版社：貴陽．
黄光学・施聯朱（主編）2005．『中国的民族識別―56 個民族的来歷』民族出版社：北京．
黄鎮邦．2009．『当代布依族社会 weanl 的伝承研究―以望謨県楽康村為个案』(中央民族大学修士論文)
谷因．1998．「布依族族源研究綜述」『布依学研究』6: pp. 23―31.

呉啓禄・王偉・曹広衢・呉定川 (編著) 2002.『布依漢詞典』民族出版社：北京.
国家民族事務委員会 (編) 2002.『中国共産党関于民族問題的基本観点和政策幹部読本』民族出版社：北京.
伍文義・辛維・梁永枢. 2000.『中国布依語対比研究』貴州人民出版社：貴陽.
周剛. 2002.『連詞与相関問題』安徽教育出版社：合肥.
周国炎 (主編). 2009a.『布依族語言使用現状及其演変』商務印書館：北京.
周国炎 (主編) 2009b.『布依語長篇話語材料集』中央民族大学出版社：北京.
周国茂. 2006.『一種特殊的文化典籍—布依族摩経研究』貴州人民出版社：貴陽.
朱自清 2005 [1957].『中国歌謡』復旦大学出版社：上海.
申茂平. 2009.『貴州非物質文化遺産研究』知識産権出版社：北京.
宗廷虎. 1998.「総論」鄭子瑜・宗廷虎 (主編)『中国修辞学通史』吉林教育出版社：長春. pp. 1-27.
《中国少数民族社会歴史調査資料叢刊》修訂編輯委員会 (編) 2009.『布依族社会歴史調査』民族出版社：北京.
中国民間文芸研究会貴州分会 (編印) 1982.『民間文学資料第四十七集 (布依族対歌)』内部資料.
中国民間文芸研究会貴州分会 (編印) 1986 [1963].『民間文学資料第四十二集 (布依族情歌集)』内部資料.
趙焜・呉啓禄・陳亮明 (編訳) 1988.『布依族酒歌』貴州民族出版社：貴陽.
張声震 (主編) 2002.『壮族史』広東人民出版社：広州.
張中笑. 1989.「布依族二声部民歌浅論」貴州民族音楽研究会 (編)『貴州民族音楽文選』中国民族撮影芸術出版社：北京. pp. 67-83.
陳栄貴. 2009.「貴陽市布依学会成立前後」『貴陽布依族文化研究』2009 年第 1 期：pp. 75-78.
陳汝東. 2004.『当代漢語修辞学』北京大学出版社：北京.
陳望道. 1973 [1932].『修辞学発凡』大光出版社：香港.
鄭土有. 2005.『呉語叙事山歌演唱伝統研究』上海辞書出版社：上海.
鄧暁華・王士元. 2009.『中国的語言及方言的分類』中華書局：北京
唐合亮. 1986.「三都県周覃鎮布依族生活習俗」『貴州民族調査』4: pp. 305-322.
唐合亮. 1992.「都匀市布依族社会状況調査」『貴州民族調査』9: pp. 292-301.
楠舟小山. 2006.「貴陽市布依族民歌介紹」貴陽市民俗宗教事務局・貴陽市布依学会 (編)『貴陽市布依族民歌選』出版社未詳. pp. 214-220.
潘心雄. 2001.「試論貴州民俗文化特色旅游資源的開発」貴州省中華文化研究会・貴州省旅游局 (編)『貴州旅游的文化思考』貴州人民出版社：貴陽. pp. 144-153.
費孝通. 1999a [1951]「兄弟民族在中国」『費孝通文集』第 6 巻. 群言出版社：北京. pp. 258-309.

参照文献

費孝通.1999b [1980]「関于我国民族的識別問題」『費孝通文集』第7巻.群言出版社:北京.
　　pp.198-222.
費孝通.1999c [1988]「中華民族多元一体格局」『費孝通文集』第11巻.群言出版社:北京.
　　pp.381-419.
《布依族簡史》編写組.1984.『布依族簡史』貴州民族出版社:貴陽.
馮光武.2004.「漢語語用標記語的語義,語用分析」『現代外語』27(1): pp.24-31.
民族民間舞踏集成黔南州巻編輯部 (編) 1991.『中国民族民間舞踏集成 貴州省黔南布依族苗族自治州巻』出版社未詳.
喩翠容 (編著) 1980.『布依語簡志』民族出版社:北京.
楊蔭淵 2009.「歌曲字調論」『楊蔭淵全集第4巻 伝統音楽研究』江蘇文芸出版社:南京.
　　pp.56-90.
葉軍.2001.『漢語語句韻律的語法功能』華東師範大学:上海.
楊昌儒.2005.「民族文化旅游的民族学,旅游学考察—以鎮山村民族文化旅游為例」貴州世居民族研究中心・貴州省民族研究学会 (編)『民族文化保護与旅游開発』貴州科技出版社:貴陽.pp.301-310.
楊莉.2009.「貴州省旅游近十年発展状況分析」『現代商貿工業』3: pp.72-73.
羅汛河.1989.「絢麗多彩的布依族歌謡 (代序)」沈光璠 (編)『貴州布依族歌謡選』中国民間文芸出版社:貴陽.pp.1-9.
羅甸県地方誌編纂委員会 (編) 1994.『貴州省羅甸県誌』貴州人民出版社:貴陽.
羅平先.1993.「布依語概述」貴州省委民族語文辦公室 (編)『布依語文集』貴州民族出版社:貴陽.pp.1-26.
龍海燕.2008.「従貴州石頭,龍泉,打冉,輝岩四個村寨看布依,漢両種語言的替換過程」『貴州民族学院学報 (哲学社会科学版)』112(6): pp.112-118.
李雄飛 2005.『文化視野下的山歌認同与差異』民族出版社:北京.

あとがき

　長かった。
　本書は 2012 年 3 月に提出した博士論文を大幅に組み替え，修正したものである。博士論文を本格的に書きはじめたのは 2010 年の秋ごろ。博士論文を書きあげるのにそこから 1 年近くかかった。最後の調査を終えたのは 2010 年 3 月終わり。日本に帰ってきたら桜が咲いていた。1 年の長期調査に出発したのは 2006 年の 3 月なかば。桜はまだまだ咲かないころだったと思う。(主観的には) 遠い昔のことだ。
　「山歌の全体を記述しよう」という本書の基本的方針は 2005 年 3 月に提出した修士論文にすでに表れていたが，そのころは博士論文がこういう形になるとは思いもよらなかった。思い返せばよくあんなデータ不足で修士論文を書いたものだ。貴州省やプイ族，山歌についてほとんどなにも知らない状態で貴州省に行ったのは 2004 年の 2 月。大学院に進学して歌掛けを研究することにしたのは 2003 年の 4 月。本書の探究はここからはじまっている。気がつけばもう 9 年も前のことだ。恐ろしい。本書には 9 年分の暗中模索が詰まっている。
　とはいえ，本書の内容がこの歳月に見合うほど充実しているかどうかははなはだ心もとない。そもそも本書に詰まっているのはあらゆる面における暗中模索である。「はじめに」で書いたように，山歌をめぐる濃密な社会関係や人々の営みに迫ることは最後までごく不十分にしかできていない。理論面においても，各章ごとに依拠している理論が異なっており，それらをまとめ上げる視点を明確に提示したとは言い難いし，それぞれの理論について深く掘り下げ，根底から批判するにはいたっていない。私の博士論文のタイトルは「人類学的歌掛け論の研究──中国貴州省の歌掛け「山歌」をめぐって」であるが，普通の人類学的研究が描き出すものを本書はあまり描いていない。
　本書のもとになった博士論文を書くにあたって，個人的方針として立てたのは「誰かにむけて書かない」ということと，「山歌の全体を描く」ということである。本書の一部はすでに発表した以下の論文がもとになっている。

あとがき

梶丸岳（2008）「「民族アイデンティティ」からエイジェンシーへ：中国貴州省プイ族を事例に」『中国研究月報』62（7）: 1-12．（第3章2節）

梶丸岳（2010）「歌掛けを見る/聞く—前観光的芸能としての中国貴州省山歌」『人文学報』99: 61-77．（第4章）

梶丸岳（2008）「「うまいこと言う」のための語用論—中国西南部における掛け合い歌の認知詩学的考察」『言語科学論集』14: 89-107．（第6章3節 i）

梶丸岳（2009）「中国語の歌掛けにおける接続表現の不使用—ルール化された文脈と応答」『第24回社会言語科学会研究大会論文集』pp. 138-141．（第7章2節）

梶丸岳（2011）「引き延ばされた対話—長大なターンを持つ歌掛けの構造」『社会言語科学会第27回大会発表論文集』pp. 126-129．（第7章3節）

梶丸岳（2011）「中国貴州省プイ族の「年歌」—プイ語による長詩型歌掛け」『アジア民族文化研究』10: 1-40．（第7章3節，付録2）

とはいえ，これらの論文のほとんどは本書の該当箇所の下敷きか予備的材料になったにすぎず，大幅に書き換えられている。それはもちろんそれぞれの内容について考察が進んだからというのもあるが，なにより大きな理由は，どの論文も「誰かにむけて書いた」からである。つまり，上記の諸論文はどれも学術雑誌に投稿したものであり，それぞれの雑誌が読者として想定している学問分野を専門とする人々にむけて，それぞれの理論的背景を踏まえ，あるときはそれを批判し，あるときはそれを受けて事例を分析して書かれている。これらを「歌掛けという出来事」を中心にまとめ直し，どこかひとつの分野と対話するのではなく，あくまで山歌とはなにかを明らかにするという目的のために再構成する。そのための大改訂が必要だったのである。

ただ，書き終わってから振り返ってみると，結局離れようとした個別の理論的文脈，依拠した学問分野の視点からは離れられなかったようだ。その理由は，理論というものは文脈や特定の視点そのものであるという，考えてみればごく当たり前の点に尽きる。本書が理論や分析概念に対してとった基本的な姿勢は「なんとか歌掛けにおけるある特定の層を解明するにあたってもっとも使えるものを探す」といったところである。つまり暗中模索である。うまく使えないと思われた概念は端的に「使われない」だけなので，理論を

あとがき

批判する精神に欠けている（ように見える）のは当然だ。そもそも理論には例外がつきものであり，よほどクリティカルなものでない限り，ちいさな例外のひとかけらなど理論にとって蟷螂の斧に過ぎない。既存の理論をきちんと有効に批判するには，本書とは別のやり方が要請されるはずだ。

　本来の意図とは異なり，本書でおこなわれたのは「ほらここにこんなにおもしろい事例があるんですよ」と多方面に向けて宣伝したことだったのかもしれない。いままで歌掛けという出来事はごくごく限られた界隈でしか注目されたことがなかった。それを，実際には非常にさまざまな分野とかかわりがあるものなのだと示すことができた。すこしは歌掛けが研究しがいのある興味深いテーマであると思ってくれる人が増えれば，本書の意義はあったと言えよう。

　もうひとつ本書でおこなった有意義そうだと私が思う試みを挙げるなら，DVDを付録としてつけたことであろう。これは博士論文提出段階にはなかったものであるが，映像のあるなしで本書の対象とする山歌に対する印象はかなり違うはずである。とくに本書が対象としたような「出来事」を描くうえで映像は非常に重要なツールだ。実際，録画機器や記録・再生技術は年々発展しており，学会発表でパソコンを使って映像を流すのもごく一般的になってきた。記録媒体も昔のように大きなものではなく，ディスクという本につけやすいものが広まって久しい。著作権のコントロールやその他諸権利関係を気にしなければ，映像をすべてYouTubeなりにアップロードして，本には記録媒体をつけずリンクのみ提示しておくことすら可能である。それなのにいまだに民族誌に映像がついていることは少ない（少なくとも日本では）。映像ですべてが語りつくせるわけではないが，映像（音声を含む）と文章が相互補完するような民族誌が今，ほんとうは広く必要とされているのではないか。また，映像そのものが民族誌的な記録・表現としてもっと広く認められ，流通していってもよいはずだ。本書では人類学における映像の可能性を探究する映像人類学についてまったく言及しなかったが，今後この分野が重要性を増していくことは間違いない。

　とはいえ，DVDの映像を編集するうえで課題が山積していたことは否めない。まず，そもそも素材となる映像の画質があまりよくない。本書の映像

あとがき

は大半が miniDV テープの LP モードで撮影されたものである。当時はそれでよかったのだが，ハイビジョンの映像に慣れてきた今となっては画質が気になる。それに私の撮影技術がまるでなっていない。パン（カメラを横に振ること）のやりかたひとつにしてもいい加減な場面が多かった。これは撮影していたときにはどう悪いのかわかっておらず，今回あらためて編集するなかで初めて痛感させられたことである。その結果，「見るに堪える映像」がそもそも少なく，編集ではまず見せたい場面のなかから見るに堪える箇所をトリミングする作業が難航した。本書の映像がそれなりに見られるものになっているとすれば，それは見るに堪えない部分を必死にごまかした成果である。ビデオカメラも記録媒体をふくめどんどん技術革新が進んでいるが，撮影の基本技術は昔からまったく変わっていない。こうした撮影技術について，遅くとも大学院生のうちに学ぶ機会がもっとあっていいと思う。編集についても同様である。今回の DVD 映像では Windows にデフォルトで入っている Windows Live ムービーメーカーを使用した。今回この無料ソフトだけでもかなりのことができることはわかったが，編集するうえで気を付けるべき常識，そしてどのソフトでどれだけのことができるのかについてもっと学ぶ機会があったらよかったのに，と思う。「それぐらい自分で学べ」と言われてしまえばそれまでだが，技術習得のためのサポートがあるに越したことはないのは事実である。

　最後に謝辞を記しておきたい。「はじめに」で記したように本書は山歌という出来事との出会いにはじまっているが，また同時に数多くの人々との出会いによって成立している。まずは私の指導教員であった菅原和孝先生（京都大学）に感謝を申しあげたい。学部時代の演習の授業にはじまり，修士の頃から毎週のゼミなど普段の研究指導をしていただいたのみならず，論文の草稿を書いたおりには信じられない速度で日本語の間違いから議論の不備まで的確な朱を大量に入れてくださったことはほんとうにありがたかった。なにより，本書の軸となっている「具体的な相互行為の場を見つめる」という姿勢は，先生が心血を注いでこられたグイの相互行為研究における志を，私なりにつたない形で追おうとしたものである。できあがったモノが先生に

とって満足のいくものになったとは思えないが，それでも本書が多少なりとも価値のあるものになっているとすれば，それはひとえに先生のおかげである。

田中雅一先生（京都大学），山田孝子先生（京都大学名誉教授）にも修士課程の頃からゼミの場でお世話になった。特に山田先生には博士論文の副査にもなっていただいて，貴重なコメントを数多くいただいた。また同じく副査となっていただいた赤松紀彦先生（京都大学），手塚恵子先生（京都学園大学）からも数多くのご指摘をいただき，今後の研究に対して多くの示唆をいただいた。

学部時代の指導教官であった瀬戸口浩彰先生（京都大学）にはそもそも研究とはどのようなものかということを多く教わった。本書は学部時代に学んだ植物系統分類学と関係あるものではないが，私の研究に対する姿勢，センスというものの多くを瀬戸口研で過ごした1年間に負っている。たとえば本書第5章の声調と旋律の関係の分析がそうであるし，先ほど書いた「ちいさな例外のひとかけらなど理論にとって蟷螂の斧に過ぎない」という言葉も，卒論のために日本各地を巡ってサツキの葉を採取し，2000塩基対以上のDNAを何十ものサンプルから抽出して系統解析し，かるく100枚以上の葉っぱから切片を作成して細胞の大きさや数を計測し統計をとった経験からきている[1]。

本書の議論の一部は高田明先生（京都大学）が現在幹事を務めていらっしゃる「コミュニケーションの自然誌研究会」，および山梨正明先生（京都大学）主催の「京都言語学コロキアム（KLC）」で発表させていただき，厳しいご批判を受けるとともに，きわめて有益な議論をさせていただいた。とりわけ山梨先生には言語学初心者の私に，言語研究の扉を開いていただき深く感謝している。さらに，2009年8月から9月にかけて約1か月間，オーストラリアのラ・トローブ大学言語類型論研究所（RCLT）（現在は「言語多様性研究所（CRLD）」に改称）に滞在し，セミナーで発表する機会を得ることができ

---

1) この卒論の一部は以下の論文として出版されている。Setoguchi, H. and Kajimaru, G. 2004. "Leaf Morphology of the Rheophyte, Rhododendron Indicum f. Otakumi (Ericaceae)" *Acta Phytotaxonomica et Geobotanica* 55(1): 45–54.

あとがき

た。ここではとくに歌の言語学的研究について多くを学ぶことができた。当時所長であった Randy J. LaPolla 先生，そして歌の言語学的研究の最新状況について多くを教えてくれた Stephen Morey 先生に感謝を申し上げたい。

さらに，第5章の分析は採譜という専門的技術を必要とするものであったが，これについては大阪音楽大学大学院作曲専攻作曲研究室修士課程を修了後，現在は高校の音楽科教員などをしている中村聖子氏にご協力いただいた。絶対音感も音楽の専門教育を受けたこともない私が，つたないながらも音楽を視野に入れた分析ができたのは彼女の協力があってこそである。さらに楽譜を本書に掲載するため，手書きだった譜面を改めて作曲ソフトで清書した際には，馬淵卯三郎先生（大阪教育大学名誉教授）にご助力いただいた。改めて感謝を申し上げたい。

フィールド先ではもっぱら貴州大学西南少数民族語言文化研究所に受け入れていただいた。所長の王良範先生には調査許可を取るにあたってさまざまな形でご尽力いただいた。また所員でありプイ語研究の先達でもある Wil Snyder 氏，Stephen Hoff 氏には羅甸県で調査を行うにあたって協力者を紹介していただいたり，プイ語教室に参加させていただくなどお世話になった。現地で調査助手をしてくれたミャン（韋定英）氏，羅甸県民族宗教局の楊昌厚氏，文化局の黄宝権氏，そのほか歌手の皆さんや現地で出会ったここでは挙げきれないほど多くの方々に本書の研究を支えていただいた。彼らとの出会いがなければ本書はありえなかったことは間違いない。

また2006年に貴州大学でプイ語を教えていただき，現在貴州省博物館に学芸員として勤務している黄鎮邦氏には，プイ語を学んだだけではなく，氏の実家である望謨県にも2度連れて行っていただいたり，山歌の資料をいただいたり，先生として，友人として，そしてプイ族文化の研究者としてさまざまな形でお世話になった。貴陽市でも我が子のように接して下さった小河区の王橋秀氏一家，葛群芳氏や花渓区布依学会の郭国氏，青岩鎮の水花氏など，数え切れないほど多くの方々に助けていただいた。

こうした，研究に直接関係した方々以外にも，2004年に初めて調査に行った際に右も左も分からない私を助けてくれた通訳の熊玉興氏をはじめとする NSK 安順工場の方々，さらに貴州大学滞在中には，いつの間にか留学

あとがき

生から貴州大学日本語学部の先生になられた榊原正樹先生，貴州省で青年海外協力隊として活動しておられた方々，さらに日本人留学生として貴州大学に来られた方々には，ほんとうにいろいろとお世話になった。また調査許可や滞在場所の確保などをしていただいた貴州大学外事弁公室の方々にも感謝を申し上げたい。とくに初めて貴州大学を訪れたときに事務員だった王蔚氏と劉羽氏は，最初にできた中国人の友人としても長く付き合うこととなった。貴州大学日本語学部の学生たちにも，大学滞在のおりには食事に連れて行ってもらったり，反対にこちらが日本語を教えたり，とてもよい時間を過ごさせてもらった。おかげで，貴州大学がフィールド調査で疲れたときのオアシスとなった。とりわけ最初の調査時に通訳を頼んで以来もっとも親しい友人となった王暁雲氏にはいろいろな形でお世話になった。ここに感謝をしるしたい。

なお，資金面では2004年に行った第2回の調査は笹川科学研究助成，2009年12月～2010年3月に行った第5回の調査は日本学術振興会優秀若手研究者海外派遣事業の支援を受けた。また，2009年4月から2011年3月まで日本学術振興会特別研究員（DC2，2009年10月からはPD）として支援を受けた。2011年4月からも日本学術振興会特別研究員（PD）として支援を受けている。ここに感謝を記したい。

本書の出版にあたっては京都大学より「平成24年度総長裁量経費 若手研究者に係る出版助成事業」の助成をいただいた。おかげでことのほか早く博士論文を出版することができた。審査に当たった諸先生方，とりわけ出版社の斡旋までしていただいた冨田恭彦先生（京都大学）に感謝を申しあげる。また博士論文を出版用に（つまり「世の中にむけて」）書きかえるにあたって，京都大学学術出版会で編集を担当していただいた鈴木哲也氏にはさまざまな助言・アイディアをいただき，ひとかたならずお世話になった。売り物である書籍を生まれて初めて出すことになった私にとって，ほんとうにありがたかった。私は昨年度より新たにラオスの歌掛け「カップ」を調査する計画を進めており，ラオ語習得と調査許可申請などの手続きのために本書の準備期間の半分以上をラオスの首都ヴィエンチャンで過ごした。そのために余計な面倒をおかけしたことと思う。お詫びとともに深く感謝申しあげたい。

あとがき

　最後に，いつまでもよくわからない世界をふらふらしている息子を温かく見守ってくれた両親に，深い感謝とともに本書をささげたい。

2012年10月末
出安居を迎えたヴィエンチャンにて
梶丸岳

索　引

[あ行]

アーリ　114-116, 125-128
アカ　230
アゴン（競争）　84, 255
遊び（遊ぶ）　6-9, 21, 22, 36, 81, 84, 85, 105, 177, 178, 188, 208, 220, 227, 230, 232, 234, 250-264, 268, 275, 277- 279, 281
　　――に独特の存在様態　256
　　――の自己目的性　254, 260
遊び歌　229, 233, 234, 241
『遊びと人間』　254
アブシナラベ　242, 245
奄美　21, 22, 227, 229, 231-250, 252, 253, 255, 257, 263, 264, 277, 278
アラシャゲ　242, 243, 247, 263
安順市　v, 24-26, 32, 33, 40, 43, 47, 52, 79, 84, 91, 92, 118, 120, 128, 272
イーデ　265, 267, 277
イドラ　269, 281
意味論　16, 42, 49, 155, 178, 193
隠喩　8, 17, 137, 174, 175, 180, 182, 191-193, 237, 238, 245 →概念メタファー，メガメタファー
韻律規則　18, 139, 145-149, 153, 155, 157, 169, 170, 195, 219, 247, 249, 253, 260, 276, 277
文雅（ウェンヤー）　173
迂言法　183, 189
歌遊び　233-237, 240, 245, 247, 249, 251, 252, 255, 264
歌い方　5, 6, 14, 89, 129, 154, 159, 179, 183, 201, 217, 245, 253
歌い手　3-5, 17-20, 61, 74, 87,-89, 102, 111, 112, 118, 123, 129, 144, 146, 147, 152-154, 163, 169, 175, 177, 184, 190, 197, 201, 204, 208, 214, 216, 218, 219, 233, 242-244, 246-249, 256, 258, 260, 263, 264, 267, 268, 276,278
歌会　20, 82, 88, 95, 100, 102, 103, 111, 122, 123, 216, 244, 248, 249, 264, 268
歌垣　7-9, 21, 229-231, 233, 254, 259, 279, 281
歌掛け　vii, 1, 6-11, 16, 18, 20-22, 37, 41, 78-81, 83-87, 89, 94-96, 100, 102, 103, 105-111, 118-120, 128, 129, 154, 169, 198, 201, 203, 205, 209, 210, 215, 219, 220, 227, 229-234, 236-240, 242-255, 258-60, 263-268, 275, 277-282
　　――の持続の論理　258, 281
歌合戦　30
歌クミアイ　235
うわさ歌システム　241
雲貴高原　24, 30, 68
エイジェンシー（行為体，行為性）　19, 76
エノンセ　66, 67, 74, 76
演戯性　266, 267, 277
押韻　15, 16, 145-148, 153-155, 162-164, 166, 167, 169, 173, 188
小河区　24, 26, 28, 29, 88, 101, 102
小川学夫　232-234, 236, 237, 239-242, 247
オジェ　63, 64
音楽性　9, 10, 13, 152, 244, 245, 248, 281
音数律　145-147, 153-155, 162-164, 169,

369

索　　引

232-234, 236, 244, 245

[か行]

ガーナ　231
改革開放　19, 87, 90, 97
概念メタファー　182, 186, 189 →隠喩
カイヨワ　22, 84, 251, 254-256, 277
会話分析　195, 197, 280
掛け合い　3-7, 9, 65, 79, 81, 83, 85, 86, 111, 122, 124, 129, 137, 149, 152, 173, 174, 176, 179, 180, 182, 184, 190, 195, 197-199, 202-205, 208, 209, 214, 216, 218-231, 233-235, 239-243, 246-248, 253, 258, 260, 263, 264, 268, 276, 278, 280
花渓区　24, 26-29, 33, 35, 52, 71, 72, 101, 103, 122, 128
歌詞　vii, 3-6, 9, 10, 12, 14-18, 21, 32, 41, 46, 65, 78, 79, 81, 94, 100, 109, 110, 118, 119, 123, 124, 129, 137, 139, 144, 145, 147, 149, 152-155, 157, 159-161, 164, 169, 170, 172-174, 187, 201, 217, 219, 222, 232, 234, 236, 239, 245, 248, 264, 276, 278, 281
型枠　18, 146, 153, 155, 157, 169, 170, 219, 276
カレン　230
川田順造　22, 140, 151, 152, 265-267, 269, 277, 281
漢化　26, 29, 68, 69, 73, 97, 100, 117, 216
漢歌　iv, vii, 5, 6, 18, 41, 43, 53, 85-87, 92, 102, 107-110, 117, 118, 120, 121, 124, 139, 144-149, 151-155, 157, 159-161, 163, 164, 169, 170, 173, 174, 176, 178-180, 183, 185, 188-190, 197, 198, 202, 203, 205-209, 212, 215, 216-219,

245-248, 276
感覚　7, 10, 19, 112-115, 117, 125-127, 129, 153, 211, 236, 253, 275, 276
感覚人類学　10, 115
漢語　23, 37, 41, 42, 44, 47, 51-53, 86, 118, 187
観光　6, 28-31, 37, 52, 70, 79, 94, 98-100, 113, 114, 116, 117, 120, 122, 126-128
——資源　29, 40, 99, 114, 120
鑑賞　89, 113, 114, 117, 129, 245, 253, 275, 276
感情　8, 9, 15-17, 95, 118, 172, 173, 190, 252, 253, 263
漢族　iv, 26-28, 30, 31, 33, 35, 36, 43, 47, 51, 58, 67-69, 72-75, 83, 86-89, 97, 107, 119, 120, 131, 210, 219 →中国語
赶 表（カンビャオ）　82, 83, 95
換喩　175, 181, 187, 192-194, 205
関連性理論　189, 190
記号過程　20, 125, 126, 276
記号論　12, 14, 280
貴州省　v, 1, 6, 23-30, 32, 33, 43-45, 47, 51, 52, 68, 72, 74, 75, 77, 78, 80, 82, 85-87, 90-92, 94-96, 98-101, 107, 117, 119, 120, 122, 128, 150, 216, 226, 230, 248, 272
貴州方言　23, 41-45, 86, 223 →中国語
規則性　167, 253, 258, 259, 277
ギデンズ　63, 64, 280
客体化　115, 126
共時態　20, 64, 275, 278
共鳴　265, 267-269, 277
近代化　33, 90, 117
空間　8, 9, 33, 57, 63-65, 67, 74, 78, 79, 193, 252, 254, 258, 262, 264
グローバル化　6, 117

形式　6, 12, 13, 15-18, 33, 48, 81, 86, 107, 129, 139, 146, 154-157, 159, 169, 170, 176-178, 181, 197, 198, 201, 214, 217-219, 230, 232, 235, 236, 238, 240-242, 244, 246, 249, 253-255, 276
恵水県　24, 25, 30, 39, 43, 45, 47, 52, 82, 86-88, 92, 94, 101, 108, 109, 118, 121, 149, 150
芸能　6, 10, 17, 79, 80, 90, 113, 114, 119, 142, 219, 232, 235, 249, 252, 281, 282
結婚　5, 21, 40, 41, 52, 80-86, 88, 89, 94-96, 102, 104, 111, 131, 133, 136, 154, 184, 203, 243, 244, 259, 275
結束性（cohesion）　18, 196, 197, 199, 201, 202, 206-209, 212, 217-219, 246
言語学　10, 13-18, 145, 182, 191, 221, 251, 279
言語的相互行為　13, 17, 18, 129, 137, 170, 191, 215, 220, 242, 246, 248, 275, 276, 279, 280 →相互行為
言語表現　vii, viii, 10, 11, 13, 15, 20, 118, 125, 139, 164, 170-172, 189-191, 195, 196, 209, 219, 249, 269, 276-278, 280, 282
現象学　10, 115, 257, 265
黔西南布依族苗族自治州　24, 26, 32
言説　15, 19, 20, 61, 64-67, 72, 74-78, 275
　——空間　67, 72
　——実践　67, 76
現代化　29, 37
現代的場所　65, 89, 112 →場所
限定性　252, 253, 258-260, 262, 277
黔南布依族苗族自治州　24-26, 30, 32, 43, 78, 119
紅水河　30-32, 72, 94
広西チワン族自治区　25, 26, 30, 72-74, 78, 79, 94, 230
構成的規則　253, 259, 260
構築　20, 63, 66, 67, 72, 75, 76, 80, 126, 144, 207, 262, 275
声　21, 22, 220, 264-269, 277, 281
　——の力　9, 10, 17, 22, 268, 269, 277, 281
古歌　81, 84, 232
語順　42, 48-50
湖潮郷　103, 104, 122, 124, 129, 268
誇張法　176, 178, 179, 184, 185, 188, 239, 245, 249, 276
言葉を交わす　7, 9, 229
ゴフマン　262, 266, 277
語用論　42, 49, 188, 191, 195, 196, 207, 240, 279
娯楽　5, 8, 9, 20, 81, 83, 85, 88, 89, 102, 106, 117, 152, 244, 253-256, 258, 263, 264, 277
婚姻　7, 32, 41, 80, 83, 84, 88
　——圏　88

［さ行］
サール　253, 259, 260
祭壇　33, 35, 133, 135
サックス　197
佐仁集落　233, 235
山歌　iii-viii, 3, 5-7, 9-11, 13, 14, 17-23, 32, 38, 41, 42, 46, 53, 61, 63-65, 67, 73, 74, 77-80, 84-96, 100, 102-104, 106, 107, 109, 111-114, 117-125, 127-129, 137, 139, 144-146, 152, 170-173, 182, 188-191, 195, 197, 203-205, 219, 220, 224, 227, 229, 231, 233, 243-253, 255-260, 264-269, 275-279
視覚　114, 115, 119, 124-129, 248, 276

索　引

　　——中心主義　20, 114-117, 125, 126
刺繡　36, 39, 40, 133, 155, 175, 200
市場経済　87, 90, 94, 96, 275
詩的効果　189, 190
自発性　252, 253
シマ　235, 242, 244, 248, 249
シャーマニズム　35
社会的環境　5, 6, 15, 17-19, 53, 61, 64, 80, 129, 131, 275
社交　8, 9, 80-82, 244, 252, 259
ジャンル　6, 14-18, 81, 86, 91, 93, 106, 129, 140-142, 178, 197, 199, 203, 205, 206, 209, 247, 249, 277
修辞　5, 6, 10, 18, 137, 157, 170-172, 175, 178-180, 183, 185, 188-192, 195, 201, 209, 218, 219, 237-239, 245, 246, 260, 275, 276
　　——・表現の流用　201, 206, 208, 212
修辞学　16, 18, 171, 172, 174, 177, 188, 190-192, 195, 196, 208, 209
酒歌　41, 81, 84, 93, 102, 106, 184, 185, 263
主体　65-67, 74, 76, 106, 107, 123, 193, 197, 257, 262, 263
春節　3, 5, 6, 35-38, 41, 57, 81, 94, 103, 106, 107, 109, 121, 122, 184-186, 188, 210, 273
情歌　81, 82, 85, 89, 93, 107, 109, 110, 121, 173, 199, 203, 206, 232, 245, 255
少数民族　v, 19, 26-30, 48, 51, 64-67, 74, 75, 77, 82, 85, 86, 96-98, 99, 100, 120, 121, 122, 164, 243, 272
情動　10
植民地主義　116
シルバスティン　280
真正性　114, 115

身体　9, 10, 14, 17, 21, 77, 115, 119, 125, 126, 247, 248, 263-265, 267, 268, 276, 277, 280
　　——運動　10, 249, 265, 277
　　——的快楽　125, 126, 127, 276
人類学　iii, vi, 11, 20, 23, 76, 87, 114, 115, 126, 214, 274, 280, 281
萃点（すいてん）　278, 279
青岩鎮　88, 154
整合性（coherence）　18, 196, 198, 199, 206, 207, 209, 212, 218, 219, 246-278
声調　15-18, 41, 42, 44, 45, 47-49, 118, 139-146, 149-152, 155, 157,-159, 169, 170, 219, 244, 276, 281
西南官話　43
政府　5, 6, 19, 20, 29, 36, 64, 66, 67, 70, 72, 74, 75, 78, 82, 96-101, 103, 107, 111, 117, 121, 123, 153, 198, 199, 202
接続表現　196, 206
旋律　5, 6, 10, 11-18, 84, 88, 94, 109, 118-121, 125, 128, 129, 139-144, 146, 149-153, 155, 157-162, 164, 168-170, 187, 219, 230, 236, 244, 245, 247, 248, 275, 276, 281
旋律圏　84, 85, 88
相互行為　vi, 9, 10, 14, 17, 18, 137, 191, 195, 197, 214, 219, 249, 277-280 →言語の相互行為
宗族　84, 85
即興　7, 8, 12, 100, 110, 144, 164, 234, 248, 264, 281
　　——性　6, 9, 10, 21, 152, 190, 217-219, 229, 232, 245, 248, 249
存在了解　261, 263

[た行]
ターン構造　214
ターンテイキング（ターン交替）　149, 154, 197, 209, 258
タイ・カダイ語族　46
第一土語区　39, 46, 48
太鼓合戦　230
対照法　174, 176-179, 181, 189, 238, 239, 245
対話　10, 197, 198, 206, 209, 213, 214, 218, 219, 240, 247, 282
武下和平　236
ダズンズ　230
談話標識　206-208, 212, 218
談話分析　195, 197, 280
ちまき　36, 37
中華人民共和国　27, 30, 40, 41, 48, 64, 65, 67, 68, 81, 98, 120, 214
中国語　iv, vii, 41, 42, 44, 45, 48, 49, 51, 65, 70, 72, 73, 79, 81, 82, 85, 86, 97, 139, 141, 143, 144, 146, 147, 150, 153, 162, 170, 176, 183, 191, 192, 206-208, 222-226 →漢語，貴州方言
聴覚　10, 20, 118, 119, 124-126, 127, 129, 145, 172, 248, 249, 265, 269, 276
聴衆　17, 104, 108, 109-112, 118, 119, 121, 127, 152, 199, 268
聴取可能性　139, 152, 169, 170, 189, 276
直喩　175, 176, 180, 181, 187, 192, 193, 238, 245
チワン語　46, 47, 73, 141
チワン族　25, 68, 69, 72-75, 78, 79, 85
鎮山村　29, 71, 99
対句　17, 146, 174, 176
通時態　20, 64, 275, 278
創られた民族　66

坪山豊　236
デ＝ヨセリン＝デ＝ヨング　231
出会い　1, 123, 170, 190, 199, 203, 279
丢花包　36
定期市　6, 20, 82, 91, 92, 94, 119
定型句　6, 9, 18, 145, 146, 159, 160-163, 169, 170, 186, 187, 219, 230, 243, 246
定型性　145, 146, 149, 152, 169, 170, 219
提喩　175, 181, 183, 192-194, 200, 201
出稼ぎ　6, 28, 30, 31, 73, 87-89, 117
出来事　vi, vii, 19, 45, 61, 63, 75, 118, 129, 162, 188, 246, 262, 280
テクスト　18, 195-197, 206, 207, 209, 247, 278, 280, 281
徳之島　233-236, 241
都市　28, 29, 33, 35, 37, 52, 58, 89, 91, 99, 117, 120, 221
トピック―コメント構造　42
トンキン　230
トン族　99, 128, 230
屯堡人　86, 120

[な行]
ニーチェ　172
西村清和　22, 251, 257-263, 277
日常会話　17, 141, 188, 246, 276
認識　12, 13, 68, 116, 120, 126, 139, 142, 172, 182, 190-193, 196, 261, 262, 266
認知　116, 125, 126, 129, 142, 172, 182, 189, 191, 196, 207, 276
布　36, 38-40
年歌　108
農村　28, 33, 37, 84, 87
ノリ　119, 122, 152, 153, 160, 161, 169, 170

索　　引

[は行]

ハウズ　115
好听(ハオティン)　172, 173, 179, 188, 189
好花紅(ハオホアホン)　24, 65, 79, 92, 101, 109
爆竹　36
場所　6, 15, 16, 19, 20, 42, 63-65, 89, 90, 111, 112, 115, 116, 129, 180, 188, 189, 243-245, 258, 261, 262, 264-268, 272, 273, 275, 277, 278, 281 →現代的場所, 歴史的場所
八月踊り　21, 229, 233-235, 237, 242, 243, 247, 249, 252, 257, 263, 264
発声　11, 12
発話　9, 12, 13, 16, 17, 139, 141, 190, 197, 214, 215, 218, 266, 281
バトラー　64, 66, 74-77
パフォーマティヴ　75, 76
パフォーマンス　15, 121, 125, 266, 267
ハヤシ詞　232, 234, 237
ハリデー　196
盤歌　81, 203
反復性　258, 277
反復法　176, 177, 179, 181, 185, 186, 189, 196, 238, 245
東インドネシア　176, 231
比喩　5, 18, 168, 172-176, 179-181, 183, 188, 189, 192, 193, 212, 219, 237-239, 245, 265, 276
ファビアン　115, 126
フィールドワーク　v-viii, 21, 274, 280
プイ歌　iv, v, vii, 3-6, 18, 41, 46, 48, 53, 73, 85-87, 92, 94, 95, 102, 107-109, 118, 139, 144-146, 157-159, 161-164, 169, 170, 173, 174, 180, 182-185, 187-190, 197, 209, 211, 214-219, 222, 245-247, 264, 276

布依学会　20, 70, 79, 82, 92, 94, 96-103, 107, 111, 203, 268, 275
プイ語　iv, vii, 5, 23, 37, 41, 46-53, 70, 72, 73, 82, 85, 86, 118, 139, 144, 158, 159, 162, 170, 180, 183, 187, 188, 192, 214-217, 222-224
VCD　6, 20, 90-95, 110, 118-120, 123, 125, 184, 185, 217, 263
プイ族（布依族）　iv, v, 4, 19, 20, 23, 26-40, 47, 51, 52, 58, 64-89, 92, 94, 97-105, 107, 111, 118, 119, 131, 134, 175, 183-185, 210, 211, 214, 215, 219, 223, 230-232, 243, 272, 275
フーコー　20, 64, 66, 77, 116, 275
普遍　6, 7, 11, 12, 21, 22, 220, 227, 275, 277-280, 282
プモ　35, 47
フレーミング・デバイス　16, 262-264, 266, 267
フレーム　16, 214, 219, 239, 245, 246, 249, 261-264, 266, 277, 278, 281
プロトタイプ　193, 259, 260
文化大革命（文革）　67, 72, 87-89, 96, 97, 111, 275
文脈・状況明示性　214, 215, 218
平行関係　145, 146, 155-157, 161, 167-169, 175-177, 238, 239
ベイトソン　249, 261, 262, 266, 277
ペー族　75, 230, 263
変調（tone sandhi）　42, 45, 47, 143, 144
ホイジンガ　22, 85, 231, 251-258, 260, 277
望謨県　24, 25, 30, 31, 39, 43, 47, 48, 51, 72, 87-89, 95, 159, 215
『ホモ・ルーデンス』　85, 231, 251
本来的娯楽性　263

374

索　引

[ま行]

まなざし　20, 114, 116, 122, 123, 125-128, 258
「満月酒」　104-106
ミミクリ　255
ミャオ族（苗族）　iv, 25-30, 72, 99, 101, 121, 126, 128, 230, 272
民族アイデンティティ　19, 20, 64, 66, 67, 75, 77, 79
民族衣装　4, 39, 40, 73, 103, 119, 134, 264
民族音楽学　8-11, 13-18, 21, 142, 143, 232, 281
民族カテゴリー　19, 20, 32, 64, 65, 68, 74-76
民族誌　viii, 3, 7, 14, 19-21, 23, 81, 115, 232, 233, 279, 280
民族識別工作　28, 66-72, 74, 77, 120
民族宗教局　3, 20, 96, 100, 101, 107, 109, 111, 244
民族表象　19
民族文化振興　100
無形文化遺産　20, 98-100
メガメタファー　182, 189 →隠喩
摩経（モーチン）　47, 48
モーラ　145, 146, 236
モソ人　230

[や行]

ヤーコブソン　176, 177
ヤミ族　230, 231
ユーモラス　183, 185, 188, 189
誘惑　268, 269, 277
喩詞　176, 192

[ら行]

羅甸県（龍坪鎮）　3, 4, 24, 31, 32, 83, 87, 93-95, 107, 131
浪哨（朗紹）（ランシャオ）　37, 39, 82, 200
欄路歌（ランルーコー）　86, 202, 256, 264
理解可能性　189, 190
龍宮鎮（龍潭村）　v, 24, 52, 118, 224
ルー　230
ルーマニア　230
レイコフ　182, 191
荔波県　24, 25, 43, 47, 52, 72, 74, 94, 215, 217
歴史的場所　65, 80, 112 →場所
列挙法　179, 185, 186, 189, 196
恋愛　5, 20, 40, 80-82, 85, 96, 106, 109, 111, 174, 199, 205, 243, 244, 255, 275
連鎖形式　177, 178
ろうけつ染め　39, 40
場面（ロカール）　280

375

[著者略歴]

梶丸 岳（かじまる　がく）

1980年兵庫県生まれ。博士（人間・環境学）（京都大学，2012年）。2003年京都大学総合人間学部自然環境学科卒業。2005年3月，京都大学人間・環境学研究科修士課程修了。2009年9月同博士課程修了。2009年4月から現在まで日本学術振興会特別研究員。専門は人類学。
主な著作に「歌掛けを見る／聞く――前観光的芸能としての中国貴州省山歌」（『人文学報』99，2010年），「中国貴州省プイ族の「年歌」――プイ語による長詩型歌掛け」（『アジア民族文化研究』10，2010年）など。

（プリミエ・コレクション　35）
山歌の民族誌 ―― 歌で詞藻（ことば）を交わす　　　　©Gaku Kajimaru 2013

2013年3月31日　初版第一刷発行

　　　　　　　　　　著　者　　梶　丸　　　岳
　　　　　　　　　　発行人　　檜　山　爲次郎
　　　　発行所　　京都大学学術出版会
　　　　　　　　　　京都市左京区吉田近衛町69番地
　　　　　　　　　　京都大学吉田南構内（〒606-8315）
　　　　　　　　　　電　話（075）761-6182
　　　　　　　　　　FAX（075）761-6190
　　　　　　　　　　URL　http://www.kyoto-up.or.jp
　　　　　　　　　　振　替　01000-8-64677

ISBN978-4-87698-270-7　　　印刷・製本　㈱クイックス
Printed in Japan　　　　　　　価格はカバーに表示してあります

本書のコピー，スキャン，デジタル化等の無断複製は著作権法上での例外を除き禁じられています。本書を代行業者等の第三者に依頼してスキャンやデジタル化することは，たとえ個人や家庭内での利用でも著作権法違反です。